실무 건축 인테리어를 위한

블렌더 3D

최인재 지음

BM (주)도서출판 성안당

건축 인테리어를 위한
블렌더 3D

블렌더는 최근 가장 빠르게 성장하는 3D 툴 중 하나로 떠오르고 있습니다. 이는 무료로 제공되는 장점만이 아니라, 그 풍부한 기능과 다양한 활용 가능성 때문입니다. 특히, 블렌더를 활용한 3D 건축물 조감도는 창의적 이며 매우 활용도가 높은 프로젝트로 자리 잡고 있습니다. 이 책은 블렌 더를 처음 다루는 초보자부터 다른 3D 프로그램을 주로 사용하는 분들이 블렌더를 능숙하게 다룰 수 있도록 중점을 두었습니다. 건축물을 만드는 과정을 단계별로 안내하며, 블렌더의 인터페이스와 숨겨져 있는 편리한 기능들을 최대한 알려드리도록 노력했습니다.

또한, 블렌더를 사용하여 건축물을 모델링하고 렌더링하는 과정을 쉽게 따라 할 수 있도록 구성되어 있습니다. 그뿐만 아니라, 독자들이 3D 그 래픽의 기초 원리를 이해하고 자신만의 창작물을 만들어낼 수 있는 능력 을 키울 수 있도록 내용이 구성되었습니다. 각 장에서는 기본적인 개념 과 함께 실용적인 예제를 제시하고, 프로그램 내부에서 돌아가는 핵심 원 리를 설명하여 독자들이 실질적인 학습을 할 수 있도록 하였습니다.

이 책을 통해 블렌더의 새로운 기술과 창의력을 키우는 즐거움을 느끼시 기를 바라며, 책의 내용 학습을 마친 후에는 자신만의 프로젝트를 성공 적으로 완성할 수 있기를 기대합니다. 마지막으로, 블렌더를 사용한 3D 그래픽 세계에 입문하고자 하는 모든 독자에게 진심으로 감사의 말씀을 전하며, 이 책의 완성에 기여해 주신 모든 분께 깊은 감사의 인사를 드립 니다.

최인재

Preview

블렌더 알아보기

3D 작업을 하기 전에 필요한 블렌더의 기본 기능을 알아봅니다. 다양한 기본 이론을 학습해 보세요.

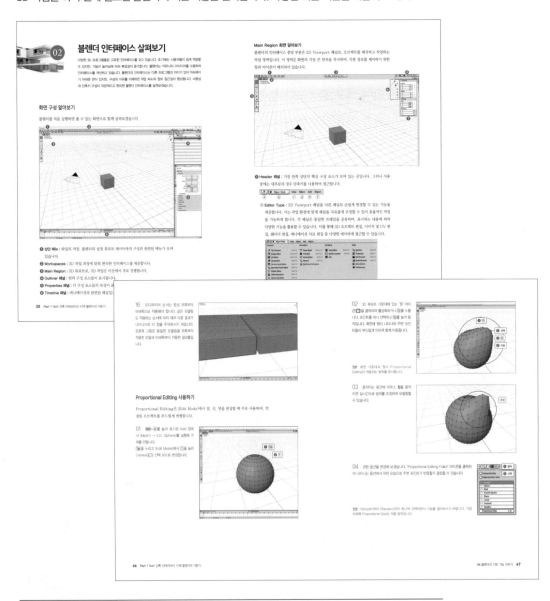

3D 개념 학습하기

입체 오브젝트를 제작하기 전에 3D 개념을 미리 학습합니다.

블렌더로 오브젝트 제작하기

블렌더를 이용하여 건축 인테리어 오브젝트를 제작합니다.

실무 건축물 작업 패턴 배우기

시작부터 마감까지 실무 건축물 제작 과정을 학습합니다.

Contents

Blender 3D Architecture & Interior

Contents

PART 4
현장에서 필요한 스킬!
실무 건축물 디자인하기

Blender 3D Architecture & Interior

Contents

예제 파일 다운로드

1 성안당 홈페이지(http://www.cyber.co.kr)에 접속하여 회원가입한 뒤 로그인하세요.

2 메인 화면 중간의 (자료실)을 클릭한 다음 오른쪽 파란색 돋보기를 클릭하면 나오는 검색 창에 '블렌더', 'Blender3D', '블렌더3D' 등 도서명 일부를 입력하고 검색하세요.

3 검색된 목록을 클릭하고 들어가 다운로드 창 안의 예제 파일을 클릭하여 다운로드한 다음 찾기 쉬운 위치에 저장하고 압축을 풀어 사용하세요.

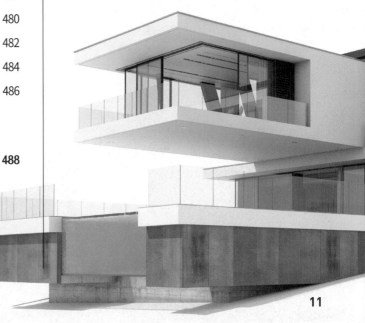

Part 1

Start!
건축 인테리어의 시작!
블렌더의 기본기

블렌더는 강력한 오픈소스 3D 그래픽 소프트웨어로, 모델링 애니메이션, 렌더링, 심지어 비디오 편집까지 다양한 기능을 제공합니다. 블렌더는 전문가부터 초보자까지 넓은 사용자 범위를 아우르며, 무료로 제공되어 그 접근성이 높습니다. 프로그램을 다운로드하고 설치하는 것부터 시작하여, 필수 설정과 블렌더의 기본적인 모델링 기법부터 간단한 객체를 생성하고 수정하는 방법까지, 초보자들이 가장 궁금해하는 블렌더 기본기를 차근차근 알아보겠습니다.

블렌더의 시작, 설치하기

01

블렌더에 대한 이해를 바탕으로, 공식 홈페이지에서 블렌더를 다운로드하고 설치하는 방법에 대해 살펴보겠습니다. 다양한 버전 간의 차이와 프로그램을 다운로드하는 위치, 그리고 설치하는 과정을 알아봅니다.

블렌더 알아보기

블렌더는 3D 그래픽 및 관련 콘텐츠 제작에 사용되는 프로그램으로, 매우 인기가 있습니다. 몇 년 전까지는 블렌더를 알고 있는 사람이 드물었지만, 최근에는 해당 분야 종사자 대부분이 이름도 들어보고, 배우고 싶어 하는 프로그램으로 널리 알려지고 있습니다.

이유는 무엇일까요? 먼저, 블렌더는 무료로 제공되는 큰 장점이 있습니다. Blender Foundation이라는 비영리 단체가 개발하여 개발 비용은 기부로 충당되어 사용료에 대한 걱정이 없습니다. 그러나 블렌더가 무료라는 이유만으로 인기를 끌 수 있던 것은 아닙니다. 수많은 무료 프로그램이 있지만 대중에게 널리 알려진 프로그램은 소수이며, 블렌더와 같은 성공 사례는 드뭅니다.

블렌더는 기본적으로 매우 우수하게 제작된 프로그램입니다. 기본 기능에 충실하면서도 강력한 기능들을 빠르게 추가하고 있습니다. 다른 프로그램과 비교해도 블렌더를 완전히 대체할 수 있는 프로그램은 거의 없다고 말할 수 있습니다.

모델링, 조각, UV 작업, 두 가지 렌더링 엔진을 사용한 렌더링, VFX 작업을 포함한 3D 트래킹 기능, 애니메이션, 리깅, 3D 공간에서 2D 애니메이션 제작, 심지어 간단한 영상 편집과 합성 기능도 포함되어 있어 다양하고 독특한 작업물을 만들 수 있습니다.

블렌더 3.6 설치하기

블렌더를 컴퓨터에 설치하는 방법을 알아보겠습니다. 블렌더는 윈도우, 맥, 리눅스 등 대부분의 운영 체제에서 사용할 수 있습니다. 블렌더 공식 홈페이지에서 해당 운영 체제에 맞는 버전을 다운로드하여 설치합니다.

01 블렌더 사이트(blender.org)에 접속하고 (Download) 버튼을 클릭합니다.

TIP 블렌더 사이트가 업데이트되면서 버튼 위치가 변경되기도 하지만 대부분 홈페이지 메인 화면에 (Download) 버튼이 있습니다.

02 메뉴에서 (Release Notes)를 실행합니다.

TIP 블렌더 공식 사이트에서는 프로그램 외에도 여러 가지 개발 소식이나 쓸 만한 자료들이 많아 구석구석 살펴보시기 바랍니다.

03 메인 업데이트 때 발생한 변경 사항과 다운로드 링크를 살펴봅니다. 3 Series 중 (Blender 3.6 LTS)를 클릭합니다.

TIP 이 책은 블렌더 3.6 LTS 버전을 기준으로 작성되어 해당 버전 다운로드 방법을 설명합니다. 교육이나 개발 시에는 현재 표시된 3.6 LTS 버전보다 더 높은 버전을 다운로드할 필요가 없습니다.

TIP LTS는 Long Term Service의 약자로, 작은 업데이트가 이루어지더라도 해당 버전은 계속해서 사용자가 안정적으로 오랫동안 이용할 수 있는 버전을 의미합니다. 주로 몇 년 단위로 진행되는 큰 프로젝트의 경우, 중간에 프로그램 버전이 변경되면 호환성 문제가 발생할 수 있습니다. 따라서 LTS는 신규 기능보다 주로 버그 패치 등을 중점으로 업데이트하는 버전입니다.

04 〔Download Blender 3.6 LTS〕
버튼을 클릭하면 다운로드가 시작됩니다.

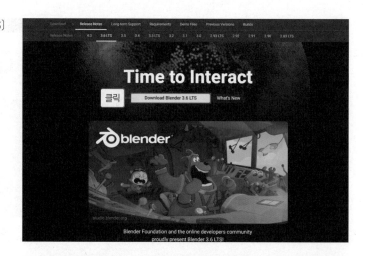

TIP 더 다양한 버전을 다운로드하려면 03번
과정에서 〔Previous Versions〕를 클릭하고
〔Download Any Blender〕를 클릭합니다.

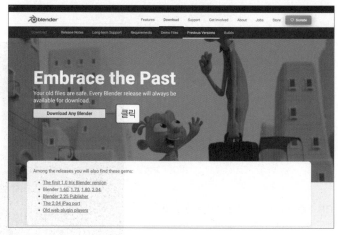

TIP 모든 버전의 블렌더가 나타나면 파란색
으로 표시된 블렌더 버전 이름을 클릭합니다.
큰 버전의 하위 버전에서 제공하는 모든 파일
목록이 나타납니다. 운영 체제별, 버전별 파일
중에서 클릭하면 해당 버전이 다운로드됩니다.

Index of /release/

../		
Blender1.0/	11-Jul-2020 07:17	-
Blender1.60/	05-Jul-2020 16:22	-
Blender1.73/	20-Aug-2003 11:13	-
Blender1.80/	20-Aug-2003 11:13	-
Blender2.04/	20-Aug-2003 11:13	-
Blender2.26/	20-Aug-2003 11:13	-
Blender2.27/	20-Aug-2003 11:13	-
Blender2.27-newpy/	20-Aug-2003 11:14	-
Blender2.28/	20-Aug-2003 11:14	-
Blender2.28a/	09-Oct-2003 08:41	-
Blender2.28c/	14-Nov-2003 09:11	-
Blender2.30/	30-Nov-2003 18:55	-
Blender2.31/	01-Dec-2003 15:52	-
Blender2.31a/	08-Dec-2003 11:04	-
Blender2.32/	05-Feb-2004 15:55	-
Blender2.33/	02-May-2004 23:38	-
Blender2.33a/	25-May-2004 21:41	-
Blender2.34/	08-Aug-2004 16:27	-
Blender2.35/	21-Nov-2004 17:23	-
Blender2.36/	01-Feb-2005 11:23	-
Blender2.37/	31-May-2005 22:11	-
Blender2.37a/	15-Jun-2005 21:37	-
Blender2.39/	09-Nov-2005 10:30	-
Blender2.40/	05-Jan-2006 01:11	-
Blender2.41/	24-Jan-2006 22:12	-
Blender2.42/	22-Aug-2016 21:25	-
Blender2.43/	12-Mar-2007 15:52	-
Blender2.44/	18-May-2007 14:42	-
Blender2.45/	24-Sep-2007 17:35	-
Blender2.46/	11-Jun-2008 14:48	-
Blender2.47/	19-Sep-2008 11:39	-
Blender2.48/	15-Oct-2008 03:11	-
Blender2.48a/	24-Nov-2008 16:15	-
Blender2.49/	04-Jun-2009 09:24	-
Blender2.49a/	11-Jul-2011 16:08	-
Blender2.49b/	26-Jul-2019 09:41	-
Blender2.50alpha/	20-Jul-2010 23:08	-
Blender2.53beta/	22-Jul-2010 13:52	-

05 | 다운로드한 Setup 파일을 더블클릭해 실행합니다. blender Setup 창이 표시되면 (Next) 버튼을 클릭합니다.

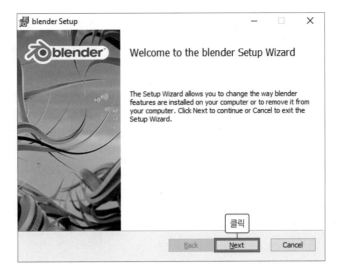

06 | End–User License Agreement 화면에서 'I accept the terms in the License Agreement'를 체크 표시하고 (Next) 버튼을 클릭합니다.

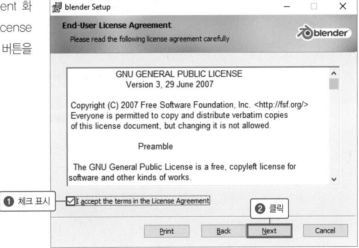

07 | Custom Setup 화면에서 (Browse) 버튼을 클릭하여 설치할 위치를 지정한 다음 (Next) 버튼을 클릭합니다.

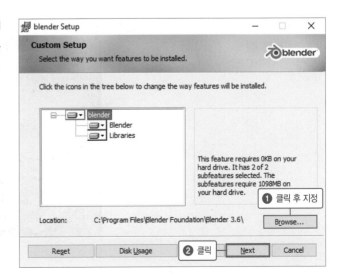

08 │ Ready to install blender 화면이 표시되면 준비가 완료된 것입니다. (Install) 버튼을 클릭해 설치를 시작합니다.

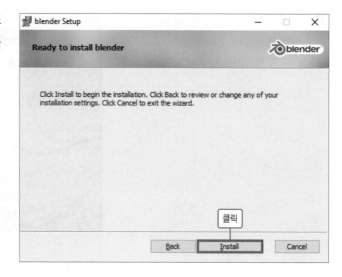

09 │ Status의 녹색 바가 진행 상태를 나타냅니다.

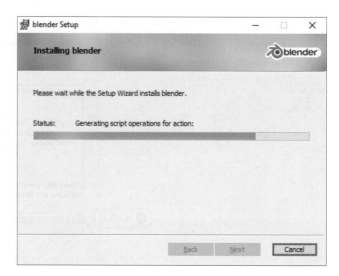

10 │ 설치가 완료되면 (Finish) 버튼을 클릭하여 마무리합니다.

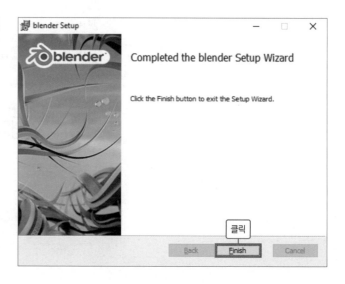

블렌더 실행하기

블렌더 설치가 끝났다면 블렌더를 실행하는 방법에 대해 알아봅니다.

01 │ 블렌더 설치가 끝나면 바탕화면에 그림과 같은 아이콘이 생성됩니다. 이 아이콘을 더블 클릭하면 블렌더가 실행됩니다.

TIP 바탕화면에 블렌더 아이콘이 없다면 (Window) 아이콘을 클릭한 다음 검색 창에 'Blender'를 입력하고 (Belnder 3.6)을 실행합니다.

02 │ 블렌더를 처음 실행하면 그림과 같은 Splash Screen 창이 표시됩니다. 여기서는 설정을 변경하지 않은 채 〈Next〉 버튼을 클릭합니다.

TIP Splash Screen 창은 기본 설정을 하는 곳으로 언어와 단축 키 등 다양한 설정을 할 수 있습니다. 블렌더의 단축 키는 변경하면 충돌 또는 교체되어 사용이 불편해지는 경우가 있고, 언어의 경우 영어를 사용하는 것이 자료 검색에 좀 더 유용하기 때문에 그대로 사용하는 것을 추천합니다.

03 │ Splash Screen 창이 그림과 같이 변경됩니다. 창의 바깥 여백을 클릭하면 바로 블렌더 작업을 시작할 수 있습니다.

블렌더 인터페이스 살펴보기

다양한 3D 프로그램들은 고유한 인터페이스를 갖고 있습니다. 초기에는 사용자들이 쉽게 적응할 수 있지만, 기능이 늘어남에 따라 복잡해집니다. 블렌더는 커뮤니티 아이디어를 수용하여 인터페이스를 개선하고 있습니다. 또한, 블렌더 인터페이스는 다른 프로그램과 차이가 있어 익숙해지기 어려운 면이 있지만, 구성의 이유를 이해하면 작업 속도와 정보 접근성이 향상됩니다. 사용성과 단축 키 구성이 직관적이고 편리한 블렌더 인터페이스를 살펴보겠습니다.

화면 구성 알아보기

블렌더를 처음 실행하면 볼 수 있는 화면을 함께 살펴보겠습니다.

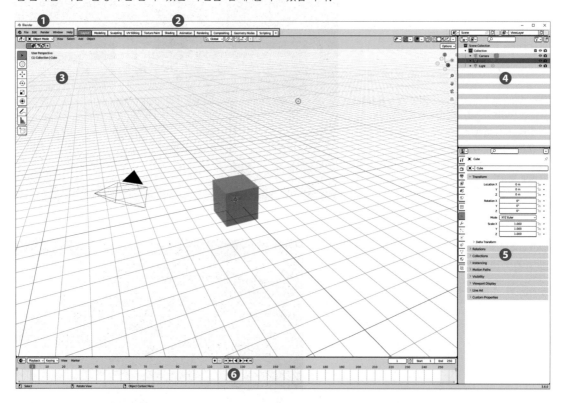

❶ **상단 메뉴 :** 파일의 저장, 블렌더의 설정 뷰포트 레이아웃의 구성과 관련된 메뉴가 모여 있습니다.

❷ **Workspaces(작업 공간) :** 3D 작업 과정에 맞춰 편리한 인터페이스를 제공합니다.

❸ **Main Region(주 공간) :** 3D 뷰포트로, 3D 작업은 이곳에서 주로 진행됩니다.

❹ **Outliner 패널 :** 씬의 구성 요소들이 표시됩니다.

❺ **Properties 패널 :** 각 구성 요소들의 속성이 표시되고 이를 조정할 수 있습니다.

❻ **Timeline 패널 :** 애니메이션과 관련된 패널입니다.

Main Region(주 공간) 화면 알아보기

블렌더의 인터페이스 중앙 부분은 3D Viewport 패널로, 오브젝트를 배치하고 작업하는 영역입니다. 이 영역은 화면의 가장 큰 면적을 차지하며, 각종 정보를 제어하기 위한 창과 아이콘이 배치되어 있습니다.

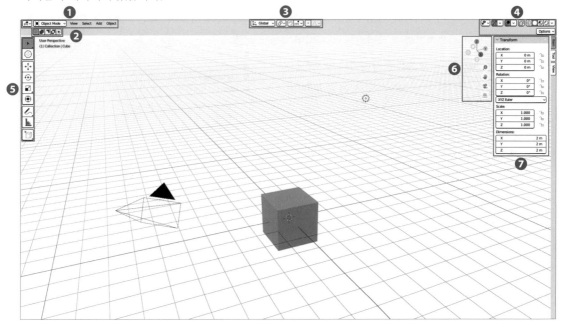

❶ **Header 패널 :** 가장 왼쪽 상단의 핵심 구성 요소가 모여 있는 곳입니다. 그러나 사용 중에는 대부분의 경우 단축 키를 사용하여 접근합니다.

ⓐ **Editor Type :** 3D Viewport 패널을 다른 패널로 손쉽게 변경할 수 있는 기능을 제공합니다. 이는 작업 환경에 맞게 패널을 자유롭게 조정할 수 있어 효율적인 작업을 가능하게 합니다. 각 패널은 같은 프레임을 공유하며, 표시되는 내용에 따라 다양한 기능을 활용할 수 있습니다. 이를 통해 3D 오브젝트 편집, 이미지 및 UV 편집, 셰이더 편집, 애니메이션 자료 편집 등 다양한 데이터에 접근할 수 있습니다.

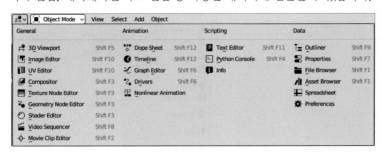

TIP 메뉴에서 각 기능 오른쪽의 회색 글자는 기능 단축 키입니다. 이 단축 키들은 원하는 대로 수정해서 사용할 수 있습니다.

ⓑ **Sets the object interaction mode(오브젝트 선택 모드 설정) :** 오브젝트를 선택하고 편집할 때 기본적으로는 〔Object Mode〕로 설정되어 있습니다. 이 모드는 오브젝트 위치, 회전, 크기 등을 수정할 때 사용됩니다. 〔Edit Mode〕는 폴리곤 오브젝트를 편집해 모델링하는 모드이며, 〔Sculpt Mode〕는 모델을 조각하거나 조소하는 것처럼 편집할 수 있는 기능이 활성화된 모드입니다.

ⓒ **View :** 화면에 어떤 정보를 표시할지 결정하는 것은 사용자 선택에 따라 달라집니다. 예를 들어, 화면 구도에 따라 보이지 않는 오브젝트들이 있는데, 〔Frame All〕을 실행하면 보이지 않는 오브젝트들을 모두 화면에 표시할 수 있습니다.

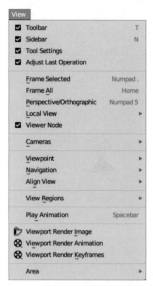

ⓓ **Select :** 오브젝트를 선택하고 선택을 취소하는 명령들이 있습니다. 예를 들어, Ⓐ를 누르면 전체 선택, Alt＋Ⓐ를 누르면 전체 선택 취소, Ctrl＋Ⓘ를 누르면 선택 반전과 같은 명령들이 있습니다.

ⓔ **Add :** 오브젝트나 카메라, 조명 등을 생성하는 명령이 있습니다. 작업에 많이 사용하는 Add 는 Shift＋Ⓐ를 누르면 편리합니다. Mesh의 하위 명령을 살펴보면 여러 가지 도형을 선택하여 원하는 기본 오브젝트의 형태를 선택할 수 있습니다.

ⓕ **Object :** 오브젝트를 이동하고 변경하는 모든 옵션이 포함되어 있습니다. 기본적인 변형 도구 이동, 회전, 크기 조정은 주로 단축 키를 사용하지만, 특별한 기능들은 이 곳에서 실행합니다.

❷ **Mode :** 선택 모드를 결정하는 아이콘입니다. 클릭하고 다른 오브젝트를 클릭했을 때 계속해서 추가로 선택하는지 혹은 이전 오브젝트는 선택이 취소되고 새로운 오브젝트만 선택이 되는지 등을 결정합니다. 기본적으로 이 기능은 첫 번째 (Set a new selection)을 사용합니다. 다른 기능은 대체로 사용하지 않는 경우가 많아 기능적인 면만 알아두는 것을 추천합니다.

❸ **Transformation/Snap/Proportional Editing(이동/스냅/속성 편집) :** Header 패널의 화면 중앙에 위치해 있으며, 작업할 때 자주 사용하는 아이콘들입니다.

ⓐ **Transformation orientations(이동 중심축) :** (Global)은 오브젝트를 이동할 때 Global 혹은 Local 좌표축을 기반으로 움직임을 제어하는 기능입니다. 가장 많이 사용되는 좌표는 (Global)과 (Local)이며, 나머지는 사용 빈도가 낮습니다.

ⓑ **Transform Pivot Point(이동 중심점) :** 오브젝트의 이동과 회전할 때 어떤 지점을 중심으로 할지를 결정하는 기능입니다. 〔Median Point(중심점)〕는 가장 많이 사용하는 옵션으로, 오브젝트의 중심점을 사용합니다. 〔Bounding Box Center〕는 별도로 지정된 중심점(Pivot Point)과 상관없이 오브젝트의 무게 중심점을 기준으로 움직입니다. 〔Individual Origins (개별 중심점)〕는 여러 개의 오브젝트를 선택한 다음 회전할 때 각 오브젝트가 개별적으로 움직이게 합니다.

TIP 중심점(Pivot Point)은 3D 오브젝트에서 중심점으로 오브젝트 모양이나 크기와 상관없이 별도로 지정되는 옵션입니다.

TIP Shift를 누르고 하나씩 선택하면 여러 개의 옵션을 동시에 선택할 수 있습니다.

ⓒ **Snap/Snapping :** 오브젝트의 이동이나 회전 시 다른 오브젝트의 점, 선, 면 등에 일치하도록 만들 수 있습니다. 'Snap' 아이콘(🧲)을 클릭하면 활성화 또는 비활성화할 수 있습니다. 오른쪽 'Snapping' 아이콘(🔲)을 클릭하면 Snap을 어떻게 작용할지를 결정하는 옵션이 나타납니다. 〔Increment〕는 화면에 보이는 그리드에 스냅하는 기능이며, 〔Vertex〕는 오브젝트의 점, 〔Edge〕는 선, 〔Face Project〕는 면에 스냅하는 기능입니다. 대체로 〔Vertex〕, 〔Edge〕, 〔Face Project〕를 동시에 활성화한 상태에서 작업합니다.

ⓓ **Proportional Editing Objects/Proportional Editing Falloff :** 단축 키 O를 눌러 활성화 또는 비활성화할 수 있습니다. 〔Edit Mode〕에서 점, 선, 면을 이동할 때 주변의 점, 선 면들이 자연스럽게 움직이게 할 수 있습니다. 'Proportional Editing Falloff' 아이콘(𝈋)에는 어떤 방식으로 주변 오브젝트에 영향을 줄지를 결정하는 옵션들이 있습니다.

TIP 비례형 편집/비례형 편집의 감쇠라는 뜻을 가지고 있습니다.

❹ **View Object Types/Show/Toggle X-Ray/Viewport Shading :** 화면 오른쪽 위에 있는 아이콘들은 뷰포트에서 보이는 것과 관련된 대부분 옵션을 여기서 조절할 수 있습니다. 주로 사용하는 옵션을 중심으로 살펴보겠습니다.

ⓐ **View Object Types** : 뷰포트의 정보를 필터링 하는 데 사용됩니다. 예를 들어, 조명을 화면에 서 숨길 수 있습니다. 오브젝트의 유형에 따라 화면에서 숨길 수도 있고, 선택되지 않게 설정할 수도 있습니다. 이 아이콘은 눈 모양이며, 마우스 커서 모양의 아이콘은 선택하거나 선택할 수 없도록 합니다.

ⓑ **Show Gizmo** : 뷰포트에 나타나는 Gizmo와 관련되었습니다. Gizmo는 화면에서 오브젝트를 선택했을 때 화살표나 원 등으로 표시되어 사용자가 움직임을 조절할 수 있도록 도와주는 일련의 화면 요소들입니다. 이 아이콘을 사용하면 이러한 요소들을 전체적으로 숨길 수 있습니다.

ⓒ **Show Overlays** : 화면에 오버레이되어 나타나는 정보를 관리하는 곳입니다. 가장 많이 사용하는 옵션 중에는 화면에 선택되지 않은 오브젝트도 와이어프레임으로 표시하거나 오브젝트 면의 노멀 방향을 체크 표시하는 옵션이 있습니다.

ⓓ **Toggle X-Ray** : 오브젝트를 반투명하게 보여 주어 오브젝트 뒷면까지 한번에 확인하고 편집할 수 있도록 도와줍니다. 실제 작업 중에 단축 키 Alt + Z 를 많이 사용합니다.

ⓔ **Viewport Shading :** 뷰포트에서 오브젝트가 어떻게 보이는지를 결정하는 것은 중요합니다. 우선, 〔Wireframe〕 모드에서는 오브젝트가 선으로 표시됩니다. 〔Solid〕 모드는 단순한 면을 보여주며, 〔Material Preview〕 모드는 머티리얼이 적용된 상태를 시각화합니다. 마지막으로 〔Rendered〕 모드는 현재 설정된 렌더 엔진을 사용하여 실시간으로 렌더링된 이미지를 보여줍니다. 오른쪽 끝의 화살표 아이콘을 클릭하면 활성화된 뷰포트 모드에 따라 설정할 수 있는 옵션이 표시됩니다. 〔Solid〕 모드에서는 오브젝트 색상 등을 변경하여 확인하는 것이 가장 일반적입니다.

ⓕ **Options :** 오브젝트 원점 및 기타 특정 부분을 조정할 때 사용합니다.

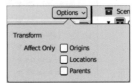

❺ **Toolbar 패널 :** 화면 왼쪽에 위치한 도구들은 오브젝트를 선택하고 이동, 회전, 크기 조절 등 다양한 변형 작업을 수행할 수 있는 도구입니다. 현재 오브젝트 편집 모드에 따라 이 도구들이 다르게 표시됩니다. 순서대로 오브젝트 모드(Object Mode), 편집 모드(Edit Mode), 스컬프 모드(Sculpt Mode), 버텍스 페인트(Vertex Paint), 웨이트 페인트(Weight Paint), 텍스처 페인트(Texture Paint)일 때의 도구 패널이 표시됩니다.

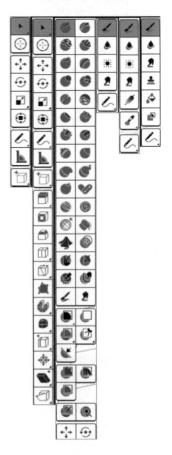

❻ Navigate : 화면 오른쪽에 있는 이 그림은 현재 뷰포트가 글로벌 좌표축을 기준으로 어떤
방향을 가리키는지를 나타냅니다. 한 방향으로 움직인 후에 다른 방향으로 이동하면 화면
전체가 해당 방향으로 회전하여 직접적으로 화면을 조작할 수 있습니다. 또한, 각 축에 있는
알파벳을 클릭하여 해당 축에 고정된 카메라의 평면을 사용해 화면을 고정해서 표시할 수도
있습니다. 이는 단축 키로 빠르게 기능을 사용할 수 있는 유용한 기능 중 하나입니다.

바로 아래에는 돋보기 아이콘과 손 모양 아이콘이 있습니다. 이 아이콘들은 화면을 더 편리
하게 조작할 수 있게 키보드 없이도 사용할 수 있도록 도와줍니다. 순서대로 화면을 확대 및
축소하고 이동할 수 있으며, 카메라 뷰로 이동하거나 입체적인 카메라 또는 평면 카메라로
화면을 볼 수 있는 옵션을 결정할 수 있습니다. 이 아이콘들을 클릭하여 각각 어떻게 작동하
는지 직접 확인해 보시기 바랍니다.

❼ Sidebar : 3D Viewport 패널에서 가장 오른쪽 창은 현재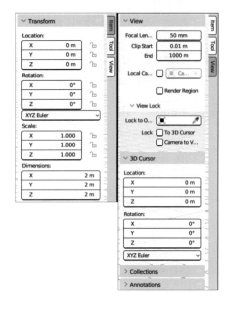
선택된 오브젝트의 위치, 회전, 크기(3D 오브젝트의 기준점
에서 변경된 정도), 실제 오브젝트의 크기 정보 등을 제공합
니다. 예를 들어, 오른쪽 그림에서는 현재 (Item) 탭이 선택
되어 정보가 표시됩니다. 만약 (Tool) 탭을 선택하면 현재
활성화된 도구에 관련된 옵션이 표시되며, (View) 탭을 선택
하면 뷰포트를 보는 가상의 카메라 정보가 표시됩니다. 이런
탭들은 별도의 Add-on을 설치하면 더 추가될 수 있으므로
참고하시기 바랍니다.

TIP 만약 슬라이더바(Sidebar)가 표시되지 않으면 N을 눌러 표시하
세요.

상단 메뉴 알아보기

블렌더에서 가장 상단에 있는 메뉴들의 속성을 알아보겠습니다.

❶ 상단 메뉴 : (Belnder), (File), (Edit), (Render), (Window), (Help) 메뉴가 있는
부분입니다.

    ⓐ **(Blender) 메뉴 :** 이 아이콘은 'Blender'로 표시됩니다. 이를 클릭하면 블
    렌더를 실행할 때 첫 화면이 나타나며, 블렌더 버전 정보를 확인할 수 있습
    니다. 그 외의 기능은 사용하지 않습니다.

ⓑ **(File) 메뉴 :** 새로운 파일을 만들고 저장하며, 또한 외부 파일을 불러오고 다루는 기능이 제공됩니다.

ⓒ **(Edit) 메뉴 :** 실행/실행 취소와 같은 기본 기능뿐만 아니라 마지막에 수행한 명령을 반복하는 기능도 있습니다. 또한, 중요한 (Preferences(환경 설정)) 메뉴가 있으므로 해당 위치를 파악하는 것이 좋습니다.

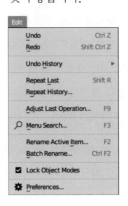

ⓓ **(Render) 메뉴 :** 렌더링과 관련된 옵션이 있습니다. 이 메뉴에서는 대체로 (Render Image), (Render Animation)을 가장 많이 사용합니다.

ⓔ **(Window) 메뉴 :** 새 창을 표시하고 관리하는 메뉴들이 있습니다.

ⓕ **(Help) 메뉴 :** 도움말과 유용한 문서들, 인터넷 바로가기로 구성되어 있습니다. 이 메뉴에는 좋은 정보가 많으니 세부적으로 살펴보시길 바랍니다.

❷ **Workspaces(작업 공간) :** 각 Workspaces에 특정 작업 화면을 최적화시켜 저장하여 사용하기 쉽도록 모아놓은 것입니다. 기본으로 구성된 Workspaces는 11개이며, ⊞를 클릭하여 원하는 인터페이스를 추가로 만들 수 있습니다.

| Layout | Modeling | Sculpting | UV Editing | Texture Paint | Shading | Animation | Rendering | Compositing | Geometry Nodes | Scripting | + |

❸ Layers : Scene 레이어와 View 레이어를 구성합니다.

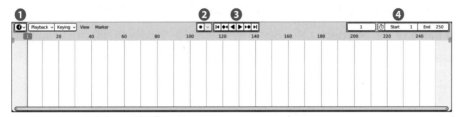

Timeline 패널 알아보기

기본 작업 화면의 가장 아래쪽에는 Timeline 패널이 위치합니다. 이 패널을 통해 애니메이션을 작성하고 편집할 수 있습니다. 애니메이션을 만들기 위한 다른 창들도 있지만, Timeline 패널은 그중에서도 가장 기본적인 기능을 제공합니다.

❶ Editor Type : Editor Type에서 패널을 변경하여 더 편리하고 디테일하게 애니메이션 작업을 할 수 있습니다.

   ⓐ **Dope Sheet :** 키프레임을 가장 직관적으로 편집할 수 있는 패널입니다.

   ⓑ **Graph Editor :** 디테일한 애니메이션의 속도 변화를 그래프를 통해서 작업할 수 있도록 만들어 줍니다.

   ⓒ **Drivers :** 'A' 오브젝트와 'B' 오브젝트가 상호작용할 수 있도록 만들고 관리하는 애니메이션을 담당합니다.

   ⓓ **Nonlinear Animation :** 주로 캐릭터 애니메이션을 제작할 때, 한 캐릭터에 여러 액션을 제작하고 이를 조합하며 섞어서 다양한 애니메이션을 만들 수 있도록 도와주는 패널입니다.

❷ Auto Keying : Timeline 패널 가운데에 위치한 아이콘은 'Auto Keying'입니다. 이 아이콘을 클릭한 상태로 프레임 위치나 오브젝트 설정 등을 변경하면 자동으로 현재 프레임에 애니메이션 키프레임이 추가됩니다. 다른 프로그램에서 사용하는 Auto Keyframe(●) 기능과 유사하므로 이해하기 쉽습니다.

❸ Animation : 'Auto Keying' 아이콘 오른쪽에 위치한 아이콘들은 애니메이션 재생을 제어합니다. 이 아이콘들을 사용해 키프레임을 설정하고 만든 애니메이션을 재생할 수 있습니다. 재생 옵션은 기본 재생부터 역재생, 앞에 위치한 키프레임으로 이동, 뒤에 위치한 키프레임으로 이동, 가장 앞으로 이동, 그리고 가장 뒤로 이동하는 기능을 수행합니다. 여기서 자주 사용하는 재생 기능은 [Spacebar]를 눌러 사용합니다.

[◄◄ ◄◄ ◄ ► ►► ►◄]

❹ Frame/Range : Timeline 패널 오른쪽에 위치한 기능들입니다.

ⓐ **Current Frame :** 숫자는 현재 프레임을 나타냅니다. 숫자를 변경해 원하는 프레임으로 위치를 이동할 수 있습니다.

ⓑ **Use Preview Range :** 애니메이션이 너무 길어 중간 부분만 계속해서 확인해야 하는 경우에 주로 사용합니다. 아이콘을 클릭하면 Timeline 패널의 색상이 전체적으로 변경되어 시작과 끝 프레임을 임의로 추가할 수 있습니다. Spacebar 를 누르면 이곳에 입력된 부분만 재생되며 다시 아이콘을 클릭하면 취소되어 원래대로 돌아옵니다.

ⓒ **First/Final frame of the playback :** Start는 첫 번째 프레임을, End는 마지막 프레임을 나타냅니다. 이곳에서는 전체 애니메이션의 길이를 계산해 입력하고 작업하거나, 작업 중에도 프레임을 수정할 수 있습니다.

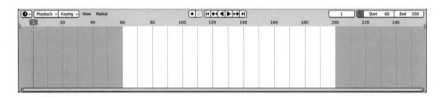

Outliner 패널 알아보기

이 패널은 블렌더 씬(Scene) 전체 구성을 확인하고 조절할 때 필수입니다. 씬에 생성된 모든 오브젝트가 이곳에 표시됩니다. 이 패널을 통해 화면에서 여러 오브젝트를 선택하고 생성하는 것 이상으로, 정리하고 이름을 수정하며 구성을 변경할 수 있습니다. 이는 윈도우의 폴더 및 파일 구조와 유사합니다. 기본으로 'Scene Collection'이라는 전체 폴더가 생성되며, 하위에는 'Collection' 폴더와 유사한 컬렉션들이 만들어집니다.

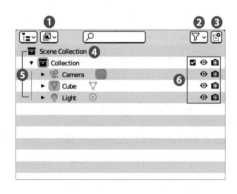

❶ **Display Mode :** 이 아이콘은 현재 아웃라이너가 어떤 데이터를 보여주는지 나타냅니다. 기본 작업 모드인 [View Layer] 모드에서 주로 사용됩니다. 다른 모드는 거의 사용할 일이 없지만, 여기서 [Orphan Data] 모드는 중요합니다. 파일을 오랫동안 작업하며 여러 데이터를 생성하고 삭제하는 경우가 많습니다. 이러한 데이터가 쌓이면 파일이 무거워지고 작업이 느려질 수 있습니다. 따라서 [Orphan Data] 모드에서 현재 사용하지 않는 데이터를 확인할 수 있습니다. [Purge] 버튼을 클릭하면 쓸모없는 데이터를 삭제할 수 있습니다. 이 기능은 윈도우에서 휴지통을 비우는 것과 유사합니다.

❷ Filter : 숨겨진 기능 중에 'Filter' 아이콘()이 있습니다. 이 아이콘을 클릭하면 오른쪽 그림과 같은 메뉴가 표시됩니다. 이중 'Restrictions Toggles' 아이콘(▶)을 활성화하면 Outliner 패널에서 오브젝트를 선택할 수 없도록 만들 수 있습니다. 기타 다른 기능들은 거의 사용하지 않습니다.

❸ New Collection : Outliner 패널에서는 Scene을 정리하기 위하여 컬렉션을 사용합니다. 이 아이콘을 클릭해 새로운 컬렉션을 만들 수 있습니다.

❹ 아이콘 : Collection과 Scene Collection은 기본으로 상자 모양(📦)으로 표시되어 있습니다. 카메라나 기타 다른 오브젝트를 만들면 각 오브젝트를 상징하는 아이콘들로 표기됩니다.

❺ 폴더 구조 : 삼각형 아이콘(▶)을 클릭하면 컬렉션과 오브젝트 하위 속성을 확인할 수 있습니다. 예를 들어, 오른쪽 그림의 'Cube' 오브젝트는 애니메이션 데이터를 포함하며, 이는 'Cube'라는 오브젝트로 구성되어 있고, 모디파이어를 가지고 있습니다.

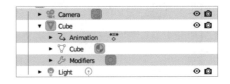

더 깊은 폴더 구조로 진입하면 더 자세한 내용이 표시됩니다. 예를 들어, 어떤 이름의 애니메이션 데이터가 연결되어 있는지, 어떤 머티리얼이 사용되었는지, 어떤 모디파이어가 적용되었는지 등이 나타납니다. 모든 내용을 확인할 필요는 없지만, 오브젝트가 이렇게 구성된다는 사실을 알고 있어야 합니다.

블렌더의 파일 구조는 모두 폴더와 유사하게 구성됩니다. 예를 들어, 'Cube' 오브젝트를 생성하면 'Cube'라는 폴더가 생성되고 그 안에 'Cube' 메시가 들어가며, 이와 함께 모디파이어와 머티리얼 정보가 함께 들어갑니다. 이 구조는 처음 블렌더를 시작할 때 이해하기 어려운 부분이지만, 3D 학습을 하면서 필수적으로 이해해야 할 내용입니다.

TIP 모델링 작업 중에 (Reset Scale) 등을 실행해 크기나 위치를 초기화하는 이유는, 상위에 있는 'Cube' 폴더에 기록된 정보를 하위 메시 정보와 결합하여 정리하는 역할을 하기 때문입니다.

❻ **체크박스/눈/카메라 :** 컬렉션을 확인해 보면 오른쪽에 체크박스와 눈, 그리고 카메라 아이콘이 있습니다. 체크박스는 컬렉션을 비활성화하는 기능을 하며, 비활성화된 컬렉션은 화면과 렌더링에 나타나지 않습니다. '눈' 아이콘(◉)은 화면에 표시되지 않게 하며, '카메라' 아이콘(◙)은 화면에 보이는 것과 별도로 렌더링했을 때 보일 것인지 보이지 않도록 할 것인지를 결정합니다.

Properties 패널 알아보기

Properties 패널은 블렌더의 전반적인 설정부터 선택된 오브젝트의 세부 정보까지 접근해 변경할 수 있어 중요합니다. 이 패널은 여러 개의 하위 탭으로 구성되어 있으며, 각 탭은 다양한 기능과 설정을 제공합니다. 이번에는 탭의 모양과 기능 구성을 살펴보겠습니다.

❶ **Active Tool and Workspace settings(⚒) :** Toolbar 패널은 현재 선택된 도구와 관련된 옵션을 표시합니다. 선택한 도구나 편집 도구에 따라, 활성화되는 기능에 따라 다양한 형태로 변합니다.

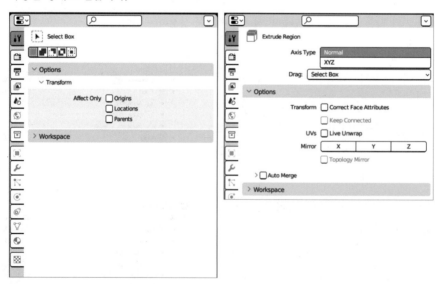

TIP 〔Active Tool and Workspace settings(⚙️)〕탭에 나타나는
옵션들은 3D Viewport 패널에서 [N]을 눌러 표시되는 Sidebar 창의
〔Tool〕탭에도 동일하게 나타납니다.

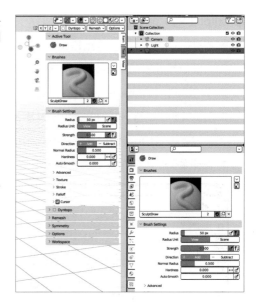

❷ **Render(📷) :** 렌더링과 관련된 탭입니다. 여기에서는
Render Engine을 지정해 렌더러를 변경할 수 있으
며, 각 렌더러 옵션을 조절할 수 있습니다. 〔Sampling〕
에서는 렌더링 품질을 설정하고, 〔Film〕에서는 배경을
투명하게 렌더링할 수 있는 'Transparent'를 체크 표
시합니다. 〔Color Management〕에서는 Look 부분
을 조절하여 렌더링된 이미지의 색상 값을 쉽게 조절할
수 있습니다. 이 두 가지는 자주 사용하는 옵션입니다.

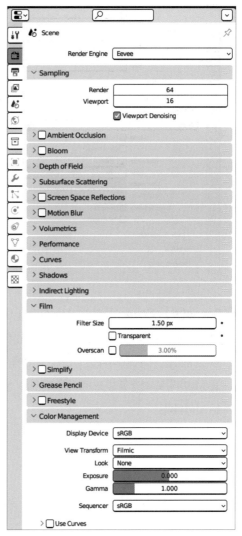

❸ **Output()** : 렌더링 이미지의 크기와 저장 위치를 지정할 수 있습니다. 또한 Frame Rate에서 초당 몇 프레임으로 애니메이션을 제작할지 설정할 수 있으며, Frame Range에서 시작과 끝 프레임을 지정해 전체 애니메이션의 길이를 조절할 수도 있습니다. Output에서는 저장되는 이미지의 파일 형식과 비트 수를 설정할 수 있습니다.

❹ **View Layer()** : 렌더링할 때 이미지를 분리하여 어떤 채널로 렌더링할지를 정하는 옵션이 있습니다. 이 기능은 다양한 채널로 렌더링한 후 합성 프로그램에서 효과적으로 합성하기 위하여 사용됩니다.

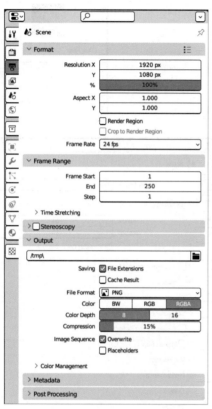

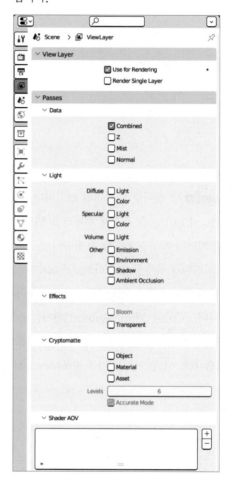

❺ **Scene()** : Scene 옵션의 기본 설정과 Units 옵션, 시뮬레이션에서 중력의 기본값 등을 설정할 수 있습니다. 가장 널리 사용하는 기능 중 하나는 Units 옵션에서 Unit System을 M(미터)로 설정할지 또는 다른 단위로 설정할지를 결정하는 것입니다.

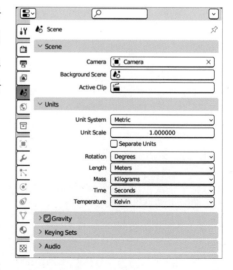

❻ World(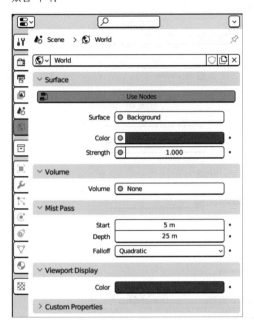) : 씬(Scene) 기본 배경을 설정합니다. Color를 지정하면 다양한 색상의 배경을 간편하게 변경할 수 있습니다. 또한, (Use Nodes)를 활성화하고 Shader Editor 패널에서 여러 가지 노드를 조합하여 배경에 다양한 효과를 만들 수도 있습니다.

❼ Collection(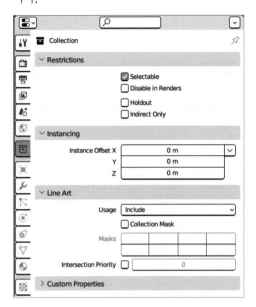) : 컬렉션의 기능을 제어하는 곳입니다.

❽ Object(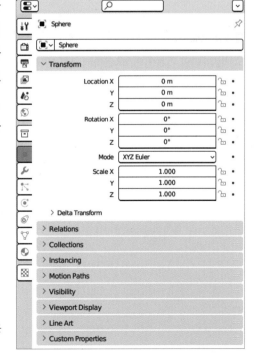) : 새로 만든 오브젝트의 최상위 정보에 접근하고 변경할 수 있는 곳입니다. 이는 앞서 설명한 폴더 구조에서 가장 상위에 해당하는 폴더의 정보 값을 나타내는 곳입니다. 하위 구조에 해당하는 오브젝트의 정보는 (Data) 탭에서 처리됩니다. 간단히 설명하자면, Object가 상위 구조이고 그 아래에 Data가 존재하는 구조입니다.

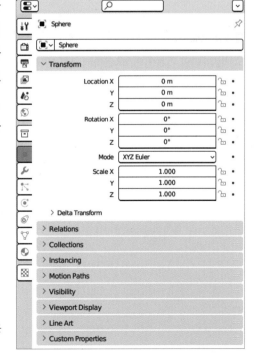

TIP 처음에는 이해하기 어려우니 이해되지 않는다면 이 부분은 넘어가는 것이 좋습니다.

❾ **Modifiers(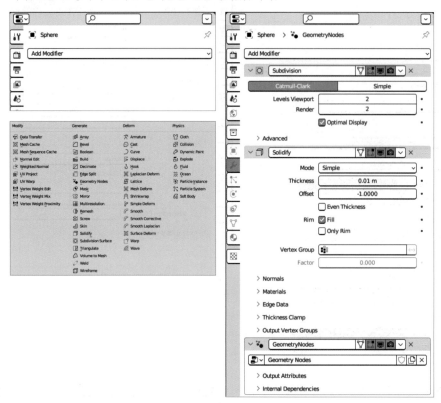) :** 여러 기능들을 적용하고, 수정하는 곳입니다. 기본적으로는 어떤 모디파이어도 적용되어 있지 않습니다. 'Add Modifier'를 클릭하면 다양한 모디파이어가 표시되어 적용할 수 있습니다. 모디파이어를 적용하면 설정 창이 생성되며, 이 설정 창의 옵션을 조정하여 원하는 결과물을 얻을 수 있습니다.

❿ **Particles(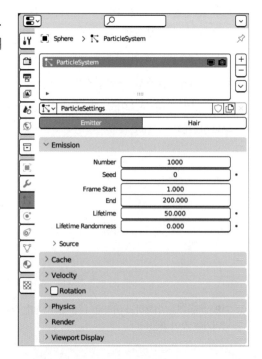) :** 파티클 시뮬레이션을 제작하는 곳입니다. 빈 화면이 기본이며, 오른쪽의 ⊞ 아이콘을 클릭해 파티클을 추가할 수 있습니다.

⑪ Physics(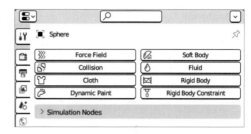) : 물리 시뮬레이션을 담당합니다. 충돌, 옷
감, 기체, 소프트바디 시뮬레이션 등 모든 종류의 시뮬
레이션을 이곳에서 생성하고 관리합니다.

⑫ Object Constrains() : 오브젝트 간의 종속 관계를 설정할 수 있는 곳입니다. 오브
젝트 간의 움직임이나 크기를 종속시켜 함께 유기적으로 움직이는 애니메이션을 제작
할 수 있습니다. 〔Add Object Constraint〕를 클릭해 적용할 수 있는 목록이 표시되
면, 원하는 제약(Constrain, 컨스트레인)을 선택해 원하는 만큼 적용할 수 있습니다.

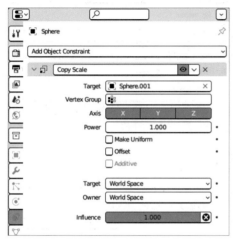

TIP 기본은 빈 화면이며 참고 이미지는 〔Copy Scale〕이라는 제약
(Constrain)을 적용한 예입니다.

⑬ Object Data(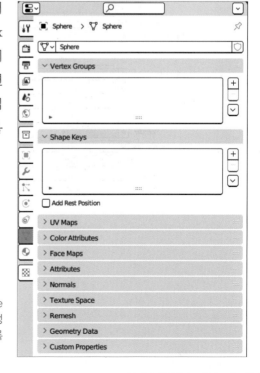) : 오브젝트의 가장 아래에 있는 데이터
속성값을 추가하거나 변경할 수 있습니다. Vertex
Groups를 지정하여 다른 기능들과 연동하는 것도 이
탭의 기능 중 하나입니다. 또한, UV 맵이나 애니메이션
중 Shape Key 등을 저장하는 것도 이곳에서 이루어집
니다. 오른쪽 그림은 Sphere 오브젝트를 구성한 다음
선택한 화면입니다.

TIP 보통 마우스 오른쪽 버튼을 클릭해 실행하는 〔Shade
Smooth〕 기능도 〔Object Data(▽)〕 탭에 보관되는 Normals 정
보를 쉽게 수정하는 것입니다. 이처럼 블렌더를 깊이 학습할수록
이 탭의 옵션을 많이 알아두어야 합니다.

⓮ **Material(⊙) :** 머티리얼 셰이더의 적용과 편집을 할 수 있습니다. 기본적으로 셰이더를 생성하고, 한 개의 오브젝트에 여러 개의 셰이더를 적용하는 등의 편집 작업을 수행합니다. 기본 탭은 비어 있으며, 아래 그림은 오브젝트에 두 개의 셰이더를 적용한 화면입니다.

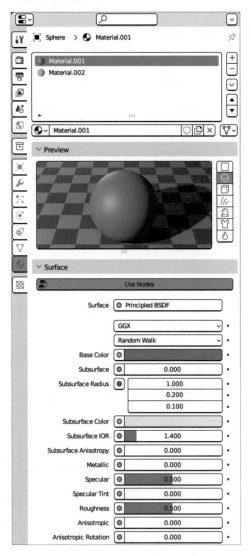

⓯ **Textures(⊙) :** 텍스처를 다루는 곳입니다. 여기서는 노이즈 등을 생성하고, 모디파이어의 옵션에 적용하는 등의 작업을 수행할 수 있습니다. 그러나 대부분의 경우 셰이더 그래프에서 거의 모든 작업을 수행할 수 있어 특별한 경우를 제외하고는 이 탭을 잘 사용하지 않습니다. 오래된 강의 등에서는 이 탭을 사용하는 모습을 찾아볼 수 있습니다. 이 탭은 기본적으로 비어 있으며, 다음 그림은 Clouds 노이즈를 생성한 화면입니다.

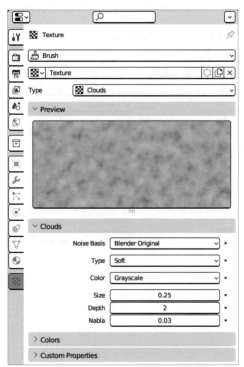

Properties 패널은 선택하는 오브젝트에 따라 표시하는 정보와 탭의 종류도 다릅니다. 조명을 선택하면 〔Object Data(▽)〕 탭에 조명의 옵션과 관련된 정보가 표시되고, 카메라를 선택하면 카메라와 관련된 정보가 표시됩니다. Animation에 사용되는 Amature를 선택하면 특수한 탭들이 여러 개 생성되기도 합니다. 모두 알 필요는 없으며 선택하는 오브젝트마다 표시 내용이 바뀐다는 정도만 기억하면 됩니다.

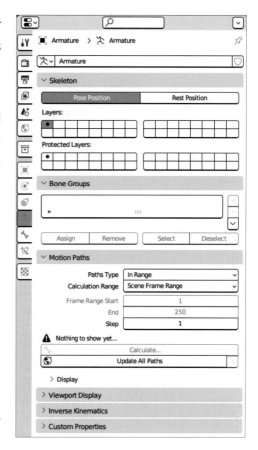

TIP 다른 프로그램에서는 Amature를 '스켈레톤(Skeleton)'이라고 표시하기도 합니다.

블렌더 4.0의 변경된 인터페이스 살펴보기

블렌더 4.0부터는 책에서 설명하는 부분 중 사용자들이 혼동을 겪을 수 있는 인터페이스 변경이 있습니다. 주로 〔Shader Node〕와 〔Modifiers〕 탭 인터페이스의 변경이 눈에 띕니다. 이에 대한 변화를 살펴보겠습니다.

〔Shader Node〕 탭

01 〔Shader Node〕 탭 중에 가장 기본이 되는 'Principled BSDF' 노드의 형태가 변경되었습니다. 그림에서 왼쪽이 4.0 버전의 기본 형태이며, 오른쪽이 3.6 버전의 기본 형태입니다. 기존에는 모든 노드가 전부한번에 노출된 반면, 4.0 버전은 가장 많이 사용되는 노드만 우선 노출이 되었고 사용빈도가 낮은 노드들은 숨겨져 있습니다.

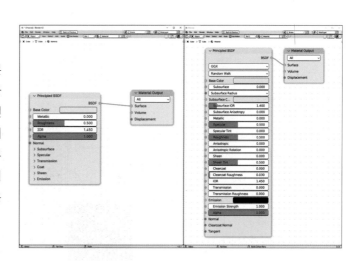

02 │ 기본 셰이더의 하위 노드들은 노드 이름 왼쪽의 '>' 아이콘을 클릭하면 접근할 수 있습니다. 오른쪽 그림은 모든 노드를 펼친 모습입니다.

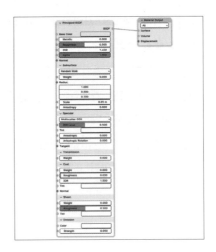

〔Modifiers〕 탭

01 │ 〔Modifiers(🔧)〕 탭에서 'Add Modifier'를 클릭하면 나타나는 인터페이스가 변경되었습니다. 오른쪽 그림은 3.6 버전에서 'Add Modifier'를 클릭했을 때 나타나는 형태입니다. 모든 모디파이어가 나타나이 중에 하나를 골라 적용하는 방식입니다.

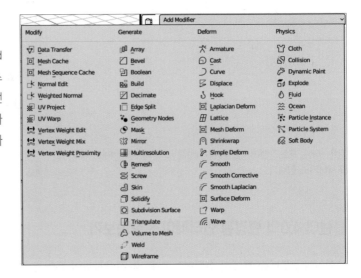

02 │ 새롭게 적용된 4.0 버전 인터페이스입니다. 간결한 인터페이스에 각 모디파이어 종류에 따라 분류되어 있습니다. 〔Geometry Nodes〕는 첫 번째로 분리된 형태입니다. 여기서 하위 메뉴를 선택하면 모디파이어들이 나타나는 형식입니다.

03 │ 각각의 모디파이어 분류를 선택했을 때 나타나는 하위 모디파이어들의 목록입니다. 순서대로 Edit, Generate, Deform, Physics, Hair 순입니다. Hair는 기존에 없던 모디파이어이며 종류가 많아서 하위에 세부적으로 분류되었습니다.

블렌더 환경 설정하기

03

블렌더의 환경 설정은 사용자가 소프트웨어를 개인 취향에 맞게 사용할 수 있도록 도와줍니다. 이 설정은 사용자 인터페이스, 단축 키, 파일 경로, 렌더링 등 다양한 옵션을 포함합니다. 사용자는 이를 변경하여 작업 환경을 최적화할 수 있습니다. 또한, 애드온을 관리하고 활성화 또는 비활성화하여 필요에 따라 기능을 확장할 수 있습니다. 이를 통해 블렌더를 효율적으로 활용하고 개인적인 선호에 맞게 조정할 수 있습니다.

렌더링 환경 설정하기

블렌더의 Cycles 렌더 엔진은 GPU와 CPU를 모두 활용할 수 있습니다. CPU를 이용하면 안정적으로 렌더링할 수 있으며, GPU를 사용하면 더 빠른 렌더링 속도를 기대할 수 있습니다. 이 설정은 블렌더를 처음 설치할 때 반드시 해야 하는 중요 설정 중 하나입니다.

01 │ 상단 메뉴에서 (Edit) → (Preferences)를 실행합니다. Blender Preferences 창이 표시되면 (System) 탭을 선택합니다.

TIP F4 를 누르고 (Preferences)를 실행해도 Blender Preferences 창을 표시할 수 있습니다.

02 │ Cycles Render Devices 옵션에서 자신의 컴퓨터에 맞는 설정을 찾아 체크 표시합니다.

03 │ GPU와 CPU 체크박스가 있습니다. 모두 체크 표시하면 속도가 느려지지만 안정적입니다. 보통 GPU만 체크 표시하고 사용하다가 프로젝트가 너무 커져 블렌더가 렌더링 중 꺼지면 CPU까지 동시에 체크 표시해 사용하시기 바랍니다.

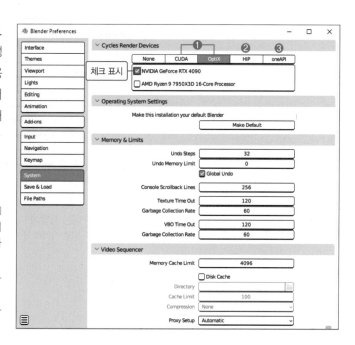

TIP Cycles Render Devices 옵션 알아보기

❶ 엔비디아 계열 GPU를 사용하면 (CUDA) 또는 (OptiX)를 사용합니다. OptiX가 좀 더 최신 그래픽카드에서 활성화되며 속도도 빠릅니다.
❷ (HIP)는 AMD 계열의 그래픽카드를 가지고 있으면 활성화됩니다.
❸ (oneAPI)는 인텔의 그래픽카드를 가지고 있으면 활성화됩니다.

애드온(Add-on) 설치하기

블렌더는 애드온(Add-on)을 통해 기능을 확장할 수 있습니다. 애드온은 블렌더의 기본
기능에 없는 추가 기능을 제공하는 작은 프로그램으로, 종종 플러그인이라고도 불립니다.
블렌더에 모든 기능을 포함하고 활성화하면 프로그램이 더 복잡해지고 실행 시간도 오래
걸릴 수 있으므로, 기능들을 에드온으로 분리해 사용자가 켜거나 끌 수 있도록 했습니다.
이제 애드온을 설치하는 방법을 살펴보겠습니다.

블렌더에서 제공하는 기본 Add-on 설치하기

01 | 환경 설정을 위해 메뉴에서 (Edit) → (Preferences)를 실행합니다. 또는 F4 를 누
르고 가장 아래쪽 (Preferences)를 실행해도 됩니다.

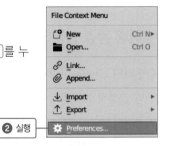

02 | Blender Preferences 창에서
(Add-ons) 탭을 선택하면 다음과 같은 설
정을 확인할 수 있습니다.

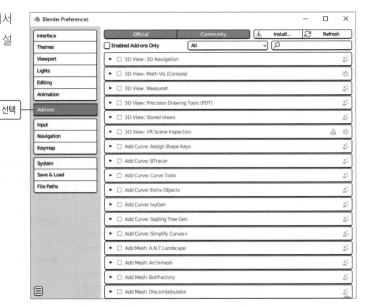

TIP 블렌더에는 기본적으로 많은 애드온이 포함되어 있지만, 활성화되지 않은 경우가 많습니다. 이는 블렌더의 실행과 운용을
가볍게 하기 위한 노력의 일환입니다. 또한 사용자가 필요로 하는 작업에 따라 필요한 애드온의 종류가 매우 다릅니다. 따라서
학습하면서 필요한 애드온의 숫자가 늘어납니다. 필요한 애드온을 기억하기 위해 노트 등에 메모하는 것을 권장합니다.

03 돋보기 아이콘이 있는 검색 창에 이름을 검색해서 원하는 애드온을 찾습니다.

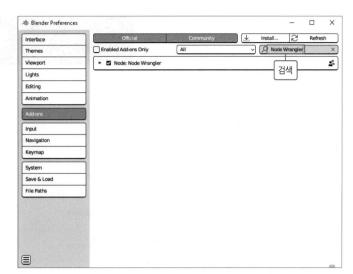

TIP 원하는 애드온을 활성화하면 바로 사용할 수 있지만, 기본적으로 제공되는 애드온이 너무 많아 한 번에 찾기가 쉽지 않습니다.

04 애드온을 찾은 후 이름을 체크 표시하여 활성화하면 즉시 사용할 수 있습니다.

05 애드온 이름의 드롭다운 아이콘을 클릭하면 관련 메뉴가 나타납니다.

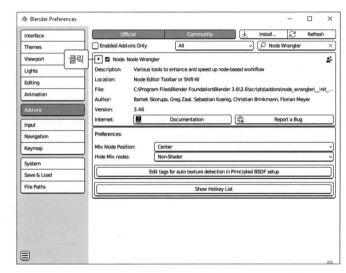

TIP 보통 자세한 사용 방법과 개발자가 제공하는 문서 등의 링크가 있습니다. 사용법을 알수 없는 애드온의 경우 여기서 정보를 찾을 수있습니다.

TIP Node Wrangler는 다양한 기능을 제공하는데, 이를 편리하게 사용하기 위해 다양한 단축 키를 제공합니다. Node Wrangler의 (Documentation) 버튼을 클릭하면 이러한 기능들이 잘 정리된 문서를 확인할 수 있습니다. 이를 통해 사용자는 Node Wrangler의 다양한 기능을 쉽게 살펴볼 수 있습니다.

외부 애드온 설치하기

01 | 블렌더에 기본으로 설치되지 않은 애드온을 설치해 보겠습니다. 예를 들어, 'UvSquares'를 설치하기 위해 'Github(https://github.com/Radivarig/UvSquares)' 사이트에 접속합니다.

TIP UvSquares 애드온은 무료이며 개발자가 Github를 통해 배포하고 있습니다.

02 | 초록색의 (Code) 버튼을 클릭합니다. 가장 아래쪽 (Download ZIP)을 클릭합니다.

TIP 이때 파일은 블렌더 애드온을 모을 폴더에 다운로드합니다. 블렌더를 계속 사용하면 애드온이 많이 쌓이는데, 이 폴더에 잘 정리해 모으는 것을 추천합니다.

03 | 다시 블렌더로 돌아와서 Blender Preferences 창의 (Add-ons) 탭으로 이동합니다. 오른쪽 위에서 (Install) 버튼 (⬇ Install...)을 클릭합니다.
Blender File View 창에서 다운로드한 Zip 파일을 찾아 선택하고 (Install Add-on) 버튼을 클릭합니다.

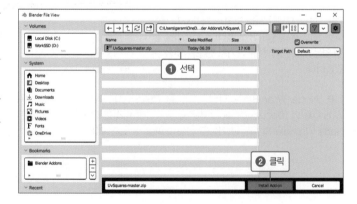

04 | Blender Preferences 창의 [Add-ons] 탭에 추가한 애드온이 비활성화된 채 나타납니다. 이름을 체크 표시하면 애드온이 활성화되며 바로 사용할 수 있습니다.

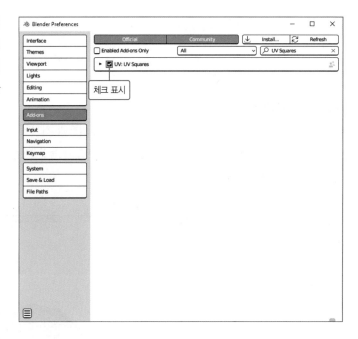

05 | Blender Preferences 창 왼쪽 아래 'Save & Load' 아이콘(☰)을 클릭하고 [Save Preference]를 실행하면 설정이 저장됩니다.

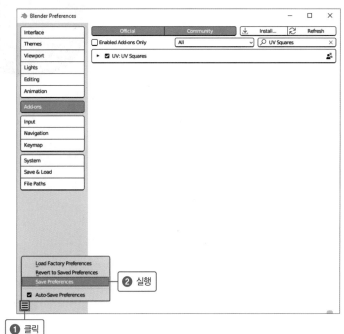

TIP 기본으로 자동 저장 기능이 활성화되어 있지만 항상 체크 표시하는 편이 안전합니다.

TIP 유용한 기본 애드온(Add-on)

블렌더에 포함된 유용한 애드온 목록으로, 블렌더를 처음 실행하면 활성화하고 사용하시기 바랍니다.
- AddCurve – Extra Objects : 베지어 곡선 오브젝트 추가
- Add mesh – Extra Objects : 생성할 수 있는 기본 오브젝트 추가
- Import – Export – Import Images as Planes : 이미지를 평면으로 추가
- Interface – 3D Viewport Pie Menus : 인터페이스 편의성 파이 메뉴 추가
- Interface – Amaranth Toolse : 셰이더 노드에서 이미지 더블클릭하면 뷰어에 업데이트
- Mesh – F2 : 메시 홀 메꾸는 기능 성능 향상
- Mesh – LoopTools : 모델링 편의 기능 향상
- Node – NodeWrangler : 노드 편집 관련 편의 기능 향상
- Object – Bool Tool : 불리언(Boolean) 기능 개선 및 편의성 향상

바로가기와 단축 키 설정하기

바로가기(Quick Favorite)와 단축 키를 설정하는 방법에 대해 알아보겠습니다.

바로가기 설정하기

블렌더의 바로가기(Quick Favorite) 설정은 많은 명령과 기능들 중 자주 사용하는 항목들을 편리하게 접근할 수 있도록 도와줍니다. 사용 빈도가 높은 기능들을 바로가기에 추가하여 사용하면 작업 효율을 높일 수 있습니다.

01 | 화면 모드 중 셰이딩 모드를 사용할 때 와이어프레임을 켜고 끌 일이 많은데, 항상 Viewport Overlays의 'Wireframe'을 체크 표시해야 합니다. 이 기능을 Quick Favorite에 등록하겠습니다.

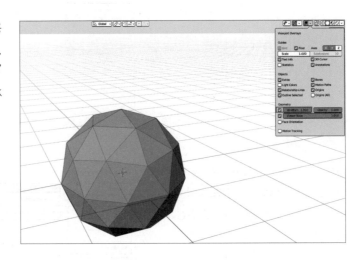

02 | 'Overlays' 아이콘의 드롭다운 아이콘을 클릭한 다음 Geometry 항목의 'Wireframe' 체크박스에서 마우스 오른쪽 버튼을 클릭합니다.

TIP 이때 체크 표시 여부는 상관없습니다.

03 메뉴에서 (Add to Quick Favorites(바로가기에 추가))를 실행합니다.

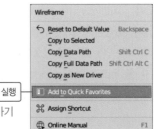

TIP 만약 Quick Favorites에 등록된 기능이면 (Remove from Quick Favorites(바로가기에서 삭제))가 나타납니다.

04 이러한 방법으로 등록된 기능들은 Q를 누르면 바로 나타납니다. 여기서 활성화하면 빠르게 기능을 실행할 수 있습니다.

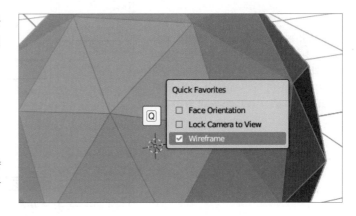

TIP 그림에서는 (Face Orientation(면 방향점검)), (Lock Camera to View(카메라를 뷰포트에 고정)) 기능도 등록한 상태입니다.

단축 키 설정하기

01 3D 뷰포트 오른쪽 'Viewport Overlays' 아이콘(🔵)에서 마우스 오른쪽 버튼을 클릭합니다.

TIP 'Viewport Overlays' 아이콘은 화면에 표시된 모든 정보를 켜고 끌 수 있어 깔끔한 화면으로 오브젝트를 점검할 때 사용하는 기능입니다.

02 메뉴에서 (Assign Shortcut(단축 키 지정))을 실행합니다.

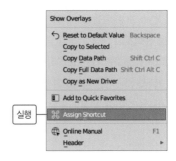

03 Assign Shortcut 창이 표시되면 원하는 키를 누릅니다. 여기서는 ;(세미콜론)을 눌렀습니다.

TIP 이때 주의해야 할 점은, 이미 할당된 단축 키와 충돌하지 않도록 키를 지정해야 합니다. 만약 충돌이 발생하면 해당 기능이 제대로 작동하지 않을 수 있습니다.

04 이번에는 단축 키를 변경하는 방법을 알아보겠습니다. 오브젝트를 화면 가운데에 배치하는 단축 키 ⊡를 F로 변경하겠습니다. F4를 누르고 (Preferences)를 실행한 후 왼쪽의 (Keymap) 탭을 선택합니다.

선택

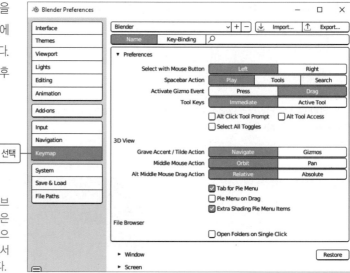

TIP 넘버 패드의 ⊡를 누르면 선택된 오브젝트를 화면 가운데에 배치합니다. 이 기능은 보통 다른 프로그램에서는 F가 가지고 있으며, 이 키가 접근이 더 편리하지만, 블렌더에서는 해당 키에 다른 기능이 할당되어 있습니다.

05 기능의 이름을 알면 돋보기 아이콘 오른쪽에 검색해 찾을 수 있습니다. 하지만 너무 많은 기능이 나오거나 생각했던 이름이 아닌 경우가 많습니다.

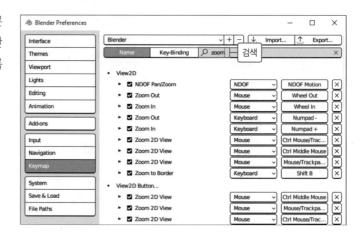

06 (Key-Binding(설정된 키로 검색))을 선택하고 해당 기능을 담당하는 키를 입력해 검색하면 많은 옵션이 나타납니다. 이 중에서 차근차근 검색하여 정확하게 원하는 기능을 찾아야 합니다.

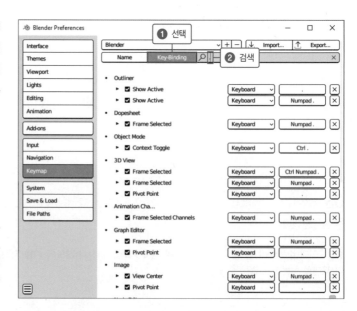

TIP 이것은 단축 키 하나에도 어떤 창에 마우스 커서가 위치했는가에 따라서 또는 오브젝트 모드가 (Edit Mode)인지, (Object Mode)인지, (Sculp Mode)인지에 따라서 모두 다른 기능을 하기 때문입니다.

07 | 원하는 기능은 중간 3D View의 'Frame Selected'에서 두 번째 기능으로, 할당된 키가 (Numpad.)으로 되어 있습니다. 이를 클릭하면 (Press a key)가 표시됩니다. 이 상태에서 원하는 키((F))를 입력합니다.

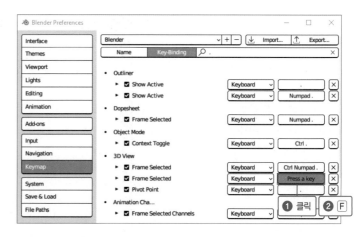

08 | 찾았던 기능이 사라지고 (Restore) 버튼이 나타납니다. (.)가 할당된 키를 검색했는데, 그 기능에 (F)를 할당했기 때문에 검색되지 않은 것입니다.

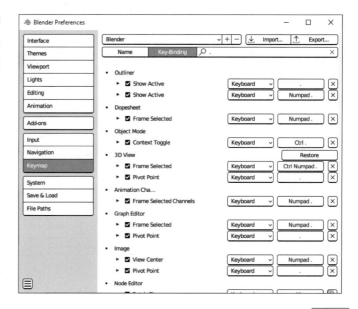

TIP 만약 키를 잘못 눌렀다면 (Restore(복구)) 버튼을 클릭해서 복원할 수 있습니다.

09 | 이번에는 'f'로 검색합니다. f와 관련된 많은 단축 키가 나타납니다. 오른쪽 스크롤바를 내리면 중간에 '3D View', 'Frame Selected'에 (F)가 할당된 것을 확인할 수 있습니다. 창을 닫습니다.

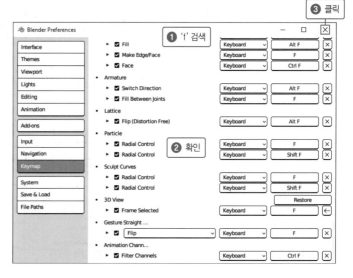

TIP 그 위에도 (Restore) 버튼이 있어 원한다면 언제든지 복구할 수 있습니다.

10 | 직접 만든 단축 키를 시험해 봅니다. 잘 작동하지만 오브젝트 모드일 때만 작동합니다. [Tab]을 눌러 (Edit Mode)에서 오브젝트 일부분을 선택하고 [F]를 누르면 원하는 기능으로 작동하지 않는 것을 알 수 있습니다. (Edit Mode)에서의 단축 키도 따로 변경해야 원하는 대로 작동합니다.

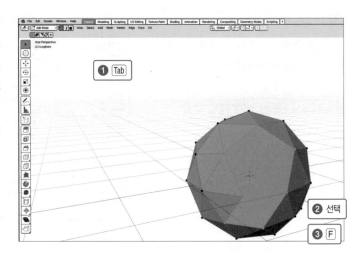

11 | 하지만 [F]는 (Edit Mode)에서 Face를 생성하는 중요한 기능을 담당하고 있어 이 부분은 변경하지 않는 것을 추천합니다. 만약 변경해서 사용하다가 다시 원래대로 단축 키를 복원하고 싶다면 Blender Preferences 창의 (Keymap) 탭에서 아무것도 입력하지 않은 채 (Restore) 버튼([Restore])을 클릭합니다.

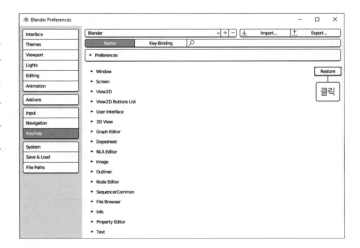

12 | 너무 많이 변경해서 어떻게 변경할 방법이 생각나지 않을 경우도 있습니다. 그럴 때는 Blender Preferences 창에서 'Save & Load' 아이콘(☰)을 클릭한 다음 (Load Factory Preferences)를 실행해 블렌더 초기 환경으로 설정합니다.

TIP 기능이 사라졌다고 해서 블렌더를 재설치하지 말고 이 방법을 사용하시기 바랍니다. 취향에 따라 조금씩 환경 설정을 변경하면서 나만의 블렌더를 만들어나가시기 바랍니다.

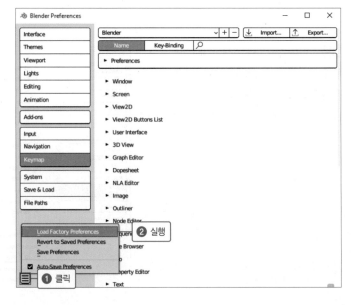

블렌더의 기본 기능 익히기

블렌더를 처음 실행한 다음 오브젝트를 만들고, 이동하며 편집하는 기본적인 기능을 살펴보겠습니다. 여러 가지 방법으로 오브젝트를 선택하고, 선택된 오브젝트를 숨기거나, 선택된 오브젝트만 보기 위한 기능들을 살펴보고, 이를 실제 업무에 어떻게 활용할 수 있는지 생각해 봅니다.

오브젝트의 생성과 삭제, 숨기기

블렌더의 기본 설정을 완료한 후에 오브젝트를 생성하고 삭제하는 방법부터 숨기고 다시 표시하는 방법까지 알아봅니다.

오브젝트 생성하고 삭제하기

01 │ 3D 뷰포트에서 Shift + A 를 누릅니다. Add 창의 많은 오브젝트를 생성할 수 있는 메뉴 중에서 (Mesh) → (UV Sphere)를 실행합니다.

TIP 예제에서는 메시(Mesh)를 생성하는 옵션을 선택한 상태입니다. 이 메뉴들의 구성이나 배치는 애드온(Add-on)의 활성화 여부에 따라 조금씩 달라질 수 있지만 대략적인 위치와 구성은 같습니다.

02 │ 구체(UV Sphere)가 그림과 같이 만들어집니다. 왼쪽 화면 아래에 (Add UV Sphere(> Add UV Sphere))가 나타납니다.

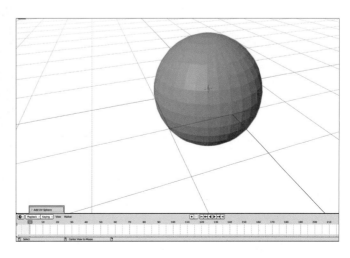

03 │ Add UV Sphere 항목 왼쪽의 '>' 아이콘을 클릭합니다. 구체의 구성을 변
경할 수 있는 옵션이 나타납니다.

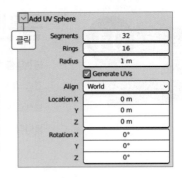

TIP 블렌더의 중요한 특징 중 하나는 오브젝트를 처음 만들 때 변경할 수 있는 옵션을
한번에 조정할 수 있다는 것입니다. 오브젝트를 선택하고 설정을 변경할 수 있는 기회
는 딱 한 번뿐입니다. 오브젝트 선택을 해제하고 다른 작업을 하면 이 창은 사라지고 다
시 나타나지 않습니다. 다른 옵션의 오브젝트를 만들려면 다시 Shift+A를 눌러 새 오
브젝트를 생성해야 하므로 주의합니다.

04 │ Segments와 Rings를 각각 '64'로
설정하면 고해상도 구체가 만들어집니다.

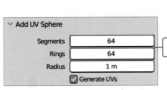

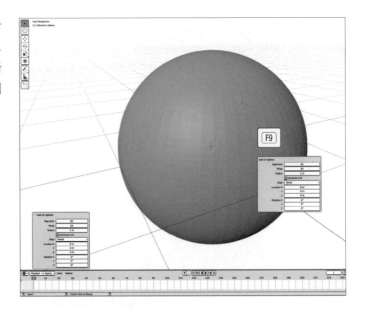

TIP 이 구체에서 Segments는 가로 축 개
수, Rings는 세로 축 개수, Radius는 반지름
크기를 나타냅니다. 모두 쉽게 수정할 수 있지
만 가로 축과 세로 축 개수는 나중에 수정하는
것이 무척 어렵기 때문에 이곳에서 원하는 개
수로 설정합니다.

05 │ 오브젝트를 생성하고 항상 화면 아
래쪽에서 설정하는 게 불편할 수 있습니다.
오브젝트를 생성하고 F9를 누르면 그림과
같이 마우스 커서 위치에 설정 창이 표시됩
니다.

06 | 오브젝트를 선택하고 Delete를 누르면 바로 지워집니다. 또는 오브젝트를 선택하고 X를 누른 다음 (Delete)를 실행하면 오브젝트가 삭제됩니다.

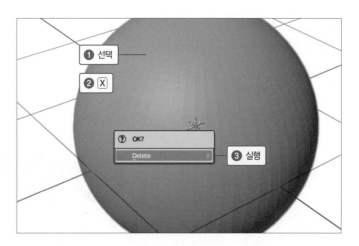

오브젝트 숨기기,
숨겨진 오브젝트 보이기

01 | Shift+A를 누르고 여러 종류의 오브젝트를 생성한 다음 원하는 오브젝트를 선택합니다.

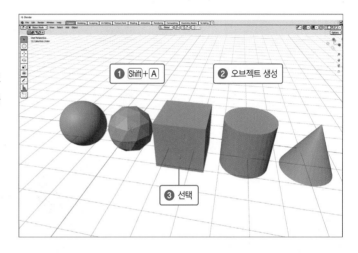

02 | H를 누르면 선택된 오브젝트가 화면에서 숨겨집니다. 오브젝트를 하나씩 선택해서 숨기고 Outliner 패널을 살펴보면 '눈' 아이콘(◡)이 비활성화된 것을 확인할 수 있습니다.

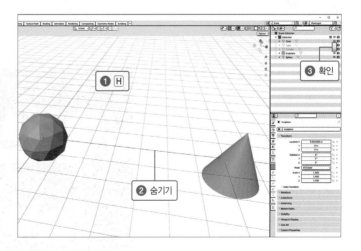

03 숨겨진 오브젝트를 다시 나타내려면 Outliner 패널에서 '눈' 아이콘(✓)을 클릭합니다. '눈' 아이콘(◉)이 활성화되며 오브젝트가 다시 화면에 나타납니다.

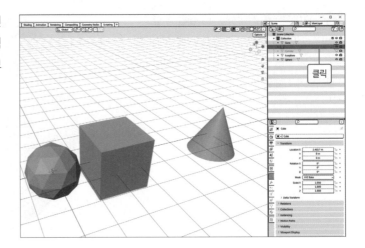

04 숨겨진 오브젝트를 전부 나타내려하거나 Outliner 패널에 오브젝트가 보이지 않으면 단축 키 Alt+H를 누릅니다.

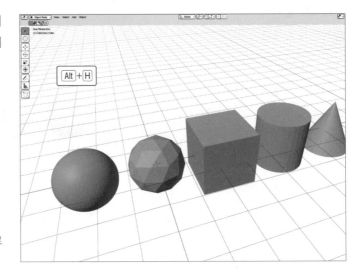

TIP 사용 빈도가 굉장히 높은 단축 키이므로 꼭 기억해두시기 바랍니다.

05 렌더링했을 때 숨기려면 '카메라' 아이콘(📷)을 클릭해서 비활성화(📷)해야 합니다. 오른쪽 그림에서는 F12를 눌러 현재 화면을 렌더링한 이미지와 현재 뷰포트를 보여줍니다. 화면과 렌더링한 이미지가 다르게 표시됩니다.

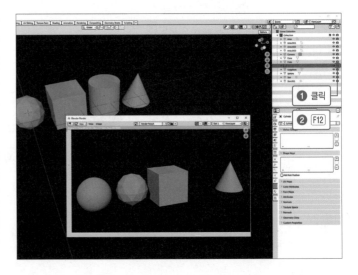

TIP 여기서 중요한 점은 Outliner 패널의 '눈' 아이콘 옆 '카메라' 아이콘(📷)은 오브젝트를 숨겨도 변화가 없습니다. 이 아이콘은 화면을 렌더링했을 때 오브젝트를 렌더링할 것인지를 표시하며, 클릭해서 비활성화하지 않으면 화면에 오브젝트가 보이지 않아도 렌더링할 때 나타납니다.

오브젝트 하나만 화면에 나타내기

01 │ 오브젝트 하나만 화면에 나타내는 두 가지 방법 중 하나씩 살펴보겠습니다. 첫 번째는 ⒣를 사용하는 방법입니다.

하나만 남길 오브젝트를 선택하고 Ctrl+Ⅰ를 누르면 선택이 반전됩니다. ⒣를 누르면 선택된 오브젝트만 남기고 모두 사라집니다.

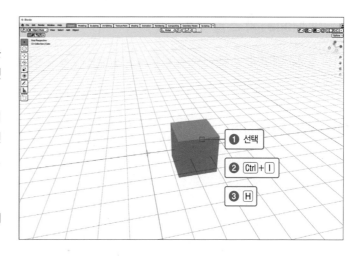

TIP 전체 오브젝트를 다시 나타내려면 Alt +Ⓗ를 누릅니다.

02 │ 두 번째 방법은 Local View를 사용합니다. 원하는 오브젝트를 하나 혹은 여러 개 선택하고 3D 뷰포트에서 (View) → (Local View) → (Togle Local View)를 실행합니다. Local View로 진입하면서 선택된 오브젝트만 화면에 가득 차며, 다른 오브젝트는 보이지 않습니다.

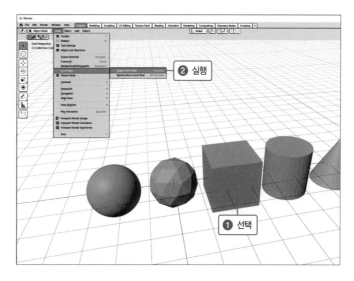

TIP Outliner 패널에는 변화가 없습니다. Local View 기능은 오브젝트의 Hide 옵션을 사용하지 않으므로 Local View를 활성화한 상태인지 항상 기억하는 것이 좋습니다. 오브젝트가 왜 보이지 않는지 헷갈릴 수 있기 때문입니다. 단축 키는 넘버 패드의 Ⓒ입니다.

[Edit Mode]와 스냅 사용하기

기본 도형을 불러와 원하는 모양을 만들 수는 없으므로 이 도형들을 직접적으로 변형하는
방법을 알아보겠습니다.

[Edit Mode] 사용하기

01 │ 기존 모든 오브젝트를 삭제한 다음
육면체 하나를 생성합니다.

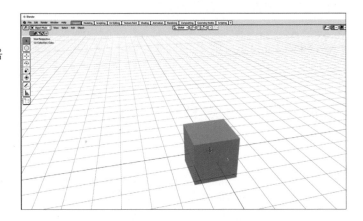

02 │ Tab 을 누르고 [Edit Mode]를 선택
합니다.

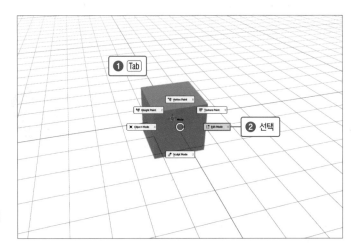

TIP 인터페이스와 애드온 활성화에 따라서
다르게 나타날 수도 있습니다.

03 │ 1 을 누르거나 'Vertex Select
Mode' 아이콘(▣)을 클릭해 [Vertex(▣)]
선택 모드로 변경합니다. Shift 를 누른 채 육
면체 위쪽 네 개의 점을 선택합니다.

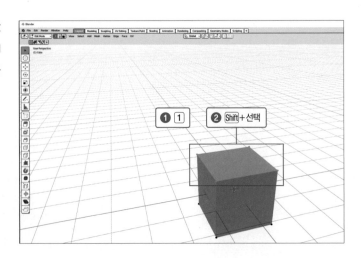

04 | G를 눌러 (Move(⊹)) 도구를 활성
화합니다. 선택된 점을 원하는 방향으로 드
래그하여 이동합니다.

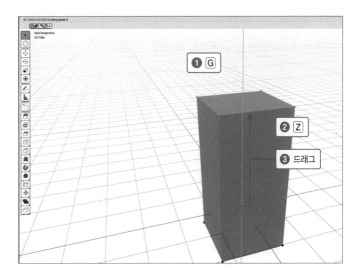

TIP 이때 X, Y, Z 중 하나의 키를 누르거
나 마우스 휠을 누르면 한쪽 축 방향으로 움
직임이 고정됩니다.

05 | 1, 2, 3 또는 '선택 모드' 아이콘(⬛◗◖⬛)을 클릭해 점, 선, 면 선택
모드를 선택합니다. G, S, R을 각각 사용하여 오브젝트를 움직이고 변형해
봅니다. 예제에서는 선택된 점들을 X축으로 '3.8832m'만큼 움직였다는 정보를
나타냅니다. 정확하게 3m만 움직이기 원하면 '3'을 입력합니다.

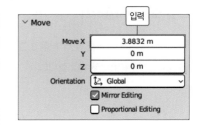

TIP 다양한 모드에서 선택과 이동, 회전은 동일하게 작동합니다. 특정 명령을 실
행할 때마다, 화면 왼쪽 아래에는 방금 실행한 명령에 대한 정보를 알려주는 정보
창이 나타납니다.

06 | 오브젝트를 선택하는 방법은 일반 그래픽 프로그램에서 가장 많이 사용하는 방식입니다. 클릭 또는 선택하려는
오브젝트를 드래그하면서 선택할 수 있습니다. Shift를 누르고 선택하면 기존에 선택된 오브젝트에 추가로 선택하는 것
이 가능합니다. Ctrl을 누른 채 오브젝트를 클릭하면 선택이 취소됩니다.

TIP (Select Box(⬛)) 도구를 길게 누르면 그림과 같이 다양한 도구들을 선택할 수 있습니다. 가장
많이 사용하는 것은 (Select Box(상자 모양으로 선택)) 도구이며, 블렌더에 기본 선택 옵션으로 지정
되어 있습니다. 원하는 형태의 도형 등으로 선택하고 싶으면 (Select Lasso(구역으로 선택)) 도구를
선택해서 사용할 수 있습니다. W를 누르면 다음 도구가 선택됩니다. 실수로 W를 눌러서 다른 선택
도구를 선택했을 경우 당황하지 말고 이곳에서 확인하시기 바랍니다.

07 〔Edit Mode〕를 활성화하면 화면 왼쪽에 있는 Toolbar의 도구 모양과 종류가 달라집니다. 〔Object Mode〕에서 모델링을 수정하는 것과는 다른 도구를 사용할 수 있습니다.

TIP 이 부분은 실제 모델링 예제에서 필요한 부분을 설명하겠습니다.

스냅(Snap) 사용하기

01 기존 오브젝트를 모두 지우고 그림과 같이 두 개의 육면체를 배치합니다.

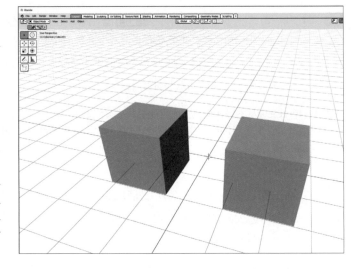

TIP Shift+A를 누르고 〔Cube〕를 선택하여 육면체를 만듭니다. 만들어진 육면체를 선택한 다음에는 Shift+D를 눌러 복사합니다. 육면체를 선택한 후에 G를 누른 상태에서 마우스를 움직이면 복사된 오브젝트가 다른 곳으로 이동합니다. 원하는 위치를 클릭하여 이동을 마칩니다.

02 하나의 육면체를 선택하고 S, Z, 2를 순서대로 눌러 그림과 같이 만듭니다. 왼쪽 오브젝트 크기를 Z축으로 2배 크게 만들었습니다.

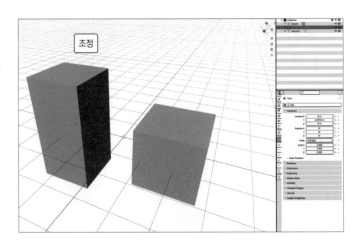

03 작은 육면체를 큰 육면체 위에 정확하게 배치하는 연습을 합니다.

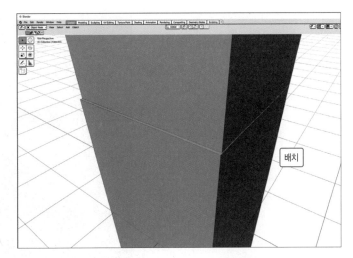

배치

TIP 아무리 정교하게 작업해도 쉽지 않을 때 스냅(Snap) 기능을 이용해 간편하게 작업할 수 있습니다.

04 3D 뷰포트 중앙 위 'Snapping' 아이콘을 클릭합니다. 그림과 같이 여러 옵션이 나타납니다.

TIP 스냅 기능은 현재 선택된 오브젝트나 점 등을 다른 오브젝트나 선택된 오브젝트의 다른 구성물과 일치시킵니다. 기본으로 설정된 (Increment(그리드에 스냅하는 기능))는 블렌더의 격자무늬에 일치시키도록 설정되어 있습니다.

05 Shift를 누른 채 (Vertex), (Edge), (Face Project)를 선택합니다.

TIP 파랗게 활성화된 부분은 스냅 점으로 사용하겠다는 뜻입니다.

06 │ 다시 두 개의 육면체로 돌아와 위쪽
육면체를 선택해서 움직입니다. 위쪽 육면
체의 점에 마우스 커서를 가져가 G를 누르
고 Ctrl을 누릅니다. 마치 자석이 붙는 것처
럼 점이 붙습니다.

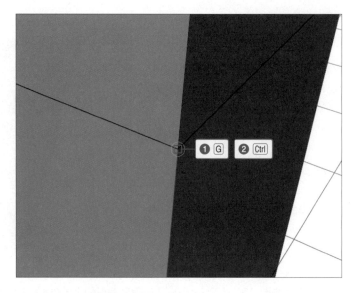

TIP Ctrl은 스냅 기능을 일시적으로 활성화합니다. G를 눌러 오브젝트를 움직이다가 Snap 기능이 필요할 때마다 Ctrl을 눌러
활성화하여 사용합니다. 물론 'Snap' 아이콘(🧲)을 클릭해 항상 기능을 활성화할 수도 있습니다.

TIP 스냅 기능은 (Edit Mode)의 버텍스나 엣지, 페이스 등에서도 동일하게 작동합니다. 유용한 기능이지만 익숙해지는 데 시
간이 걸릴 수 있으므로 많이 연습해서 꼭 익숙하게 사용하시기 바랍니다.

기본 모디파이어 사용하기

블렌더에는 모델링과 애니메이션 뿐만 아니라 다양한 부분에서 활용할 수 있는 모디파이
어가 있습니다. 이번에는 모디파이어의 간단한 구조와 사용법을 살펴보겠습니다.

01 │ Shift+A를 눌러 표시되는 Add 창
에서 (Mesh) → (Plane)을 실행해 평면을
만듭니다.
평면에 모디파이어를 사용해 두께를 적용하
겠습니다. 평면을 선택하고 (Modifiers(🔧))
탭을 선택합니다.

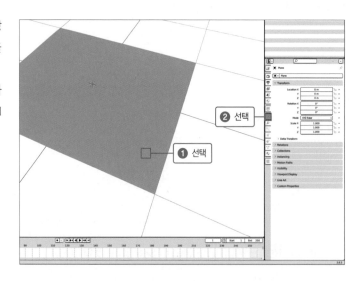

02 〔Modifiers(🔧)〕 탭에서 'Add Modifier'를 클릭한 다음 Generate(생성) 항목의 〔Solidify(두께 생성)〕를 선택합니다.

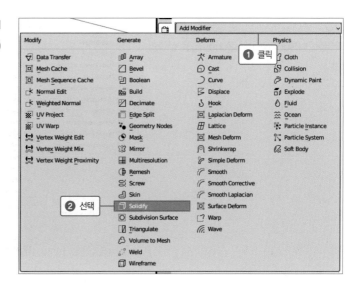

03 평면에 아주 얇은 두께가 생겼습니다. Thickness(두께)를 '0.2m'로 설정합니다.

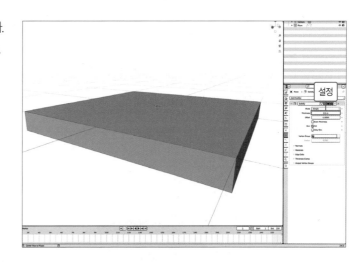

04 다양한 옵션 중 가장 많이 사용하는 것은 Thickness(두께), Offset(방향)입니다. 현재 Offset은 '-1'로, 기본 방향의 반대쪽으로 두께를 생성한다는 뜻입니다. '1'로 바꾸면 방향이 바뀝니다.

TIP Rim(외곽)의 'Fill'과 'Only Rim'을 체크 표시하면 모델링이 생성되는 부분을 선택해 만들 수 있습니다. 변화가 보이지 않으면 아래쪽에서도 확인해 보세요. 두께 생성 모디파이어에서 사용하는 옵션은 이 정도입니다.

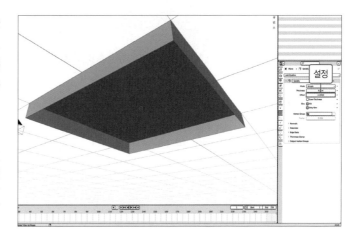

05 │ 'Add Modifier'를 클릭한 다음 모디
파이어인 (Subdivision Surface)를 선택합
니다.

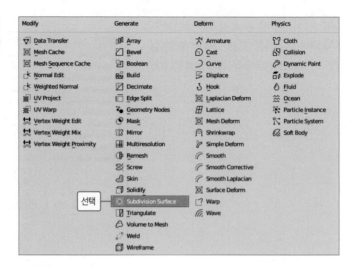

06 │ 모델링이 납작해집니다. 현재 모델링에 폴리곤 숫자가 많지 않아서 극단적으로 변형됩니다. Subdivision 모디파
이어는 폴리곤을 여러 개로 나누어 부드러운 모델링으로 변경합니다.
Viewport 레벨은 화면에 적용되는 구획의 수를 나타내고, Render 레벨은 렌더링할 때 적용되는 구획의 수를 나타냅니
다. 이렇게 두 가지로 분리된 이유는 작업 중에는 낮은 수치를 사용해 컴퓨터 부하를 줄이고, 렌더링할 때만 높은 수치를
적용해서 고해상도 모델로 렌더링하기 위함입니다.

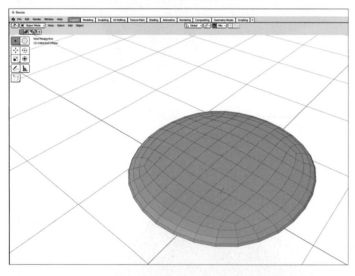

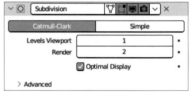

TIP 'Optimal Display'를 체크 표시하면
와이어프레임을 단순하게 만듭니다. 화면이
너무 복잡해지는 것을 방지하기 위해 기본
으로 체크 표시되어 있습니다. 하지만 실제
모델이 어떻게 변경되는지 알고 싶을 때는
체크 표시를 해제하고 와이어프레임을 확인
할 수 있습니다.

TIP (Catmull-Clark)는 부드러운 모델링으로 변경하며, (Simple)은 모델링에 면을 추가하지만 모양을 바꾸지 않습니다. 두
기능 모두 많이 사용하므로 두 가지 모두 선택해서 모델링이 어떻게 변형되는지 살펴보시기 바랍니다.

07 다른 모디파이어를 적용하기 전에 (Simple Mode)로 변경하겠습니다. 'Optimal Display'의 체크 표시를 해제해서 실제로 모델링이 어떻게 변경되었는지 확인합니다.

모디파이어들을 그림과 같이 작게 접을 수도 있습니다. 여러 개의 모디파이어들을 적용하면 작게 접는 것이 필요합니다. 모디파이어 이름 왼쪽 ⌄ 아이콘을 클릭합니다.

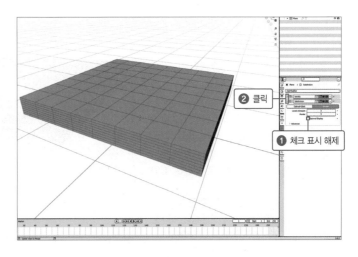

08 이번에는 Bevel 모디파이어를 적용해 봅니다. 'Add Modifier'를 클릭하고 (Bevel)을 선택한 후 (Edges)를 선택합니다.

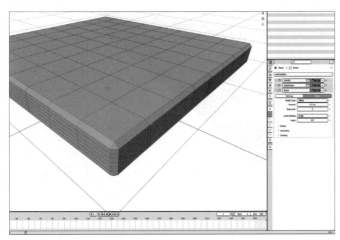

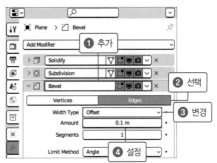

TIP 베벨(모서리 변경)은 그림과 같이 외곽선을 부드럽게 만드는 기능입니다. 기본으로 (Edges)에 적용되며 (Vertices)에 적용하면 다른 모양의 모델링 기능을 수행합니다.

09 Width Type을 'Absolute'로 변경하고 '0.011'로 설정합니다. 다른 Width Type(넓이 변경)도 하나씩 적용해 어떤 방식으로 변형되는지 확인합니다. Segments를 '5'로 변경합니다.

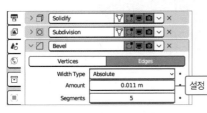

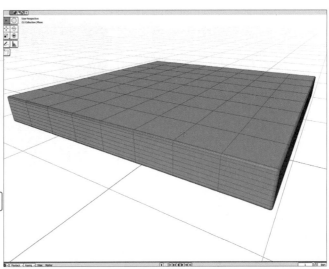

TIP 실제 가장 많이 사용하는 것은 (Normal)과 (Absolute(절대값으로 변경))입니다.

10 | Limit Method(제한 방법)는 Angle의 '30°'로 설정되어 있습니다. 폴리곤이 다른 폴리곤과 이루는 각도가 30°를 넘어가면 그곳에 베벨을 적용하라는 뜻입니다.

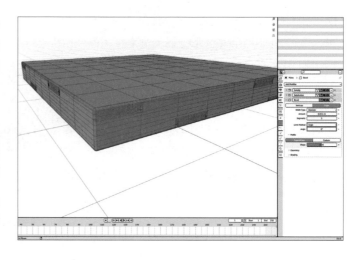

TIP 블렌더의 다른 기능들과 연결해서 선택된 부분에만 적용할 수도 있습니다. 제일 많이 사용하는 기능은 'Angle'이므로 확실하게 알아둡니다.
Angle을 '0'에서 '180'까지 변경하면 '0'은 오류가 발생하고, '180'은 현재 모델링에 180°를 넘어가는 폴리곤이 없어 적용되지 않습니다.

11 | 이번에는 Profile 항목을 클릭합니다. (Superellipse)가 기본으로 선택되어 있습니다. Shape 옵션의 수치는 '0'에서 '1'까지 설정할 수 있으며 베벨이 되는 각도를 손쉽게 조절할 수 있습니다. '0'으로 설정하면 그림과 같은 모델링도 쉽게 만들 수 있습니다.

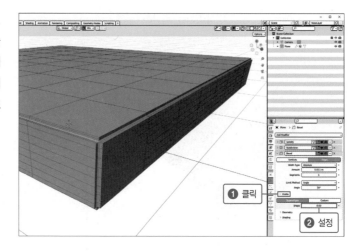

12 | Profile 항목에서 (Custom)을 선택합니다. 베지어 곡선을 사용해 베벨 모양을 변경할 수 있습니다. 모양을 일일이 변경하는 게 번거로우면 (Preset)을 클릭하여 안쪽 모양을 손쉽게 적용합니다. 예제는 (Custom Profile)을 적용한 모델링입니다.

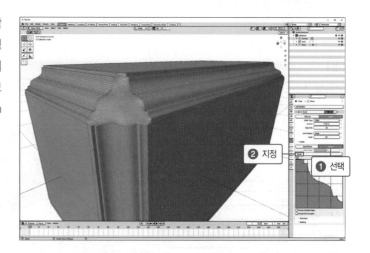

13 모디파이어 순서를 바꾸기 위해서는 모디파이어의 가장 오른쪽 공간을 클릭해서 마우스로 움직입니다.
예제는 [Bevel]과 [Subdivision] 순서를 바꾼 모습입니다.

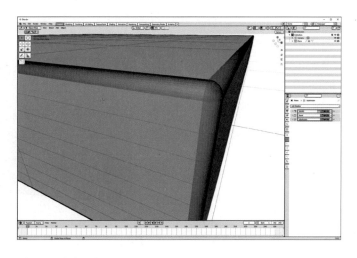

TIP 지금까지 적용한 모디파이어들은 순서가 매우 중요합니다. 적용된 모디파이어들의 순서를 바꾸면 전혀 다른 효과가 나타나거나 오류가 발생하기도 하므로 유의합니다.

14 가장 오른쪽 '카메라' 아이콘(📷)은 렌더링할 때 이 모디파이어를 적용할지 결정합니다. 아이콘을 비활성화하면 렌더링할 때 해당 모디파이어가 적용되지 않습니다. 왼쪽의 '모니터' 아이콘은 작업 화면에서 이 모디파이어를 비활성화합니다. 화면에서 켰다 껐다 할 때는 이 아이콘만 클릭하면 됩니다. 왼쪽의 아이콘은 [Edit Mode]에서 오브젝트를 수정할 때 모디파이를 적용한 상태를 보여줄지 아니면 모디파이어가 적용되지 않은 상태로 보여줄지를 결정합니다. 이 아이콘을 비활성화하고 [Tab]을 눌러 [Edit Mode]에서 확인하시기 바랍니다. 왼쪽의 역삼각형 아이콘은 [Edit Mode]를 실행했을 때 편집할 수 있는 점을 더 보여주며, 실제 작업에 큰 차이는 없습니다.

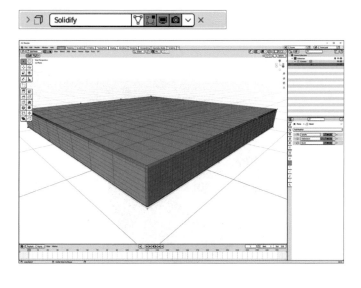

TIP 모디파이어가 어떤 효과를 발생하는지 알 수 없는 경우가 있습니다. 오래된 파일을 열거나 다른 사람이 작업한 파일을 참조할 때 항상 그런 일이 발생할 수 있습니다. 이런 경우에 모디파이어의 효과를 비활성화할 수 있습니다. 오브젝트를 선택한 다음 모디파이어 활성화 아이콘을 클릭하여 비활성화합니다. 모디파이어 이름 오른쪽에 있는 아이콘들이 이 기능을 수행합니다.

15 모디파이어를 폴리곤 상태로 변경하여 적용하는 방법은 간단합니다. [Modifiers(🔧)] 탭에서 '카메라' 아이콘(📷)의 오른쪽 아이콘(▼)을 클릭하고 첫 번째 [Apply(적용)]를 실행합니다.

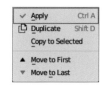

TIP 이 모디파이어들은 언제든 쉽게 수정할 수 있다는 장점이 있습니다. 하지만 특정 모디파이어를 적용하고 그 후에 폴리곤을 직접 수정해야 하는 일이 생기면 모디파이어를 폴리곤 상태로 변경해야 합니다. 이것을 블렌더에서는 '적용(Apply)'한다고 표현합니다.

16 │ 모디파이어 순서는 항상 위쪽부터 아래쪽으로 적용해야 합니다. 같은 모델링도 적용하는 순서에 따라 매우 다른 결과가 나타나므로 이 점을 주의하시기 바랍니다. 예제에서는 같은 모델링을 위쪽부터 적용한 모델과 아래쪽부터 적용했습니다.

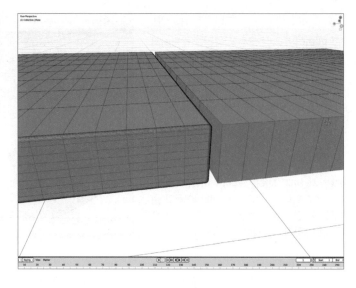

비례 편집 기능 사용하기

비례 편집(Proportional Editing)은 [Edit Mode]에서 점, 선, 면을 편집할 때에 주로 사용하며, 연결된 오브젝트를 부드럽게 변형합니다.

01 │ Shift+A를 눌러 표시된 Add 창에서 [Mesh] → [UV Sphere]를 실행해 구체를 만듭니다.
Tab을 누르고 [Edit Mode]에서 1을 눌러 [Vertex(⬚)] 선택 모드로 변경합니다.

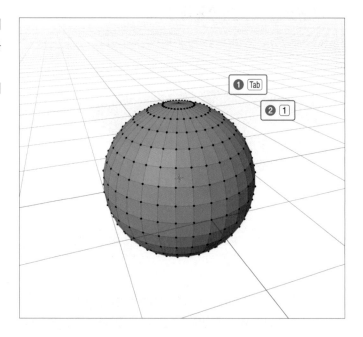

02 3D 뷰포트 가운데에 있는 '원' 아이콘
(◯)을 클릭하여 활성화하거나 ⓞ를 누릅니다.
점을 하나 선택하고 ⓖ를 눌러 움직입니다.
화면에 원이 나타나면서 주변 점들이 부드
럽게 이어져 함께 이동합니다.

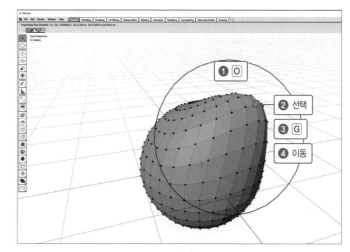

TIP 화면 가운데의 원이 Proportional
Editing이 적용되는 범위를 표시합니다.

03 중간에 마우스 휠을 움직이면 실시
간으로 범위를 조정하며 모델링할 수 있습
니다.

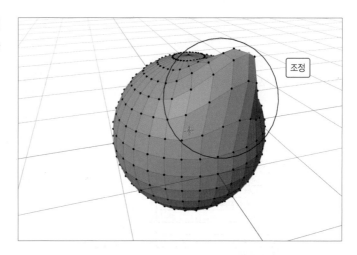

04 관련 옵션을 변경해 보겠습니다. 'Proportional Editing Fallof' 아이콘을 클릭하여
나타나는 옵션에서 어떤 모습으로 주변 점들이 반응할지 결정할 수 있습니다.

TIP 〔Smooth〕부터 〔Random〕까지 하나씩 선택하면서 기능을 알아보시기 바랍니다. 가장
아래쪽 Proportional Size는 적용 범위입니다.

05 작업하는 모델링이 너무 크거나 작으면 원하는 형태로 적용되지 않습니다. 작업하는 모델링의 절반 크기를 입력하면 시작 지점으로 적당합니다. 모델링 크기는 N을 눌러 (Item) → (Dimensions)에서 확인할 수 있습니다.

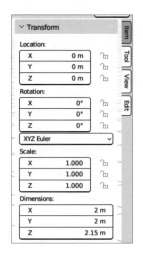

06 Proportional Size에서는 주로 'Connected'만 체크 표시해 사용합니다. 그렇지 않으면 그림과 같이 주변 점에 전부 적용되어 원하는 모델링 작업이 쉽지 않습니다.

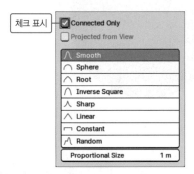

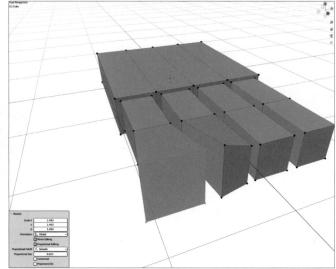

TIP 'Connected'는 여러 개의 조각으로 이루어진 모델링을 편집하거나 손가락처럼 여러 가닥으로 이뤄진 오브젝트를 편집할 때 손가락 끝부분을 선택하고 옆 손가락에는 영향을 주지 않습니다. 'Project from View'는 카메라가 바라보는 시점상 뒷부분까지 모두 영향을 주도록 만듭니다.

작업 속도를 올리는 단축 키 살펴보기

모든 프로그램에서 단축 키를 익숙하게 사용하면 작업 속도가 빨라집니다. 블렌더는 특히
설계 당시부터 매우 많은 단축 키를 개발하고 이를 통해 빠른 작업 속도를 연구했습니다.
작업 속도를 획기적으로 높일 수 있는 주요 단축 키를 알아보겠습니다.

01 │ G를 누르면 (Grab(●)) 도구가 활
성화됩니다. 오브젝트를 선택한 다음 G를
누르고 마우스 커서를 움직이면 오브젝트가
움직임을 따라갑니다. 오브젝트가 원하는
곳에 위치하면 클릭합니다.

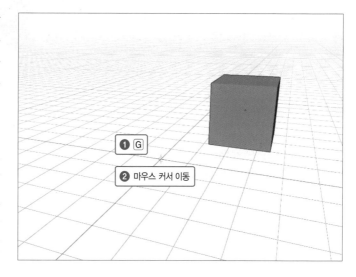

TIP 화면이 어떤 각도에서 오브젝트를 보는
가에 따라 움직이는 방향이 달라지므로 원하
는 각도로 물체를 움직이려면 먼저 화면을 이
동한 다음 오브젝트를 움직이는 순서대로 작
업합니다. 움직이는 도중에 Esc를 누르거나
마우스 오른쪽 버튼을 클릭하면 이동이 취소
됩니다.

02 │ 오브젝트를 선택하고 G를 누른 후
Z를 누르면 오브젝트가 Z축으로만 움직입
니다. 이때 화면에 Z축 가이드라인이 표시
되며, 다른 축들도 모두 같은 방식으로 움직
입니다.

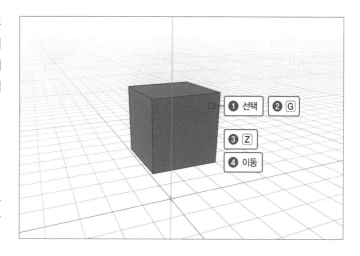

TIP 3D 공간은 X/Y/Z축으로 좌표를 표시하
므로 G와 X, Y, Z를 눌러 오브젝트를 하
나의 축으로만 움직이고 싶을 때 사용합니다.

03 오브젝트를 선택한 다음 [G]를 눌러 특정 방향으로 오브젝트를 살짝 움직입니다. 그 상태에서 마우스 휠을 누르면 지금까지 이동한 방향의 축으로 오브젝트가 고정됩니다.

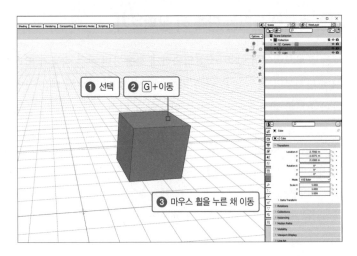

04 [R]을 눌러 (Rotation([⊙])) 도구를 선택하고 [X], [Y], [Z] 중에서 하나를 누르면 축에 고정되어 한 방향으로 회전합니다. 마우스 휠도 같은 방식으로 동작해 [R]을 누른 상태에서 마우스 휠을 누르면 움직인 방향의 축에 고정되어 움직입니다.

TIP [R]을 눌러 오브젝트를 회전하는 방법도 [G]와 사용 방법이 같습니다. 오브젝트를 선택하고 [R]을 누르면 화면 방향에서 오브젝트를 시계/반시계방향으로 회전할 수 있습니다. [X], [Y], [Z]도 같은 방식으로 작동합니다.

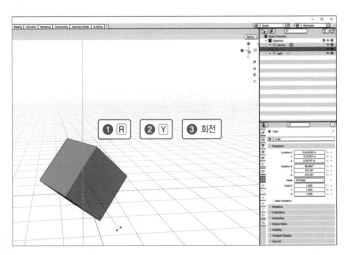

05 블렌더의 특이한 기능으로, [R]을 연속으로 두 번 누르면 시계방향이 아니라 트랙 볼을 움직이듯이 오브젝트를 움직일 수 있습니다.

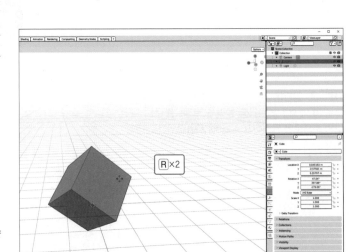

TIP 이 모드가 활성화되면 마우스 커서 모양이 달라져서 쉽게 구분할 수 있습니다.

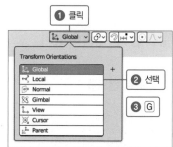

06 | 화면 가운데 위쪽의 변경 옵션을 클릭해서 (Local)을 선택한 다음 G를 눌러 움직이면 X/Y/Z축이 원래 방향과는 다르게 움직입니다. 하지만 매번 이렇게 변경하는 것은 불편합니다.

TIP 오브젝트가 회전된 상태에서 원래 오브젝트가 바라보던 위쪽으로 움직일 필요가 있는데, 이를 '로컬 축으로 움직인다.'라고 합니다.

07 | 회전된 오브젝트를 선택하고 G를 누른 후 X/Y/Z 중 하나를 더블클릭합니다. 예를 들어, 오브젝트를 선택한 다음 G를 누르고 Z를 연속으로 두 번 누르면 순식간에 가이드 축이 글로벌에서 로컬로 변경됩니다.

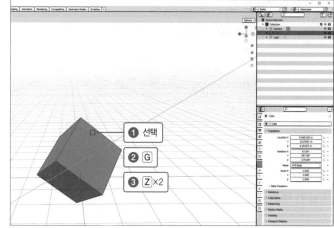

TIP 이 기능은 G, R, S에서 동일하게 작동합니다. 작업 속도를 비약적으로 올려주는 기능이므로 꼭 기억하시기 바랍니다.

08 | Tab을 눌러 (Edit Mode)로 변경한 다음 1을 눌러 포인트 선택 모드로 변경합니다. 점을 하나 선택하고 G를 두 번 연속으로 누른 후 움직이면 점이 기존의 선을 따라서 움직입니다.

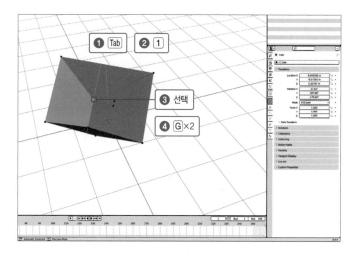

TIP 이 기능은 선, 면에서도 동일하게 동작하여 모델링에서 매우 유용하게 사용합니다.

필수 단축 키 알아보기

❶ 뷰포트 컨트롤

Shift+~	ASDW로 화면 제어
마우스 휠(MMB)	돌리
Shift+마우스 휠(MMB)	팬
마우스 휠	줌
Alt+마우스 휠(MMB) 드래그	드래그 방향의 Ortho Graphic View로 변경
Z	뷰포트 렌더 모드 변경
Tab	모드 변경 파이 호출
Shift+LMC	선택 토글(같은 오브젝트 클릭 시 : 선택, 메인 오브젝트로 변경, 선택 취소)
RMB	옵션 호출

❷ 넘버 패드

0	카메라 뷰
Ctrl+Alt+0	현재 위치로 카메라 뷰 설정
1	사이드 뷰
3	정면 뷰
7	탑 뷰
5	Perspective, Orthographic View 변경
2/4/6/8	카메라 각 방향으로 회전
+, −	카메라 확대 축소
/	오브젝트 독립 뷰
.	선택된 오브젝트로 뷰포트 이동 (마우스 커서가 위치한 창의 종류에 따라 다르게 반응)

❸ 모델링 중심 기본

H	선택된 오브젝트 숨기기(모드에 따라 다르게 작동)
Alt+H	숨겨진 모드 오브젝트 보기(모드에 따라 다르게 작동)
G	이동(X, Y, Z, Shift, 마우스 휠(MMB)로 다양한 조합 가능)

S	사이즈(X, Y, Z, Shift, 마우스 휠(MMB)로 다양한 조합 가능)
R	회전(X, Y, Z, Shift, 마우스 휠(MMB)로 다양한 조합 가능)
Ctrl + I	선택 반전
Q	빠른 접근 단축 키
A	선택 관련 옵션 파이 호출
Shift + D	오브젝트 복사
Ctrl + J	오브젝트 병합
Ctrl + P	부모로 설정
Alt + P	부모 관계 삭제
Ctrl	스냅 활성화
O	비율화(Proportional) 활성화
.	도구의 이동 중심점 변경
,	이동 좌표계 변경
Ctrl + Alt + X	오브젝트 중심점(Origin) 변경
U	UV 옵션 호출
X	삭제 혹은 디졸브 옵션 호출
Delete	삭제
I	애니메이션 키프레임 삽입

❹ (Edit Mode)

E	Extrude
Alt + E	Extrude 관련 더 많은 옵션
I	Insect
F	구멍 메꾸기
Ctrl + F	면 관련 명령 호출
K	나이프
K + C + Z	나이프와 옵션(C : 뒷면까지 절단, Z : 나이프를 Z축으로 고정)
P	오브젝트 분리
L	연결된 오브젝트 선택
1, 2, 3	숫자 키, 순서대로 점/선/면 선택 모드로 변환

Part 2

공간 디자인을 위한
기본 모델링하기

블렌더를 활용한 건축 모델링 과정에서는 프로그램의 기본 기능들을 실제 작업에 효과적으로 적용하는 방법을 이해하는 것이 중요합니다. 이러한 기능들을 활용하면 복잡한 건축 모델을 효율적으로 구현할 수 있습니다. 작업 과정에서 반복적으로 사용되는 주요 기능들에 주목해야 하며, 이는 모델링 효율을 크게 높이면서 시간을 절약하고 정확도를 향상시킵니다. 실무 공간 디자인에 앞서 핵심적인 기본 모델링 방법에 대해 알아봅니다.

3D 그래픽 이해하기

01

3D 그래픽의 기본 개념을 살펴보겠습니다. 이를 위해 점, 선, 면 및 각종 속성에 대해 알아볼 것입니다. 먼저 컴퓨터가 어떻게 점을 이해하고 처리하는지부터 시작하여, 내부 속성인 UV와 Normal(노멀)에 대해 살펴볼 것입니다. 또한 간단한 응용법도 함께 소개하겠습니다.

그래픽의 기본 단위 – 점, 선, 면

3D 그래픽을 이루는 가장 기본적인 요소는 점, 선, 면입니다. 우리가 보는 모든 것은 이러한 형태의 면을 이루며, 이 면이 빛을 반사하고, 그 반사된 빛이 3D 공간에 있는 카메라로 렌더링되어 우리 눈에 보입니다.

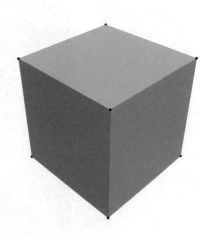

점

점은 포인트 또는 버텍스로 알려져 있습니다. 이들은 3D 공간 내에 있는 모든 객체의 기본 구성 요소입니다. 점은 3D 공간에서 위치 값을 가지며, 이 위치 값은 X, Y, Z 좌표로 구성됩니다. 예를 들어, A라는 점은 (X, Y, Z) 위치 정보를 가집니다. 모델링은 이러한 위치 정보를 지속해서 변경하는 과정입니다. 아래의 그림은 블렌더에서 두 개의 점을 생성한 다음 이들의 위치를 조작한 후 이 정보를 (Spreadsheet View)에서 확인한 것입니다.

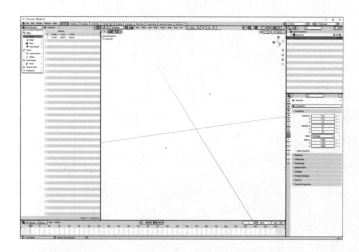

각 점은 고유한 이름(여기서는 순서대로 할당된 0, 1 등)인 포인트 ID를 갖고 있습니다. 이것은 보통 점의 ID로 알려져 있습니다. 예를 들어, 포인트 ID 0 또는 포인트 ID 1과 같이 명명됩니다. 이 ID 옆에는 X, Y, Z 좌표가 순서대로 표시됩니다. 이 좌표는 점의 위치를 나타냅니다. 점의 위치가 변경되면 이 숫자들도 업데이트되며, 이를 속성값이라고 합니다. 포인트의 위치를 나타내는 속성값은 일반적으로 Position(위치)으로 알려진 속성입니다.

	position		
0	0.387	0.161	-1.079
1	-0.193	-0.077	-0.616

선과 면

점들이 결합되어 선을 형성하고, 이 선들이 연결되어 면을 형성합니다. 면이 형성되면 해당 영역에는 다양한 속성을 추가할 수 있습니다. 예를 들어, UV Attribute(UV 속성)는 이미지 텍스처를 면에 추가할 때 어떻게 배치할지 결정하는 정보를 가지고 있습니다. 또한 Weight Attribute는 캐릭터 애니메이션 제작 시 뼈대를 만들고 특정 포인트를 뼈대에 결합하기 위해 존재합니다. 새로운 기능이 추가되면 새로운 Attribute(속성)가 추가되는 것을 알 수 있습니다.

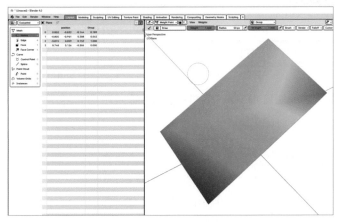

▲ 오브젝트에 Weight를 적용하고 이를 시각화한 이미지를 확인할 수 있습니다. 또한 왼쪽 스프레드시트를 통해 Group 항목에서 웨이트 값을 확인할 수 있습니다.

점, 선, 면은 3D 모델을 형성하며, 사용자는 이러한 구성 요소에 특정한 역할을 부여하기 위하여 Attribute(속성)를 조작하고 생성해 작품을 만듭니다. 강력한 프로그램은 이런 속성들을 쉽게 조정할 수 있는 도구를 제공합니다. 그 중 대표적인 예로는 Geometry Nodes(지오메트리 노드)가 있습니다. 또한, [Data] 탭에서도 선택된 오브젝트의 속성을 확인하고 편집할 수 있습니다. Attribute(속성)의 기본 개념을 이해하고 해당 속성을 파악하면 3D 그래픽을 더 쉽게 이해할 수 있습니다.

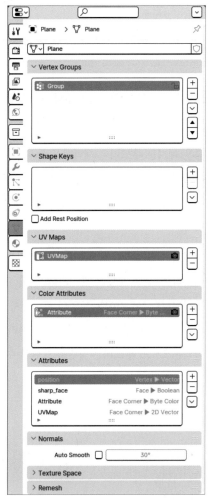

오브젝트를 선택하고 Properties 패널에서 [Data] 탭을 선택하면 ▶ 적용된 Attribute(속성)들을 확인할 수 있습니다.

노멀(Normal)

우선 노멀(Normal)에 대해서 알아보겠습니다. 블렌더에서는 (Edit Mode)에서 Mesh Edit Mode Overlays를 클릭하면 Normals를 활성화하면서 확인할 수 있습니다.

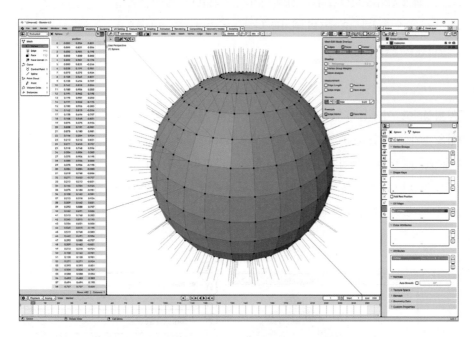

노멀은 3D 공간에서 면의 방향을 구분합니다. 면의 어느 방향이 앞쪽인지를 이곳에 기억합니다. 이 노멀은 셰이딩, 렌더링 등에 필수 역할을 합니다.

좋은 예시로 부드러운 셰이딩을 들 수 있습니다. 3D 그래픽에서 부드러운 곡면을 표현하는 것은 항상 어려운 과제입니다. 폴리곤의 숫자를 증가시켜야 하지만, 폴리곤을 과도하게 추가하면 렌더링 시간이 증가하거나 게임에서는 실행에 필요한 자원이 너무 많이 소비됩니다.

그래서 개발자들은 노멀을 활용한 트릭을 개발합니다. 다음 이미지는 같은 구조의 구를 보여줍니다. 왼쪽 모델은 각 면이 각지게 표시되어 있지만, 오른쪽 모델은 각 면이 부드럽게 표시됩니다. 이 차이는 노멀의 차이에서 비롯됩니다. 오른쪽 모델은 두 면이 만나는 지점의 노멀 평균값을 사용해 부드럽게 처리한 것입니다. 이렇게 노멀을 조정하면 적은 수의 폴리곤으로도 부드러운 곡면을 표현할 수 있습니다.

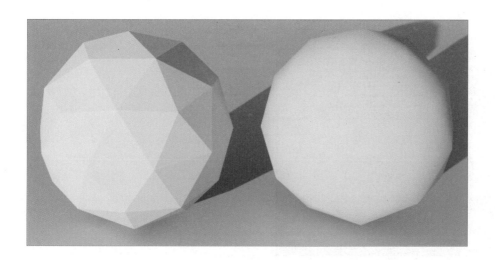

Normal 맵은 노멀의 방향을 연결된 Normal 맵 해상도만큼 의도된 방향으로 변경하여 원하는 효과를 얻어내는 방식입니다. 보통 일반 이미지는 RGB 값으로 구성되지만, 노멀의 방향은 X/Y/Z 방향으로 구성되므로, Normal 맵의 RGB 값을 X/Y/Z 방향으로 치환해 사용합니다. 이 과정은 대부분 프로그램에서 자동으로 이루어집니다. 같은 셰이더에서는 Normal 맵의 유무에 따라 표면이 변화합니다.

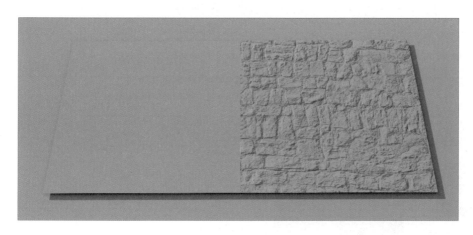

Normal 맵의 한계 중 하나는 실제로 면을 변화시키지 않는다는 점입니다. 이로 인해 특정 각도에서는 효과가 자연스럽지 않을 수 있습니다. 이러한 한계를 극복하기 위해 디스플레이스먼트 맵(Displacement Map)이 개발되었습니다. 디스플레이스먼트 맵은 렌더링할 때 면을 실제로 쪼개고, 생성된 면들의 위치를 변경해 더 사실적인 결과를 얻습니다.

이러한 기술은 Normal 맵보다 훨씬 더 자연스러운 표현이 가능하지만, 많은 리소스를 필요로 하며 블렌더에서는 아직 사용이 불편합니다. 이후 버전에서 더욱 개선될 것으로 기대되며, 이를 통해 자동화된 프로세스로 더욱 편리하게 활용할 수 있을 것으로 기대됩니다. 다음의 이미지는 디스플레이스먼트 맵을 적용한 오브젝트의 렌더링 결과를 보여줍니다.

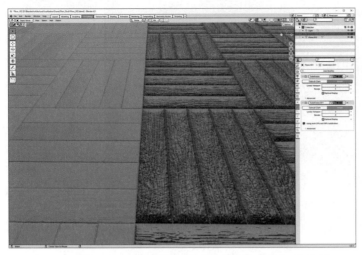

▲ 왼쪽은 노멀 맵만 적용한 오브젝트이고, 오른쪽은 디스플레이스먼트 맵을 적용한 오브젝트입니다.

UV

UV는 3D 오브젝트에 2D 이미지를 적용시키기 위한 좌표 속성입니다. UV 정보는 오브젝트의 각 포인트나 페이스에 저장되며, 이미지가 오브젝트 표면에 어떻게 배치되는지 결정합니다. 블렌더에서는 UV 정보를 Face Corner라는 별도의 공간에 저장합니다. UV 좌표는 포인트 이미지 위에서의 2차원 위치를 나타내므로 X, Y축에 해당되는 두 숫자로 구성됩니다. (예: 0.3, 0.25) 3차원 좌표를 나타내는 X/Y/Z와 구분하기 위해 UV라는 이름을 사용합니다.

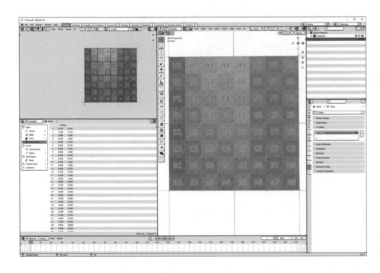

UV는 텍스처의 영역을 벗어나는 값도 포함할 수 있으며, 하나의 오브젝트가 여러 개의
UV 좌표를 가질 수도 있습니다. Properties 패널에서 이를 확인할 수 있으며, 스프레드
시트 뷰에서도 여러 개의 UV 맵을 확인할 수 있습니다.

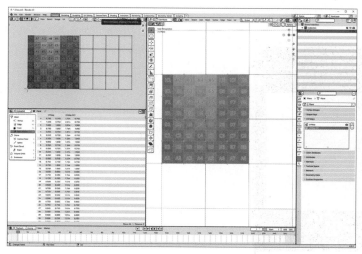

▲ 왼쪽 아래의 스프레드 시트를 보면 모든 포인트가 각각 2개의 UV 값을 가지고 있습니다.

Shader Node에서 UV는 일반적으로 두 개의 숫자로 표현됩니다. 첫 번째 숫자는 X축을
나타내며 'U'로 불립니다. 이 값은 일반적으로 0에서 1 사이의 범위를 갖습니다. 두 번째
숫자는 Y축을 나타내며 'V'로 불립니다. UV 좌표는 일반적으로 RGB의 R과 G 값에 각
각 할당되어 X축은 빨간색 그러데이션, Y축은 녹색 그러데이션을 나타냅니다. 이를 통해
UV 좌표가 셰이더 색상에 직접 연결되어 표현될 수 있습니다.

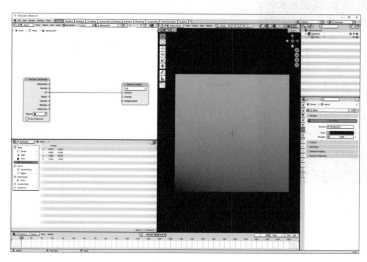

▲ UV를 색상으로 직접 연결한 모습입니다.

보다 쉽게 이해하기 위해 아래 이미지를 살펴봅시다. 여기서 UV 값을 Separate(분리) X/Y/Z로 분리하고 X 값을 Surface(표면) 색상에 연결했습니다. 그 결과 X축 방향으로 이뤄진 그러데이션을 확인할 수 있습니다. 마찬가지로 Y 값을 연결하면 세로 축 그러데이션이 나타납니다. 이것이 UV가 작동하는 기본 원리입니다.

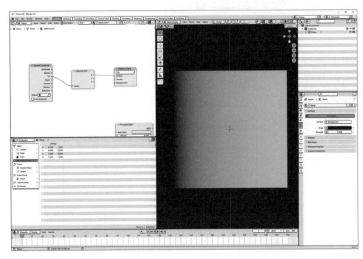

▲ U값을 표면 색상에 직접 연결한 모습입니다.

이 원리를 응용하면 UV 값을 조작하여 이미지를 변경하는 다양한 효과를 만들 수 있습니다. 이는 절차적 셰이딩의 핵심 원리 중 하나입니다.

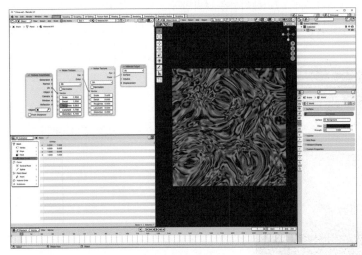

▲ UV를 활용하여 간단한 구조로 만든 절차적 셰이딩입니다.

바닥 타일링하기

블렌더에서 흔한 작업 중 하나는 바닥 타일링입니다. 작은 이미지를 사용해 전체 바닥을 자연스럽게 보이도록 만드는 방법을 알아보겠습니다. 이를 위해서는 기본 셰이딩과 텍스처에 대한 이해가 필요하며, 이를 활용하면 고퀄리티의 결과물을 얻을 수 있습니다.

- 예제 파일 : P2_02_Floor\texture\TCom_Wood_ParquetFiveFinger_2K_albedo.tif, TCom_Wood_ParquetFiveFinger_2K_height.tif, TCom_Wood_ParquetFiveFinger_2K_ao.tif, TCom_Wood_ParquetFiveFinger_2K_normal.tif, TCom_Wood_ParquetFiveFinger_2K_roughness.tif
  P2_02_Floor\texture\TCom_Wood_ParquetHerringbone9_New_1K_albedo.tif, TCom_Wood_ParquetHerringbone9_New_1K_albedo_height.png, TCom_Wood_ParquetHerringbone9_New_1K_curvatu.png, TCom_Wood_ParquetHerringbone9_New_1K_normals.png
- 완성 파일 : P2_02_Floor\P2_02_Floor_Fin.blend

모델링과 UV 살펴보기

01 블렌더를 실행한 다음 파일을 저장합니다. Ctrl+S를 누르고 Blender File View 창에서 폴더를 지정한 다음 (Save As) 버튼을 클릭합니다.

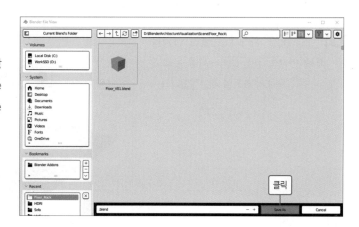

02 화면에서 육면체를 선택하고 X를 누른 다음 (Delete)를 실행해 삭제합니다.

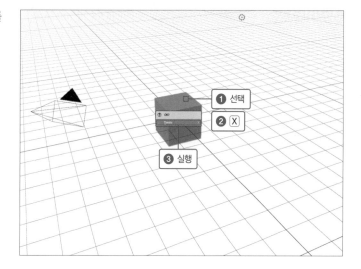

03 Shift+A를 누른 다음 Add 창에서 (Mesh) → (Plane)을 실행해 평면을 만듭니다.

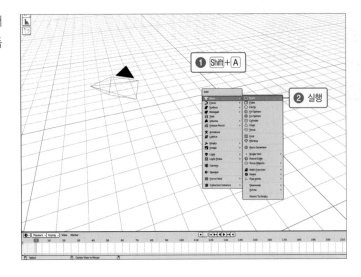

04 S, 2를 차례대로 눌러 크기를 두 배로 변경합니다. Ctrl+A를 누르고 (Scale)을 선택해서 크기를 재설정합니다.

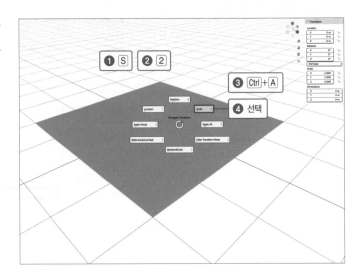

05 인터페이스를 (UV Editing)으로 변경하겠습니다. 화면 가장 위쪽의 (UV Editing) 탭을 선택하면 인터페이스가 UV에 맞도록 변경됩니다.

TIP 기본 도형들은 UV가 알맞게 만들어져 바닥은 보통 UV 작업을 할 필요가 없습니다.

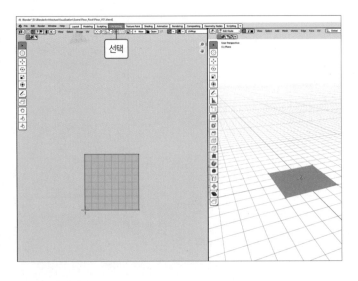

이미지 준비하기

01 | 바닥 타일에 사용할 이미지를 다운로드하기 위하여 'www.cgtextures.com' 사이트에 접속합니다.

TIP 기존 이미지를 사용하거나 선호하는 이미지 사이트가 있다면 해당 사이트를 이용해도 좋습니다.

02 | 검색 창에서 'Wood, Floor'를 입력하고 (SEARCH) 버튼을 클릭해 키워드를 검색합니다.

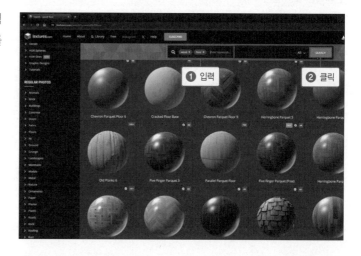

03 | 원하는 이미지를 선택합니다. 예제에서는 'Five Finger Parquet'을 선택했습니다.

04 | 원하는 크기의 이미지를 다운로드
합니다. 예제에서 선택한 이미지의 경우 모
든 크기의 이미지를 무료로 사용할 수 있습
니다. 'Albedo', 'Normal', 'Roughness',
'Ambient Occlusion' 이미지를 다운로드
합니다.

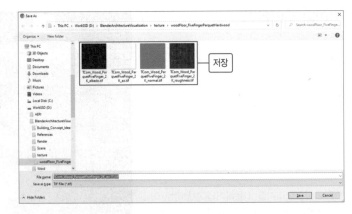

TIP 대형 이미지를 다룰 때 작업이나 렌더링 시간이 길어지는 문제가 발생할 수 있습니다. 일반적으로 1,024×1,024 크기의 이미지가 충분합니다. 작업이 커질수록 관리해야 하는 이미지 수도 증가하므로, 텍스처 폴더를 만들고 그 안에 그룹별로 이미지를 관리하는 것이 좋습니다.

셰이더 연결하기

01 | 블렌더의 인터페이스 왼쪽에 두 개
의 창을 만들고 아래쪽에 Shader Editor
패널을 표시합니다.

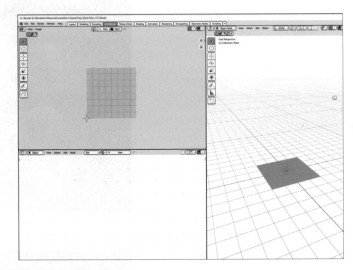

02 | 오른쪽 창에서 평면(Plane)을 선택
합니다. Shader Editor 패널에서 (New)
버튼을 클릭합니다.

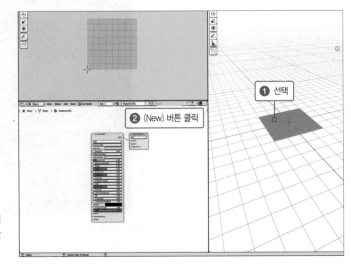

TIP 셰이더가 연결되지 않았기 때문에
Shader Editor 패널에 아무것도 나타나지 않
습니다.

03 | 'Material.001' 셰이더가 만들어지면
이름 부분을 클릭한 다음 'Wood Floor'로
변경합니다.

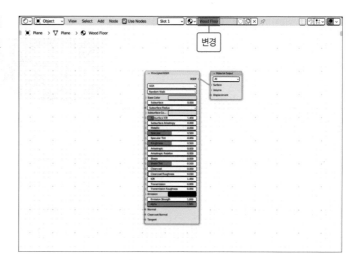

변경

04 | 탐색기에서 다운로드 이미지 폴더로
이동하고 파일들을 Shader Editor 패널로
드래그합니다.

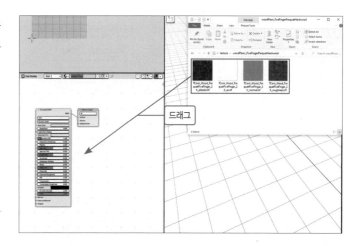

드래그

TIP 이때 이미지를 하나씩만 불러올 수 있습
니다.

05 | 텍스처(Textures) 노드들을 그림과
같이 세로로 정렬합니다.

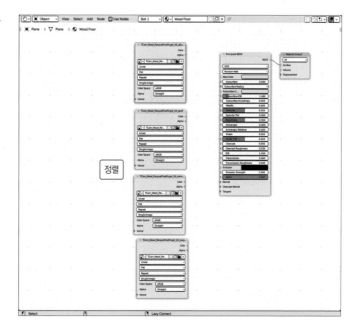

정렬

06 첫 번째 'Albedo' 이미지 Color를
'Principled BSDF' 노드의 Base Color에
연결합니다. 화면 오른쪽의 3D 뷰포트는
Z를 누른 다음 (Rendered)나 (Material
Preview(◐))를 선택해 뷰를 변경합니다.

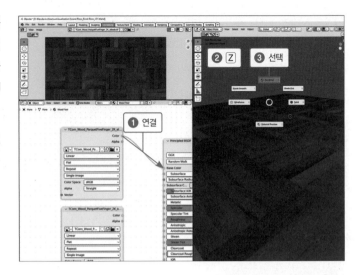

07 Shader Editor 패널에서 'Rough-
ness' 이미지를 'Principled BSDF' 노드의
Roughness에 연결합니다. 3D 뷰포트를
회전하면 반짝거리는 디테일이 추가된 것을
확인할 수 있습니다.

TIP Roughness 맵은 표면의 거칠기를 보
여줍니다. 검은색이 연결되면 표면이 완전히
매끄럽고 거울과 같은 효과가 나타나며, 반면
흰색이 연결되면 거의 반사가 없는 매끄러운
표면이 형성됩니다.

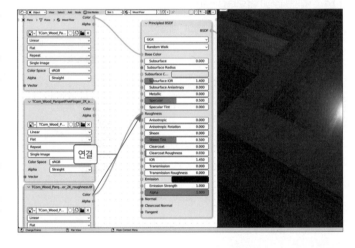

08 Roughness 맵을 실시간으로 변경
하는 쉬운 방법을 알아보겠습니다. Shader
Node에서 Shift+A를 누르고 'ramp'를 검
색한 다음 (Color Ramp) 노드를 선택해서
화면에 불러옵니다.

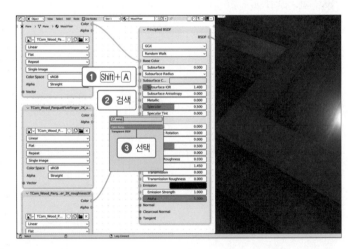

09 'Roughness' 이미지의 Color를 'Color Ramp' 노드의 Fac에 드래그하여 연결합니다. 'Color Ramp' 노드의 Color를 오른쪽 Roughness에 연결합니다. 아직 화면에 변화가 없습니다.

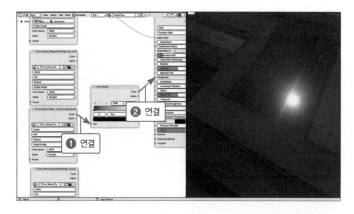

10 이미지의 반짝이는 정도를 줄이겠습니다. 'Color Ramp' 노드의 검은색 부분을 선택하고 아래쪽 색상 바를 클릭해서 '회색'으로 변경합니다. 왁스를 많이 바른 바닥에 먼지가 약간 있는 형태로 변경되었습니다.

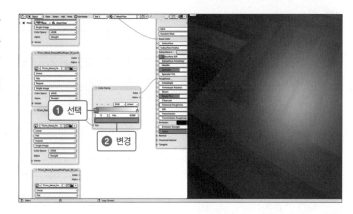

11 반대로 흰색 부분을 더 어두운 색상으로 변경하면 바닥 색상과는 거의 상관없이 거울 같은 표면으로 마무리됩니다.

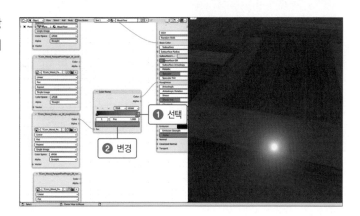

12 원하는 정도의 반짝임을 찾아 설정합니다. 예제에서는 극단적인 효과를 보여주기 위해 Color Ramp에서 흰색 노드의 위치를 이동했습니다.

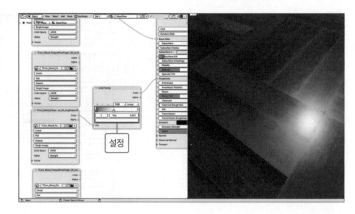

13 이제 Normal 맵을 연결하겠습니다. Normal 맵은 Shift+A를 누르고 'Normal'을 검색한 다음 (Normal Map)을 선택해서 'Normal Map' 노드를 불러옵니다.

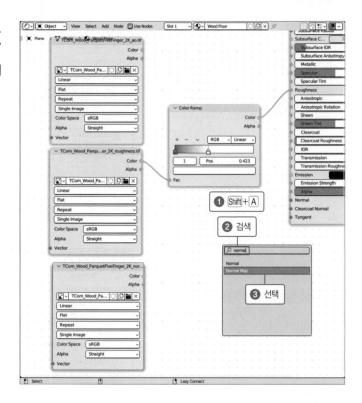

14 Normal 맵을 불러온 이미지 노드의 Color를 'Normal Map' 노드의 Color에 연결합니다. 'Normal Map' 노드의 Nomal을 'Principled BSDF' 노드의 Normal에 연결합니다.

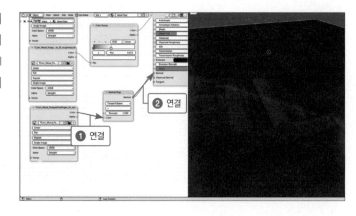

15 노드가 연결되었지만 결과는 이상하다는 것을 알 수 있습니다. 불러온 Normal 맵 이미지의 노드에서 Color Space를 (Non-Color)로 변경합니다.

TIP 이 Normal 맵은 이미지 형식이지만 일반 이미지처럼 작동하지 않습니다.

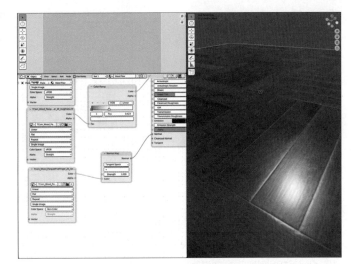

16 노드가 제대로 연결되면 그림과 같이 바닥에 굴곡이 나타나며 디테일이 살아납니다.

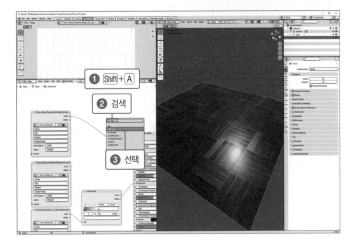

17 마지막으로 'Ambient Occlusion (AO)' 이미지를 연결하겠습니다. Shift+A를 누르고 'Mix Color'를 검색한 후 선택하여 노드를 불러옵니다.

18 | 불러온 노드를 Base Color와 연결된 'Albedo' 이미지 노드의 선으로 움직이면 자동으로 그림과 같이 연결됩니다.

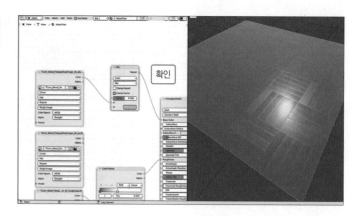

19 | 'AO' 이미지의 Color를 'Mix' 노드의 B에 연결합니다. (Mix)를 클릭하고 (Multiply)를 선택해 변경합니다.

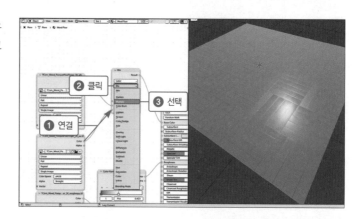

20 | Factor를 '1'로 설정합니다. 특정 부분을 확대하고 원하는 값을 입력합니다.

TIP 'Multiply' 노드는 포토샵의 레이어처럼 이미지를 혼합합니다. Multiply는 이미지의 어두운 부분을 사용해 기본 이미지의 특정 부분을 어둡게 만듭니다. Factor는 어느 정도로 그 효과를 적용할지 결정합니다.

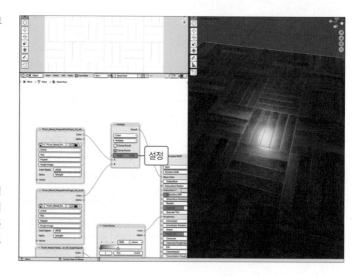

21 │ 바닥 셰이더가 만들어졌습니다. 좀
더 업그레이드하기 위해 이미지 노드 중에
아무거나 선택하고 Ctrl+T를 누릅니다.

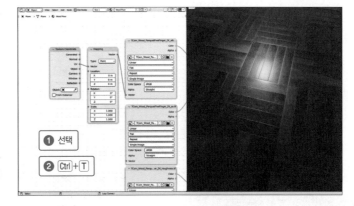

TIP Node Wrangler 기능으로 만약 그림과
같이 작동하지 않으면 Node Wrangler의
(Add-ons)을 활성화합니다.

22 │ 'Texture Coordinate' 노드와
'Mapping' 노드가 연결되었습니다. 여기서
'Mapping' 노드의 Scale을 변경하겠습니다.
Scale은 Vector 값으로 세 개의 값(각각
X/Y/Z)으로 구성됩니다. 다시 Shift+A를
누르고 'Value'를 검색한 다음 선택합니다.

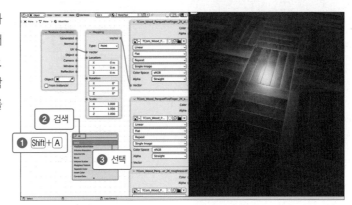

TIP 'Texture Coordinate' 노드는 이미지가 물체에 어떻게 맵핑되는지를 결정하는 중요한 노드입니다. UV가 있는 객체는 기
본적으로 UV 맵핑을 사용하며, UV가 없는 경우에는 자동으로 생성된 Generated UV를 활용합니다. 그 외의 기능들은 특정한
상황에서만 유용하게 쓰입니다. 특정 기능이 어떤 역할을 하는지 궁금하다면 'Mapping' 노드의 Vector를 하나씩 변경해가며
직접 연결해 보세요.

23 │ 'Value' 노드의 Value를 'Mapping'
노드의 Scale에 연결합니다. Value에는 '1'
을 입력합니다.

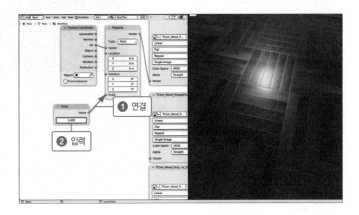

24 모든 이미지는 같은 UV를 사용하기 때문에 그림과 같이 연결합니다.

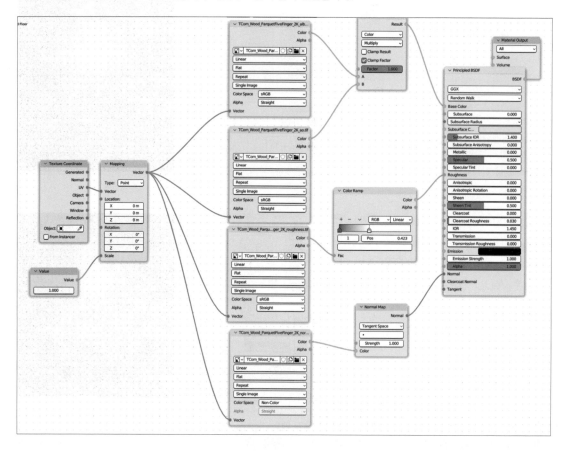

25 Value에 '2'를 입력하면 그림과 같이 이미지 크기를 한 번에 수정하는 머티리얼이 만들어집니다.

TIP Seamless Texture

3D 기반으로 제작된 이미지들은 종종 Seamless Texture로 알려진 형태로 디자인됩니다. 이는 이미지의 왼쪽과 오른쪽, 위쪽과 아래쪽이 연결되어 자연스럽게 이어지는 것을 의미합니다. 그러나 특정 이미지가 Seamless하지 않은 경우에는 포토샵 등의 이미지 편집 프로그램을 사용하여 Seamless Texture로 변환해야 합니다. 이와 관련된 자세한 내용은 포토샵 강의 등에서 쉽게 찾을 수 있습니다.

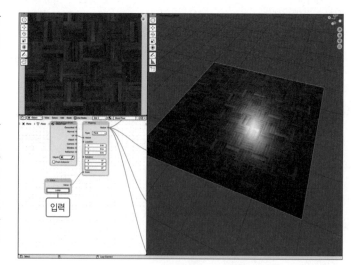

Normal 맵 손쉽게 제작하기

만약 원하는 이미지가 컬러 이미지만이라면, 일반적으로 이미지 편집 프로그램을 사용해야 합니다. 그러나 블렌더를 활용하면 손쉽게 Normal 맵을 추출할 수 있습니다. 이 방법에 대해 알아보겠습니다.

01 | 원하는 이미지를 준비하고 기본 셰이더에 적용합니다. 예제에서는 'www. cgtextures.com' 사이트에서 'Albedo' 이미지만 다운로드했습니다.

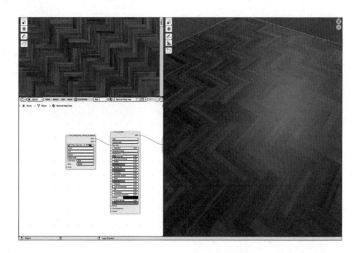

02 | 'https://github.com/HugoTini/ DeepBump' 사이트에 접속하고 오른쪽 상단의 녹색 (Code) 버튼을 클릭한 다음 (Download ZIP)을 클릭합니다. 원하는 'Add-on' 파일을 다운로드합니다.

TIP 블렌더의 'Add-on' 파일들은 Zip 파일 형식으로 제공됩니다. 압축을 해제하지 않고 바로 사용하는 형식입니다.

03 | F4 를 누른 다음 (Preferences)를 실행합니다. Blender Preferences 창의 왼쪽 (Add-ons) 탭을 선택하고 오른쪽 상단의 (Install) 버튼을 클릭합니다.

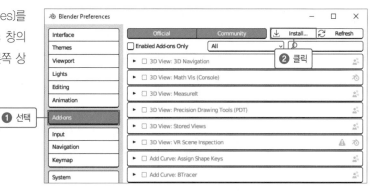

04 | 다운로드한 'DeepBump-master.zip' 파일을 선택하여 설치합니다. (Add-ons) 탭에서 'DeepBump'를 검색하고 'Material: DeepBump'를 체크 표시합니다. 왼쪽의 드롭다운 아이콘을 클릭하여 옵션을 나타냅니다. 아래쪽의 (Install dependencies) 버튼을 클릭합니다.

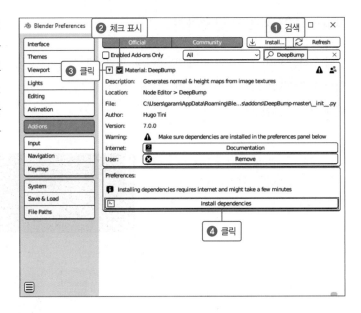

05 | 실행 파일을 다운로드하여 설치합니다. Preferences 항목에 'Required dependencies are installed'가 나타나면 제대로 설치된 것입니다.

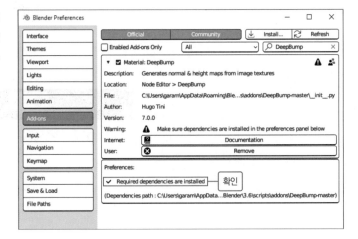

06 | 블렌더의 Shader Editor 패널에서 N을 누르면 오른쪽에 (DeepBump) 탭이 나타납니다.

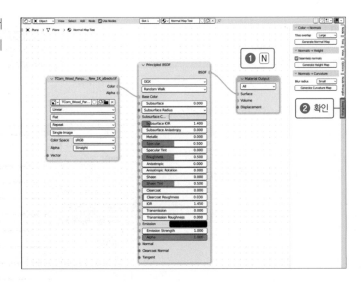

07 연결된 컬러 이미지 노드를 선택한
다음 (Generate Normal Map) 버튼을 클
릭합니다. Normal 맵이 만들어지고 자동으로
연결합니다. 새로운 이미지를 더블클릭해
위쪽 이미지 뷰어에 나타냅니다.

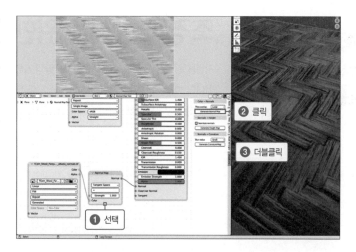

08 생성된 Normal 맵 이미지는 저장된
이미지가 아닙니다. 이 상태로 블렌더를 종
료하면 만들어진 이미지는 사라지므로 [Alt]
+[S]를 눌러 저장해야 합니다. 이렇게 생성
된 Normal 맵은 상당히 강한 수치가 적용
되어 있습니다. 'Normal Map' 노드에서
Strength를 '0.15' 정도로 변경하는 것이 적
당합니다.

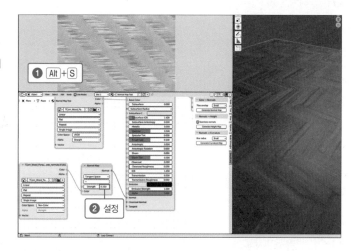

09 Normal 맵이 생성되면 Height 맵과 Curvature 맵을 만들 수 있습니다. 만드는 방법은 Normal 맵 이미지 노
드를 선택하고, (Generate Height Map) 버튼을 클릭하면 됩니다. 다시 Normal 맵 이미지 노드를 선택한 상태에서
(Generate Curvature Map) 버튼을 클릭하면 관련된 이미지가 각각 생성됩니다.

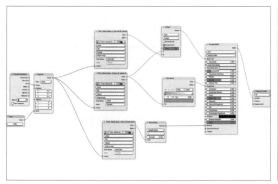

TIP 생성된 이미지들은 잊지 말고 따로 저장합니다. 최종 노드는 그림과 같이 일반 노드 구성으로 마무리했습니다. Height 맵
(Map)은 사용하지 않았습니다.

조경과 장식을 위한 돌 만들기

자연물은 항상 도전일 수 있지만, 고품질의 자연물은 작업물의 퀄리티를 높이는 데 중요한 역할을 합니다. 이번에는 간단한 모델링으로 실사를 닮은 돌을 만들어 보겠습니다. 이 작업을 통해 다른 프로젝트에도 응용할 수 있는 여러 기능을 소개하며, 여러 번 따라해 보는 것을 권장합니다.

● 예제 파일 : P2_03_Rock\texture\Rock_Color.jpg, Rock_Color_normal.png, Rock_Color_normals_curvature.jpg.001.png, stone_normal.png
● 완성 파일 : P2_03_Rock\P2_03_Rock_Fin.blend

기본 형태 모델링하기

01 새로운 파일을 만들고 'Stone_V01' 이름으로 저장합니다.

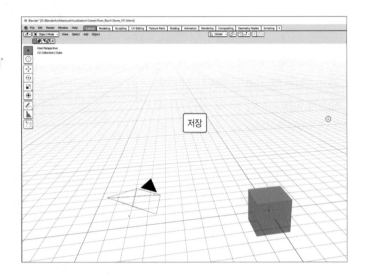

02 기본 육면체를 사용해서 모델링하 겠습니다. 기본 육면체를 선택하고 F2를 누른 다음 이름을 'stone'으로 변경합니다. Tab을 눌러 (Edit Mode)로 변경합니다. 여 백을 클릭하여 선택을 해제합니다.

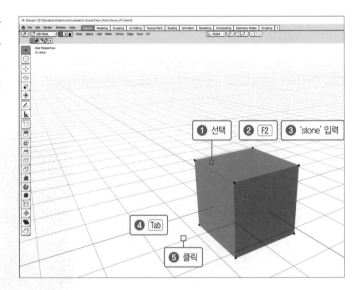

03 예제에서는 (Knife)를 주로 사용하겠습니다. K를 눌러 (Knife)를 활성화하고 바위를 깎는 느낌으로 선을 긋습니다. K를 누르고 그림과 같이 화면 한쪽을 클릭한 다음 육면체를 가로지르는 선이 생기도록 마우스를 움직인 상태로 C를 누릅니다. 반대쪽을 클릭하고 Enter를 눌러 확정합니다.

TIP 화면에 보이지 않는 부분까지도 선이 그어집니다.

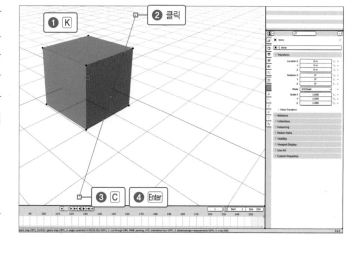

04 육면체에 선이 그림과 같이 그어졌습니다.

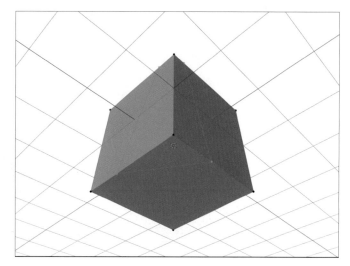

05 선이 그어진 안쪽에서 3을 눌러 (Face(■)) 선택 모드로 변경한 다음 선택합니다. X를 누른 후 (Delete Faces)를 선택해 지웁니다.

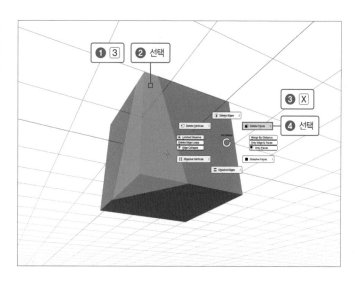

06 ②를 눌러 (Edge Select Mode)로 변경합니다. 잘린 부분의 모서리를 선택합니다. F를 누르면 해당 부분에 면이 만들어집니다. 같은 과정을 반복해 원하는 모양으로 모델링합니다.

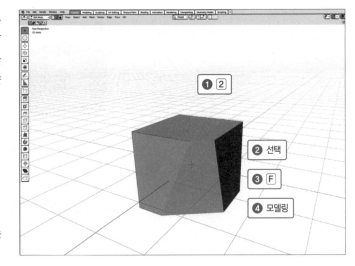

TIP 여기까지의 과정이 폴리곤을 잘라내는 가장 손쉬운 방법입니다.

07 꼭짓점(버텍스)을 움직이는 것만으로 돌 형태의 모델링을 완성했습니다.

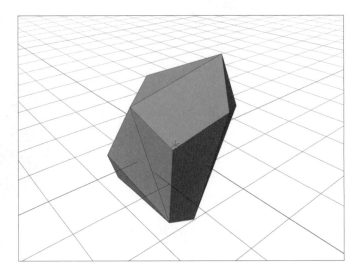

스컬핑 기능으로 디테일 더하기

01 스컬핑 기능을 사용해서 디테일한 모델링을 만들겠습니다. 오브젝트를 선택한 다음 Tab을 누르고 (Sculpt Mode)를 선택합니다.

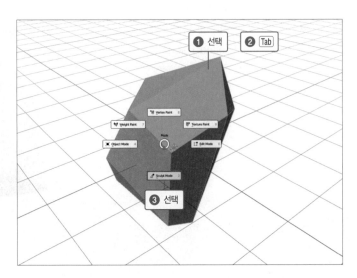

02 현재 폴리곤이 너무 작아 폴리곤 수를 늘리겠습니다. (Remesh)를 클릭하면 Voxel Size가 기본 '0.1m'입니다. 폴리곤을 얼마나 만들지는 옵션에서 설정합니다.

TIP Voxel Size가 작을수록 많은 폴리곤이 만들어집니다. 처음에는 0.1m 폴리곤으로 기본 모델을 잡고, 계속 수를 줄여가며 더 많은 폴리곤을 추가하면서 디테일한 모양을 추가하는 것이 좋습니다.

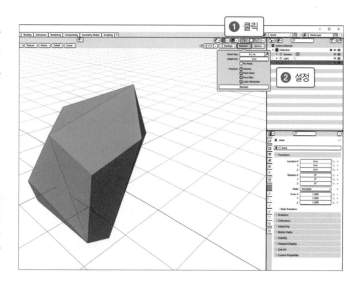

03 Ctrl+R을 누르면 그림과 같이 폴리곤이 많이 생성됩니다.

TIP 재설정하려면 Ctrl+Z를 눌러 작업을 되돌리고 (Remesh)를 클릭합니다. 옵션을 재설정한 다음 Ctrl+R을 누릅니다.

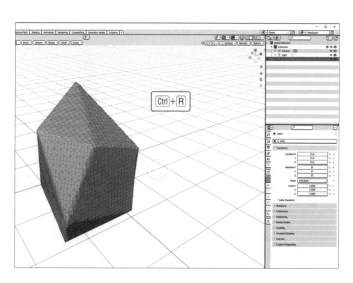

04 예제에서 사용한 브러시는 Grab, Standard, Smooth, Flat, Clay Strips 정도입니다. 최종으로 Voxel Size는 '0.025'에서 마무리했습니다.

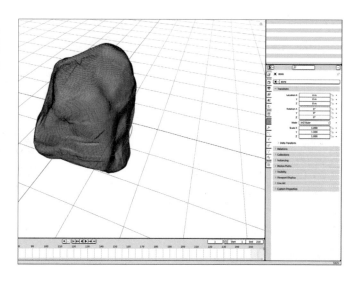

05 먼저 [Tab]을 눌러 Edit로 이동하고 [Shift]+[D]를 눌러 복제합니다.

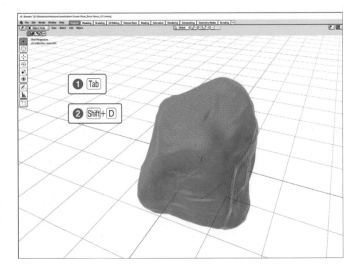

TIP 이 모델링을 그대로 사용하는 것은 적절하지 않습니다. 폴리곤의 수가 모델링의 중요성에 비해 너무 많기 때문입니다. 이럴 때는 Remesh 작업을 수행해야 합니다.

06 새 오브젝트 이름을 'stone_low'로 변경합니다. 기존 오브젝트는 'stone_high'로 변경합니다. 'stone_high'를 선택하고 [H]를 눌러 화면에서 숨깁니다.

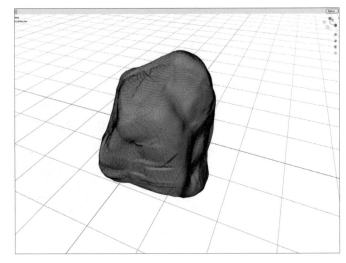

07 오브젝트를 선택하고 〔Modifiers(🔧)〕 탭을 선택한 다음 〔Decimate〕 모디파이어를 검색해서 추가합니다. Ratio에 '0.1'을 입력합니다. Face Count는 '12868'로 아직 폴리곤이 너무 많습니다.

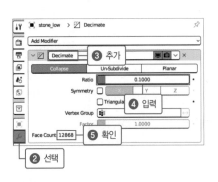

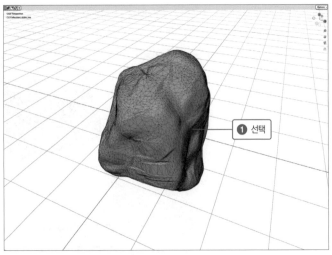

08 | 같은 방법으로 Decimate 모디파이어를 추가합니다. 이번에는 Ratio에 '0.2'를 입력합니다. 총 Face Count를 '2702'로 정리했습니다.

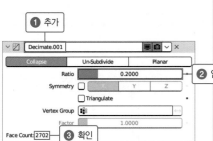

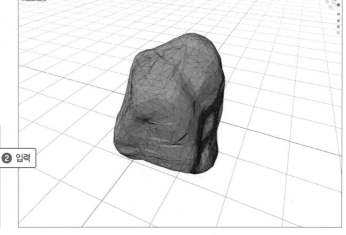

09 | 모디파이어들을 적용합니다. 모디파이어 위에 마우스 커서를 올리고 Ctrl+A를 누르면 적용됩니다. 오브젝트를 선택한 다음 Tab을 눌러 (Edit Mode)로 변경합니다. A를 누르고 (Select All Toggle)을 선택해서 전체 선택합니다.

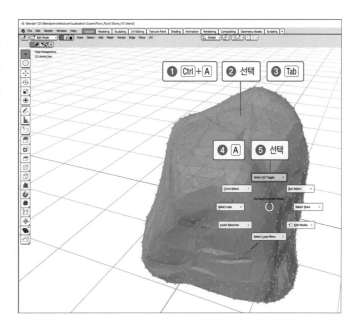

10 | U를 누르고 (Smart UV Project)를 실행합니다.

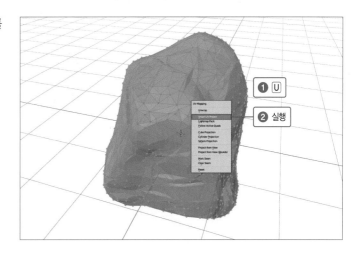

11 | Smart UV Project 대화상자가 표시되면 (OK) 버튼을 클릭합니다.

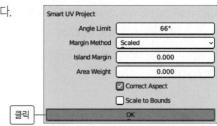

12 | (UV Editing) 탭을 선택해 UV 상태를 확인합니다.

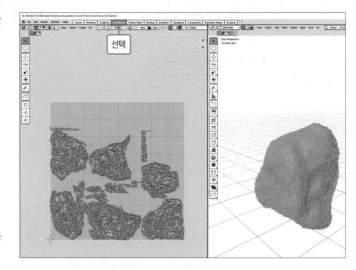

TIP 많은 공간이 낭비되어 보이지만, 이는 메인 오브젝트가 아니기 때문에 넘어갑니다.

13 | [Tab]을 눌러 (Object Mode)로 변경합니다. 화면 구성에 Shader Editor 패널을 추가합니다. 셰이더를 추가하고 이름을 'Stone_Low'로 변경합니다.

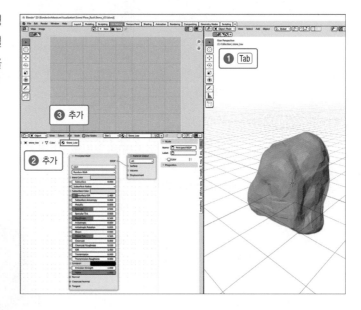

14 Properties 패널에서 Render Engine을 'Cycles', Device를 'GPU Compute'로 변경합니다. (Sampling) 옵션의 Render에서 Max Samples를 '256'으로 변경합니다.

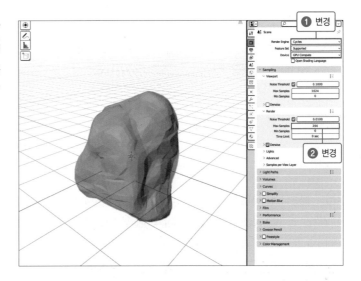

15 (Bake) 옵션의 (Bake)를 선택하고 Bake Type을 클릭한 다음 'Normal'을 선택합니다.

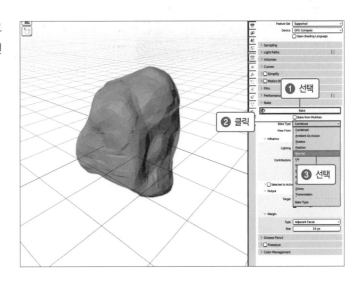

16 Shader Editor 패널에서 Shift+A를 누르고 'Image Texture'를 검색해 노드를 추가한 다음 (New) 버튼을 클릭합니다.

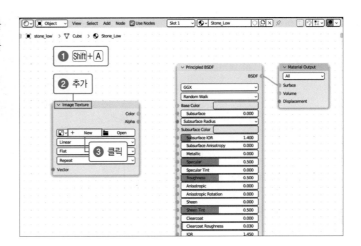

17 │ New Image 대화상자가 표시되면 Name을 'normal'로 변경하고 Width, Height를 각각 '1024px'로 설정합니다. 'Alpha'의 체크 표시를 해제한 다음 (OK) 버튼을 클릭합니다.

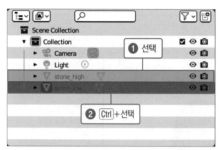

18 │ 블렌더에서 사용할 수 있는 이미지가 만들어졌습니다. Outliner 패널에서 첫 번째로 'stone_high'를 선택(숨겨진 상태라면 '눈' 아이콘을 클릭해 활성화)하고, Ctrl을 누른 채 'stone_low'를 선택합니다. Shader Editor 패널에 만들어진 'normal' 텍스처 노드를 선택합니다.

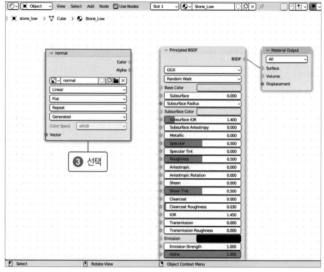

19 │ (Bake) 옵션의 'Selected to Active'를 체크 표시합니다. 왼쪽의 드롭다운 아이콘을 클릭해서 옵션을 표시한 다음 Max Ray Distance에 '0.05m'를 입력합니다.

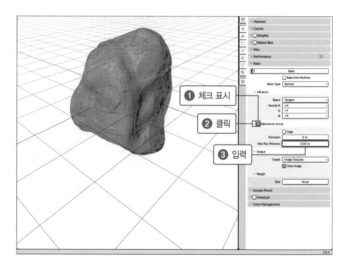

TIP Max Ray Distance의 값은 오브젝트의 크기에 따라 다릅니다. 여러 가지 테스트를 통해 각 오브젝트에 적합한 값을 찾는 것이 좋습니다. 보통 오브젝트 크기의 100분의 1 정도로 설정하면 적절합니다.

20 | (Bake)를 클릭합니다.

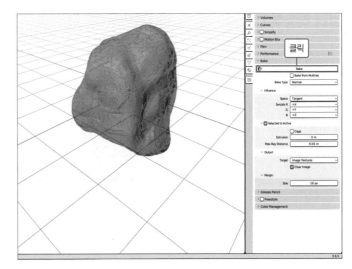

TIP 한 번에 적용되지 않을 가능성이 크기 때문에 순서를 잘 지켜 작업하기 바랍니다.

21 | Shader Editor 패널에서 Shift+A를 누릅니다. 'Normal Map'을 검색하고 추가하여 그림과 같이 연결합니다. Image Editor에서 Alt+S를 눌러 이미지를 적당한 곳에 저장합니다.

Shader Editor 패널에서 'NORMAL' 이미지 노드의 Color Space를 'Non-Color'로 변경합니다.

Outliner 패널에서 'stone_high'를 숨기면 그림과 같이 Normal 맵이 만들어집니다.

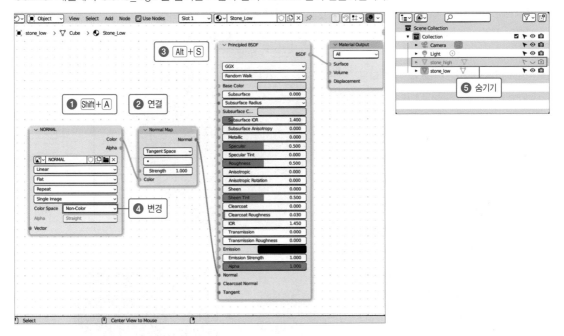

TIP 컴퓨터 색상은 sRGB 표준에 따라 변경됩니다. 이는 인간의 눈이 보통 밝기에 민감하게 반응하는 특성을 고려하여 조정됩니다. 그러나 이로 인해 컴퓨터 처리 색상과 실제 인간이 보는 색상 사이에 차이가 발생할 수 있습니다. 일반 이미지에서 이러한 처리가 적용되면 정보가 왜곡되어 원하는 결과를 얻을 수 없기도 합니다. 따라서 Normal 이미지에서는 이러한 처리를 제거하기 위해 Color Space를 'None Color'로 변경해야 합니다. 관련 정보를 더 알고 싶다면 검색 사이트에서 'Color Gamma'를 검색해 보세요.

컬러 적용하기

이번에는 컬러 작업을 진행하겠습니다. 이때 컬러 이미지가 심리스가 아니어도 괜찮습니다.

01 │ 가능한 깨끗한 돌 이미지를 찾아 그림과 같이 적용합니다.

TIP P2_03_Rock → texture 폴더에서 'Rock_Color.jpg' 파일을 적용해도 됩니다.

02 │ UV 작업에 공을 들이지 않았기 때문에 그림과 같이 이곳저곳에 연결되지 않은 부분이 생겼습니다. 이런 부분을 블렌더 내부에서 쉽게 수정해 보겠습니다.
돌 오브젝트를 선택하고 Tab 을 누른 다음 (Texture Paint)를 선택합니다.

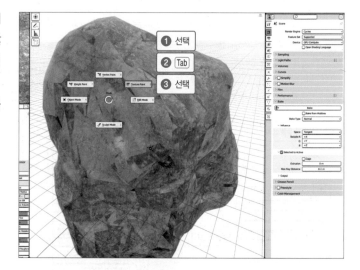

03 │ 3D 뷰포트 왼쪽의 Toolbar에서 (Stamp(▣)) 도구를 선택합니다. 원본의 위치는 3D 커서의 위치를 사용합니다. 3D 커서의 위치는 Shift 를 누른 채 마우스 오른쪽 버튼을 클릭합니다.

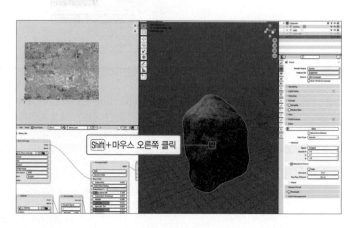

TIP (Stamp) 도구는 포토샵 도장 도구의 기능과 같습니다. 이미지 한쪽에서 다른 쪽으로 복사해서 붙여넣는 것입니다.

04 │ 작업된 이미지 텍스처는 이미지 뷰어에서 Alt + S 를 눌러 다시 한 번 저장합니다. 노드는 그림과 같습니다.

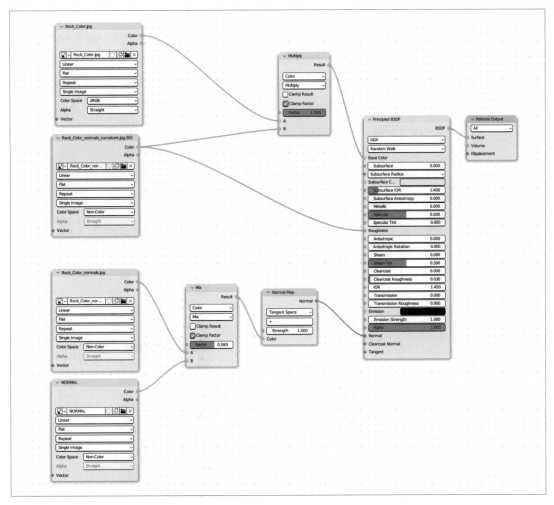

TIP 〔DeepBump〕탭을 사용해 컬러 이미지에서 Normal 맵을 한 번 더 추출하고, 추출한 Normal 맵과 기존의 Normal 맵을 섞어 좀 더 풍부한 이미지를 만들었습니다. 추출한 Normal 맵에서 Curvature 맵을 만들고 그것으로 Roughness에 연결한 다음 AO 맵처럼 사용했습니다.

05 │ 같은 모델링 크기와 위치를 바꿔 배치한 이미지입니다.

TIP 완성된 자연물은 여러 곳에 활용할 수 있습니다.

텍스트 애니메이션과 공간 구성하기

3D 작업을 하다 보면 텍스트를 많이 활용합니다. 단순히 글자를 배치하는 것뿐만 아니라 간단한 애니메이션 작업도 많이 하게 됩니다. 이번에는 블렌더에서 어떻게 텍스트를 입력 및 편집하는지 살펴보고, 간단한 애니메이션 작업까지 이어갑니다. 또한 이렇게 제작된 영상을 공간에 배치했을 때 어떤 느낌으로 보이는지 설명하기 위해 가상의 공간을 만들어보려고 합니다.

● 완성 파일 : P2_04_Text\Render\Text_Animation_0001.png~Text_Animation_0180.png
　　　　　　P2_04_Text\P2_04_Text_Fin.blend, P2_04_Text_PT_Ready.blend

텍스처 적용하기

01 │ 새로운 블렌더 씬을 만들고 작업 폴더에 'Text_Work_V01' 파일로 저장합니다. 기본 육면체를 삭제한 다음 Shift +A를 누르고 Add 창에서 (Text)를 실행합니다.

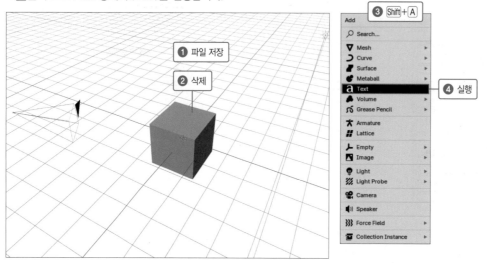

02 │ 'Text' 오브젝트도 다른 오브젝트와 동일하게 크기를 조절하거나 회전하고 위치를 이동할 수 있습니다. 머티리얼을 적용하는 방법도 다른 오브젝트와 같습니다.

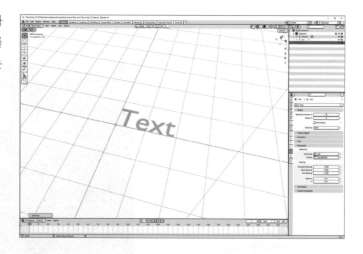

03 텍스트 오브젝트를 선택한 후 [Tab]을 누르고 (Edit Mode)를 선택합니다.

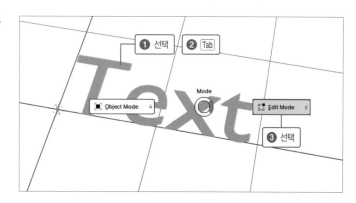

04 커서가 깜빡이면 그림과 같이 텍스트를 입력합니다.

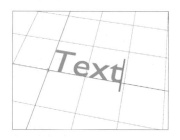

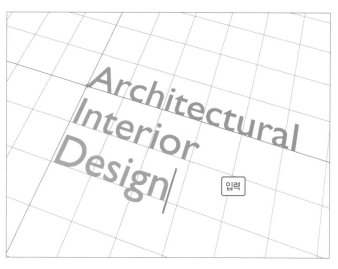

TIP [Enter]를 누르면 글줄이 바뀌는 것도 일반 워드 프로그램을 사용하는 것과 동일하게 작동합니다. 대/소문자를 입력하는 방식도 동일합니다.

05 텍스트 일부분을 드래그하여 선택할 수도 있습니다.

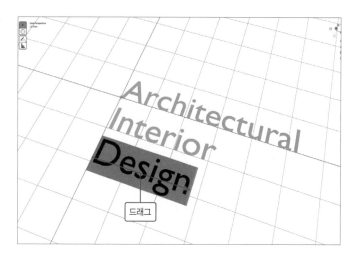

06 Properties 패널에서 (Text) 탭을 선택하면 워드 프로그램과 같이 수많은 옵션을 확인할 수 있습니다.

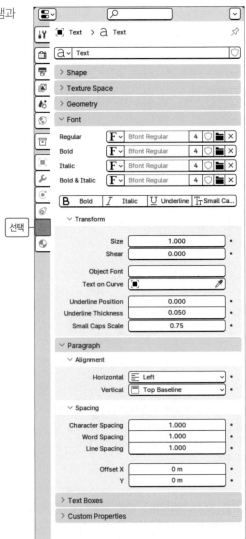

선택

07 블렌더에서는 일반 워드 프로그램처럼 텍스트를 편집할 수 있을 것 같지만, 실제로는 여러 제약이 있습니다. 한 오브젝트 안에서 입력된 텍스트는 개별적으로 크기나 글꼴을 조정할 수 없으므로 텍스트 설정을 변경하려면 각각 별도의 오브젝트로 만들어야 합니다.

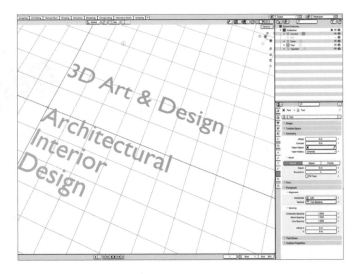

08 | 한글을 입력하는 방법을 알아보겠습니다. 블렌더는 기본으로 한글을 입력할 수 없지만, 한글을 입력하기 위한 방법이 있습니다. 우선 'Text' 오브젝트를 하나 만들고 (Text) 탭에서 Font 옵션의 Regular에서 폴더 모양 아이콘을 클릭합니다.

09 | 컴퓨터에 설치된 많은 폰트 목록이 나타납니다. 이 중 한글 서체를 선택하고 (Open Font) 버튼을 클릭합니다.

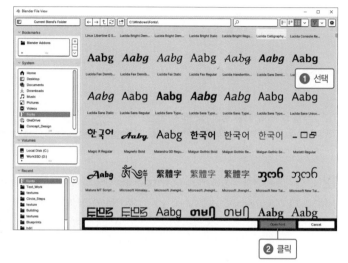

10 | 컴퓨터의 메모장이나 워드 프로그램 등에서 한글을 입력하고 선택한 다음 Ctrl +C를 눌러 복사합니다.
블렌더에서 텍스트 오브젝트를 선택하고 (Edit Mode)로 이동합니다. Ctrl+V를 눌러 붙여넣은 다음 불필요한 텍스트를 지워 한글만 남깁니다.

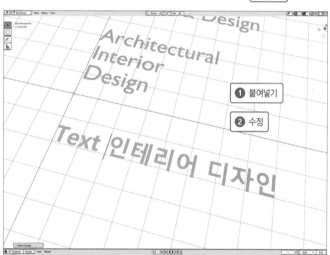

11 | [Tab]을 눌러 (Object Mode)로 이동
합니다.

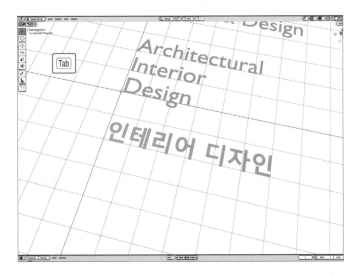

TIP 작업 중 단축 키를 눌러 작동하지 않는
다면 한글 입력 모드가 아닌지 확인해 보세요.

12 | 글자에 두께를 적용하겠습니다. Properties 패널의 (Text) 탭을
선택합니다. Geometry 옵션에서 Extrude에 수치를 입력하면 글자에
두께가 만들어집니다.

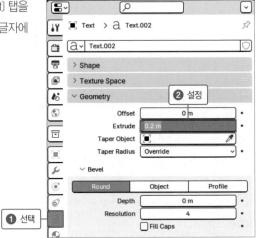

13 | 글자에 두께가 있지만 외곽선이 너무
날카로워 보입니다. 이것은 3D에서 생성된
이미지라는 느낌을 줍니다.

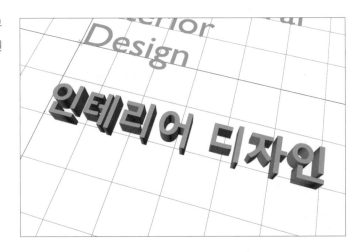

14 좀 더 자연스럽게 만들기 위해 외곽에 Bevel을 적용하겠습니다. Geometry 옵션에서 Bevel 항목의 Depth에 수치를 입력합니다.

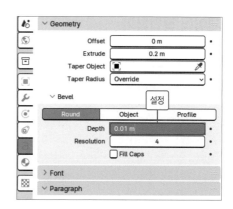

15 그림과 같이 부드러운 형태의 글자가 만들어졌습니다.

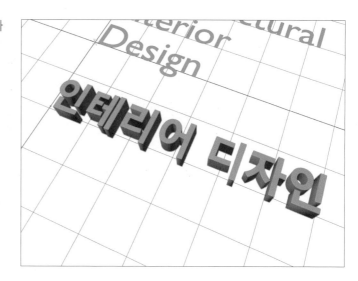

16 두 개의 텍스트 오브젝트를 사용해 그림과 같이 텍스트 디자인을 만들었습니다.

셰이더 작업하기

01 | 텍스트 하나를 선택하고 Properties 패널에서 (Shader) 탭을 선택합니다. (New) 버튼을 클릭하여 새로운 셰이더를 생성합니다.

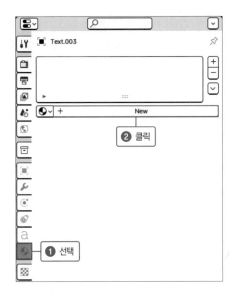

02 | 새로 만들어진 셰이더 이름에 'text'를 입력합니다.

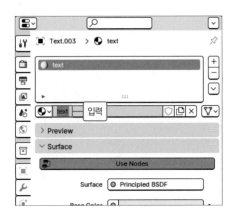

03 | 셰이더 색상을 실시간으로 확인하기 위해 화면 모드를 변경합니다. ⓩ를 누르고 ((◎)Material Preview)를 선택합니다.

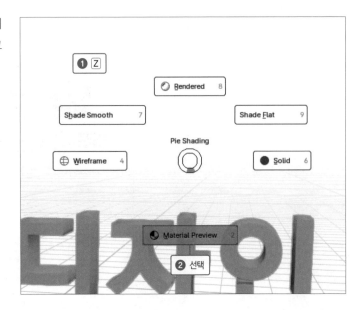

04 〔Shader〕 탭에서 Base Color, Metallic을 설정하여 원하는 셰이더를 만듭니다.

예제에서 사용한 색상 설정은 한글 부분 '#9FF7FF', Metallic은 '0.5', Roughness는 '0.8'입니다. 영어 부분의 Base Color는 '흰색', Metallic은 '0', Roughness는 '1'을 적용했습니다.

조명 작업하기

01 조명을 만들기 위해 Z를 누르고 〔Rendered〕를 선택합니다.

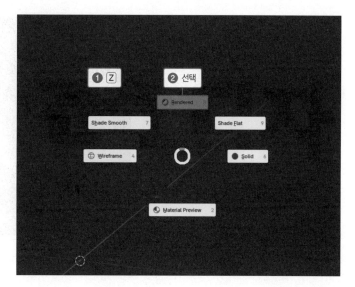

02 Shift+A를 누르고 〔Light〕 → 〔Area〕를 실행하여 공간 조명을 생성합니다.

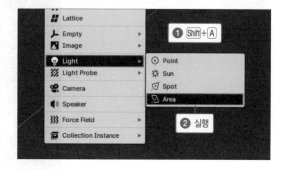

03 | 조명을 글자 위로 이동하겠습니다.
G, Z를 순서대로 누르고 마우스 커서를
이동합니다.

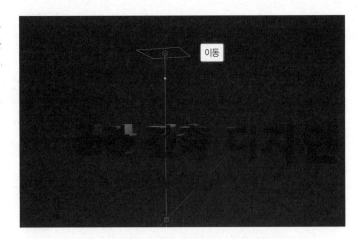

04 | 조명을 설정해 원하는 분위기를 만
들어 보겠습니다. Properties 패널에서
〔Lighting〕 탭을 선택합니다.
조명의 Shape를 'Rectangle'로 변경하고
Size X에 '8m', Power에 '30W'를 입력합
니다.

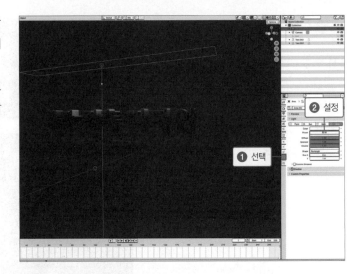

05 | Shift+D를 눌러 조명을 복제하고
텍스트 아래쪽으로 이동합니다. 넘버 패드
3을 눌러 Side View에서 아래쪽 조명을
그림과 같이 배치합니다.

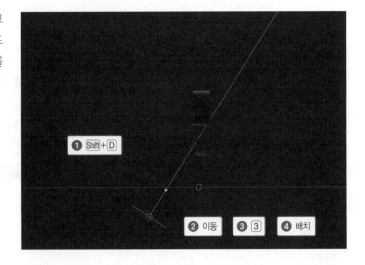

06 아래쪽 조명을 한 번 더 복제해 그림과 같이 배치합니다.

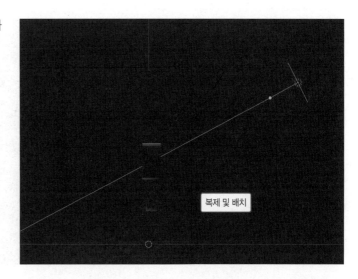

07 원하는 분위기가 조성되면 조명의 위치와 밝기 등을 그림과 같이 조정합니다.

08 새로운 컬렉션을 만들어 조명과 카메라, 텍스트를 분리하겠습니다. Outliner 패널에서 'New Collection' 아이콘(📁)을 두 번 클릭하여 컬렉션을 두 개 만들고 컬렉션 이름은 'Rendering'과 'Text'로 지정합니다. 'Rendering' 컬렉션에는 카메라와 조명, 'Text' 컬렉션에는 텍스트 오브젝트를 넣어 정리합니다.

09 카메라를 원하는 위치로 이동합니다. 넘버 패드 0을 누르고 Shift + ` 를 누른 다음 W / A / S / D 를 눌러 카메라 구도를 손쉽게 지정할 수 있습니다.

10 배경을 완전히 검은색으로 만들겠습니다. Properties 패널에서 (World) 탭을 선택하고 Color를 '검은색'으로 지정합니다.

① 선택

② 지정

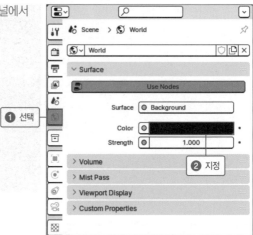

11 배경색이 변경되면서 분위기가 바뀌었습니다. 조명을 원하는 분위기로 수정합니다. 예제에서는 모든 조명의 Power를 '60W'로 바꾸었습니다.

설정

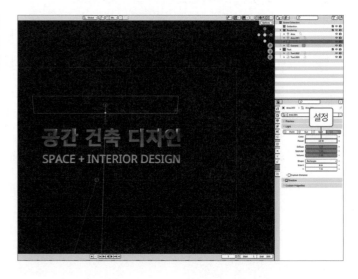

애니메이션 적용하기

01 | 카메라에 DOF를 활성화하겠습니다. 카메라를 선택한 다음 Properties 패널의 (Camera) 탭을 선택하고 'Depth of Field'를 체크 표시합니다.

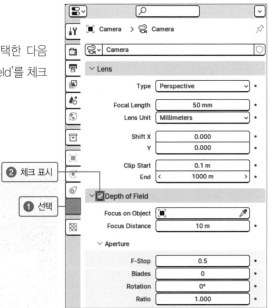

② 체크 표시

① 선택

02 | Shift+A를 누른 다음 (Empty) → (Plain Axes)를 실행 합니다.

03 | 새로 만든 Empty를 선택한 다음 F2를 누르고 'DOF'를 입력합니다.

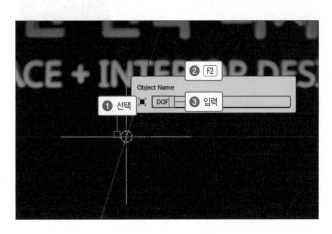

04 | 카메라를 선택합니다. Properties 패널의 (Camera) 탭에서
Depth of Field 옵션의 Focus on Object를 'DOF'로 선택합니다.

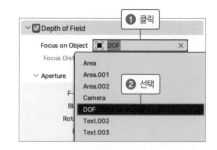

05 | 'DOF' 오브젝트를 텍스트 오브젝트에
붙여 배치합니다.

06 | 한글 텍스트를 선택한 다음 마우스
오른쪽 버튼을 클릭하고 (Convert To) →
(Mesh)를 실행합니다.

TIP 텍스트 오브젝트를 일반 메시로 변경하는
과정입니다.

07 | 한글 텍스트를 선택하고 [Tab]을 눌러
[Edit Mode]로 이동합니다. 첫 글자를 선택
합니다. 뒤쪽이나 겹친 모든 폴리곤을 선택
해야 하므로 [Z]를 누르고 [Wireframe]을
선택해 Wireframe View로 확인합니다.

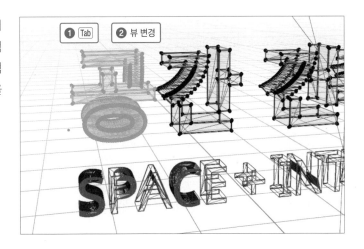

08 | [P]를 누르고 Separate 창에서 [Selection]을 실행합니다. 첫 글자가
분리되었습니다. 다른 글자들도 이 과정을 반복하여 별도로 분류합니다.

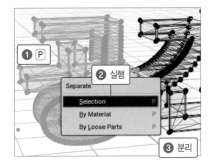

09 | [Tab]을 눌러 [Object Mode]로 변경
합니다. 분류된 한글 글자들을 전부 선택합
니다.

10 | [Ctrl]+[Alt]+[X]를 누른 다음 [Origin
to Center of Mass]를 선택합니다.

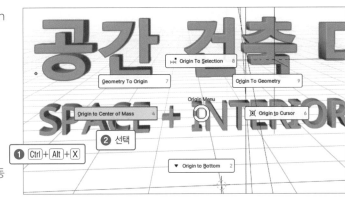

TIP 각 글자의 중심점을 글자 중심으로 이동
합니다.

11 │ 화면 아래쪽의 Timeline 패널에서 작업하겠습니다. 먼저 애니메이션 길이를 180프레임으로 만들기 위해 Timeline 패널의 오른쪽 End에 '180'을 입력합니다.

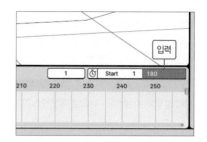

12 │ 현재 프레임을 '150'으로 이동하겠습니다. Timeline 패널을 드래그해 원하는 프레임으로 이동하거나 현재 프레임 창에 '150'을 입력합니다.

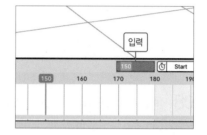

13 │ 3D 뷰포트에서 한글 오브젝트들을 전부 선택하고 ﹇I﹈를 누른 다음 (Location & Rotation)을 실행합니다.

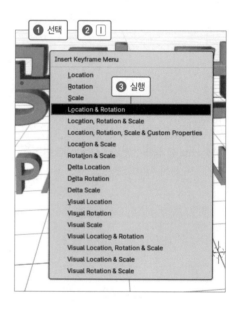

TIP 이 애니메이션에서는 위치값과 회전 값에 애니메이션을 적용할 것 이므로 (Location & Rotation)을 실행했습니다. Timeline 패널의 작은 사각형은 애니메이션 키프레임이 추가된 것을 나타냅니다.

14 │ 1프레임으로 이동하기 위해서 ﹇Shift﹈ +﹇←﹈를 누릅니다. 3D 뷰포트에서 ﹇3﹈을 눌 러 Side View에서 글자들을 카메라 뒤쪽 으로 이동합니다.

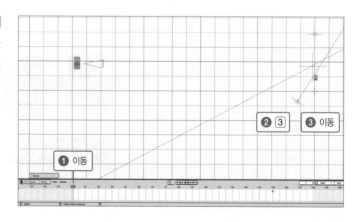

15 | ⓘ를 누르고 (Location & Rotation)을 실행합니다. 가장 단순한 형태의 애니메이션이 만들어집니다.

16 | 넘버 패드 ⓪을 눌러 카메라 뷰로 변경합니다. Spacebar를 누르면 애니메이션이 재생됩니다. Render View로 확인하면 120프레임 이전에 글자가 조명이 없는 부분을 지나가면서 아무것도 보이지 않습니다.

SPACE + INTERIOR DESIGN

17 | Side View에서 위쪽과 아래쪽에 배치했던 조명을 선택하고, Shift+D를 눌러 복제해서 글자를 비춥니다.

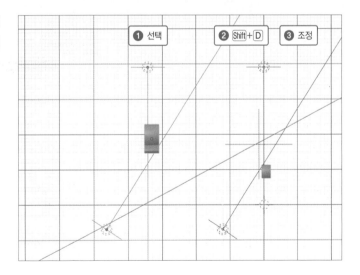

18 │ 위와 같은 방법으로 60프레임에서도
조명이 글자를 비추도록 배치합니다.

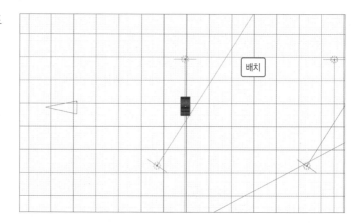

19 │ Render View로 변경합니다. 너무
어둡거나 밝은 부분이 있는지 확인한 다음
조명을 세밀하게 조정합니다.

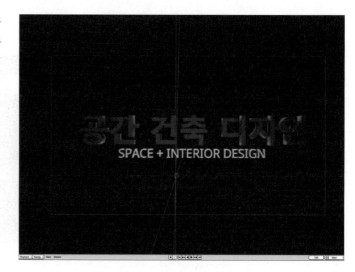

20 │ 1프레임으로 이동하고 한글 글자를 모두 선
택한 후 상단 메뉴에서 (Object) → (Transform)
→ (Randomize Transform)을 실행합니다.

21 │ Randomize Transform 창에서 오브젝트의 크기, 위치, 회전 값을 랜덤으로 손쉽게 설정할 수 있습니다.

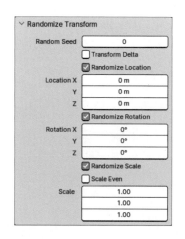

22 │ 회전 값만 랜덤으로 교체할 것이므로 그림과 같이 옵션을 설정합니다. 'Randomize Rotation'을 체크 표시하고 Rotation X/Y/Z에 각각 '180°'를 입력합니다.

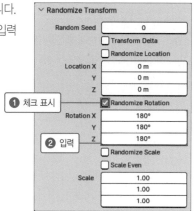

23 │ 한글 글자들이 랜덤하게 회전했습니다.

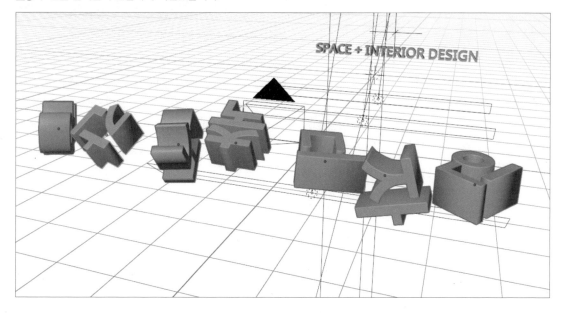

24 ⚟를 누르고 (Location & Rotation)을 실행합니다.

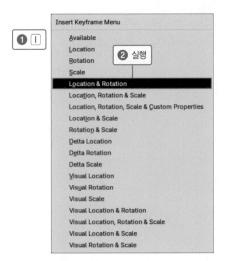

25 텍스트가 랜덤하게 회전하면서 날아
오는 애니메이션이 만들어졌습니다.

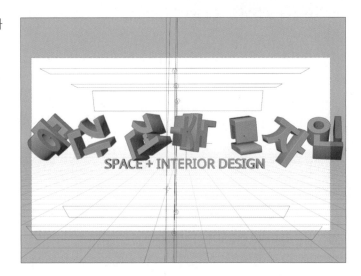

26 나머지 텍스트도 애니메이션을 적
용하겠습니다. 영문 텍스트를 선택한 다음
Timeline 패널에서 130프레임으로 이동합
니다.

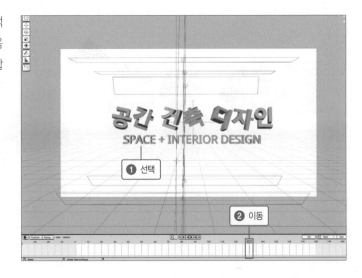

27 │ ⓘ를 누르고 위치값만 애니메이션할 것이기 때문에 [Location]을 실행합니다.

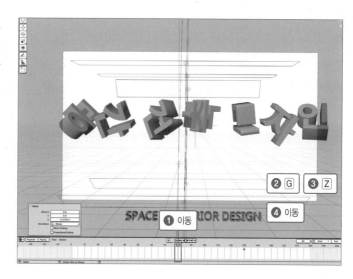

28 │ Timeline 패널에서 50프레임으로 이동합니다. 텍스트를 카메라에서 보이지 않도록 Ⓖ, Ⓩ를 누르고 아래쪽으로 이동합니다.

29 │ ⓘ를 누르고 [Location]을 실행합니다.

30 애니메이션이 잘 되는지 확인합니다.

31 애니메이션을 렌더링하기 위해 Properties 패널의 (Renderer) 탭을 선택하고 (Ambient Occulusion), (Bloom), (Screen Space Reflections), (Motion Blur) 옵션을 체크 표시합니다.

① 선택

② 체크 표시

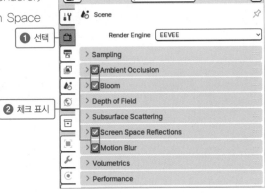

32 (Output) 탭을 선택한 다음 Resolution X를 '1920px', Y를 '1080px'로 설정합니다. (Frame Range) 옵션의 End가 '1~180'으로 설정되어 있는지 확인합니다.

① 선택

② 설정

③ 확인

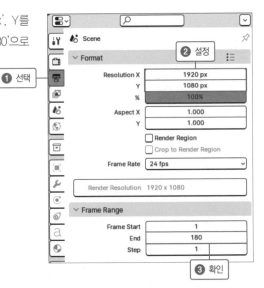

33 | (Output) 탭에서 이미지 저장 위치를 지정하기 위해 (Output) 옵션 아래의 폴더 아이콘을 클릭합니다.

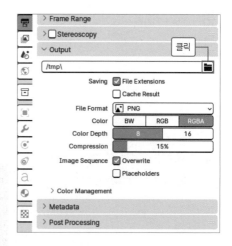

34 | Blender File View 창에서 작업 중인 블렌더 파일 위치로 이동합니다. '새 폴더 만들기' 아이콘(🗂)을 클릭합니다.

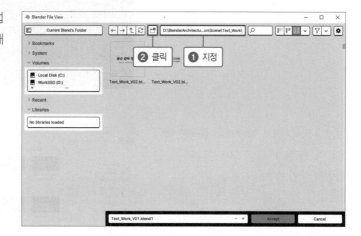

35 | 새 폴더 이름을 'Render'로 수정한 후 이동합니다. 파일 이름에 'Text_ Animation_'을 입력하고 (Accept) 버튼을 클릭합니다.

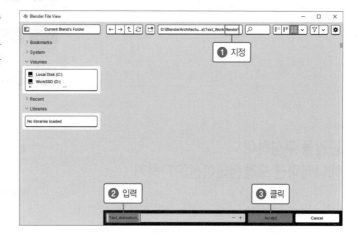

36 | Ctrl+F12를 누르거나 상단 메뉴에서 (Render) → (Render Animation)을 실행합니다.

37 | 새로운 창에서 렌더링이 진행되고 그 결과를 확인할 수 있습니다.

38 | 탐색기에서 'Render' 폴더를 확인합니다. 180장 이미지가 모두 렌더링된 것을 확인할 수 있습니다.

공간을 구성하여
애니메이션 프레젠테이션(PT)하기

01 | 새로운 블렌더 파일을 생성한 다음 기본 육면체를 삭제합니다. Shift+A를 누르고 (Mesh) → (Plane)을 실행합니다.

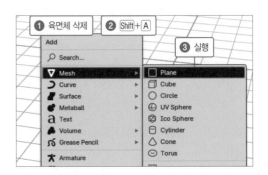

02 │ F2 를 누른 다음 새로 만든 평면(Plane)의 이름을
'Display'로 변경합니다.

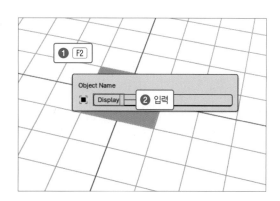

03 │ 크기를 렌더링 이미지와 동일하게
맞추겠습니다. N 을 누르고 Transform 창
에서 Scale 항목의 X를 '1.92', Y를 '1.08'로
설정합니다.

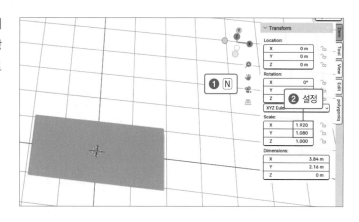

04 │ Ctrl + A 를 누르고 (Scale)을 선택
하여 크기를 초기화합니다.

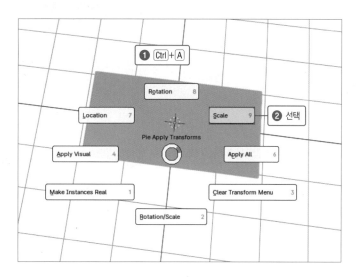

05 벽에 붙어있는 화면처럼 만들기 위해 위쪽으로 세우겠습니다. R, X를 누른 다음 '90'을 차례로 입력합니다.

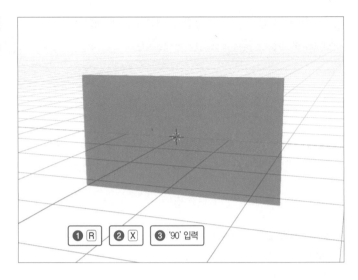

06 화면 왼쪽에 Shader Editor 패널을 표시합니다. 오브젝트를 선택하고 Shader Editor 패널에서 (New) 버튼을 클릭하여 새로운 셰이더를 적용합니다.

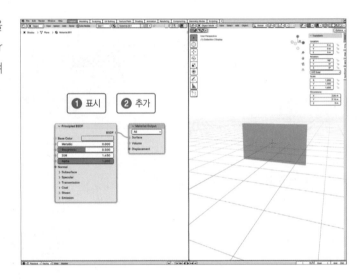

07 새로운 셰이더의 이름은 'Display'로 변경합니다.

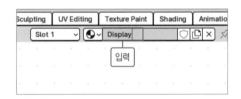

08 Shader Editor 패널에서 Shift+A를 누르고, 'emission'을 입력하여 검색한 다음 선택합니다.

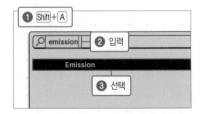

09 | 'Principled BSDF' 노드를 삭제하고 'Emission' 셰이더 노드를 'Material Output' 노드에 연결합니다.

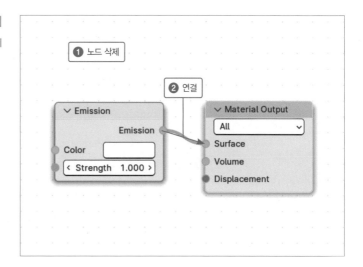

10 | Shift+A를 누르고 'Image texture'를 입력하여 검색한 다음 선택해서 노드를 불러옵니다.

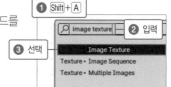

11 | 'Image Texture' 노드에서 (Open) 버튼을 클릭합니다.

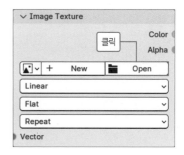

12 | Blender File View 창에서 렌더링 이미지 위치로 이동하고 A를 눌러 이미지 전체를 선택합니다. (Open Image) 버튼을 클릭합니다.

TIP 반드시 전체 이미지를 선택하고 (Open Image) 버튼을 클릭해야 합니다. 그렇지 않으면 한 장의 이미지만 불러옵니다.

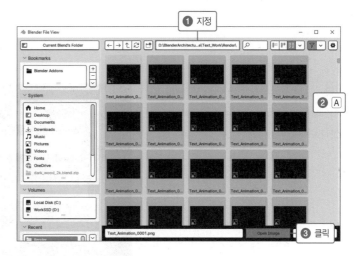

13 이미지 텍스처 노드 모양이 변경되었습니다. 노드 중간의 'Cyclic', 'Auto Refresh'를 체크 표시합니다.

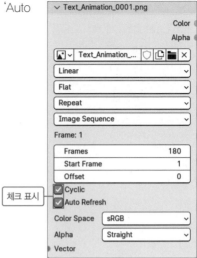

14 이미지 텍스처 노드를 'Emission' 노드에 연결합니다.

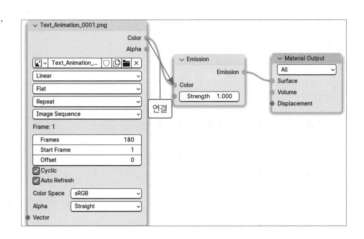

15 Timeline 패널에서 End 프레임을 '180'으로 변경합니다.

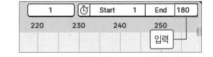

16 3D 뷰포트를 Render View로 변경하겠습니다. Z를 누르고 (Rendered)를 선택합니다.

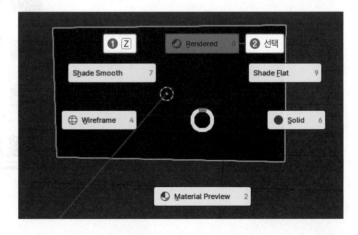

17 │ Spacebar를 눌러 애니메이션을 실행
합니다.

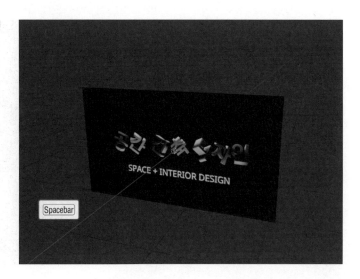

18 │ Shift+A를 누르고 (Mesh) → (Plane)을 실행합니다.

19 │ F2를 누른 다음 'Floor'를 입력해 이름을 변경합니다.

20 │ 'Floor' 오브젝트를 바닥에 배치합니다.

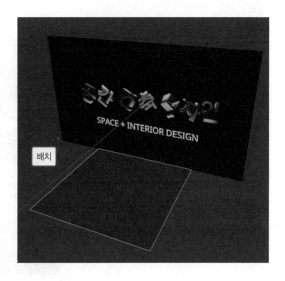

21 | [Tab]을 눌러 (Edit Mode)로 변경하고
점을 움직여서 디스플레이와 크기를 맞춥니다.

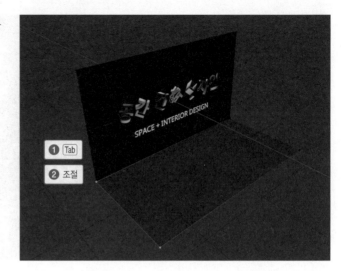

TIP 크기를 조절하여 원하는 크기로 만듭니다.

22 | [Tab]을 눌러 (Object Mode)로 변경합니다. Properties 패널의
(Shader) 탭에서 (New) 버튼을 클릭하여 새로운 셰이더를 만들고 이름을
'Floor'로 변경합니다.

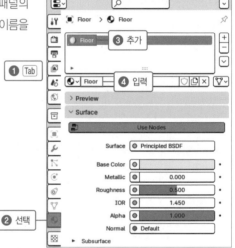

23 | 'Floor' 셰이더의 Base Color를
'흰색'으로 지정한 다음 Metallic을 '1',
Roughness를 '0.35'로 설정합니다.

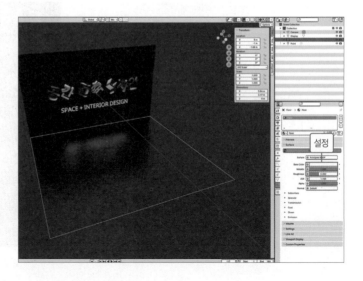

24 | Shift+D를 눌러 바닥을 복제하고 화면 위쪽으로 이동해 배치합니다. 구분할 수 있도록 위쪽 오브젝트 이름을 'Roof'로 변경합니다.

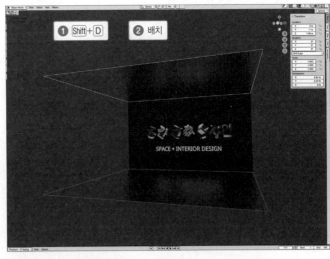

25 | 같은 방식으로 평면과 벽면을 만듭니다. 효과적인 프레젠테이션(PT)을 위해 벽은 한쪽만 만들었습니다.

TIP EEVEE를 렌더러로 사용하기 때문에 고품질 실시간 렌더링으로 애니메이션까지 점검할 수 있습니다.

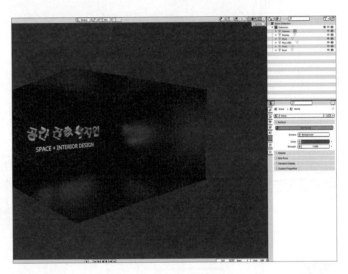

26 | Ctrl+Spacebar를 눌러 전체 화면에서 Spacebar를 눌러 애니메이션을 실행하면 실시간으로 고품질의 피드백을 주고받을 수 있습니다.

TIP 물론 카메라를 설치하고 특정 각도에서 렌더링하여 다른 곳으로 보내는 데 사용해도 효과적입니다.

Part 3

공간을 구분짓는
디자인 요소 제작하기

인테리어 디자인에서 공간을 구분하고, 정의하며, 분위기를 조성하는 중요한
디자인 요소인 의자와 조명, 계단 등은 배치에 따라 사람의 동선이나 공간의
경계를 자연스럽게 만들어냅니다. 공간의 성격을 정의하는 의자부터 극적인
공간 분위기를 연출하는 조명, 단순히 두 공간을 연결하는 기능적 요소를 넘
어 인테리어에서 중요한 디자인 요소인 계단 등의 예제를 제작해 보겠습니다.

빛과 그림자, 조명 제작하기

간단한 조명기구를 제작하면서 3D 모델링의 기본 기능과 함께 빛과 그림자를 표현하는 셰이딩 기법을 습득할 수 있습니다. 이를 통해 조명의 효과를 최대한 살려 모델의 입체감을 높일 수 있고, 시각적 품질을 향상시킬 수 있습니다. 뿐만 아니라, 다양한 빛의 효과와 색상을 조절하여 모델링 작업에 창의적인 아이디어를 더하는 방법도 알아보겠습니다.

● 예제 파일 : P3_01_Lighting\HDRI\brown_photostudio_01_4k.exr
● 완성 파일 : P3_01_Lighting\P3_01_Lighting_Fin.blend

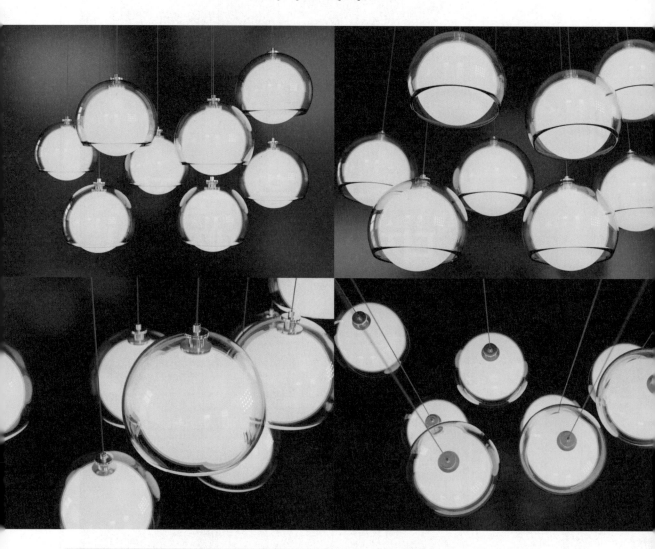

POINT

❶ 기본 도형을 활용하여 조명기구 모델링하기

❷ 셰이더 테크닉을 활용한 유리 재질 만들기

❸ 씬 구성하고 렌더링하기

조명기구 모델링하기

01 | 블렌더를 실행하고 X를 눌러 기본 육면체를 삭제합니다. Shift+A를 누르고 (Mesh) → (UV Sphere)를 실행해서 구체를 만듭니다. Add UV Sphere 창에서 Segments는 '64', Rings는 '32'로 설정합니다.

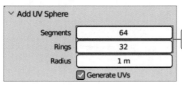

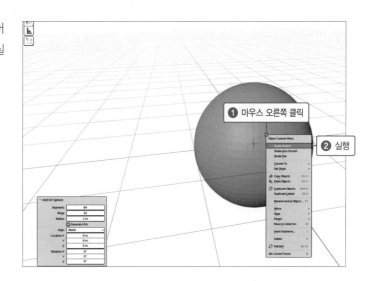

02 | 구체를 선택하고 마우스 오른쪽 버튼을 클릭한 다음 (Shade Smooth)를 실행합니다.

03 | 넘버 패드의 1을 눌러 Front View로 변경하고 Z를 누른 다음 (Wireframe)을 선택합니다.

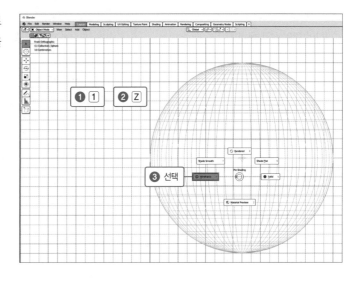

04 ｜ Shift+D 를 눌러 구체를 복제합니다. S 를 누르고 Resize 창에서 Scale X/Y/Z 에 각각 '0.8'을 입력해서 크기를 맞춥니다. 이렇게 두 개의 구체를 만들었습니다.

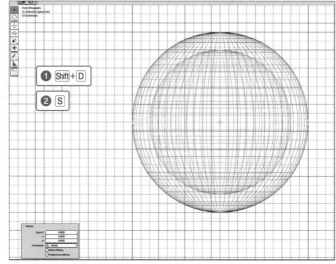

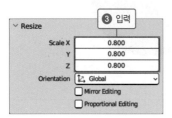

05 ｜ 바깥쪽 큰 구체를 선택하고 Tab 을 눌러 (Edit Mode)로 변경합니다. 넘버 패드 에서 3 을 눌러 (Face(■)) 선택 모드로 변경한 다음 그림과 같이 아래쪽을 적당하 게 선택합니다.

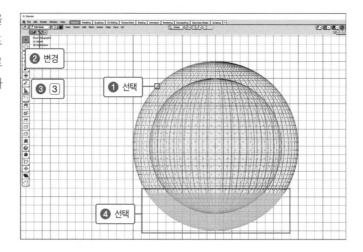

06 ｜ X 를 누른 다음 (Delete Faces)를 선택하면 면이 삭제됩니다.

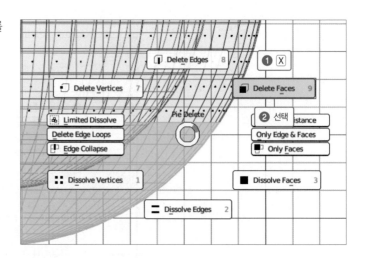

07 | Tab을 눌러 (Object Mode)로 변경합니다. 화면에서 오브젝트가 없는 부분을 클릭해 선택을 해제합니다. Shift+A를 누르고 (Mesh) → (Cylinder)를 실행합니다. 원기둥 오브젝트가 만들어지면 Add Cylinder 창에서 Vertices를 '64', Radius를 '0.1m', Depth를 '0.3m'로 설정합니다.

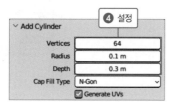

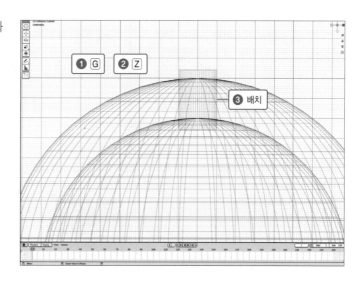

08 | G, Z를 누르고 드래그하여 그림과 같이 배치합니다.

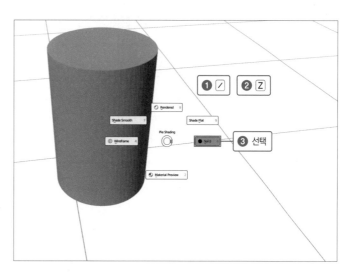

09 | 넘버 패드에서 /를 눌러 Local View로 이동합니다. Z를 누르고 (Solid)를 선택하여 Solid View로 변경합니다.

10 │ Tab 을 눌러 [Edit Mode]로 변경합니다. 넘버 패드 3 을 눌러 [Face(■)] 선택 모드로 변경하고 위쪽 면을 선택합니다.

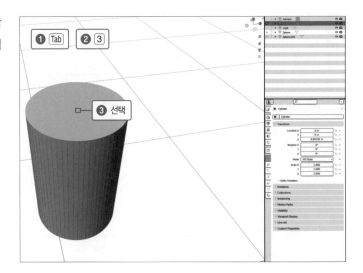

11 │ Ⅰ를 눌러 Inset을 실행합니다. 마우스 커서를 적당히 움직여서 그림과 같이 만듭니다.

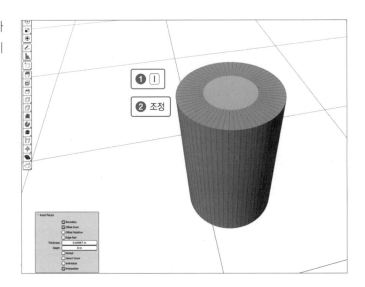

12 │ Ε를 눌러 Extrude를 실행한 다음 그림과 같이 모델을 만듭니다.

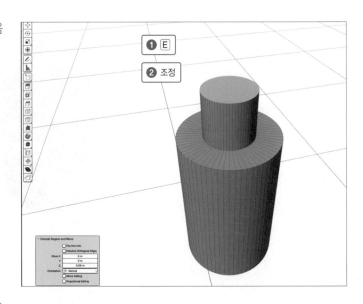

13 | 다시 ①를 눌러 Inset을 실행하고 마우스 커서를 움직여서 그림과 같이 만듭니다.

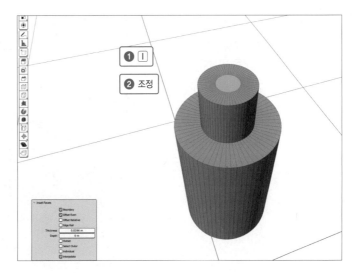

14 | ⓔ를 누른 다음 아래쪽으로 움직여 그림과 같이 모델링을 만듭니다.

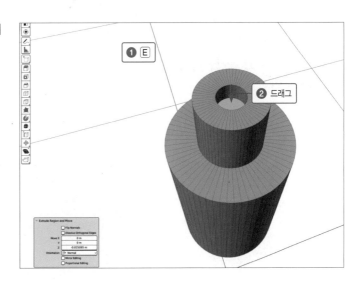

15 | Tab을 눌러 (Object Mode)로 변경합니다. 넘버 패드에서 ⑦를 눌러 Local View에서 이동합니다.

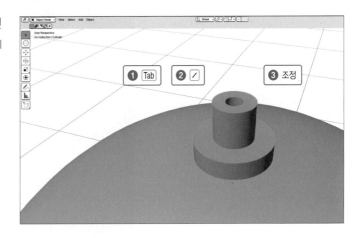

16 | Tab을 눌러 (Edit Mode)로 변경합니다. Ctrl+R을 눌러 선을 하나 추가하고 큰 구체와 맞닿는 정도로 위치합니다.

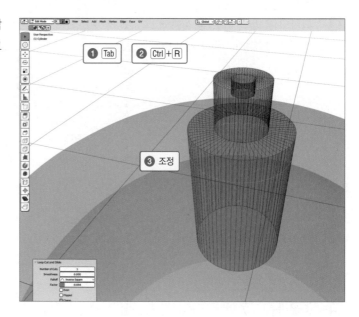

17 | Alt를 누른 채 위쪽의 면들을 클릭하여 선택합니다.

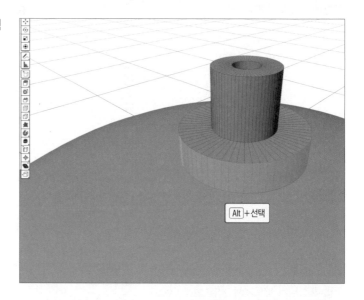

18 | Alt+E를 누르고 (Extrude Faces Along Normals)를 실행합니다.

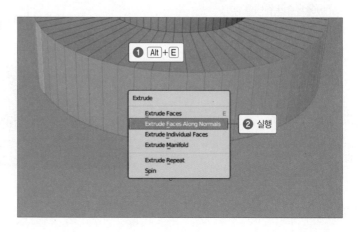

19 | 마우스 커서를 적당히 움직여 그림과 같이 만듭니다.

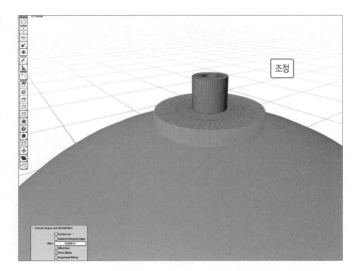

20 | [Tab]을 눌러 (Object Mode)로 변경합니다. 안쪽 구체와 중간의 구조물을 선택한 다음 넘버 패드의 [/]를 눌러서 Local View로 이동합니다.

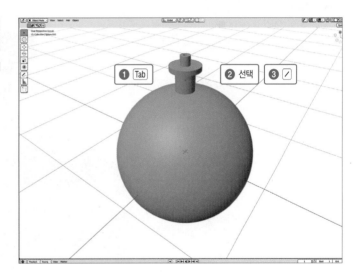

21 | 위쪽 구조물을 선택한 다음 [Tab]을 눌러 (Edit Mode)로 변경합니다. 이번에도 [Ctrl]+[R]을 눌러 선을 추가한 다음 구체와 구조체가 만나는 곳으로 이동합니다.

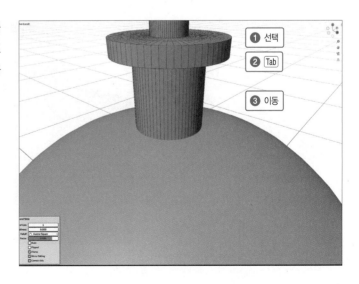

22 | 다시 한 번 Ctrl+R을 누르고 위에
선을 하나 추가합니다.

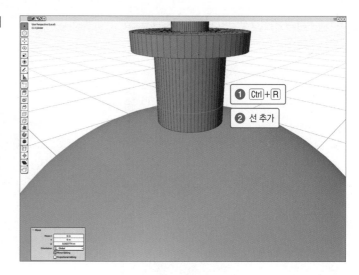

① Ctrl+R

② 선 추가

23 | ③을 눌러 (Face(■)) 선택 모드로
변경합니다. Alt를 누른 채 방금 만든 면들을
선택합니다.

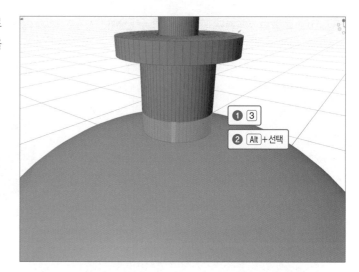

① ③

② Alt+선택

24 | Alt+E를 누른 다음 (Extrude
Faces Along Normals)를 실행합니다.

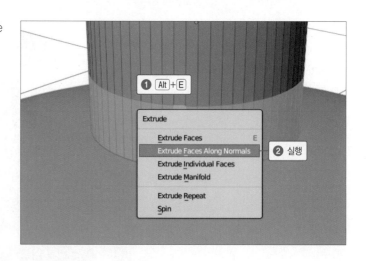

① Alt+E

Extrude

Extrude Faces   E
Extrude Faces Along Normals   ② 실행
Extrude Individual Faces
Extrude Manifold

Extrude Repeat
Spin

25 마우스 커서를 적당히 움직여 그림과 같이 모델링합니다.

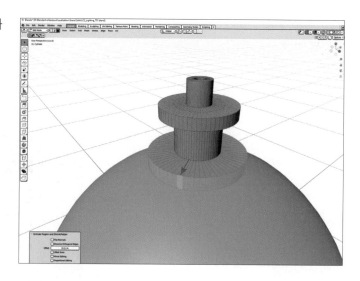

26 [Tab]을 눌러 [Object Mode]로 변경합니다. 넘버 패드의 [/]를 눌러 Local View에서 이동합니다.

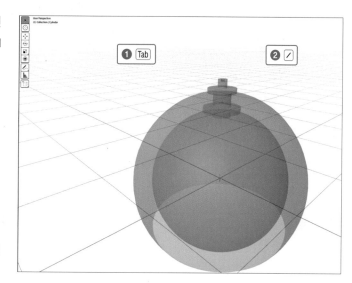

TIP [Alt]+[Z]를 누르면 그림과 같이 반투명한 모습의 모델링을 확인할 수 있습니다.

27 넘버 패드에서 [1]을 눌러 Front View로 모델링을 확인합니다.

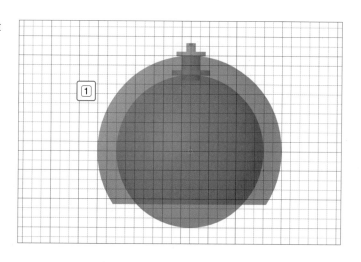

28 [Shift]+[A]를 누르고 (Curve) → (Bezier)를 실행해서 베지어 곡선을 만듭니다.

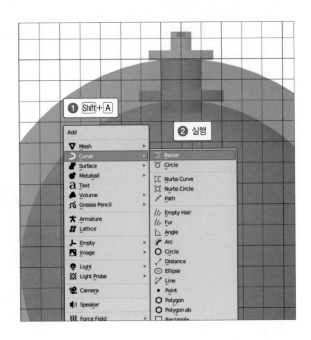

29 [G], [Z]를 순서대로 눌러서 베지어 곡선을 Z축 방향으로 이동합니다.

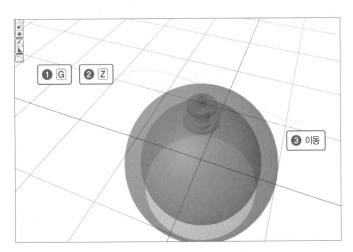

30 [R], [Y]를 순서대로 누르고 Rotation Y에 '90°'를 입력하여 세로 방향으로 정렬합니다.

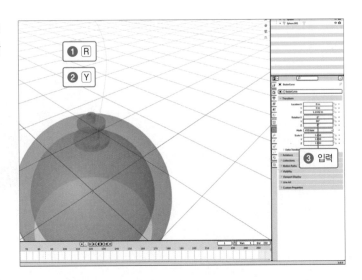

31 │ G, Z를 눌러 Z축 방향으로 베지어
곡선을 이동하여 그림과 같이 배치합니다.

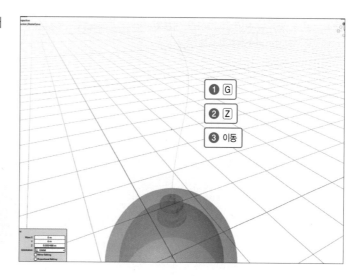

32 │ Ctrl+A를 누르고 (Rotation)을 선택해 회전 값을
되돌립니다.

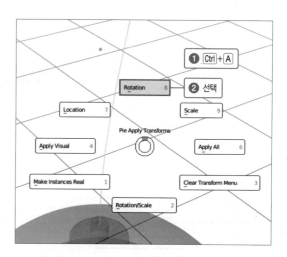

33 │ Tab을 눌러 (Edit Mode)로 변경합
니다. 조명의 위쪽 점을 선택하고 넘버 패드
의 ③을 눌러 Front View 시점으로 변경
합니다.

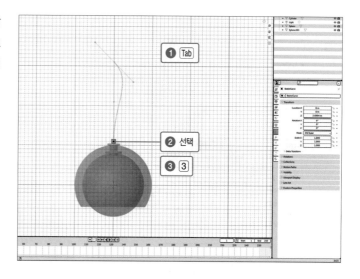

34 | ®을 누르고 마우스 커서를 적당한
방향으로 움직여 베지어 곡선을 일직선으
로 만듭니다.

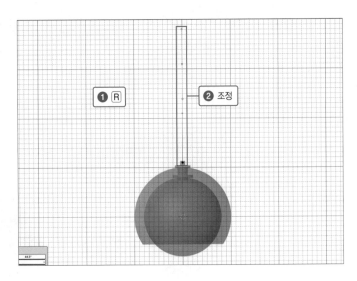

35 | Tab을 눌러 (Object Mode)로 변
경합니다. Properties 패널의 (Curves) 탭
을 선택합니다. (Bevel) 옵션의 Depth에
'0.01m'를 입력해 두께를 설정합니다. 'Fill
Caps'를 체크 표시해 베지어 곡선의 시작과
끝점을 닫습니다.

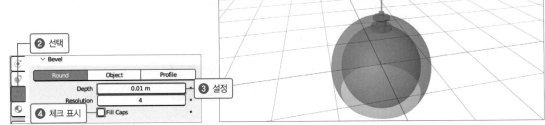

36 | 구체 중간에 연결하는 구조체를 선
택하고 (Modifiers(🔧)) 탭을 선택합니다.
(Bevel) 옵션의 Amount를 '0.003m',
Segments를 '3'으로 설정합니다.

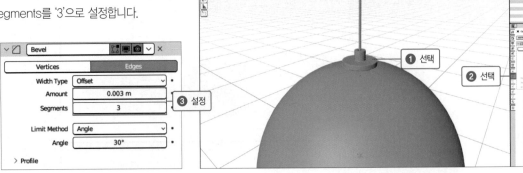

37 │ 구조체를 선택하고 마우스 오른쪽 버튼을 클릭한 후 (Shade Smooth)를
실행합니다.

38 │ 모델링이 그림과 같이 완성되었습
니다.

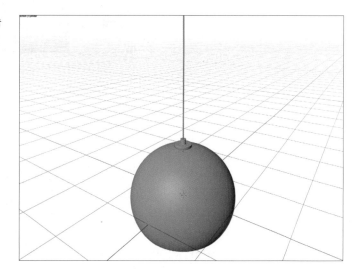

39 │ 큰 구체를 선택하고 F2를 누른 후
Object Name을 'Big_Sphere'로 변경합
니다.

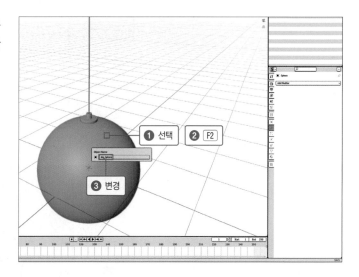

40 │ 같은 방법으로 Object Name을 그림과 같이 각각 'Middle_
Part', 'Small_Sphere', 'Wire'로 변경합니다. Outliner 패널에서 컬
렉션을 하나 만들고 이름을 'Light_Fixture'로 지정한 다음 모델링을
전부 드래그해 포함시킵니다.

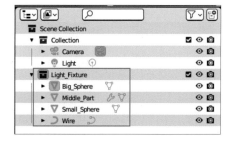

셰이딩하기

01 | 우선 'Big_Sphere'를 선택하고 (Shading) 탭을 선택합니다.

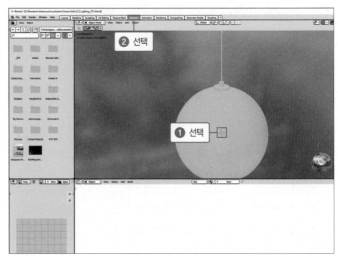

TIP 머티리얼을 만들고 적용하는 작업은 일반적으로 셰이더 작업, 머티리얼 작업, 재질 만들기 등으로 부르며, 모두 같은 의미를 가집니다.

02 | Shader Editor 패널의 (New) 버튼을 클릭합니다. 'Material.001' 머티리얼이 만들어지면 이름을 더블클릭하고 'Glass'로 변경합니다. 기본으로 제공되는 'Principled BSDF' 노드를 선택한 다음 X를 눌러 삭제합니다.

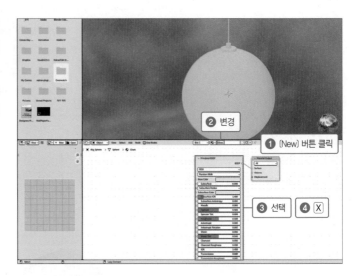

03 | Shift + A를 누른 다음 검색 창에 'Glass'를 입력하고 (Glass BSDF)를 선택해서 만듭니다.

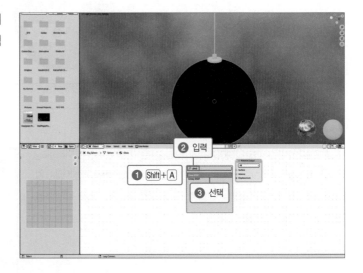

04 | 만들어진 'Glass BSDF'를 선택한 다음 Shift+D를 눌러 복제합니다. 한 번 더 반복 복제해서 총 세 개의 'Glass BSDF' 노드를 만듭니다.

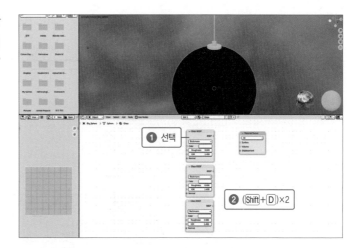

05 | 'Glass BSDF' 노드의 Color 색상 박스를 클릭합니다. (RGB)를 선택하면 RGB 방식으로 색상을 변경할 수 있습니다. R에 '1'을 입력하면 빨간색을 얻을 수 있습니다.

TIP Color의 색상 상자를 클릭하면 색상을 변경할 수 있습니다. 기본은 (HSV) 방식으로 색상을 입력합니다.

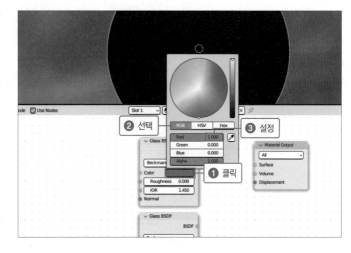

06 | 'Glass BSDF' 노드를 각각 그림과 같이 설정합니다. 빨간색은 IOR을 '1.4', 녹색은 IOR을 '1.45', 파란색은 IOR을 '1.5'로 설정합니다.

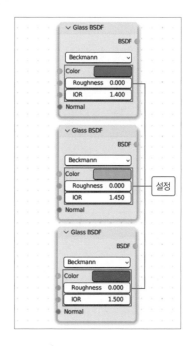

07 Shift+A를 누르고 검색 창에 'Glass'를 입력해 또 다른 'Glass BSDF' 노드를 생성합니다. 'Add Shader' 노드를 추가한 다음 복제해서 그림과 같이 두 개를 준비합니다.

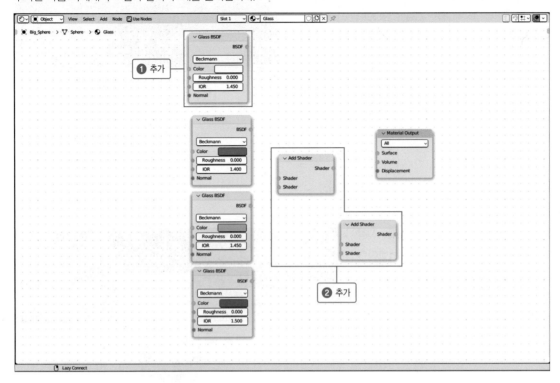

08 노드는 그림과 같이 연결합니다.

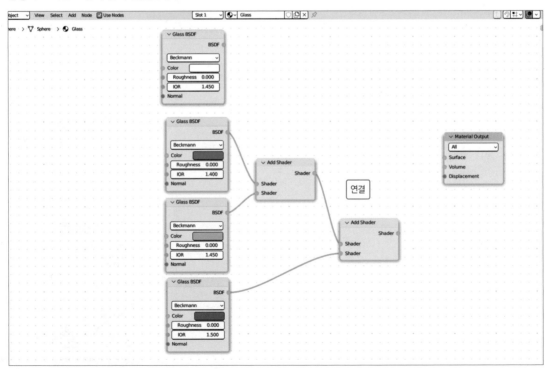

09 Shift+A를 누르고 검색 창에 'Mix'를 입력해서 'Mix Shader' 노드를 추가한 후 그림과 같이 연결합니다.

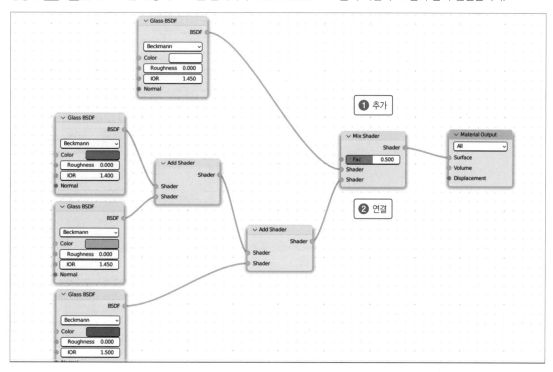

10 Shift+A를 누른 다음 검색 창에 'Light'를 입력합니다. (Light Path)를 선택하여 노드를 추가합니다.

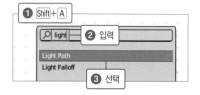

11 'Light Path' 노드에는 많은 아웃풋 노드들이 있습니다. 이중에서 Is Camera Ray를 'Mix Shader' 노드의 Fac에 연결합니다. 완성된 노드는 그림과 같습니다.

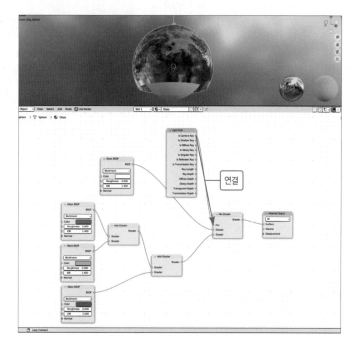

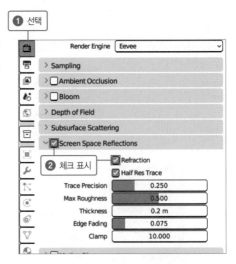

12 | Eevee에서도 유리 질감이 제대로 보이게 옵션을 활성화해야
합니다. Properties 패널에서 (Render) 탭을 선택한 다음 'Screen
Space Reflections'와 'Refraction'을 체크 표시합니다.

13 | Shader Editor 패널에서 N을 눌러 옵션을 나타내고 (Options) 탭을 선택
합니다. Blend Mode를 'Alpha Blend', Shadow Mode를 'Alpha Hashed'로
지정하고, 'Screen Space Refractions'를 체크 표시합니다.

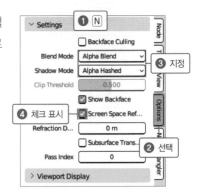

14 | 훨씬 괜찮은 유리 질감이 완성되었지
만, 유리에 두께가 없어 어색합니다. 유리 부
분을 선택하고 (Modifiers(🔧)) 탭에서
'Solidify'를 추가한 다음 Thickness에
'0.036m'를 입력합니다. 사실적인 유리 셰이
더가 완성되어 Eevee, Cycle에서도 잘 작
동합니다.

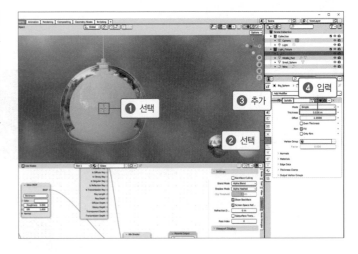

15 | 'Middle_Part' 오브젝트를 선택합니다. Shader Editor 패널에서 (New) 버튼을 클릭하고 이름을 'Chrome'으로 변경합니다. Metallic에 '1', Roughness에 '0.15'를 입력해 금속 질감 작업을 마무리합니다.

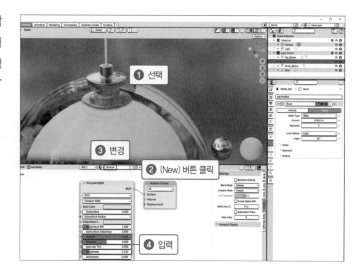

16 | 'Wire' 오브젝트를 선택합니다. Shader Editor 패널의 (New) 버튼을 클릭한 다음 이름을 'Plastic'으로 변경합니다.

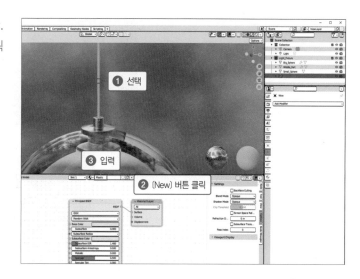

17 | 플라스틱 셰이더는 Base Color만 '어두운 회색'으로 변경합니다.

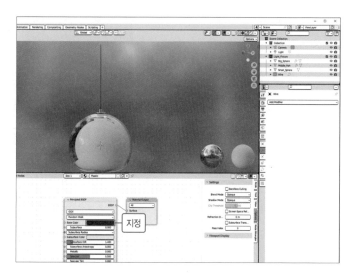

18 | 'Small_Sphere' 오브젝트를 선택합니다. Shader Editor 패널의 (New) 버튼을 클릭하고 이름을 'Emission'으로 변경합니다.

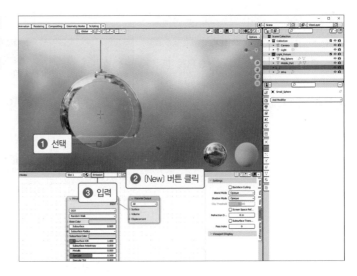

19 | 'Principled BSDF' 노드에서 (Emission) 옵션의 색상 박스를 클릭하고 원하는 조명 색상으로 변경합니다.

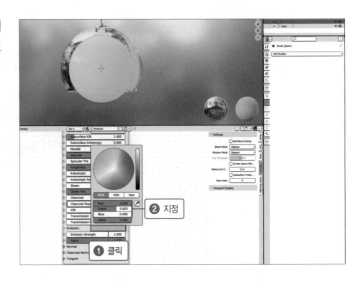

20 | 조명을 좀 더 밝게 만들기 위해 Emission Strength를 '9.1'로 설정합니다. Eevee에 화사한 조명 효과를 추가하기 위해 Properties 패널의 (Render) 탭에서 'Ambient Occlusion'과 'Bloom'을 체크 표시합니다.

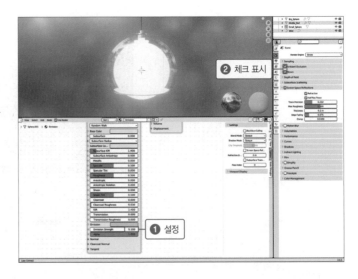

렌더링하기

01 | 조명을 복제해서 배치하고 렌더링해 보겠습니다. 화면 위쪽에서 (Layout) 탭을 선택하여 기본 레이아웃으로 변경합니다.

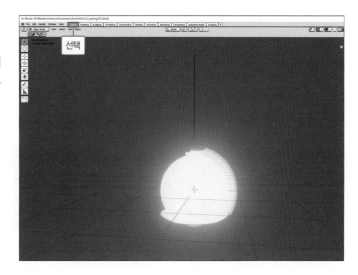

02 | 조명을 돋보일 배경을 만들겠습니다. Z를 누르고 (Solid)를 선택합니다. Outliner 패널에서 컬렉션을 하나 만들고 이름을 'BG'로 지정합니다.

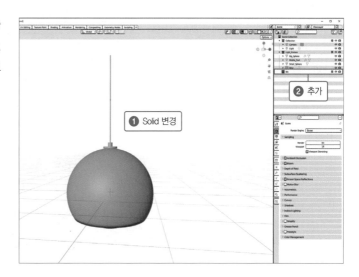

03 | Shift+A를 누르고 (Mesh) → (Plane)을 실행합니다. 평면이 만들어지면 S를 누르고 '10'을 입력해서 10배 크기로 만듭니다. F2를 누른 후 이름을 'Floor'로 변경합니다.

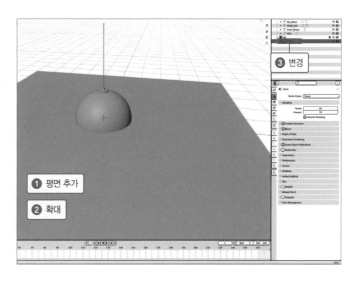

04 평면이 선택된 채 Ⓖ를 눌러 위치를 변경합니다. 예제에서는 Z축으로 '−4m'만큼 이동했습니다.

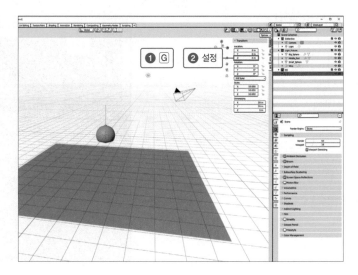

05 평면이 선택된 상태에서 Shift+Ⓓ를 눌러 복제하고 이름은 'Wall'로 변경합니다. Ⓡ, Ⓧ, '90'을 순서대로 입력하여 X축 방향으로 90° 회전합니다.

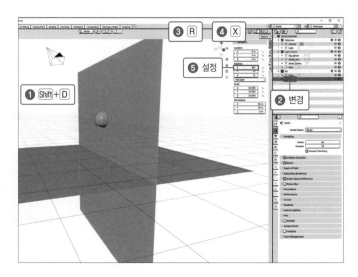

06 Ⓖ를 누르고 이동하여 그림과 같이 배치합니다.

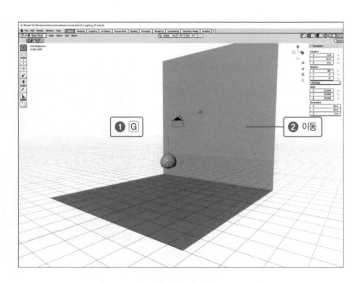

TIP Snap 기능을 이용하면 쉽게 이동할 수 있습니다.

07 기본 조명이 있다면 지웁니다. 블렌더의 기본 환경은 어두운 회색이라서 Render View로 봤을 때 조명이 없어도 배경이 검은색으로 보이지 않습니다. 이 부분을 수정하기 위해 Properties 패널의 (World) 옵션을 선택하고 Color를 '검은색'으로 지정합니다.

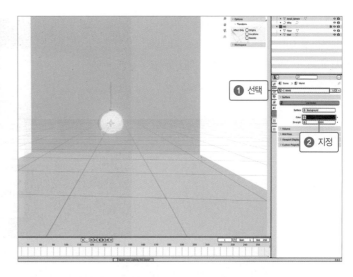

08 Viewport를 변경하기 위해 Z를 누르고 (Rendered)를 선택합니다.

09 제품의 외곽선이 드러나도록 조명을 배치하기 위해 먼저 Shift+A를 누르고 (Light) → (Area)를 실행합니다.

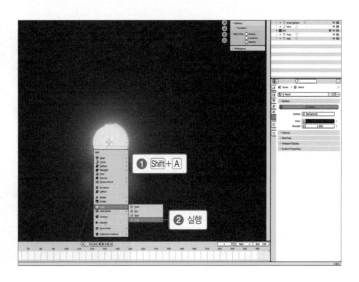

10 | 조명을 선택하고 G, Z를 입력하여
위쪽으로 이동합니다. Properties 패널에
서 (Light) 옵션을 선택한 다음 Power를
'200W', Size를 '5m'로 설정합니다.

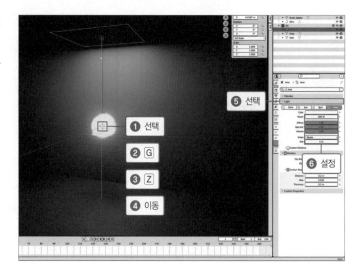

11 | 기본 조명은 그림과 같은 느낌으로
만들어 여러 개 복제하여 배치하겠습니다.
Outliner 패널에서 'Light_Fixture' 컬렉션을
선택하고 마우스 오른쪽 버튼을 클릭한 다음
(Instance to Scene)을 실행합니다.
Light_Fixture가 컬렉션 인스턴스로 생성
됩니다.

TIP Light_fixture 인스턴스는 원본 컬렉션과
같은 데이터를 내포하고 있지만 하나의 오브
젝트처럼 동작합니다. 별도로 수정할 수는 없
지만 원본 오브젝트를 수정하면 그에 따라 변
화됩니다.

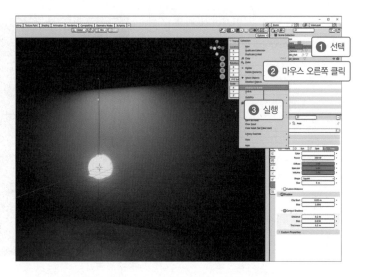

12 | Light_Fixture 인스턴스가 선택된
상태에서 Shift+D를 눌러 복제해 원하는
구성의 조명 세트를 만듭니다.

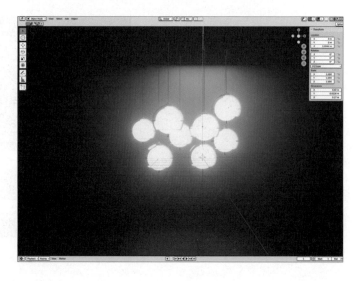

13 │ 카메라를 원하는 곳에 배치하기 위해 우선 뷰포트를 원하는 대로 이동합니다. Ctrl+Alt+O을 눌러 카메라 위치를 이동합니다.

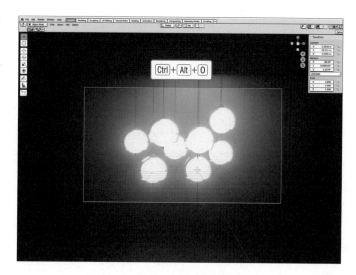

TIP 정밀한 움직임은 Shift+`를 누른 다음 W/A/S/D를 눌러 움직이면 편리합니다.

14 │ 렌더링 설정을 변경하기 위해 Properties 패널의 (Output) 탭을 선택한 다음 해상도를 '1080×1080'으로 설정합니다. 최종 결과물은 Cycle에서 얻기 위해 (Render) 탭에서 Render Engine을 'Cycles', Device를 'GPU Compute'로 지정합니다. (Sampling) 옵션의 Max Samples를 '64' 정도로 설정하고 'Denoise'를 체크 표시합니다.

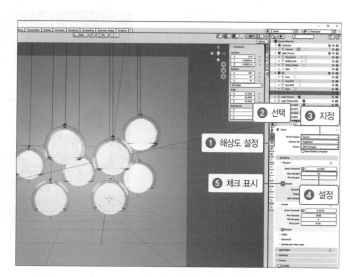

15 │ 유리와 금속 재질감이 살아났지만, 배경에 머티리얼을 지정하지 않아서 너무 밝은 색상이 나왔습니다. 배경색을 변경하기 위해 먼저 배경을 선택합니다.

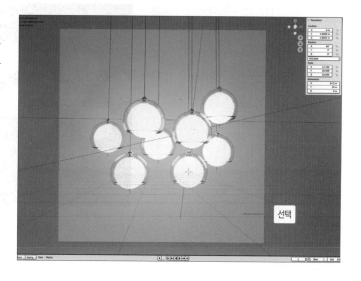

16 | Shader Editor 패널에서 (New) 버튼을 클릭합니다. 새로운 머티리얼 이름은 'BG'로 지정합니다.

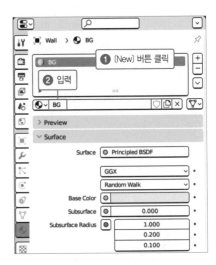

17 | Base Color를 '어두운 회색'으로 지정합니다.

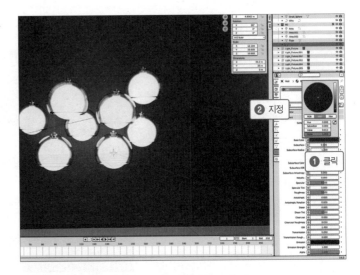

18 | 약간의 반사 질감을 추가하기 위해 Metallic에 '1', Roughness에 '0.165'를 입력합니다.

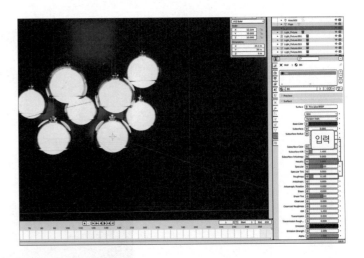

19 카메라에 DOF 효과를 추가하기 위해 Shift+A 를 누르고 (Empty) → (Plain Axes)를 실행합니다. F2 를 눌러 이름을 'DOF'로 수정합니다.

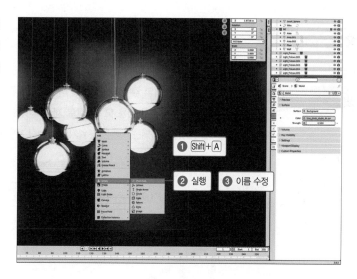

20 Outliner 패널에서 카메라를 선택합니다. Properties 패널에서 (Camera) 옵션을 선택하고 'Depth of Field'를 체크 표시합니다. Focus Object를 'DOF'로 지정한 다음 F-Stop에 '1.0'을 입력합니다. 여러 가지 조명과 카메라 위치를 변경하면서 렌더링합니다.

TIP F-Stop에 작은 값을 입력할수록 초점이 맞는 범위가 좁아집니다.

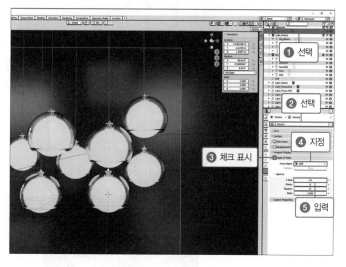

독특한 분위기의 나선형 계단 만들기

02

건축 조감도를 작성하다 보면 다양한 종류의 계단을 만들어야 할 때가 있습니다. 간단한 모델이나
일반적인 형태의 경우에는 소스를 다운로드해 간단하게 처리할 수 있지만, 특별한 형태나 구조를
가진 계단의 경우 전용 오브젝트로 제작해야 할 때가 있습니다. 이런 경우를 대비해 최근 건축물
에서 종종 사용되는 독특한 분위기의 나선형 계단을 만들어 보겠습니다.

- 예제 파일 : P3_02_Steps\texture\dark_wood_diff_2k.jpg, dark_wood_disp_2k.png, dark_wood_nor_
  gl_2k.exr, dark_wood_rough_2k.exr
- 완성 파일 : P3_02_Steps\P3_02_Steps_Fin.blend

POINT

❶ 기본 도형을 활용하여 나선형 계단의 기본 구조 작성하기

❷ 모디파이어를 활용하여 나선형 계단 만들기

❸ 손잡이와 기타 디테일 추가하기

기본 모형 모델링하기

01 ｜ 블렌더를 실행한 다음 'CircleSteps_V01' 파일로 저장합니다. 가운데 기본 육면체를 선택하고 X 혹은 Delete를 눌러 삭제합니다. Shift+A를 누른 다음 (Mesh) → (Cylinder)를 실행하여 원기둥 오브젝트를 하나 생성합니다.

02 ｜ 원기둥 오브젝트의 세부 설정은 기본으로 두고, 추후 수정할 예정입니다. 오브젝트가 선택된 상태에서 F2를 누른 다음 'Step'을 입력하여 이름을 변경합니다.

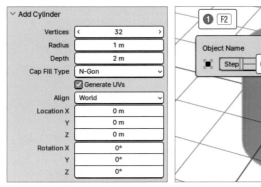

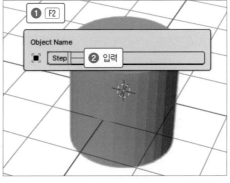

03 ｜ Tab을 누르고 (Edit Mode)를 선택합니다.

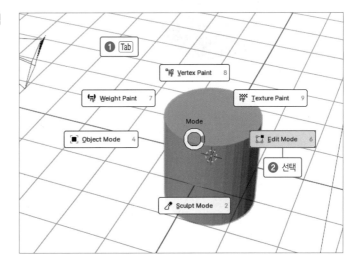

04 | 넘버 패드 ③을 눌러 (Face(■)) 선택 모드로 변경합니다. 여백을 클릭해서 아무것도 선택하지 않은 상태로 만듭니다.

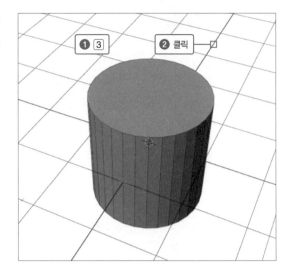

05 | 원기둥의 위쪽 면만 선택합니다. G, Z를 순서대로 누르고 Z축 방향으로 마우스 커서를 이동해 높이를 낮춰 그림과 같은 모양을 만듭니다.

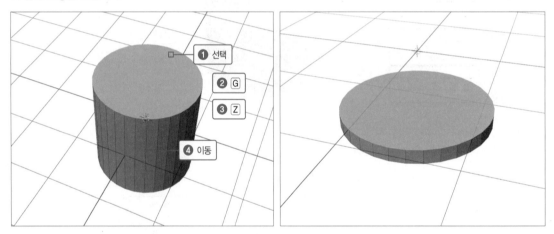

06 | (Object Mode)의 (Item) 탭에서 높이를 확인할 수 있습니다. Dimensions 항목의 Z에 '0.18m'를 입력한 다음 크기를 초기화해도 됩니다.

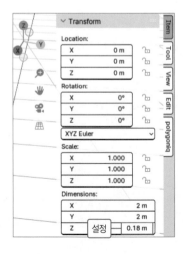

TIP 실내 계단은 18cm 정도의 높이를 사용하기 때문에 이 정도의 크기를 만들면 좋습니다.

07 다시 (Edit Mode)에서 위쪽 면을 선택한 다음 마우스 오른쪽 버튼을 클릭하고 (Poke Faces)를 실행합니다. 아래쪽 면도 같은 방법을 적용합니다.

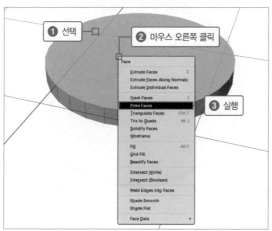
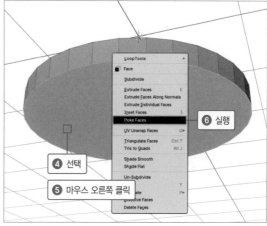

08 작업 화면을 Top View로 만들기 위해 Alt 와 함께 마우스 휠을 누른 채 커서를 움직이거나 넘버 패드 7을 누릅니다.

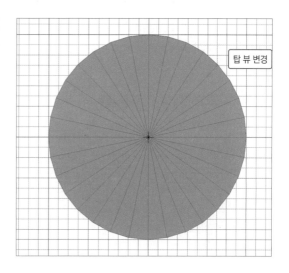

09 원기둥의 위쪽 면을 하나만 제외하고 전체 선택합니다. X를 누르고 (Delete Faces)를 선택해 선택한 면을 삭제합니다.

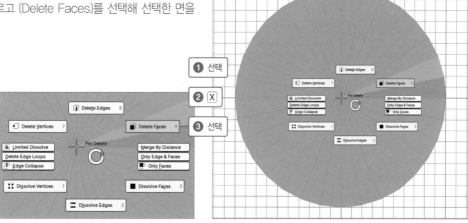

10 │ 카메라 각도를 돌려 확인하면 그림과 같이 위쪽 면 중 선택한 부분만 삭제됩니다.

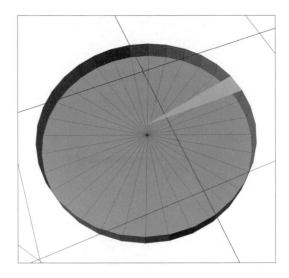

11 │ 아래쪽 면과 옆 면도 동일하게 선택한 후 지우겠습니다. 그림과 같이 선택하고 X를 누른 다음 (Delete Faces)를 선택합니다.

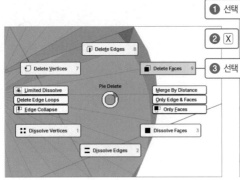

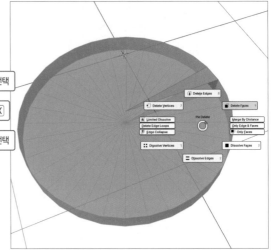

12 │ 형태가 그림과 같이 남았습니다. (Edit Mode)에서 넘버 패드 2를 눌러 (Edge(□)) 선택 모드로 변경하고 바깥쪽 선을 하나 선택합니다.

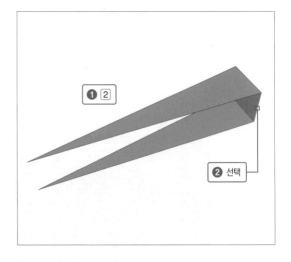

TIP 그림에서 가장 오른쪽 선입니다.

13 | F를 두 번 누르면 뚫린 면이 깔끔하게 채워집니다. Tab을 누르고 (Object Mode)를 선택합니다. 이렇게 나선형 계단의 기본이 되는 하나의 계단을 만들었습니다.

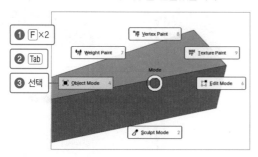

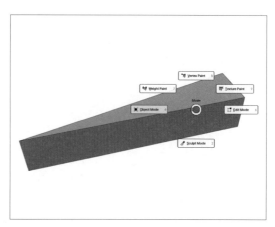

기본 모형을 나선형 계단 형태로 만들기

01 | 기본 계단 오브젝트를 선택한 상태에서 Properties 패널의 (Modifiers(🔧)) 탭을 선택합니다. 'Add Modifier'를 클릭하고 (Generate) → (Array)를 실행합니다.

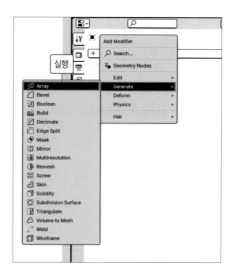

TIP 블렌더 4.0 이상의 버전의 화면으로, 그 이하의 버전이라면 'Array' 모디파이어를 찾아서 선택합니다.

02 | 모디파이어를 추가하면 기본으로 그림과 같이 오브젝트가 복제 및 배치됩니다. 일단 이 상태로 두고 옵션은 추후에 설정하겠습니다.

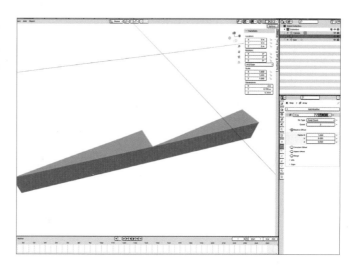

03 Shift+A를 누르고 (Empty) → (Plane Axes)를 실행합
니다.

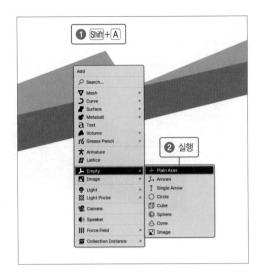

04 화면 가운데에 Empty 오브젝트
가 만들어지면 선택하고 F2를 누른 다음
'Center'를 입력해 이름을 수정합니다.

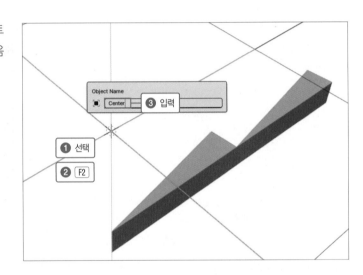

05 다시 'Step' 오브젝트를 선택한 다음 Properties 패널에서
(Modifiers(🔧)) 탭을 선택합니다. 기본 옵션인 'Relative Offset'의
체크 표시를 해제하고, 'Object Offset'을 체크 표시합니다.

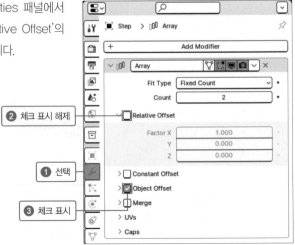

06 | 'Object Offset' 왼쪽의 드롭다운 아이콘을 클릭해 옵션을 나타냅니다. Object를 클릭하고 (Center)를 선택합니다.

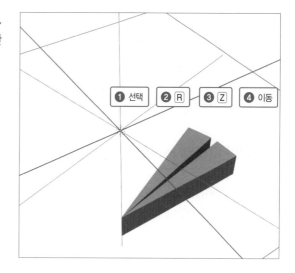

TIP Object를 클릭하면 현재 블렌더 씬의 오브젝트 중 선택할 수 있는 오브젝트의 목록이 나타납니다.

07 | 3D 뷰포트에서 'Center' 오브젝트를 선택하고 R, Z를 순서대로 누른 다음 드래그하여 그림과 같이 약간 움직입니다.

TIP 'Center' 오브젝트를 회전하는 정도에 따라서 복제된 오브젝트가 움직이는 것을 확인할 수 있습니다.

08 | 'Step' 오브젝트를 선택합니다. (Modifiers(🔧)) 탭의 (Array) 옵션에서 Count에 '30'을 입력합니다.

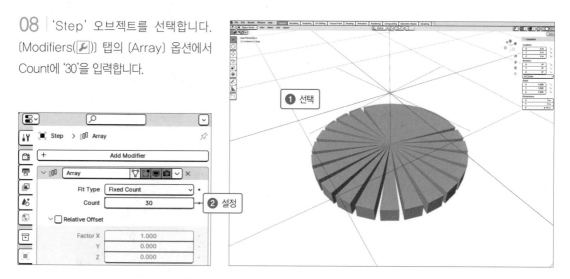

09 │ 'Center' 오브젝트를 선택하고 G,
Z를 누른 다음 아주 조금씩 이동합니다.
예제에서는 Z축으로 0.1m만큼 이동했으며
Z축으로 12°만큼 회전했습니다. 나선형 계
단의 기본 모형이 만들어졌습니다.

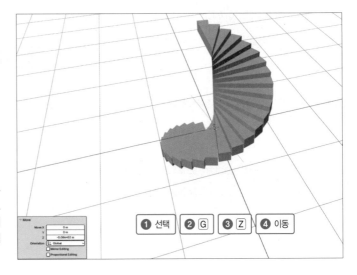

TIP 마우스 커서를 이동하는 만큼 계단이 복
제되는 동시에 위쪽으로 이동합니다. 위쪽으
로 움직일 때 조금만 이동하는데도 급격하게
움직일 수 있습니다. 이때 Shift를 누르고 움직
이면 아주 조금씩 이동할 수 있습니다.

손잡이와 디테일 추가하기

01 │ 계단의 기둥을 만들기 위해 Shift+A를 누른 다음 (Mesh)
→ (Cylinder)를 실행합니다.

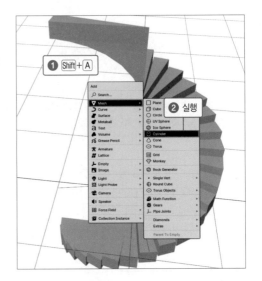

02 │ 원기둥이 그림과 같이 만들어졌습
니다. 이를 사용해서 계단 중심 부분을 만들
것입니다.

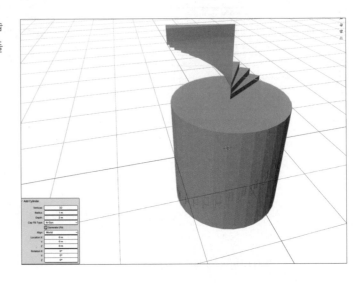

03 │ 원기둥을 선택하고 F2 를 누른 다음
'Step_Center_Part'를 입력하여 이름을
변경합니다.

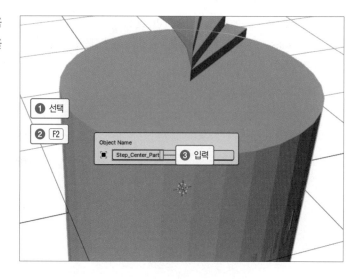

04 │ Tab 을 눌러 (Edit Mode)로 변경합니다. 넘버 패드
3 을 누른 다음 (Face(■)) 선택 모드에서 오브젝트의 맨 위
쪽을 선택합니다.

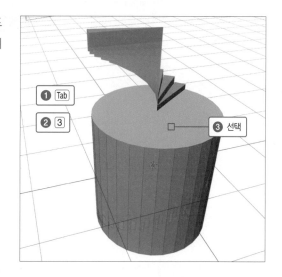

05 │ G , Z 를 누르고 마우스 커서를 위쪽으로 이동해 면
을 올립니다. 기존에 만들었던 계단과 높이를 맞춥니다.

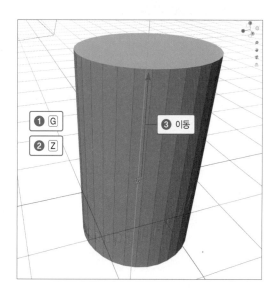

TIP 정확하게 높이를 일치시키려면 Snap 기능을 이용합니다.

06 Tab을 눌러 (Object Mode)로 변경합니다. S, Shift +Z를 차례대로 누르고 마우스 커서를 이동해 Z축을 제외한 X, Y축 방향으로 크기를 조절합니다.

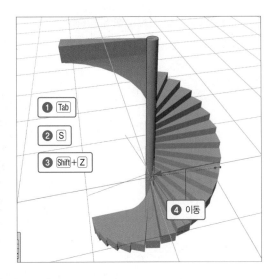

07 Ctrl+A를 누른 다음 (Scale)을 선택해 크기를 초기화합니다.

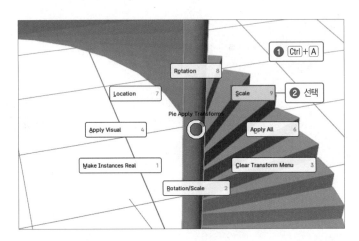

08 이번에는 계단을 선택합니다. 화면을 아래쪽 계단이 잘 보이는 위치로 이동합니다.

TIP 아래쪽 계단을 수정하면 나머지 모든 계단에 똑같이 적용됩니다.

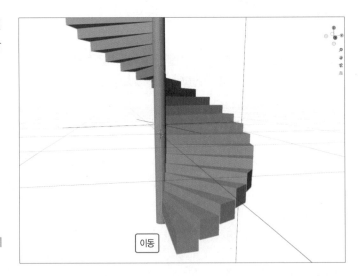

09 | 계단이 선택된 상태에서 `Tab`을 눌러 (Edit Mode)로 변경합니다. 다른 오브젝트가 모델을 가려 모델링이 불편하므로 넘버패드의 `/`를 눌러 작업하려는 오브젝트만 따로 확인합니다.

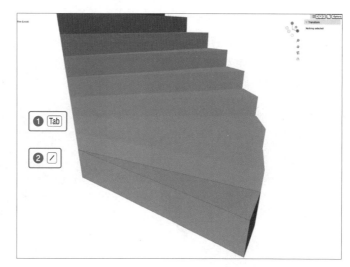

❶ `Tab`

❷ `/`

10 | 계단 오브젝트의 윗면은 사각형이 아니기 때문에 편집이 불편하므로 먼저 가장 얇은 쪽의 선을 하나 선택합니다. `Ctrl` +`B`를 눌러 Bevel을 실행한 다음 아주 작은 값을 설정합니다.

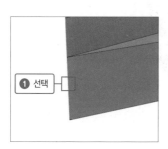

❶ 선택

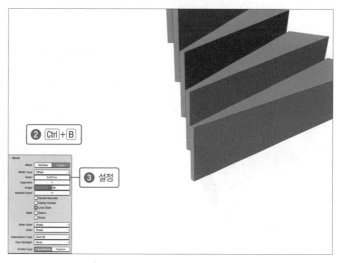

❷ `Ctrl`+`B`

❸ 설정

11 | `Ctrl`+`R`을 누른 다음 그림과 같이 선을 추가합니다.

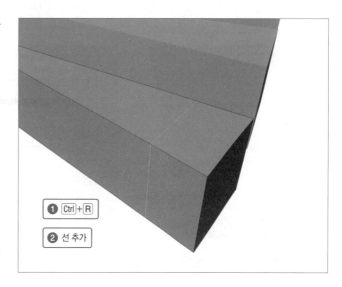

❶ `Ctrl`+`R`

❷ 선 추가

TIP `Ctrl`+`R`을 눌러서 어느 곳이든 편리하게 선을 추가할 수 있습니다.

12 │ 넘버 패드 ③을 눌러 (Face(■)) 선택 모드로 변경합니다. 계단의 위쪽 면에서 바깥쪽 면을 선택합니다. ⓘ를 눌러 Inset을 실행하여 면을 추가하고 그림과 같은 형태를 만듭니다.

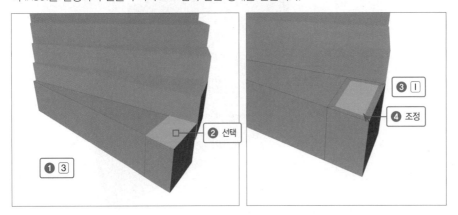

13 │ Ⓔ를 눌러 Extrude를 실행한 다음 마우스 커서를 위쪽으로 이동하여 면을 약간 돌출시킵니다. 다시 ⓘ를 눌러 Inset을 실행해 하나의 면을 더 만듭니다.

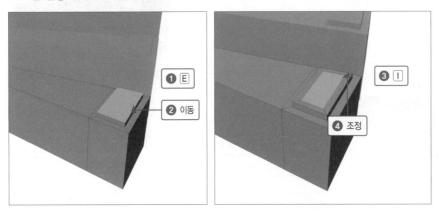

14 │ 생성된 면의 크기를 조절하고 Z축 방향으로 회전하여 정사각형에 가깝게 다듬습니다. 적당한 크기가 만들어지면 마우스 오른쪽 버튼을 클릭한 다음 (Loop Tools) → (Circle)을 실행합니다.

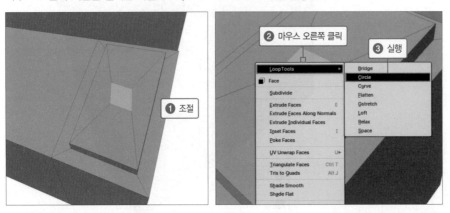

TIP 원래 이 기능은 선택한 면을 원으로 만들지만, 현재는 면에 각이 네 개밖에 없어 정사각형이 만들어집니다.

15 | [E]를 누르고 마우스 커서를 위쪽으로 이동하여 선택된 면을 돌출(Extrude)시킵니다. 위쪽으로 길게 손잡이에 적당한 높이까지 이동합니다. [E]를 한 번 더 눌러 위쪽으로 다시 Extrude를 실행합니다.

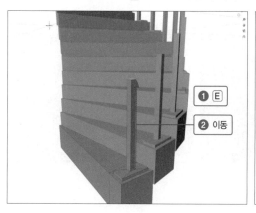
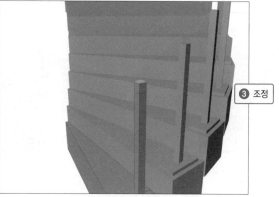

16 | 가장 위쪽 면에서 계단에 오르는 방향의 면을 선택합니다. [E]를 눌러 Extrude를 실행하고 이동하면 그림과 같은 형태가 만들어집니다.

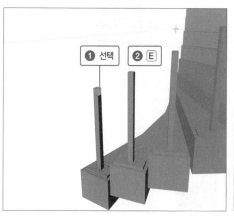
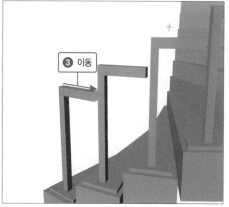

17 | 위치를 조절하여 복제한 다음 계단의 손잡이와 연결합니다. 확대한 모습은 그림과 같으며, 대략적인 위치를 잡아줍니다.

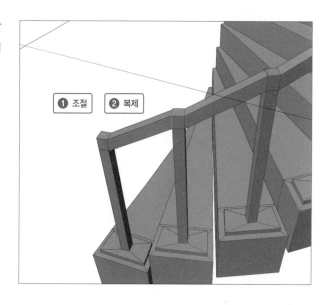

18 │ 넘버 패드 ①을 눌러 (Point) 선택 모드에서 바깥쪽에 떨어진 점들을 선택합니다. ⑥를 누르고 점 위치를 이동해 떨어진 공간을 연결합니다.

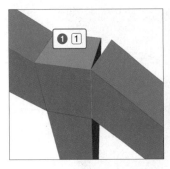

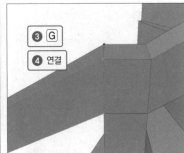

19 │ 다시 Tab을 눌러 (Object Mode)로 이동합니다. 넘버 패드 ╱를 눌러 Isolation View에서 벗어납니다. 전체 오브젝트를 확인하면 그림과 같습니다.

TIP 손잡이 부분은 원하는 디자인에 따라 별도로 제작해도 됩니다.

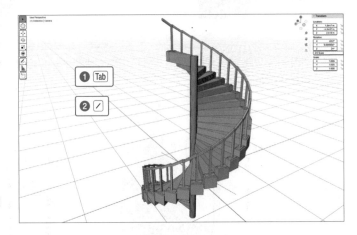

UV 적용하기

01 │ 계단 오브젝트를 선택하고 넘버 패드에서 ╱를 눌러 Isolation View로 계단 오브젝트만 나타냅니다.

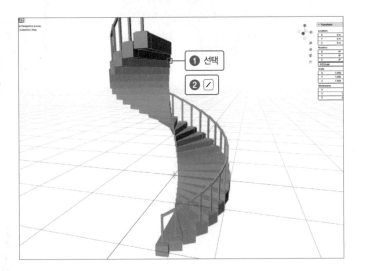

02 Properties 패널에서 (Modifiers(🔧)) 탭으로 이동합니다.
Array 모디파이어에서 현재 활성화된 아이콘들을 클릭하여 비활성화
합니다.

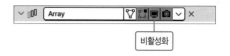

비활성화

TIP Array 모디파이어가 적용되지 않은 상태에서 작업할 때 편리하게 확인할 수 있습니다. 그림에서 파란색으로 표시된 아이
콘들이 활성화된 아이콘입니다.

03 오브젝트를 선택하고 Tab 을 눌러 (Edit Mode)로 변경합니다. 넘버 패드의 2 를 눌러 (Edge(🔲)) 선택 모드로 이
동합니다.

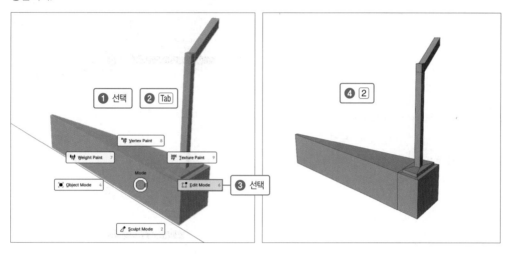

04 오브젝트에 텍스처 이미지를 적용할
때 굴곡이 있는 부분은 이미지가 왜곡되므
로 이를 방지하기 위해 해당 부분의 모서리
(Edge)를 선택합니다.

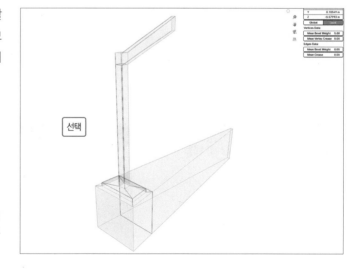

선택

TIP 오브젝트에 텍스처 이미지를 적용할 때
굴곡이 있는 부분은 이미지가 왜곡되므로 유
의합니다.

05 │ 선택된 모서리 부분에서 마우스 오른쪽 버튼을
클릭하고 (Mark Seam)을 실행합니다.

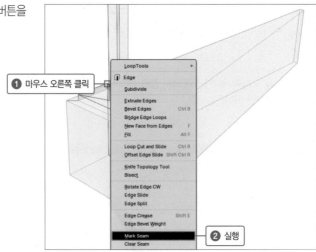

06 │ A를 눌러 오브젝트를 전체 선택합니다.
오브젝트 위에 마우스 커서를 올리고 U를 누른
다음 (Unwrap)을 실행합니다.

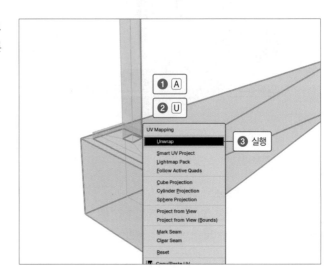

07 │ 블렌더 화면을 그림과 같이 두 개로
나누고 위쪽에서 (UV Editing) 탭을 선택해
나눠진 면을 확인합니다.

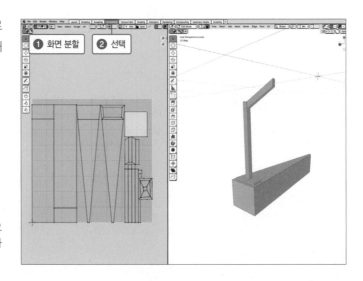

TIP (UV Editing) 탭을 선택하면 선택된 오
브젝트의 UV를 쉽게 확인할 수 있고, 깔끔하
게 펼쳐진 것을 확인할 수 있습니다.

08 [Layout] 탭을 선택하여 원래 작업
환경으로 돌아옵니다.

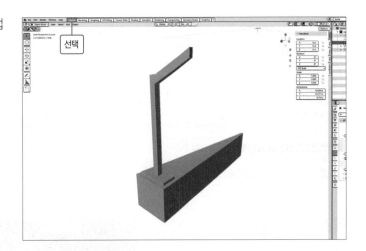

09 오브젝트를 선택하고 Properties 패널에서 [Shader] 탭을 선택합
니다. [New] 버튼을 클릭해 새로운 셰이더를 만든 다음 이름 부분을 더블
클릭한 후 'Steps'를 입력하여 변경합니다.

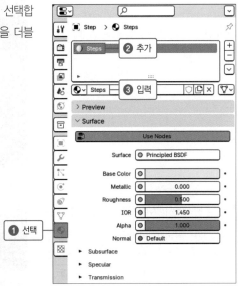

10 아래쪽 Timeline 패널의 경계를 위
쪽으로 드래그해서 확대합니다.

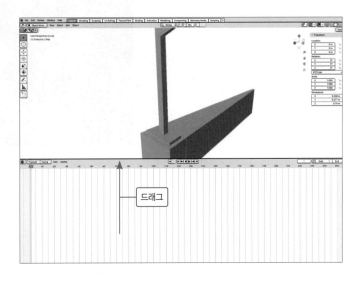

11 │ Timeline 패널의 왼쪽 위에 있는 'Editor Type' 아이콘을 클릭한 다음 (Shader Editor)를 선택합니다.

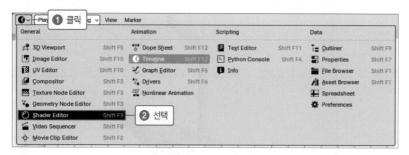

텍스처 적용하기

01 │ 계단에 적용할 나무 이미지를 다운
로드하기 위하여 'www.polyhaven.com'
사이트에서 (Textures)를 클릭합니다.

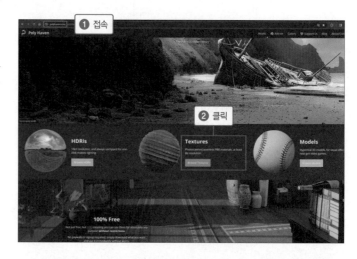

02 │ 왼쪽에서 (Wood)를 선택한 다음 원
하는 이미지를 검색합니다.

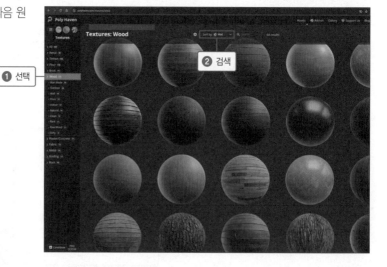

03 | 'Dark Wood' 텍스처를 2K 크기로 선택한 다음 (Download) 버튼을 클릭하여 다운로드합니다.

04 | 다운로드한 파일의 압축을 해제하면 블렌더 파일과 'textures' 폴더로 구성되어 있습니다. 이 폴더 안에 그림과 같이 네 개의 이미지가 있으므로 이 위치를 잘 기억해둡니다.

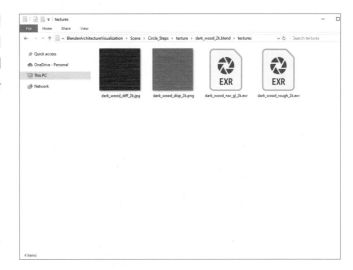

TIP 네 개의 이미지 중에서 컬러, 러프니스, 노멀 이미지만 사용할 것입니다.

05. | 블렌더의 Shader Node에서 Shift + A 를 누르고 (Search)를 실행합니다.

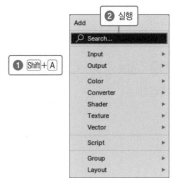

06 'Image'를 검색한 다음 (Image Texture)를 선택합니다.

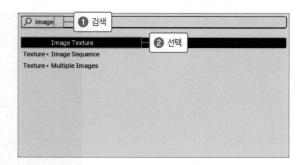

07 'Imgae Texture' 노드가 만들어지면 (Open) 버튼을 클릭합니다.

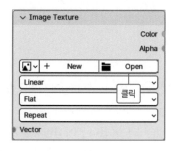

08 다운로드한 이미지 중 하나를 검색하여 불러오겠습니다. Blender File View 창에서 다운로드한 이미지를 찾아 선택한 다음 (Open Image) 버튼을 클릭합니다.

TIP P3_02_Steps → texture 폴더에서 'dark_wood_diff_2k.jpg' 파일을 불러와 연결해도 됩니다.

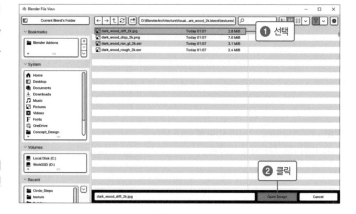

09 불러온 이미지 노드를 그림과 같이 연결합니다.

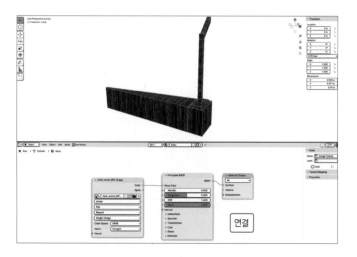

10 │ 나머지 두 개의 이미지도 같은 방법으로 불러옵니다. 'Rough' 이미지를 그림과 같이 Roughness에 연결합니다.

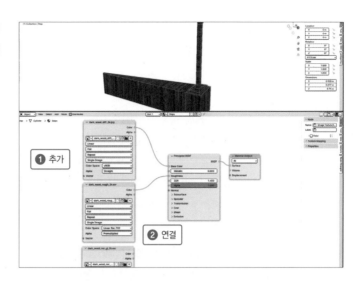

11 │ Shader Editor 패널에서 Shift+A를 누르고 'Normal Map'을 검색한 다음 선택합니다.

TIP 노멀 이미지를 연결하기 위해서는 'Normal Map' 노드가 필요합니다.

12 │ 'Normal Map' 노드를 그림과 같이 연결합니다.

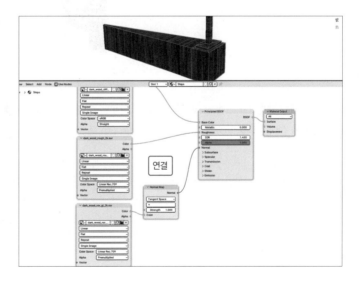

13 여기서 한 가지 주의할 점이 있습니다. 불러온 이미지 중 노멀 맵 이미지의 Color Space를 'None Color'로 변경해야 합니다.

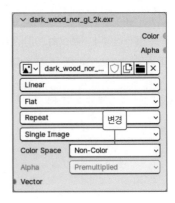

14 오브젝트를 선택하고 Properties 패널에서 (Modifiers(🔧)) 탭을 선택한 후 비활성화했던 모든 아이콘을 클릭하여 다시 활성화합니다.

15 넘버 패드 ⑦를 눌러 Isolation View에서 벗어납니다. Ⓩ를 누르고 (Rendered)를 선택합니다. 텍스처가 어떻게 적용되었는지 확인할 수 있습니다.

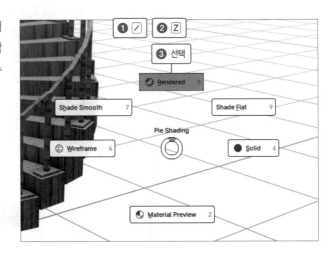

16 조명을 선택하고 Properties 패널에서 (Sun) 탭을 선택합니다. (Area) 탭을 선택한 다음 Power를 '500W', Size를 '2m'로 수정합니다.

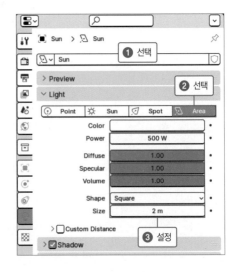

17 │ 조명의 각도를 적당히 조절해 그림과
같이 만듭니다.

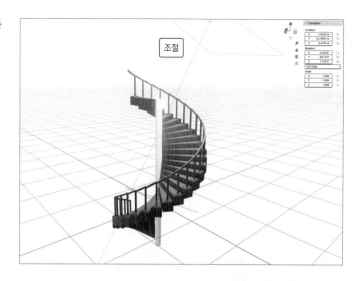

18 │ 계단 중심부에 머티리얼을 적용하기 위해 먼저 오브젝
트를 선택합니다. (Shift)를 누른 채 계단을 선택하고 (Ctrl)+(L)을
누른 다음 (Link Materials)를 실행합니다.

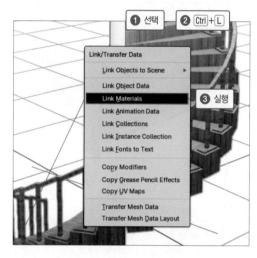

19 │ 계단 오브젝트에 나무 머티리얼이
적용되었습니다.

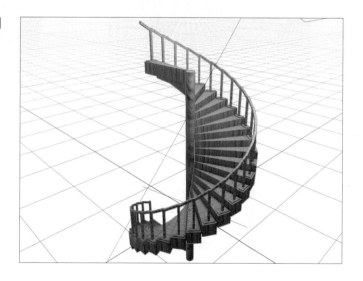

인테리어를 위한 소파 모델링하기

이번에는 르코르뷔지에가 디자인한 르코르뷔지에 소파 LC3를 만들어 보려고 합니다. 이 소파는 스티브 잡스가 아이패드를 시연할 때 앉아서 유명해진 소파로, '스티브 잡스 소파'라는 별명을 얻기도 했습니다. 르코르뷔지에의 건축 철학을 반영한 이 소파는 단순하고 기능적인 디자인으로 유명합니다. 이번 예제를 통해 블렌더의 기본 기능을 익히는 데 도움이 될 것입니다.

● 예제 파일 : P3_03_Sofa\textures\LC3_Blueprint_Front.png, LC3_Blueprint_Side.png
　　　　　　 P3_03_Sofa\P3_03_Sofa_Start.blend

POINT

❶ 기본 도형을 사용하여 기본 형태 구성하기

❷ 베지어 곡선 활용하기

❸ 모델링에서 자주 사용하는 모디파이어 이해하기

소파 자료 수집과
설계 도면 배치하기

01 ┃ 자료는 최대한 많이 보는 편이 좋습니다. 구글이나 핀터레스트 등 다양한 사이트에서 'le corbusier sofa LC3'를 검색해 모델링할 자료를 찾습니다.

02 ┃ 자료 사진은 제품의 표면 구성, 사방에서 어떻게 보이는지 등의 자료면 충분합니다. PureRef를 사용하거나 폴더를 만들어 이미지를 보관하는 것을 추천합니다.

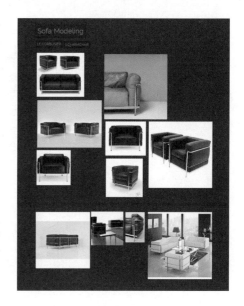

TIP PureRef는 이미지를 쉽게 모으고 정리할 수 있는 프로그램으로, 무료로 다운로드하여 사용할 수 있습니다. 공식 사이트인 'https://www.pureref.com/'에서 다운로드해 윈도우, 리눅스, 맥 운영 체제에서 모두 사용할 수 있습니다. 사용자는 원하는 운영 체제 버전을 선택하고 개발자에게 기부할 수 있고, 기부 비용을 '0'으로 설정해 무료로 다운로드할 수도 있습니다. PureRef는 매우 유명한 프로그램이기 때문에 인터넷 어디에서든 자세한 사용법을 찾을 수 있습니다.

03 ┃ 역사적으로 유명한 제품의 경우에는 청사진이나 설계도를 쉽게 구할 수 있습니다. 이 그림은 P3_03_Sofa → textures 폴더의 'LC3_Blueprint_Front.png', 'LC3_Blueprint_Side.png' 파일을 참고하세요.

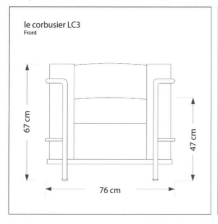

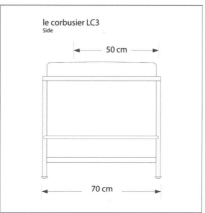

04 | 블렌더를 실행하고 먼저 기본 오브젝트를 삭제하겠습니다. Outliner 패널에서 카메라와 조명 그리고 육면체 오브젝트를 선택한 후 X를 누른 다음 (Delete)를 실행하여 삭제합니다.

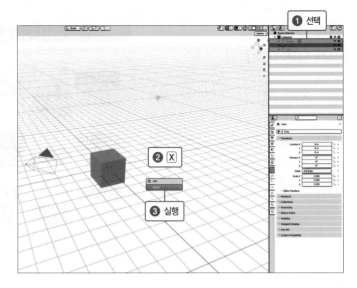

05 | 탐색기의 P3_03_Sofa → textures 폴더에서 'LC3_Blueprint_Front.png', 'LC3_Blueprint_Side.png' 파일을 블렌더로 드래그합니다.

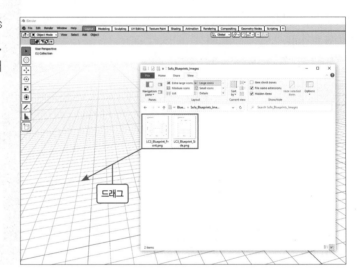

06 | 블렌더에 그림과 같이 설계 도면이 표시됩니다.

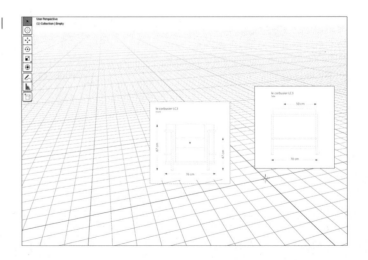

07 각 설계 도면 이미지 이름을 변경하겠습니다. 이미지를 선택하고 [F2]를 누른 다음 각각 'Front'와 'Side'를 입력해 이미지에 맞게 이름을 변경합니다.

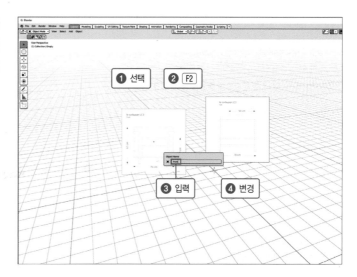

08 현재 이미지 위치는 제각각입니다. 화면의 중심으로 이동하기 위해 'Front', 'Side' 오브젝트를 선택하고 [Alt]+[G], [Alt]+[R]을 눌러 움직임과 회전 값을 초기화합니다.

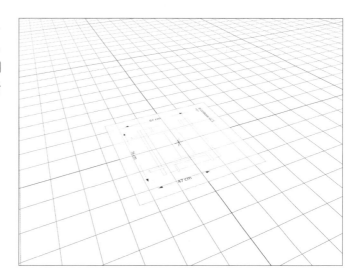

09 초기화하면 각 오브젝트가 위쪽을 향하고 있어 정면을 향하도록 각 이미지 오브젝트를 선택하고 [R], [X], '90'을 순서대로 입력합니다.

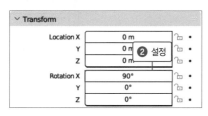

TIP X축을 기준으로 90° 회전하는 단축 키입니다.

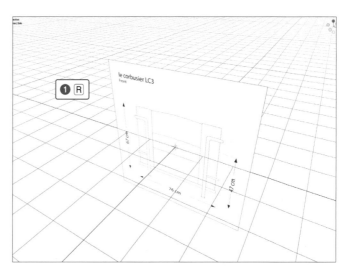

10 'Side' 오브젝트를 선택합니다. 두 오브젝트가 겹쳐 있어 선택이 쉽지 않다면 Alt 를 누른 상태로 오브젝트 부분을 클릭하면 겹쳐진 오브젝트의 목록이 표시되어 쉽게 선택할 수 있습니다.

TIP 화면 오른쪽의 Outliner 패널에서 직접 오브젝트를 선택해도 됩니다.

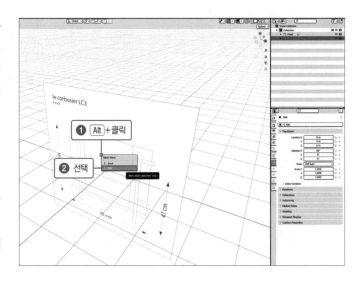

11 'Side' 오브젝트를 선택한 상태에서 R , Z , '90'을 차례대로 입력합니다. 원하는 각도로 오브젝트를 모두 회전했습니다.

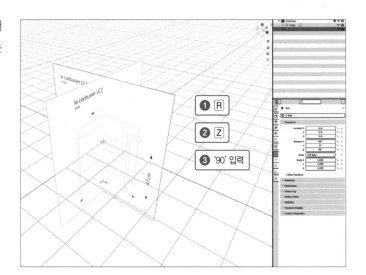

12 'Front' 오브젝트를 선택하고 G , Y , '1.461'을 차례대로 입력하여 Y축으로 1.461m 이동합니다.
'Side' 오브젝트는 G , X , '-1.5047'을 차례대로 입력하여 X축으로 -1.5047m 이동해 그림과 같이 배치합니다.

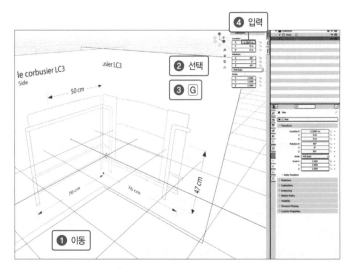

13 │ 두 개의 설계 도면을 선택합니다. ⓜ을 누르고 (New Collection)을 실행한 다음 'Ref'를 입력합니다.

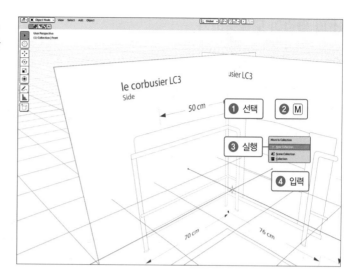

14 │ Outliner 패널에 'Ref' 컬렉션이 생성되고 선택한 오브젝트들이 모두 'Ref' 컬렉션에 포함됩니다.

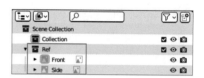

15 │ Outliner 패널에서 'Filter' 아이콘(▽)을 클릭하고 Restriction Toggles 항목의 'Seletable' 아이콘(▶)을 클릭하여 활성화합니다.

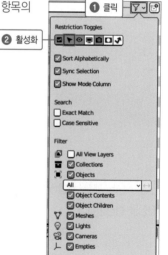

16 │ 'Ref' 컬렉션의 'Selectable' 아이콘(▶)을 클릭해 비활성화합니다. 이제 Ref 컬렉션 오브젝트들은 선택되지 않습니다. 이렇게 해야 모델링할 때 다른 오브젝트 대신 선택되지 않아 편리하게 작업할 수 있습니다.

TIP 오브젝트 크기가 작기 때문에 실제 크기와 일치시키는 모델링 과정을 생략했습니다. 대신에 적당한 크기로 모델링한 후, 마지막에 크기를 맞추는 방식으로 작업하겠습니다.

소파 팔걸이 모델링하기

01 | 3D Viewport 패널에서 (Shift)+(A)를
누르고 (Mesh) → (Cube)를 실행해 육면
체를 생성합니다.

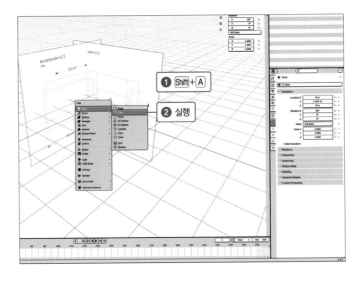

02 | 육면체 오브젝트를 선택하고 (F2)를
누른 다음 'Sofa'를 입력하여 이름을 변경
합니다.

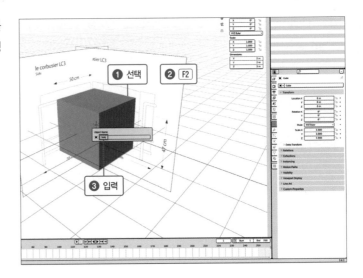

03 | 넘버 패드 (1)을 눌러 Front View로
시점을 변경합니다.

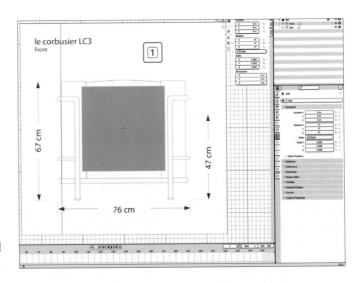

TIP (Alt)를 누른 상태에서 마우스 휠을 클릭
한 채 드래그하여 방향을 정할 수도 있습니다.

04 육면체가 선택된 채 S, X를 순서대로 눌러 X 방향으로 크기를 조정합니다. 그림과 같이 소파의 한쪽 팔걸이 폭에 맞게 Dimensions 항목에서 X를 '0.64m', Y를 '2m' 정도로 크기를 조절합니다.

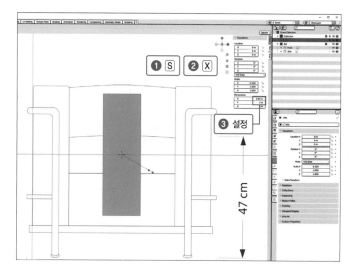

05 이번에는 S, Z를 눌러 Z 방향으로 크기를 조절합니다. Dimensions 항목에서 Z를 '2.33m' 정도로 설정해 소파의 한쪽 팔걸이 높이와 일치하게 크기를 조절합니다.

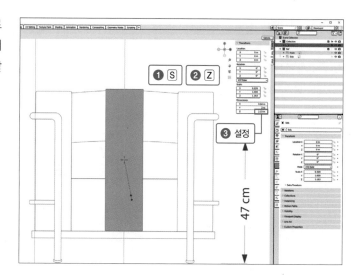

06 G를 눌러 (Move(⊹)) 도구를 선택하고 육면체 위치를 설계 도면의 팔걸이 위치와 일치시킵니다.

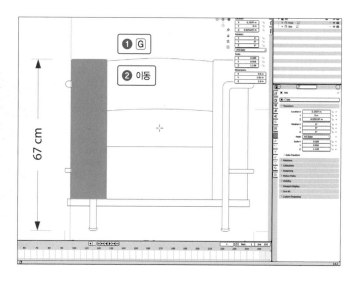

07 이제 측면 크기를 맞추겠습니다. 넘버 패드 ③을 눌러 Right View 시점으로 변경하고 그림과 같이 화면을 조정합니다.

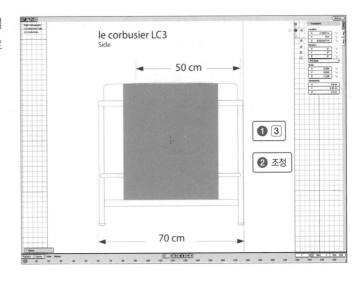

08 오브젝트를 선택한 상태에서 ⑤를 눌러 (Scale(⬛)) 도구를 선택한 다음 설계도에 맞게 조절합니다. 그림과 같이 크기가 일치하도록 만듭니다.

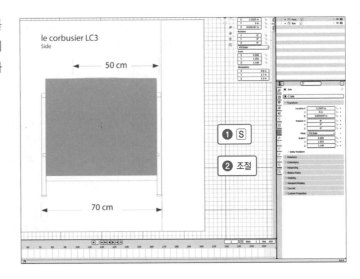

09 육면체 오브젝트를 선택하고 Tab을 눌러 (Edit Mode)로 변경합니다. Ctrl+R을 눌러 (Roof Cut(⬛))을 활성화한 다음 그림과 같이 선을 여섯 개 추가합니다.

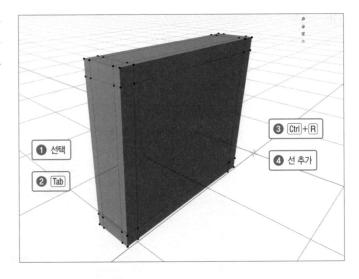

10 | 육면체 오브젝트를 선택하고 [Ctrl]+[A]를 누른 후
(Scale)을 선택하여 초기화합니다.

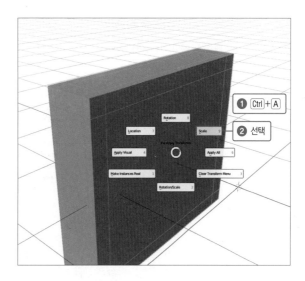

TIP 초기화 과정은 작업 전 필수입니다.

11 | [Tab]을 눌러 (Object Mode)로 변경
합니다. Properties 패널에서 (Modifiers
([🔧])) 탭의 'Add Modifier'를 클릭하고
(Bevel)을 선택하여 추가합니다.

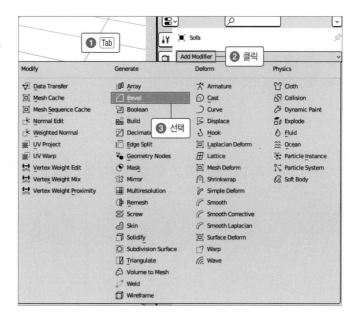

12 | (Bevel) 옵션의 Segments를 '2'로
설정합니다.

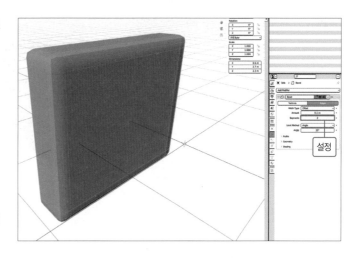

TIP Segments 수치가 커질 때마다 선이
추가되면서 모델링이 부드러워집니다.

13 다시 (Modifiers(🔧)) 탭의 'Add Modifier'를 클릭하고 (Subdivision Surface)를 선택하여 추가합니다.

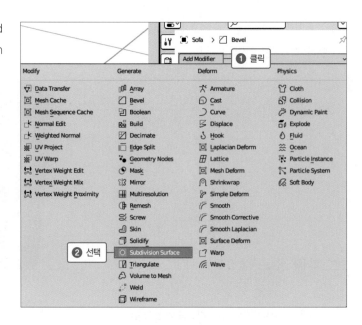

14 모델링에 많은 면이 추가되어 그림과 같이 훨씬 부드러운 모델링이 만들어졌습니다.

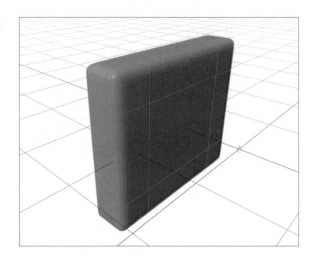

15 (Subdivision) 옵션에 'Optimal Display'가 체크 표시되어 있습니다.

TIP 'Optimal Display'의 체크 표시를 해제 하면 실제 모델링이 어떻게 변경되는지를 확 인할 수 있습니다. 블렌더에서 Subdivision Surface는 폴리곤 개수를 기계적으로 늘리는 기능입니다. 면이 부드러워 보이지만 폴리곤이 즉시 늘어난 것은 보이지 않습니다. 이는 화면이 너무 복잡해지는 것을 방지하기 위해 단순하게 표현한 결과물입니다.

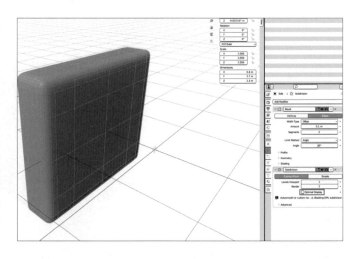

16 │ 이러한 방법으로 간단한 육면체 오브젝트에서 많은
폴리곤의 부드러운 모델링을 쉽게 만들 수 있습니다.

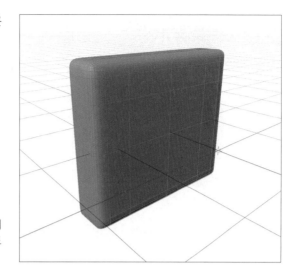

TIP 여기서 생성된 폴리곤은 이후 스컬핑할 때 활용할 예
정이므로 너무 많은 폴리곤이 생성되었다고 걱정하지 않아도
됩니다.

17 │ 넘버 패드 1을 눌러 Front View
시점으로 변경합니다. (Bevel) 옵션에서
Amount를 설정하여 설계 도면 이미지와
비교하며 소파의 모서리 곡률에 맞게 조절
합니다.

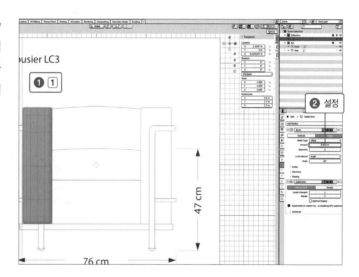

18 │ 왼쪽 팔걸이가 완성되었습니다. 오
브젝트가 선택된 상태로 Shift+D를 눌러 복
제하고 G를 누른 다음 오른쪽으로 이동합
니다.

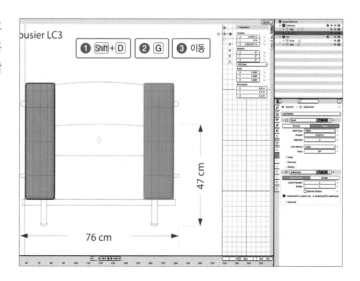

소파 허리 받침대 모델링하기

01 | 이번에는 소파의 허리 받침대를 만들겠습니다. 만들어진 팔걸이 오브젝트를 선택하고 H를 눌러 화면에서 보이지 않게 숨깁니다. Shift+A를 누른 다음 (Mesh) → (Cube)를 실행해 육면체 오브젝트를 생성합니다.

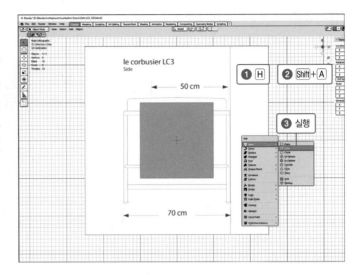

02 | Front View에서 육면체 오브젝트를 선택하고 S를 눌러 (Scale(▣)) 도구를 선택한 다음 설계 도면 크기를 확인하며 크기를 조절합니다.

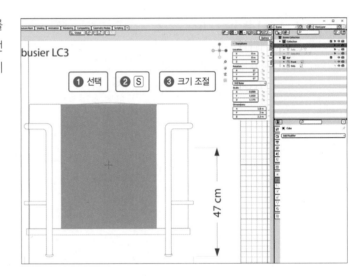

03 | 넘버 패드 3을 눌러 Right View 시점으로 변경하면서 같은 방법으로 크기를 조절합니다. 설계 도면을 보면 밑판 길이가 70cm, 위에 표시된 앉는 부분의 깊이가 50cm입니다. 이를 참고하여 남는 부분의 크기를 조절하고 배치합니다.

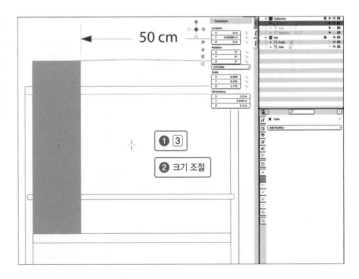

04 　Alt + H 를 눌러 숨겨둔 오브젝트를
다시 나타냅니다.

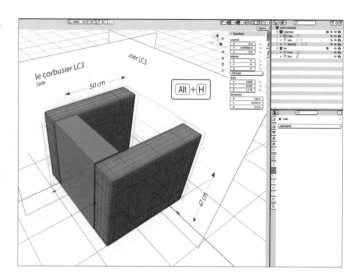

05 　등받이 위치가 만들려는 방향의 반
대로 배치되었습니다. G 를 눌러 〔Move
(✥)〕 도구를 선택하고 위치를 이동합니다.

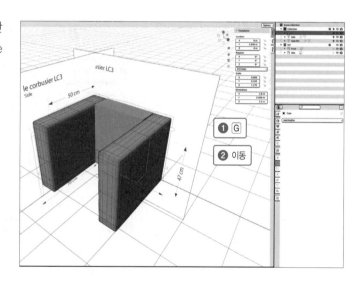

06 　등받이 오브젝트를 선택하고 넘버
패드 / 를 눌러 Local View 시점으로 변
경합니다. 여기서 크기를 변경했기 때문에
Ctrl + A 를 눌러 〔Scale〕을 선택해 크기를
초기화해야 합니다.

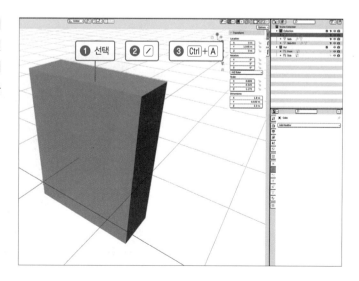

07 │ 오브젝트가 선택된 상태로 Tab을 눌러 (Edit Mode)로 변경합니다. Ctrl+R을 눌러 (Loop Cut(▥)) 도구를 선택한 다음 그림과 같이 선을 추가합니다.

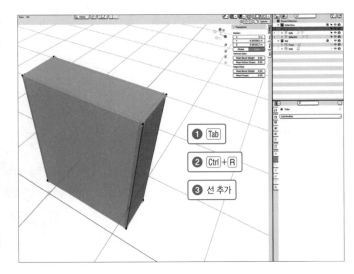

TIP 추가한 선은 Bevel과 Subdivide를 실행했을 때 변형이 일어나는 것을 막습니다.

08 │ Tab을 눌러 다시 (Object Mode)로 변경합니다.
Properties 패널의 (Modifiers(🔧)) 탭에서 'Add Modifier'를 클릭하고 (Bevel)을 선택하여 추가합니다.

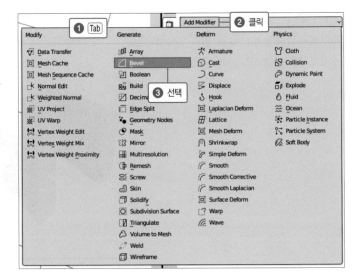

09 │ (Bevel) 옵션의 Segments를 '2'로 설정합니다. 외곽 부분에 두 개의 선이 추가되면서 전반적으로 부드러운 모델링이 되었습니다.

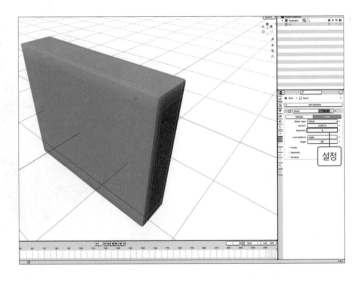

10 | 같은 방법으로 Properties 패널의 〔Modifiers(🔧)〕 탭에서 'Add Modifier'를 클릭하고 〔Subdivision Surface〕을 선택하여 추가합니다.

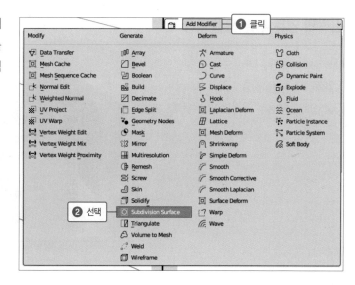

11 | Subdivision Surface는 면을 추가해서 부드럽게 만드는 기능입니다. 수치가 커지면 컴퓨터가 과부화될 수 있으므로 여기에서는 기존 설정을 유지합니다.

TIP Subdivision Surface 알아보기

❶ Levels Viewport : 화면에 보일 때 얼마만큼의 면을 추가할지 결정하는 기능입니다.
❷ Render : 얼마만큼 면을 추가해 부드럽게 보이게 할지 결정하는 기능입니다.

12 | 오브젝트를 확대하면 아직 폴리곤 모양이 보입니다. 이러한 현상은 각 면의 Normal이 부드럽게 처리되지 않았기 때문입니다. 뒷받침 오브젝트를 선택하고 마우스 오른쪽 버튼을 클릭한 다음 〔Shade Smooth〕 또는 〔Shade Auto Smooth〕를 실행해 부드럽게 만듭니다.

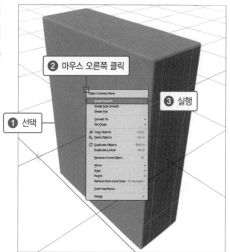

소파의 앉는 부분 모델링하기

01 소파의 앉는 부분도 같은 방법으로 작업합니다. Shift+A를 누르고 (Mesh) → (Cube)를 실행해서 육면체 오브젝트를 생성합니다.

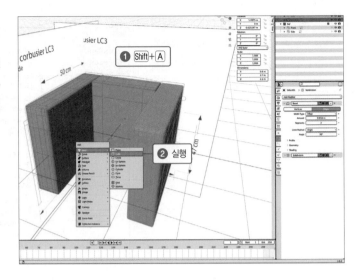

02 육면체 오브젝트를 선택하고 앉는 부분의 기초를 만듭니다. S와 G를 적절하게 사용해서 크기와 위치를 조절해 그림과 같이 만듭니다.

TIP 설계 도면이 오브젝트에 가려져 보이지 않으면 Z를 눌러 (Wireframe) 모드나 Alt+Z를 눌러 반투명 모드로 변경하면 편리합니다.

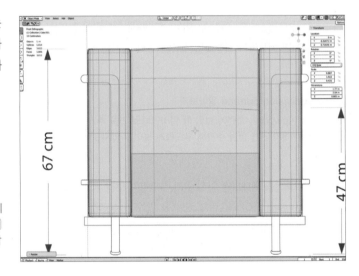

03 육면체 오브젝트를 선택하고 넘버패드 /를 눌러서 Local View 시점으로 변경하여 선택한 오브젝트만 나타냅니다.

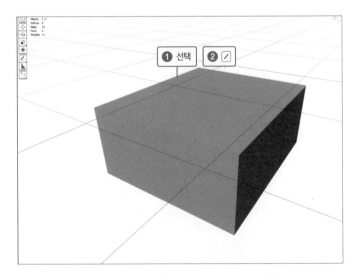

04 크기를 변경했기 때문에 Ctrl+A를 누른 다음 (Scale)을 선택하여 크기 값을 초기화합니다.

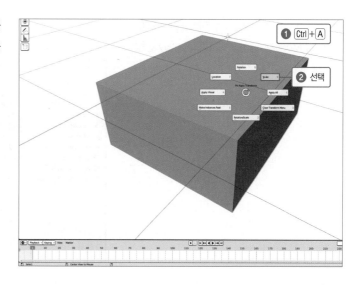

05 육면체 오브젝트가 선택된 상태로 Tab을 눌러 (Edit Mode)로 변경합니다. Ctrl+R을 눌러 (Loop Cut(圖))을 활성화 하고 각 면에 선을 두 개씩 추가한 다음 추가된 선들은 면 외곽의 적당한 위치에 배치합니다.

TIP 각각의 선을 선택하고 S나 G를 누르면서 선을 따라 흐르도록 움직여서 작업하면 편리합니다.

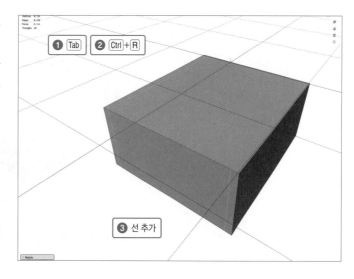

06 각 면의 외곽에 가깝게 그림과 같이 선을 추가합니다.

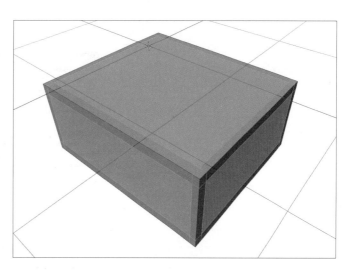

07 | Properties 패널에서 (Modifiers(🔧)) 탭의 'Add Modifier'를 클릭하고 (Bevel)을 선택해 추가합니다.

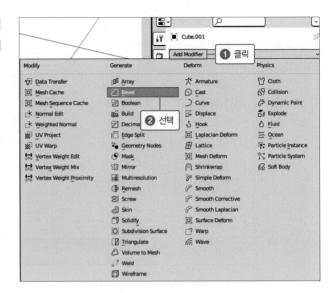

08 | (Bevel) 옵션에서 Segments를 '2'로 설정합니다. 면이 추가되면서 부드러운 형태로 만들어집니다.

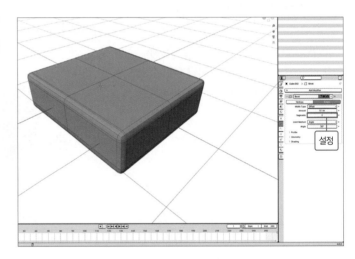

09 | 같은 방법으로 Properties 패널의 (Modifiers(🔧)) 탭에서 'Add Modifier'를 클릭한 다음 (Subdivision Surface)를 선택해 추가합니다.

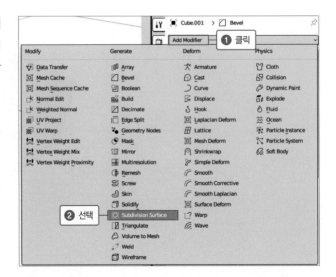

10 │ 육면체 오브젝트에서 마우스 오른쪽 버튼을 클릭하고 (Shade Smooth)를
실행합니다.

11 │ 넘버 패드 ⁄를 눌러 Local View
에서 벗어나면 지금까지 모델링한 모델링이
나타납니다.

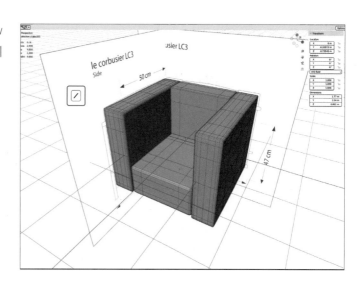

12 │ 받침대 위쪽에 사람이 앉을 수 있는
쿠션 부분을 만들겠습니다. 아래쪽에 있는
육면체 오브젝트를 선택하고 Shift+D를 눌
러 복제한 다음 위치를 조정합니다.

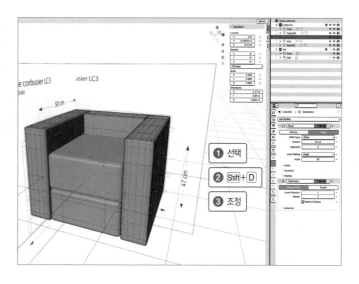

13 | 설계 도면과 비교하면 쿠션이 너무 높습니다. 복제한 육면체 오브젝트를 선택하고 (Tab)을 눌러 (Edit Mode)로 변경합니다. (1)을 눌러 (Vertex(□)) 선택 모드에서 넘버 패드 (1)을 눌러 Front View로 시점을 변경합니다.

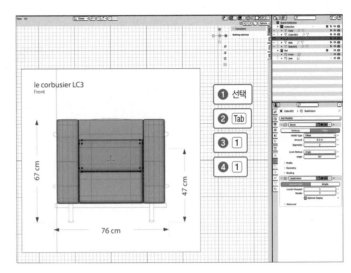

14 | 현재 상태에서 점을 선택하면 오브젝트 뒤쪽이 보이지 않기 때문에 함께 선택되지 않습니다. (Alt)+(Z)를 눌러 (Toggle X-Ray(□))를 활성화하고 오브젝트 위쪽을 선택한 다음 높이를 조절해 뒤쪽 설계 도면선에 맞춥니다.

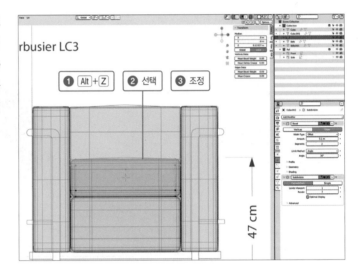

15 | 소파의 중심 부분이 살짝 위로 올라온 형태를 만들겠습니다. (Ctrl)+(R)을 눌러 (Loop Cut(□))을 활성화한 다음 가로선과 세로선을 추가해 십자 모양 중심선을 만듭니다.

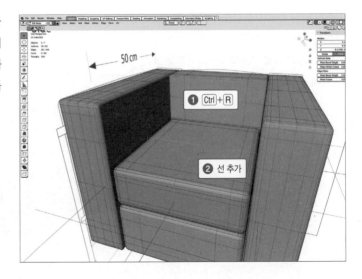

16 │ 오브젝트의 가운데 점을 선택합니다.

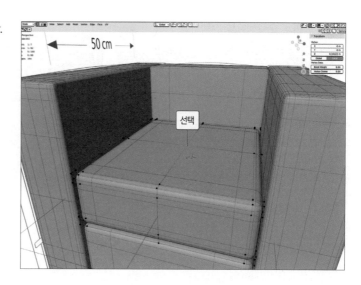

17 │ 점을 Z축 방향 위쪽으로 이동합니다.

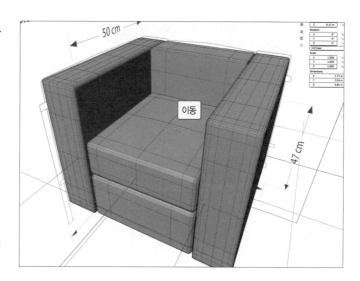

TIP Subdivision과 Bevel이 적용되어 있어 점을 이동해도 부드럽게 모델링됩니다.

소파 받침대 모델링하기

01 │ 소파 전체를 받치고 있는 받침대를 만들겠습니다. Shift+A를 누르고 (Mesh) → (Cube)를 실행해서 육면체 오브젝트를 생성합니다.

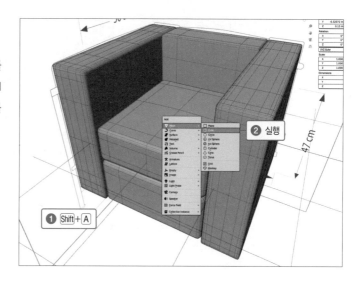

02 │ 육면체 오브젝트를 선택하고 넘버 패드 ①을 눌러 Front View 시점으로 변경합니다. ⑤와 ⑥를 누르며 크기와 위치를 조절해 소파 아래 받침의 모양을 만듭니다.

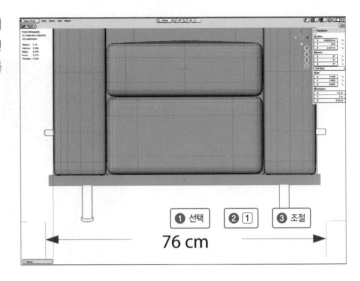

76 cm

① 선택   ② ①   ③ 조절

03 │ 넘버 패드 ③을 눌러 Right View 시점으로 변경합니다. 같은 방법으로 크기와 위치를 조절하여 맞춥니다.

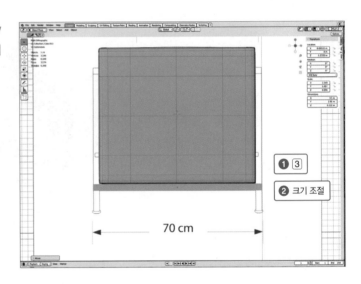

70 cm

① ③   ② 크기 조절

04 │ 오브젝트 상태에서 크기를 조절했기 때문에 크기를 초기화해야 합니다. (Ctrl)+(A)를 누르고 (Scale)을 선택합니다.

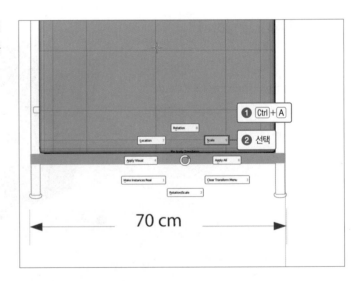

70 cm

① (Ctrl)+(A)   ② 선택

05 이 오브젝트는 평평한 모델링으로 만들겠습니다. Properties 패널의 (Modifiers(🔧)) 탭에서 'Add Modifier'를 클릭한 다음 (Bevel)을 선택하여 적용합니다.

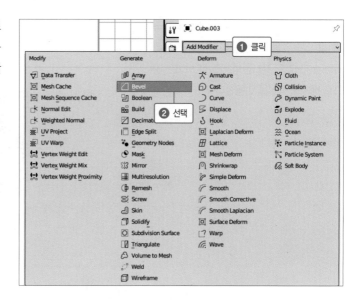

06 (Bevel) 옵션의 Amount를 '0.01m', Segments를 '2'로 설정하여 소파의 기본 모형을 마무리합니다.

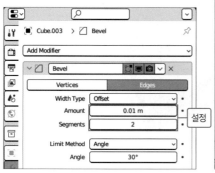

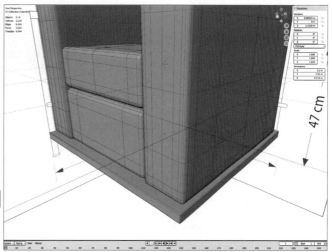

소파 앞부분 파이프 장식 모델링하기

01 베지어 곡선을 사용해 소파 외곽의 파이프 부분을 만들겠습니다. Shift+A를 누르고 (Curve) → (Bezier)를 실행합니다.

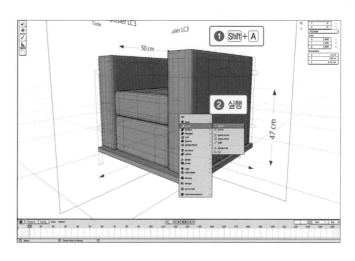

02 | 베지어 곡선이 기존 모델링에 가려져 보이지 않을 수 있습니다. G를 눌러 (Move(⊹)) 도구를 선택하고 잘 보이는 곳으로 베지어 곡선을 이동합니다.

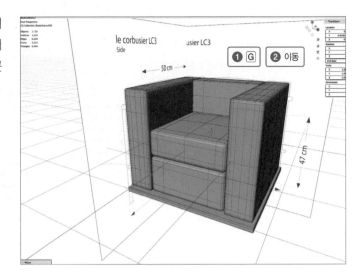

03 | 기본 베지어 곡선은 약간 구부러진 모양입니다. Tab을 누르고 (Edit Mode)를 선택하여 이동합니다.

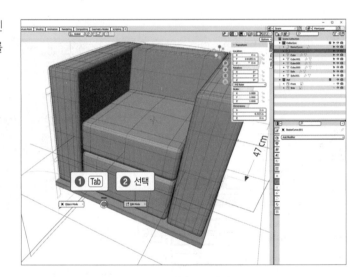

04 | 넘버 패드 7을 눌러 Top View 시점으로 변경합니다. R을 눌러 (Rotation (⟳)) 도구를 선택하고 회전하여 베지어 곡선이 일직선이 되도록 조정합니다.

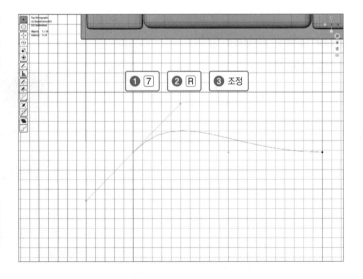

TIP 베지어 곡선은 Top View에서 봤을 때 45° 회전하면 일직선이 됩니다. 베지어 곡선의 왼쪽 점을 선택하고 R을 누른 다음 '45'를 입력하면 간편하게 일직선을 만들 수 있습니다.

05 [Tab]을 눌러 (Object Mode)로 변경
합니다. 베지어 곡선을 선택하고 [R]을 누른
다음 '90'을 입력해서 Y 방향으로 90° 회전
하여 위에서 아래로 향하게 만듭니다.

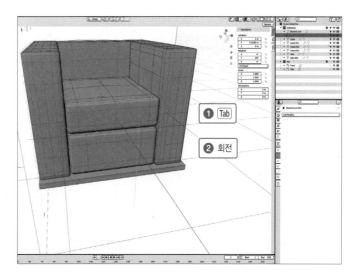

06 [G]를 눌러 설계도의 두꺼운 파이프
가운데에 베지어 곡선을 배치합니다. 정면
과 측면 그리고 평면도에서도 꼼꼼하게 점
검해 위쪽을 파이프의 가장 높은 곳에 일치
시킵니다.

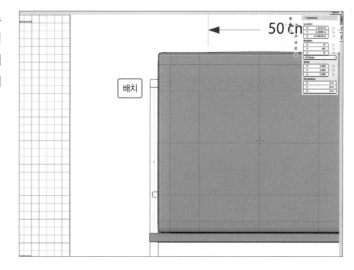

TIP 크기는 아직 조절하지 않아도 됩니다.

07 베지어 곡선을 선택하고 [Tab]을 눌러
(Edit Mode)로 변경합니다. 아래쪽 점을 선
택한 다음 [E]를 눌러 (Extrude Region
(■))을 활성화하여 선을 연장합니다.

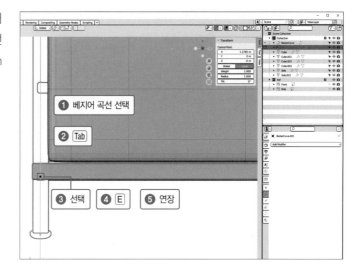

08 | 베지어 곡선을 조절하는 보조선이 너무 길면 모델링할 때 불편해집니다. 베지어 곡선의 점을 하나씩 선택하고 ⓢ를 누른 다음 '0.1'을 입력하여 연결된 보조선을 짧게 변경합니다.

TIP 베지어 곡선을 모델링할 때 하나의 점을 선택하면 연결된 보조선이 나타납니다. 이 보조선은 포토샵이나 일러스트레이터의 펜 도구와 비슷한 역할을 합니다.

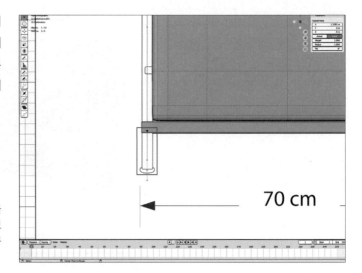

09 | 넘버 패드 ①을 눌러 Front View 시점으로 변경하고 그림과 같이 점을 선택합니다. ⓔ를 눌러 (Extrude Region(🔲))을 활성화한 다음 오른쪽으로 움직여 선을 연장합니다.

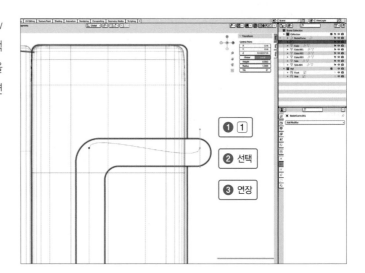

10 | 마지막에 연장된 점을 선택한 다음 ⓡ을 누르고 '90'을 차례대로 입력합니다.

TIP 이때 보조선이 베지어 곡선의 진행 방향과 일치해야 합니다.

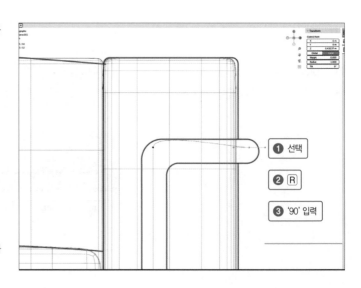

11 │ 베지어 곡선이 꺾이는 부분에 선이 더 필요한 것을 알 수 있습니다. 위쪽 선 두 개를 선택하고 마우스 오른쪽 버튼을 클릭한 다음 (Subdivide)를 실행하여 점 사이에 점을 하나 더 추가합니다.

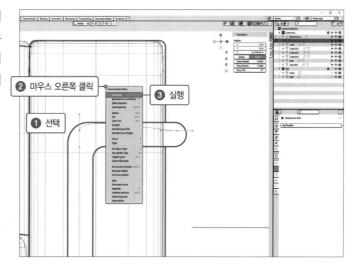

12 │ G와 R을 이용하여 위치와 회전을 조절해서 그림과 같이 선을 만듭니다. 편한 방법으로 모델링을 완성합니다.

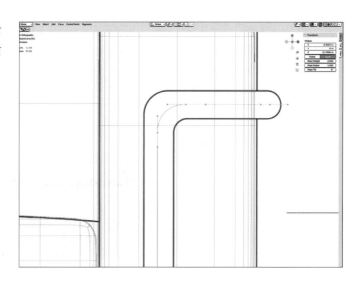

13 │ 넘버 패드 7을 눌러 Top View 시점으로 변경합니다. 베지어 곡선의 끝 점을 선택하고 E를 눌러 (Extrude Region(□))을 활성화해 선을 연장합니다.

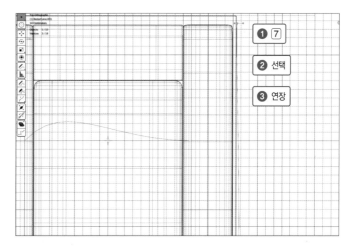

14 마지막 점을 선택하고 R을 누른 후 '–90'을 차례대로 입력해 회전합니다. 끝 점 두 개를 선택하고 마우스 오른쪽 버튼을 클릭한 다음 〔Subdivide〕를 실행하여 점을 추가합니다.

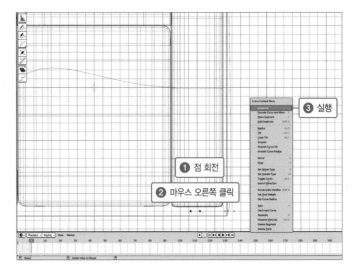

15 중간에 새로 생긴 점을 선택한 다음 S를 눌러 보조선을 짧게 줄이고 G를 눌러 구부러진 곳으로 가까이 이동합니다.

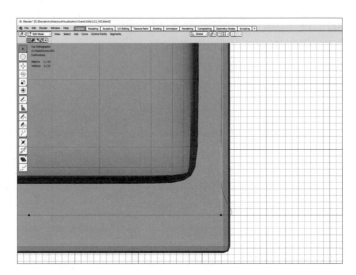

TIP 중간에 만들어진 점은 곡선을 계산하고, 그 곡률의 중심에 점을 만들기 때문에 원하는 위치에 점이 생기지 않을 수 있습니다. Header 패널의 〔Snapping(⊞)〕을 선택한 다음 〔Vertex〕를 선택하여 중간에 생긴 점의 위치를 마지막 점의 X 또는 Y축으로 일치하게 이동합니다.

16 | 아래쪽 점을 그림과 같이 선택하고 G를 눌러 X 방향으로 조금 이동하면 매끈한 베지어 곡선이 완성됩니다.

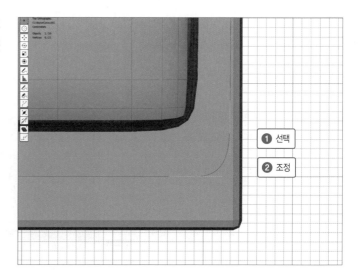

1 선택

2 조정

17 | 넘버 패드 7을 눌러 Top View 시점으로 변경합니다. 베지어 곡선의 끝 점을 선택한 다음 E를 눌러 그림과 같이 선을 연장합니다.

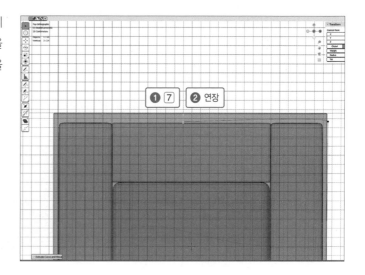

1 7 **2** 연장

18 | 베지어 곡선의 굴곡을 조절하기 위해 마지막 점을 선택하고 R을 누른 다음 '-90'을 입력하여 회전합니다.

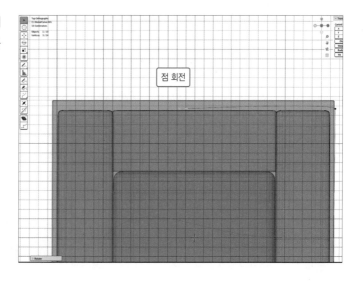

점 회전

19 │ 마지막 점 두 개를 선택하고 마우스 오른쪽 버튼을 클릭한 다음 (Subdivide)를 실행합니다.

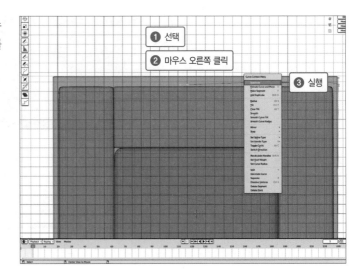

20 │ 중간에 생긴 점을 선택한 다음 S를 눌러 보조선 길이를 줄입니다.

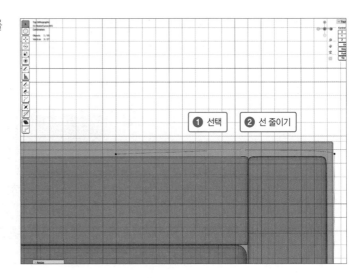

21 │ 중간 점을 선택하고 G를 눌러 Y축 위치를 양쪽 점과 일치시킵니다.

TIP Snap 기능을 사용하면 편리하게 점을 이동할 수 있습니다.

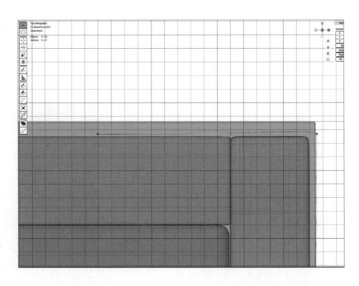

22 | 중심점 보조선의 각도를 베지어 곡선의 진행 방향과 일치시키겠습니다. 그림과 같이 점을 선택하고 ⓡ을 누른 후 살짝 움직여 각도를 조절합니다.

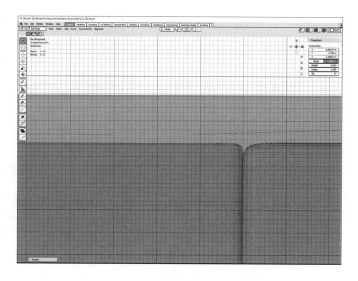

23 | 추가된 점을 선택한 다음 ⓖ를 눌러 마지막 점의 반대 방향으로 이동합니다.

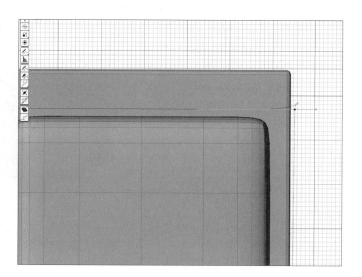

24 | 그림과 같이 점을 선택한 다음 ⓢ를 누르고 살짝 움직여 보조선을 작게 조절합니다.

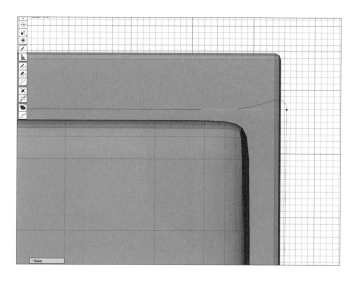

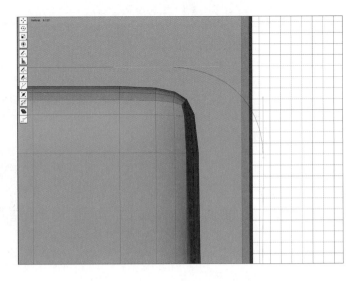

25 │ 선택된 점 왼쪽을 화면에서 볼 때 아래쪽(Y축)으로 살짝 내려 베지어 곡선을 자연스럽게 만듭니다. 세밀하게 조정해 그림과 같이 만듭니다. 선택된 점의 왼쪽 점을 선택하고 G를 눌러 Y 방향 아래로 살짝 내려 베지어 곡선을 자연스러운 모양으로 만듭니다.

26 │ Tab을 눌러 (Object Mode)로 바꿉니다. 베지어 곡선을 선택하고 Properties 패널의 (Object Data(↻)) 탭에서 (Geometry) 옵션의 Bevel 항목에서 Depth를 '0.055m'로 설정해 두께를 만듭니다.

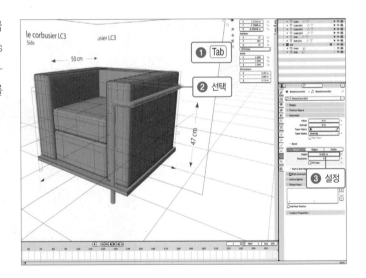

27 │ 현재 절반만 모델링된 상태입니다. 대칭 복제하기 위해 (Modifiers(🔧)) 탭을 선택하고 'Add Modifier'를 클릭한 다음 (Mirror)를 선택합니다.

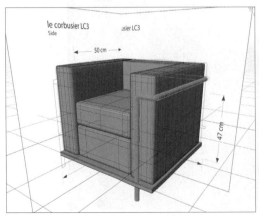

28 크기와 회전 값이 초기화되지 않아 이상한 형태로 모델링됩니다. 파이프 오브젝트를 선택하고 Ctrl+A를 누른 다음 (RotationScale)을 선택합니다.

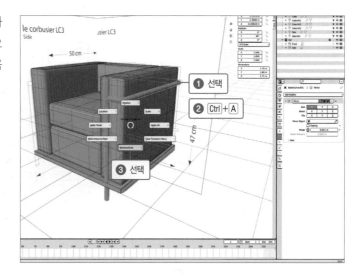

29 오브젝트 중심점이 다른 곳에 위치해 원하는 형태로 변경되지 않았습니다. 중심점을 이동하기 위해 Ctrl+Alt+X를 누른 후 (Origin To 3D Cursor)를 선택합니다.

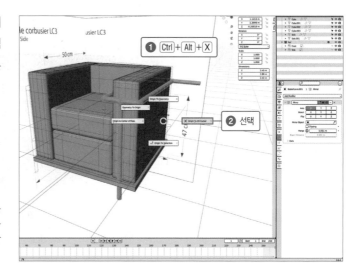

TIP 작업 중 마우스 커서가 실수로 다른 곳으로 이동했다면 Shift+S를 누른 다음 (Cursor To World Origin)을 실행하고 해당 과정을 실행합니다.

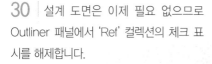

30 설계 도면은 이제 필요 없으므로 Outliner 패널에서 'Ref' 컬렉션의 체크 표시를 해제합니다.

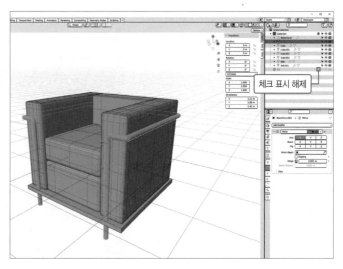

소파 뒷부분 파이프와
장식 모델링하여 마무리하기

01 | 앞쪽 파이프를 복제해서 뒤쪽 파이
프도 만들겠습니다. 파이프 오브젝트를 선
택하고 (Tab)을 눌러 (Edit Mode)로 변경한
다음 앞쪽의 연결된 세 개 점을 선택합니다.

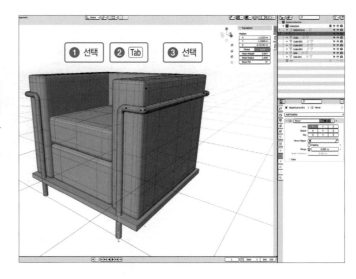

02 | (Shift)+(D)를 누르고 (P)를 누른 다음
(Separate)를 실행하여 선택했던 부분을
다른 오브젝트로 분리합니다.

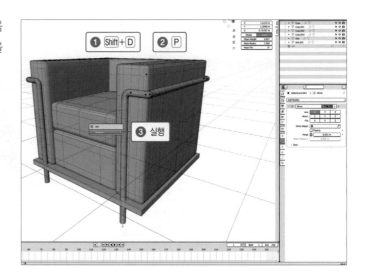

03 | (Tab)을 눌러 (Object Mode)로 변경
합니다. 복제한 파이프 오브젝트를 선택한
다음 소파의 뒤쪽으로 이동합니다.

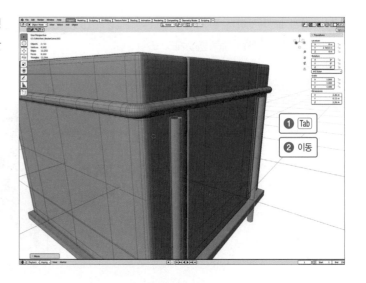

04 파이프 길이가 짧아 조절하겠습니다.
파이프 오브젝트를 선택하고 Tab을 눌러
(Edit Mode)로 변경합니다. 위쪽 점을 선택
하고 G를 누른 다음 Z 방향 위로 이동하여
늘립니다. 길이 조절이 끝나면 다시 Tab을
눌러 (Object Mode)로 변경합니다.

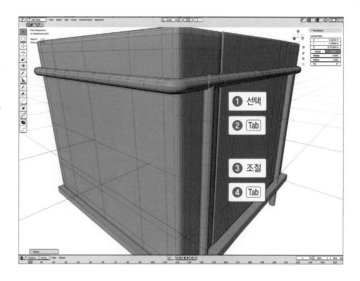

05 옆면의 보조 파이프도 같은 방법으로
작업하겠습니다. 메인 베지어 곡선 오브젝
트를 선택하고 Tab을 눌러 (Edit Mode)로
변경합니다. 그림과 같이 짧은 파이프 부분의
점을 모두 선택합니다.

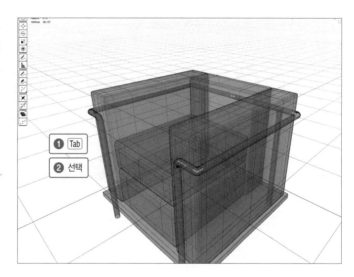

06 Shift+D를 누르고 P를 누른 다음
(Separate)를 실행하여 분리합니다.

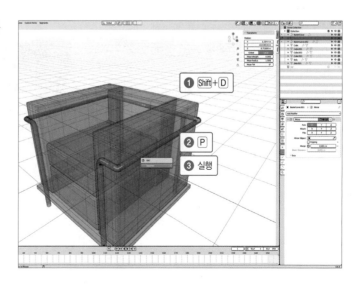

07 Tab을 눌러 (Object Mode)로 변경합니다. 복제한 파이프 오브젝트를 선택하고 G를 눌러 Z 방향 아래로 이동합니다. Outliner 패널에서 'Ref' 컬렉션을 체크 표시하고 설계 도면과 비교하여 위치를 조절합니다.

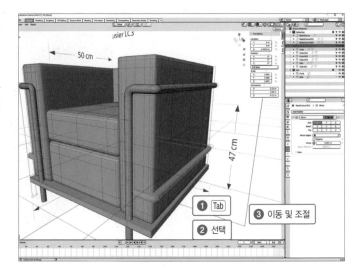

08 두께를 조정하기 위해 오브젝트를 선택한 상태로 Properties 패널의 (Object Data(ⓘ)) 탭을 선택합니다. (Geometry) 옵션의 Bevel 항목에서 Depth를 '0.04m'로 설정해 두께를 만듭니다.

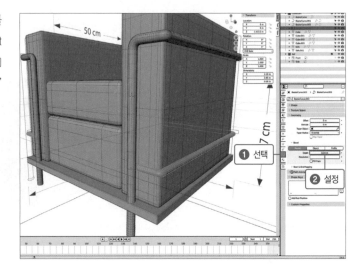

09 앞의 파이프와 연결되도록 오브젝트가 선택된 상태에서 Tab을 눌러 (Edit Mode)로 변경합니다. 앞의 점들을 모두 선택한 다음 G를 눌러 이동해서 위치를 조절합니다.

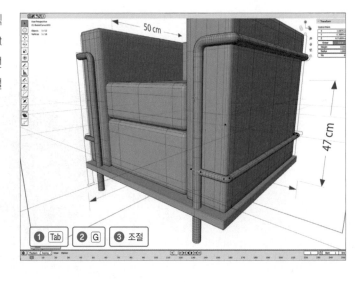

10 │ [Tab]을 눌러 (Object Mode)로 변경합니다. Outliner 패널에서 'Ref' 컬렉션의 체크 표시를 해제해 숨깁니다.

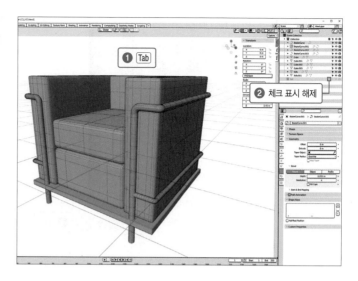

11 │ 파이프 아래쪽에 발 부분을 만들겠습니다. 메인 파이프 오브젝트를 선택하고 [Shift]+[D]를 눌러 복제한 다음 넘버 패드 [/]를 눌러 Local View 시점으로 변경합니다.

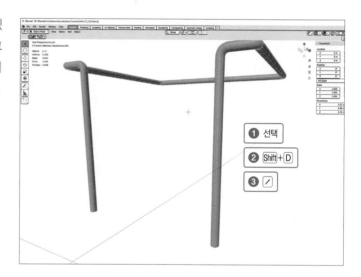

12 │ 파이프 오브젝트에서 마우스 오른쪽 버튼을 클릭하고 (Convert To) → (Mesh)를 실행합니다. 모델링이 폴리곤으로 변경되어 쉽게 편집할 수 있습니다.

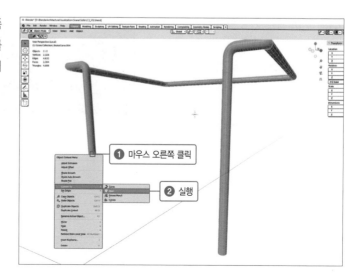

13 | Tab을 눌러 [Edit Mode]로 변경합니다. ③을 눌러 [Face(■)] 선택 모드로 변경한 다음 가장 아래쪽 폴리곤을 선택합니다.

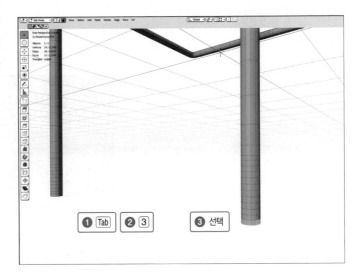

14 | Ctrl + I를 눌러 선택을 반전하고 Delete 또는 X를 누른 후 [Delete Faces]를 선택하여 삭제합니다.

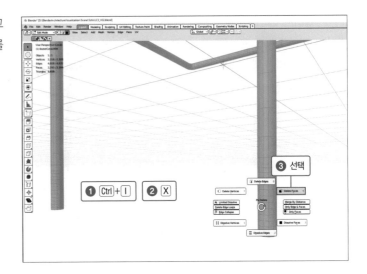

15 | 넘버 패드 /를 눌러 Local View 시점에서 벗어납니다. G를 눌러 선택된 오브젝트를 살짝 아래쪽으로 이동합니다.

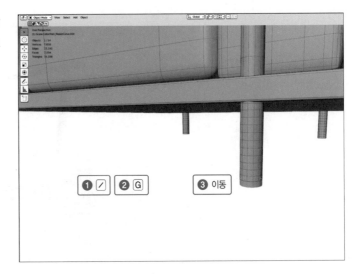

16 | 받침 오브젝트를 선택하고 (Tab)을 눌러 (Edit Mode)로 변경합니다. 모든 면을 선택한 다음 (Alt)+(E)를 누른 후 (Extrude Faces Along Normals)를 실행하여 면을 노멀 방향으로 돌출합니다. 그림과 같이 살짝만 돌출시키고 클릭해 확정합니다.

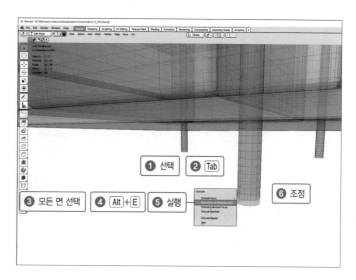

17 | (Tab)을 눌러 (Object Mode)로 변경합니다. 넘버 패드 (/)를 눌러 Local View 시점으로 변경하고 (Ctrl)+(Alt)+(X)를 누른 다음 (Origin to Center of Mass)를 선택해 중심점을 오브젝트 중심으로 이동합니다.

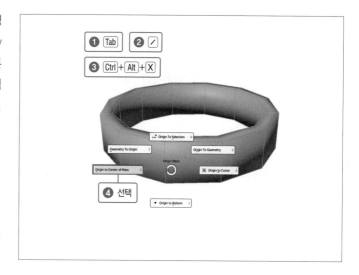

TIP 중심점을 변경하면 추후 오브젝트를 복제할 때 편리합니다.

18 | 오브젝트를 선택하고 (Tab)을 눌러 (Edit Mode)로 변경합니다. 오브젝트의 안쪽 면을 모두 선택하고 (X)를 누른 다음 (Delete Faces)를 선택해 안쪽 면을 삭제합니다.

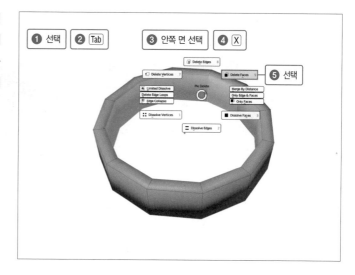

TIP 연결된 점이나 선 또는 면을 선택할 때 (Alt)를 누른 채 클릭하면 반복 선택할 수 있어 빠르게 작업할 수 있습니다.

19 │ ②를 눌러 (Edge(圖)) 선택 모드로 변경한 다음 Ⓐ를 누르고 (Select All Toggle)을 선택하여 전체 선택합니다.

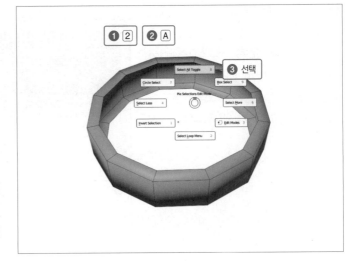

TIP 만약 오브젝트의 일부분이 선택된 상태에서 (Select All Toggle)을 선택하면 선택이 해제됩니다. 이러한 경우에는 다시 한 번 Ⓐ를 누르고 (Select All Toggle)을 선택하면 전체 선택됩니다.

20 │ Ⓕ를 누르면 뚫려있는 부분이 모두 연결되면서 닫힌 상태의 폴리곤이 됩니다.

21 │ 넘버 패드 ⑦를 눌러 Local View 시점을 해제합니다. 파이프 발판 오브젝트를 선택하고 Shift+Ⓓ를 눌러 복제한 다음 소파의 발이 되는 위치로 이동해 기본 모델링을 마무리합니다.

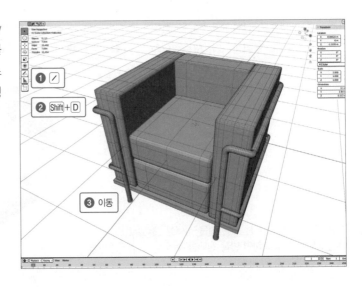

소파 UV 맵핑하기

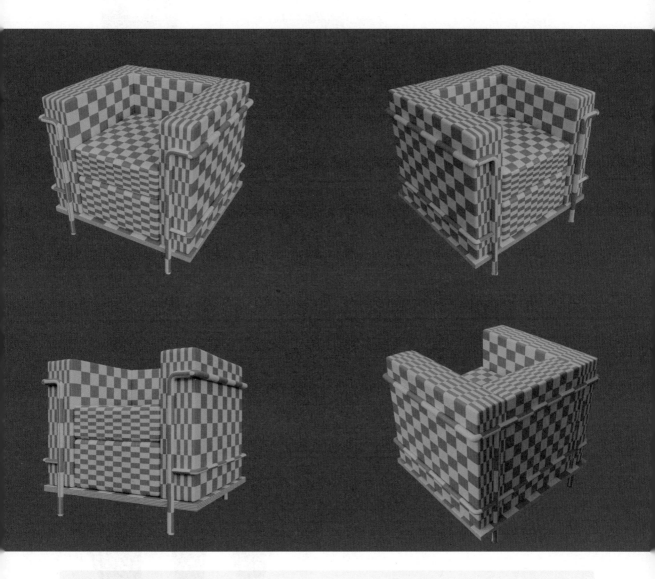

텍스처 이미지를 모델에 입히려면 UV 맵핑이 필요합니다. UV 맵핑은 2D 이미지가 3D 모델에 어떻게 맵핑되는지를 결정합니다. 이 작업은 3D 모델의 표면에 2D 이미지가 어떻게 배치되는지를 정의하는 과정으로 함께 살펴보겠습니다.

04

POINT

❶ Smart UV를 활용하여 UV 작업하기

❷ UV 좌표를 원하는 대로 편집하기

❸ 체크 패턴 이미지를 활용하여 UV 점검하기

❹ 모디파이어를 이용한 모델링에서 UV의 문제점 확인하고 수정하기

Smart UV로 소파 UV 작업하기

01 이전 작업을 이어서 진행합니다. 먼저 UV 작업을 편리하게 진행하기 위해 (UV Editing) 탭을 선택하여 작업 환경을 변경합니다.

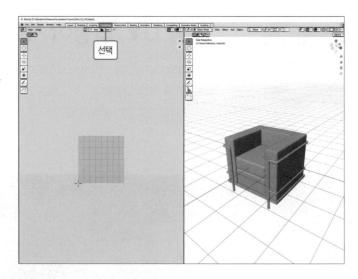

02 UV 작업 전에는 반드시 따로 저장해서 백업 파일을 만들어야 합니다. [Ctrl]+[Shift]+[S]를 눌러 다른 이름으로 저장하거나 [Ctrl]+[S]를 누른 다음 (Save As)를 선택합니다.

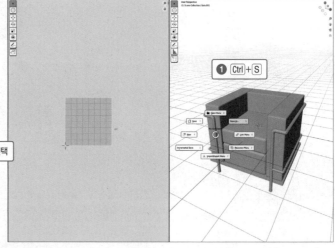

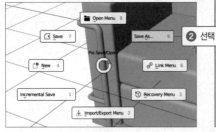

TIP 모델링 작업에서는 여러 모디파이어(Modifier)를 사용했습니다. 일반적으로 UV 작업 이전에 모디파이어를 적용하여 모델을 보다 가볍고 직관적으로 만듭니다. 그러나 사용한 Bevel, Subdivision과 같은 모디파이어는 UV와 관련이 적기 때문에 별도로 정리하지 않고 사용합니다. 왼쪽은 모디파이어를 적용하지 않은 모델링이고, 오른쪽은 모든 모디파이어를 적용한 모델링입니다.

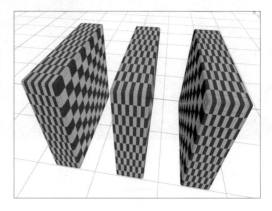

03 | 소파 모델링 중에서 앉는 부분 쿠션 오브젝트를 선택하고 넘버 패드 ⫟를 눌러 Local View 시점으로 변경합니다.

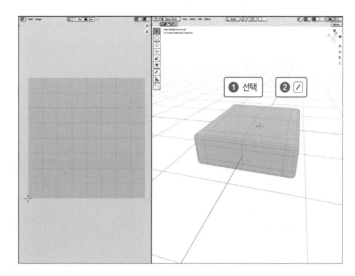

04 | 오브젝트를 선택한 상태로 Tab 을 눌러 (Edit Mode)로 변경합니다. 3을 눌러 (Face(■)) 선택 모드로 변경하고 A를 눌러 면을 전체 선택해 UV Editor 패널에 UV를 표시합니다.

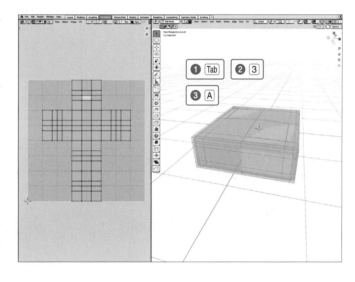

TIP 예제의 UV와 직접 만든 UV는 다르게 보일 수 있습니다. 모델링의 순서 또는 기본 도형에 의해 기본 UV는 다르거나 없을 수도 있습니다.

05 | 면이 모두 선택된 상태에서 U를 누르고 (Smart UV Project)를 실행합니다.

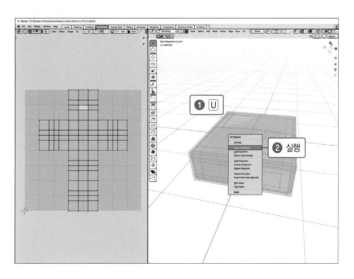

06 | Smart UV Project 대화상자가 표시되면 Island Margin을 '0.01'로 설정하고 (OK) 버튼을 클릭합니다.

07 | UV가 깨끗하게 펼쳐지고 Island Margin을 설정했기 때문에 UV가 조금씩 떨어져 배치됩니다.

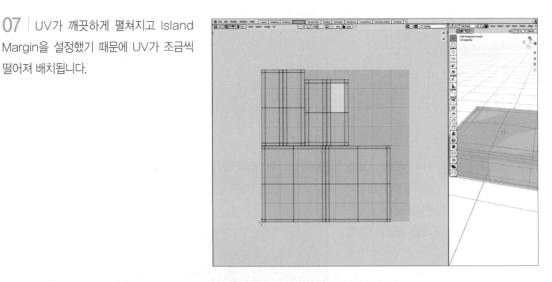

TIP UV 작업에서는 사방의 구분이 필요 없는 경우에는 간단하게 진행할 수 있지만, UV 위치나 크기를 수정해야 하는 경우에는 혼란스러울 수 있습니다. 블렌더의 특성상, 오브젝트 선택을 해제하면 UV가 보이지 않습니다. 이는 복잡한 오브젝트의 UV를 작업할 때 선택한 오브젝트의 UV만 보여 혼란을 피하려는 것으로 보입니다.

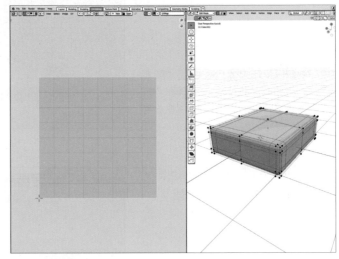

TIP 하지만 이러한 방식이 불편한 경우도 발생합니다. 이를 방지하기 위해 UV Editor 패널의 (UV Synch Selection(⤭))을 클릭해 활성화하면 오브젝트를 선택하지 않아도 현재 (Edit Mode)에 편집 대상인 오브젝트의 UV를 표시합니다.

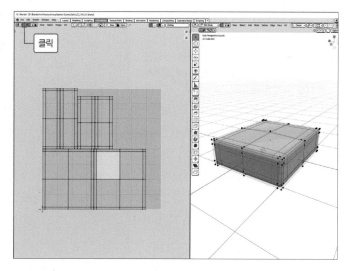

TIP UV Editor 패널 살펴보기

UV를 편집하는 것은 마치 블렌더의 Top View 시점에서 2D 그리드를 편집하는 것과 비슷합니다. Header 패널의 (Edit Mode)와 같이 (Vertex(▣)), 1), (Edge(▣)), 2), (Face(▣)), 3) 선택 모드가 있고 T를 눌러 Toolbar 패널을 활성화하거나, N을 눌러 Navigate 창을 활성화 및 비활성화할 수 있습니다.

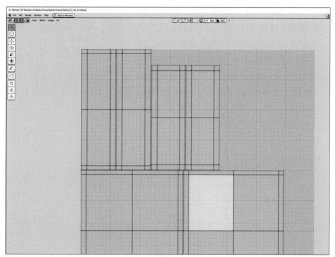

UV Editor 패널에서 1)을 눌러 (Vertex(▣)) 선택 모드로 변경합니다. 일부 점을 선택하고 G를 눌러 이동하면 선택하지 않은 점까지 함께 이동합니다. 이는 유념해야 하는 특징 중 하나로 (Vertex(▣)), (Edge(▣)) 선택 모드로 UV를 수정할 때는 실제 오브젝트에서 연결된 모든 점과 선이 함께 움직입니다.

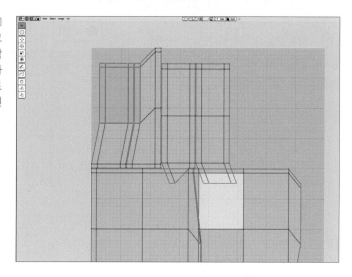

TIP UV를 기존 UV에서 떨어뜨리는 두 가지 방법

❶ (Face(■)) 선택 모드를 사용하면 연결된 점이나 선이 존재하지 않아 면만 따로 떨어져 움직일 수 있습니다.

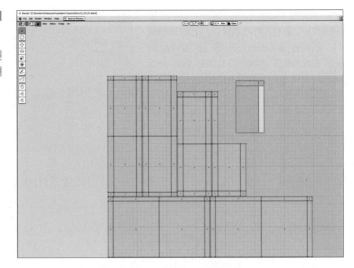

❷ 또 다른 방법은 (UV Synch Selection(⟋))을 비활성화하고 작업하는 것입니다. 그러면 아무런 제약없이 점과 선을 독립적으로 움직일 수 있습니다. 이 환경에서 작업하려면 먼저 3D Viewport 패널의 (Edit Mode)에서 오브젝트를 전체 선택하고 UV Editor 패널에서 작업합니다. 이 부분은 많이 헷갈리는 부분으로 여러 번 연습해 익숙해져야 합니다.

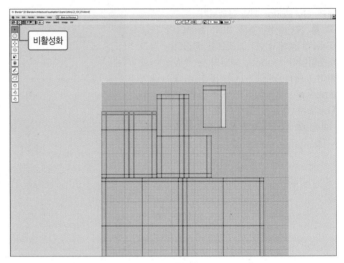

08 │ 한쪽 면을 90° 회전하겠습니다. 선택할 UV 점을 하나 선택하고 Ctrl+L을 눌러 연결된 점을 모두 선택합니다.

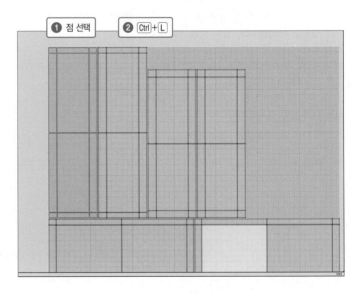

TIP 이와 비슷한 기능으로 L이 있습니다. 마우스 커서를 선택할 면 위에 위치하고 L을 누르면 면의 모든 점이 선택됩니다.

09 R을 누르고 '90'을 입력해 90° 회전합니다. 회전 방향이 마음에 들지 않으면 '–90'을 입력하여 방향을 변경합니다.

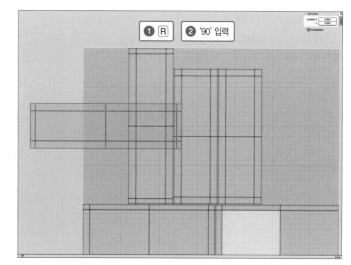

TIP UV는 2차원 평면이기 때문에 회전을 시계방향과 반시계방향으로 구분합니다.

10 UV가 겹쳐 이동하기 위하여 G를 누르고 겹치지 않게 위로 이동해서 배치합니다.

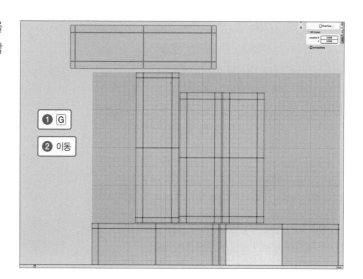

11 같은 방법으로 가장 아래쪽의 UV 두 개만 제외하고 90° 회전한 다음 겹치지 않게 위치를 조절해 배치합니다. 만약 겹쳐졌다면 한쪽을 선택하고 Ctrl+L을 눌러 연결된 UV를 다른 곳으로 배치합니다.

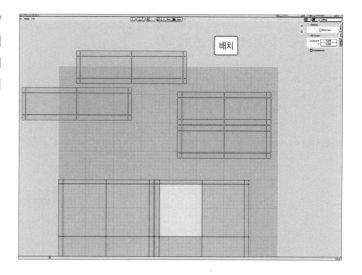

12 | UV를 하나씩 선택해서 그림과 같이 UV 레이아웃에 배치합니다.

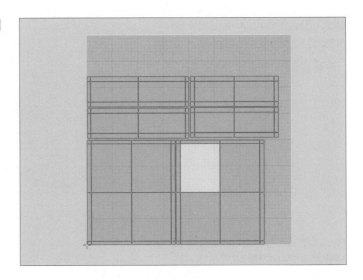

13 | 외부의 사각형 부분은 UV에서 이미지를 나타내는 부분입니다. UV에서는 덮이지 않아 낭비되고 있어 크기를 조절하겠습니다. 전체 UV를 선택하고 ⓢ를 눌러 크기를 조금씩 키워 레이아웃에 딱 맞게 조절합니다.

TIP UV를 조절할 때는 전체 UV를 선택한 후 조절해야 모든 UV가 비율에 맞게 조절됩니다. 만약 크기를 각각 조절한다면, 오브젝트 일부에는 큰 이미지가 보일 수 있고, 다른 부분에는 작은 이미지가 보일 수 있으므로 주의해야 합니다.

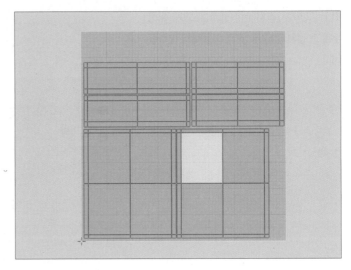

14 | 3D Viewport 패널에서 Tab 을 누른 다음 (Object Mode)를 선택해 변경합니다.

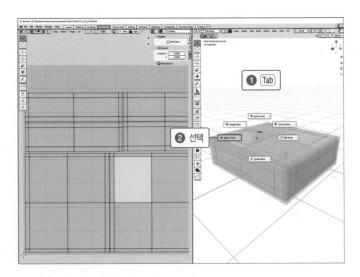

15 UV가 잘 펼쳐졌는지 확인하기 위해 테스트 셰이더를 만들어 점검하겠습니다. 먼저 Z를 누르고 (Material Preview(◐))를 선택합니다.

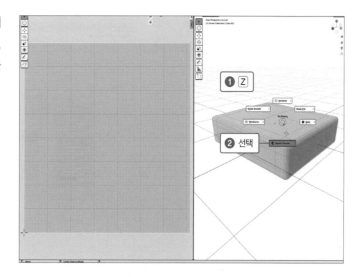

16 UV Editor 패널에서 'Editor Type' 아이콘을 클릭한 다음 (Shader Editor)를 선택하여 변경합니다.

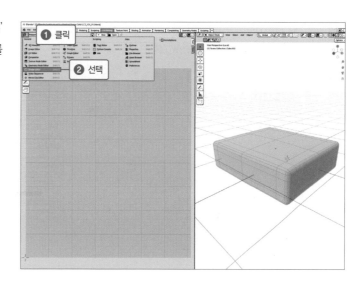

17 오브젝트를 선택한 채 Shader Editor 패널의 (New) 아이콘을 클릭하여 기본 셰이더 노드를 만들고 'UV_Test'로 이름을 변경합니다.

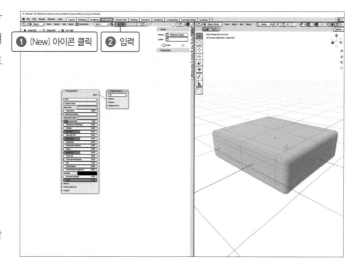

TIP 이 셰이더는 이후에 여러 곳에서 사용할 수 있습니다.

18 | Shader Editor 패널에서 Shift+A를 누르고 Add 창에서 'Checker Texture'를 검색하여 노드를 생성합니다.

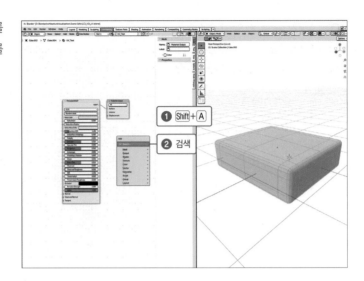

19 | 'Checker Texture' 노드의 Color를 'Principled BSDF' 노드의 Base Color에 연결합니다.

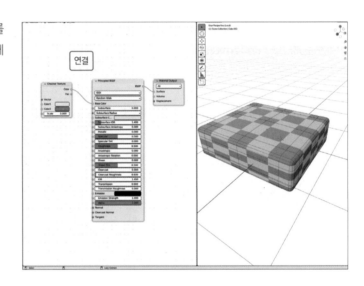

20 | 'Checker Texture' 노드를 선택하고 Ctrl+T를 누릅니다. 자동으로 'Mapping', 'Texture Coordinate' 노드가 생성 및 연결됩니다. 'Texture Coordinate' 노드의 Generated가 'Mapping' 노드의 Vector에 연결되었습니다.

TIP 'Node Wrangler' 플러그인을 사용하면 자동으로 노드가 생성되고 연결됩니다. 이 기능은 무료로 다운로드할 수 있으며, 꼭 다운로드하고 활성화하여 사용하세요.

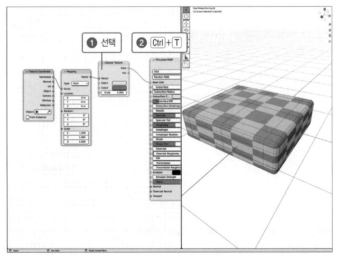

21 현재 노드는 오브젝트가 가지는 UV를 사용하는 게 아닌 오브젝트 모양에 맞게 블렌더가 자동으로 생성한 UV를 사용하고 있음을 의미합니다. 'Texture Coordinate' 노드의 UV를 'Mapping' 노드의 Vector에 연결합니다.

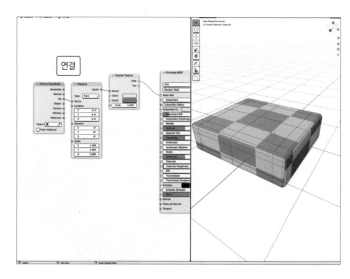

TIP 자동으로 생성된 (UV) 옵션을 통해 이미지가 변경되고 어떻게 표현되는지 확인할 수 있는 여러 방식이 있습니다. 이를 따로 연결해 확인하세요.

22 좀 더 디테일한 텍스처를 만들기 위해 'Checker Texture' 노드의 Scale을 '20'으로 설정합니다.

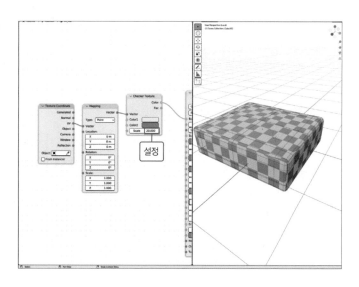

23 3D Viewport 패널에서 시점을 돌리며 오브젝트를 확인합니다. 다른 곳은 문제가 없지만 외곽 부분에 문제가 발생하는 것을 발견할 수 있습니다.

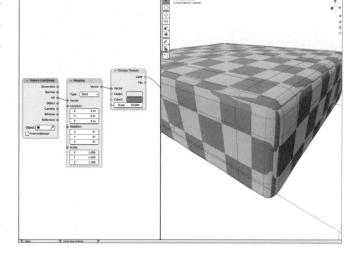

TIP Subdivision은 오브젝트를 부드럽게 만들면서 추가 폴리곤을 생성하므로 UV가 따로 생성되지 않아 문제가 발생합니다.

24 | Properties 패널의 (Subdivision) 옵션에서 UV Smooth를 'Keep Corners', 'Keep Corners, Junctions', 'Keep Corners, Junctions, Concave' 등으로 지정하면 대부분의 문제를 해결할 수 있습니다. 예제에서는 'Keep Corners'로 지정했습니다.

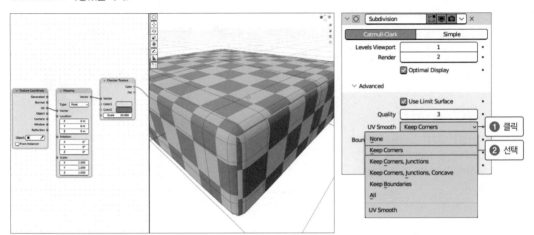

25 | UV 맵핑에서 가장 중요한 점은 체크 패턴 이미지를 추가했을 때 오브젝트 전체에 일정한 크기로 골고루 배치되어 있고 왜곡이 없는 것입니다. 어떤 부분은 크고, 다른 부분은 작아서는 안 되며, 각도도 이상하게 구부러져 있으면 안 됩니다. 이와 같은 원칙으로 다른 부분에 대해서도 동일하게 UV 작업을 진행합니다.

TIP 이 내용은 일반적인 상황에 관한 설명이며, 의도한 결과를 얻기 위해서는 다양한 방법으로 사용할 수 있습니다.

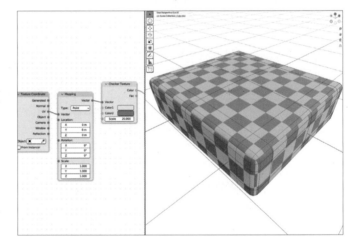

Mark Seam으로 소파 UV 작업하기

01 | 이번에는 Smart UV가 아닌 방식으로 작업해 보겠습니다. 3D Viewport 패널에서 팔 받침 오브젝트를 하나 선택하고 넘버 패드 ⑦를 눌러 Local View 시점으로 변경합니다.

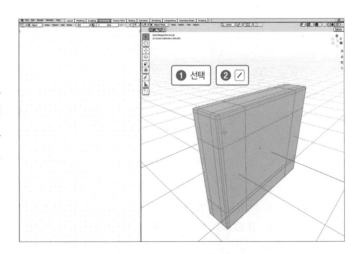

02 오브젝트를 선택하고 [Tab]을 눌러 (Edit Mode)로 변경합니다.

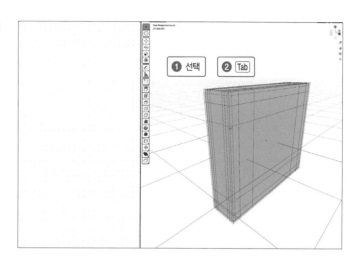

03 모디파이어를 사용할 때는 화면이 복잡하게 표시되므로 UV 작업 동안에는 비활성화하겠습니다. Properties 패널의 (Modifiers(🔧)) 탭에서 'Realtime' 아이콘 (🖥)을 클릭해 비활성화하면 화면이 간결해집니다.

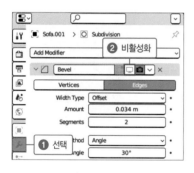

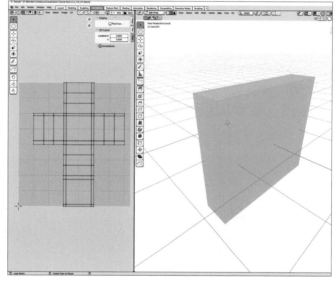

04 [2]를 눌러 (Edge(🔲)) 선택 모드로 변경합니다. 선을 전체 선택하여 살펴보면 기본 UV가 펼쳐진 상태입니다. 선택을 해제하고 [Shift]+[Alt]를 누른 상태로 오브젝트의 모든 모서리를 클릭하여 선택합니다.

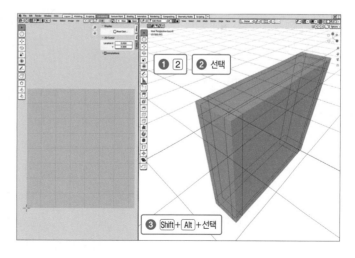

05 │ 모서리가 전체 선택된 상태에서 마우스 오른쪽 버튼을 클릭하고
〔Mark Seam〕을 실행합니다.

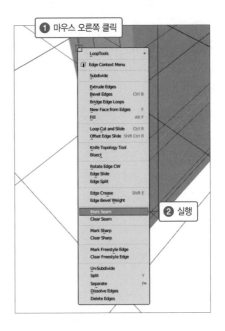

06 │ 선택한 선들이 빨간색으로 변경되어
UV 작업을 진행하는 동안 잘린 오브젝트처럼
작용합니다. UV를 확실히 분리해 작업해야
하는 곳에서 주로 사용합니다.

TIP 잘못된 부분이 발견되면 삭제할 부분을
선택하고 마우스 오른쪽 버튼을 클릭한 다음
〔Clear Seam〕을 실행해 해당 부분의 〔Mark
Seam〕을 삭제합니다.

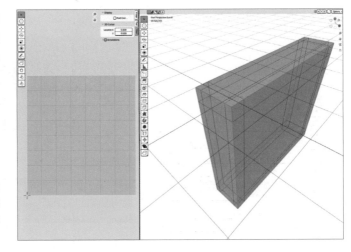

07 │ ③을 눌러 〔Face(■)〕 선택 모드로
변경하고 오브젝트 면 전체를 선택합니다.

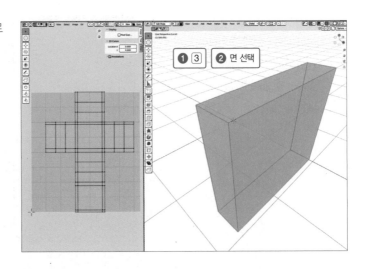

08 면이 모두 선택된 상태로 Ⓤ를 누르고 〔Unwrap〕을 실행합니다.

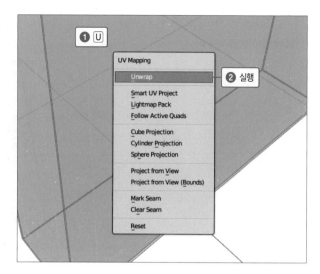

09 Mark Seam을 적용한 부분을 기준으로 깨끗하게 UV가 펼쳐진 것을 확인할 수 있습니다.

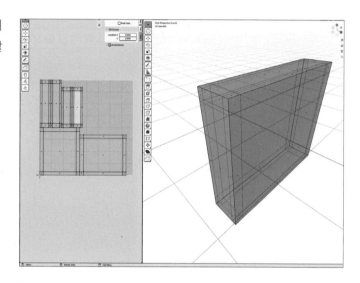

10 이번에도 남는 UV가 많아 수정하겠습니다. UV Editor 패널에서 UV 위쪽 일부분을 선택합니다.

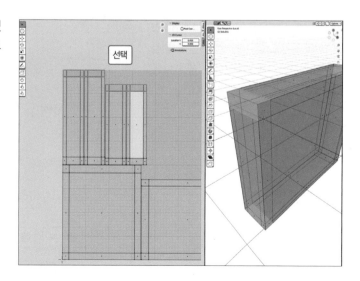

11 │ 연결된 UV를 선택하기 위해 Ctrl+
L을 눌러 선택합니다.

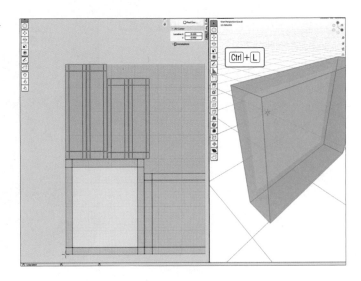

12 │ 90° 회전하기 위하여 R을 누른 후
'90'을 입력합니다.

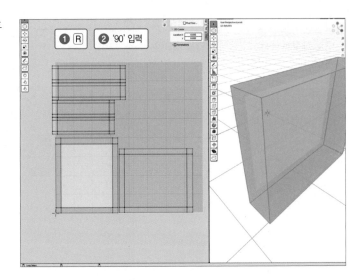

13 │ 같은 방법으로 오른쪽 아래에 위치한
큰 UV도 일부분 선택하고 Ctrl+L을 눌러
연결된 부분을 전체 선택합니다. R을 누른
다음 '90'을 입력해 90° 회전합니다.

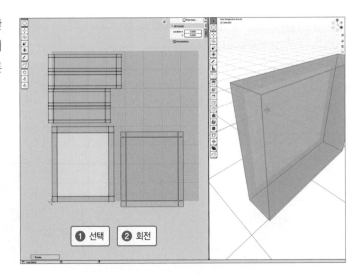

14 | UV 면들을 각각 선택하고 적당한 위치에 배치합니다. UV를 전체 선택하고 ⑤를 누른 다음 UV 그리드에 맞도록 크게 조절합니다.

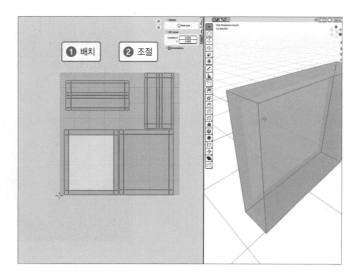

15 | 3D Viewport 패널에서 [Tab]을 눌러 (Object Mode)로 변경합니다. Properties 패널의 (Modifiers(🔧)) 탭에서 'Realtime' 아이콘(🖵)을 클릭해 다시 활성화합니다.

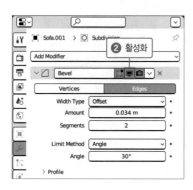

16 | (Materials(🔾)) 탭을 선택하고 (Browse Material(🔾))을 클릭한 다음 (UV_Test)를 선택합니다.

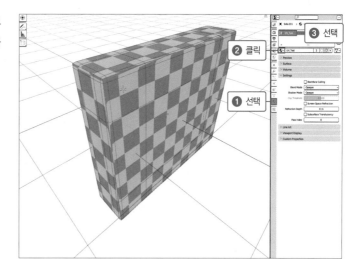

17 외곽이 왜곡됩니다. (Modifiers(🔧)) 탭을 선택하고 (Subdivision) 옵션의 UV Smooth를 'Keep Corners'로 지정합니다.

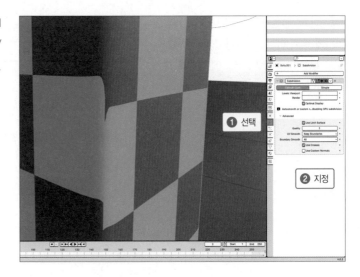

18 3D Viewport 패널에서 UV가 잘못 들어간 부분은 없는지 확인합니다.

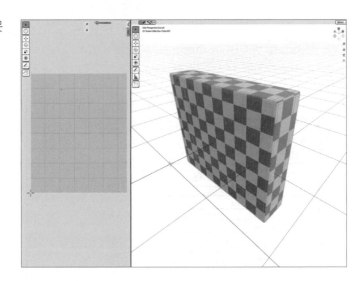

19 넘버 패드 ⁄를 눌러 Local View 시점을 해제합니다. 같은 방법으로 다른 소파 오브젝트들도 모두 체크 패턴을 최대한 비슷한 크기로 조절합니다.

TIP UV가 작업 그리드를 벗어나도 사용 중인 Seamless 텍스처를 사용하면 걱정할 필요가 없으므로 편하게 작업할 수 있습니다. 또한, 파이프와 아래 판은 이미지를 사용하지 않아 UV 작업이 필요하지 않습니다.

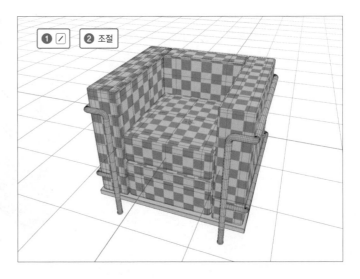

소파 가죽 형태 만들기

블렌더의 (Sculpt Mode)는 폴리곤 모델링을 할 때 유용한 기능입니다. 이 모드를 사용하면 폴리곤을 일일이 조작하는 대신 찰흙을 조각하거나 돌을 깎는 것처럼 직관적으로 모델을 조형할 수 있습니다. 이를 통해 소파와 같은 모델을 더 사실적으로 만들 수 있습니다. (Sculpt Mode)는 블렌더의 강력한 기능 중 하나로, 사용자가 더 자유롭게 모델을 조작하고 디테일을 추가할 수 있도록 도와줍니다. 함께 살펴보겠습니다.

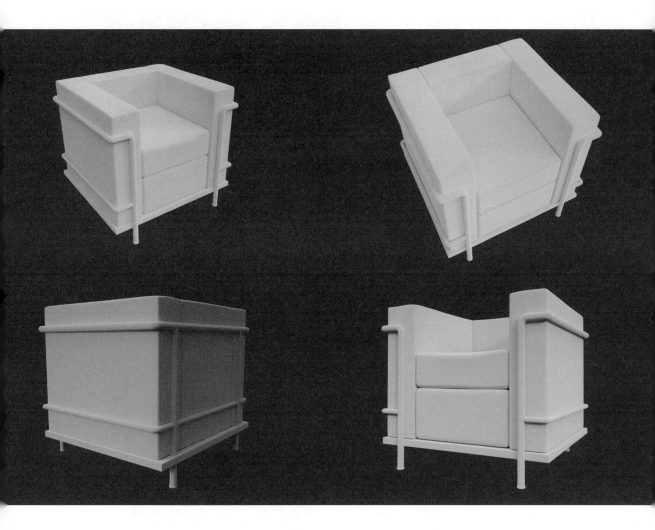

POINT

❶ 간단한 스컬핑 도구를 활용하여 모델링에 디테일 추가하기

❷ 스컬핑 도구 사용법과 유용한 브러시를 알아보고 사용하기

❸ 브러시 도구와 단축 키 활용하기

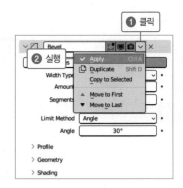

브러시로 소파 변형하기

01 │ 이전 작업을 이어서 진행합니다. 소파 오브젝트를 스컬핑에 맞게 변형하고 저장하겠습니다. 스컬핑 작업 전에 지금까지 적용했던 모디파이어를 적용해야 합니다. Profterties 패널의 (Modifiers(🔧)) 탭에서 모든 옵션의 '☑' 아이콘을 클릭하고 (Apply((Ctrl)+(A)))를 실행합니다.

TIP 이 작업을 하지 않으면 스컬핑과 기능적인 충돌이 일어나 문제가 발생합니다.

02 │ (Ctrl)+(S)를 누른 다음 (Save As)를 선택하여 백업 파일을 저장합니다.

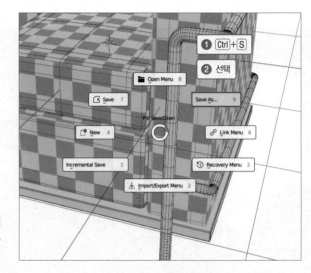

TIP 모디파이어가 적용된 후에는 적용하기 전으로 되돌리는 것이 불가능하므로, 백업 파일을 미리 만들어 두는 것이 좋습니다.

03 │ (Tab)을 누른 다음 (Sculpt Mode)를 선택하여 모드를 변경합니다. Toolbar 패널에 각종 브러시 도구들이 표시됩니다.

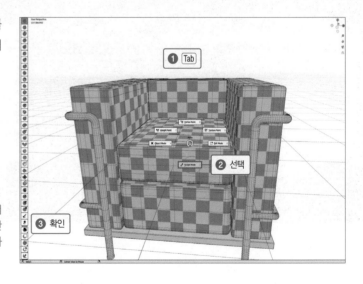

TIP (Sculpt Mode)는 (Edit Mode)에서 점, 선, 면을 선택하고 수정하는 것과 유사한 종류의 변형으로 생각할 수 있으므로 이해하기 쉽습니다.

TIP Toolbar 패널에는 다양한 브러시가 있지만, 실제로 사용되는 것은 몇 가지뿐입니다. 새로운 작업 환경에서 브러시를 하나씩 사용해 보면 어디에 어떤 브러시를 사용해야 할지 쉽게 파악할 수 있습니다. 브러시는 화면에 한 번에 표시되지 않기 때문에 Toolbar 패널의 오른쪽 끝을 오른쪽으로 드래그 하면 브러시가 모두 표시되어 두 줄로 이뤄진 브러시 팔레트를 만들 수 있습니다. 더 길게 드래그하면 이름이 표시되는 팔레트로 변경할 수도 있습니다.

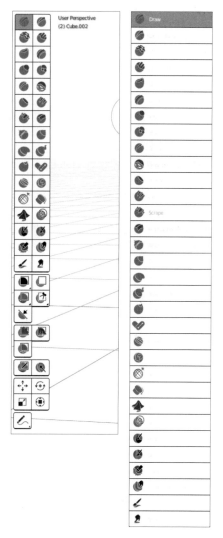

04 사람이 소파에 앉을 때 엉덩이와 다리가 닿는 부분에 브러시를 적용하겠습니다. Toolbar 패널에서 (Cloth Brush(♠))를 선택하고 F를 눌러 브러시 크기를 조절하거나, Radius 수치를 조절하여 원하는 브러시 크기로 만듭니다.

TIP (Cloth Brush(♠))는 오브젝트를 옷감처럼 변형하는 브러시로 천 재질을 나타낼 때 아주 유용합니다. 처음에 사용할 때는 까다롭다고 느낄 수 있으나 많이 연습해서 익숙해지는 방법밖에 없습니다.

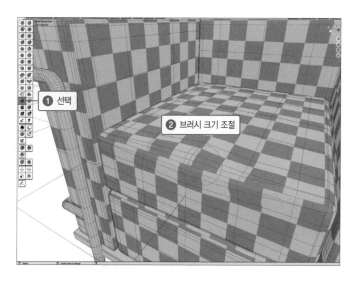

05 소파 위쪽과 앞쪽을 클릭하고 드래 그하여 천의 재질을 표현합니다.

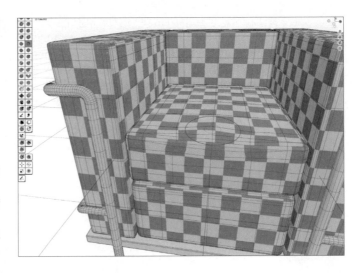

TIP 변형에 편리한 단축 키
- **클릭+드래그** : 오브젝트가 튀어나오는 방향으로 움직입니다.
- **Ctrl**+**클릭+드래그** : 오브젝트가 반대 방향으로 움직입니다.
- **Shift** : Smooth가 활성되어 오브젝트를 부드럽게 만들 수 있습니다.

06 **Shift**를 눌러 Smooth를 사용했을 때 부드러워지는 강도가 심하면 Toolbar 패널에서 (Smooth(◉))를 선택하고 Strength를 설정합니다.

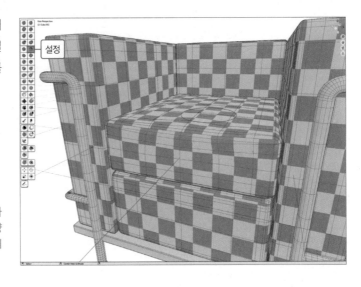

TIP Strength 값은 다른 브러시를 사용하다 **Shift**를 눌렀을 때 적용되는 강도와 같은 영향을 줍니다. 따라서 기본 수치를 맞추는 것이 좋으며 '0.3' 정도가 적당합니다.

07 Toolbar 패널에서 (Grab(◉))을 선택합니다. 위쪽과 앞쪽을 살짝씩 문질러 소파 쿠션 모양을 만듭니다.

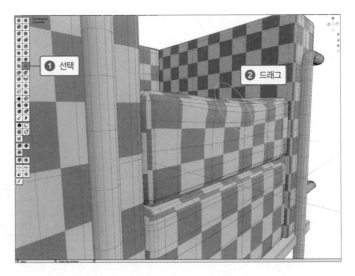

TIP (Grab(◉))은 사람의 얼굴을 만들거나 코나 눈 위치를 조정할 때 사용하는 브러시로, 오브젝트 구역을 밀거나 당기는 느낌으로 작업합니다. 이 브러시를 사용하면 기본 형태를 잡고 다른 작업을 하는 데 아주 유용합니다.

08 | Toolbar 패널에서 〔Draw(◉)〕를 선택합니다. 이 브러시를 사용하여 오브젝트를 문질러 오브젝트 위쪽에 폴리곤이 추가되어 부피가 더해지는 느낌으로 작업할 수 있습니다.

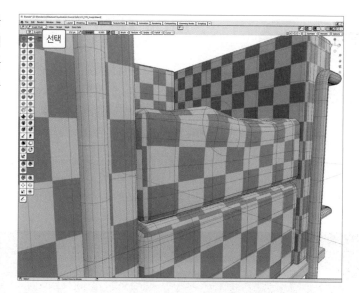

TIP 〔Draw(◉)〕를 사용하면 실제로 폴리곤이 추가되지 않지만, 다른 모드를 사용하면 실제로 폴리곤이 추가됩니다.

09 | 브러시를 사용해 그림과 같이 가죽 느낌의 천 재질을 만듭니다. 미묘하게 와이어가 균일하지 않게 배치된 것을 확인할 수 있습니다.

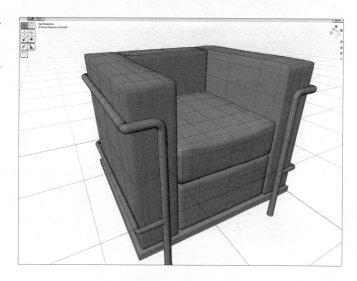

TIP 스컬핑 도구는 블렌더의 강력한 기능 중 하나입니다. 이 기능만을 이용하여 멋진 작품을 만드는 아티스트도 있습니다. 이를 잘 다루기 위해서는 브러시의 특성과 다루는 방법을 잘 숙지해야 합니다. 시간을 내어 간단한 스피어를 사용하여 각 브러시의 작용을 테스트해 보세요.

소파에 재질 적용하고 렌더링하기

모델링과 UV 맵핑 작업을 마치면 텍스처와 셰이딩을 통해 모델에 색상과 재질을 부여해야 합니다.
가죽 소파에 어울리는 이미지 텍스처를 찾아 모델에 적용하고, 머티리얼 셰이딩을 통해 소파 외관을
조정할 수 있습니다. 마지막으로 렌더링을 통해 소파 작업을 완성할 수 있습니다. 이 과정을 통해
모델에 생동감을 불어넣고 더 현실적으로 만들 수 있습니다.

- 예제 파일 : P3_03_Sofa\textures\TCom_Leather_Plain11_008x008_512_albedo.tif, TCom_Leather_
  Plain11_008x008_512_normal.tif, TCom_Leather_Plain11_008x008_512_roughness.tif
- 완성 파일 : P3_03_Sofa\P3_03_Sofa_Fin.blend

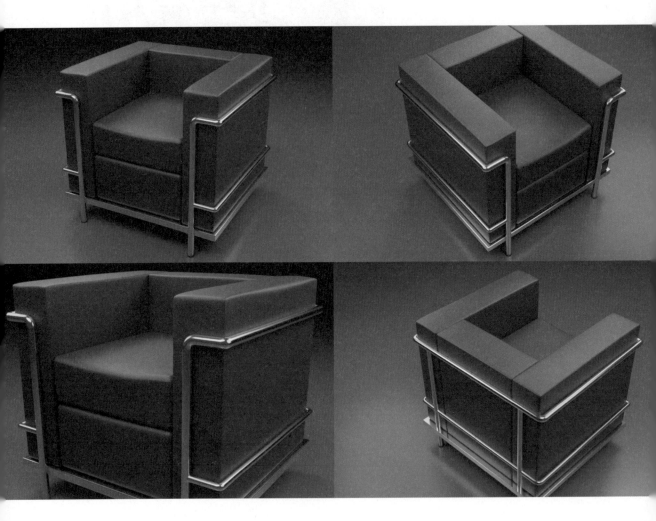

POINT

① 텍스처 적용하기

② Principled BSDF 셰이더 노드에 각종 이미지 연결하기

③ 사실적인 셰이더를 만들기 위해 설정하기

소파에 텍스처와 셰이딩하기

01 | 작업 전에 이미지 텍스처를 다운로 드하기 위해 'www.cgtextures.com' 사 이트에 접속합니다. 계정을 만들기 위해 (LOGIN) 버튼을 클릭합니다.

TIP 이미지를 가지고 있거나 다른 사이트에 서 구해도 상관없습니다.

02 | HAVE AN ACCOUNT? LOGIN 대화상자의 (Create New Account) 버튼을 클릭합니다.

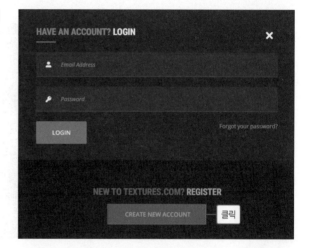

03 | 사용하려는 이메일과 비밀번호를 입력하고 'I'm not a robot'을 체크 표시한 다음 (CREATE NEW ACCOUNT) 버튼을 클릭합니다. 입력한 이메일에 확인 메일이 전송되므로 이메일을 확인합니다.

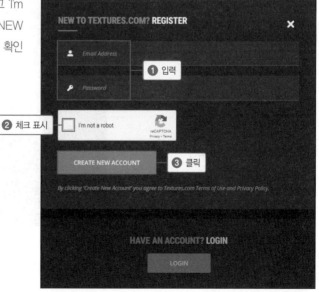

04 다시 사이트에서 로그인한 다음 (LOGIN) 버튼을 클릭해 로그인합니다. 검색 창에 'Leather'를 입력하고 (SEARCH) 버튼을 클릭합니다.

05 검색된 이미지 중에서 원하는 이미지를 선택합니다. 예제에서는 어두운 회색 가죽 재질의 '3D SCANNED LEATHER MATERIAL – 0.08X0.08 METERS'를 선택했습니다.

06 재질에 관한 상세 정보 화면에서 Albedo, Normal, Roughness의 '다운로드' 아이콘(⬇)을 클릭하여 다운로드합니다.

TIP FLAT MAPS의 각 속성

- Albedo : 색상
- Height : 디스플레이먼트 맵
- Normal : 노멀 맵
- Roughness : 러프니스 맵

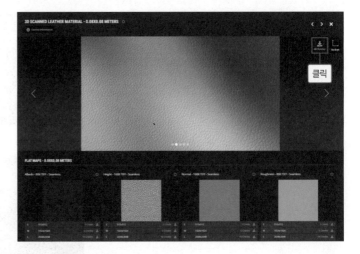

07 원하는 폴더에 파일을 다운로드하고 확인합니다. 그림과 같이 세 개의 파일이 다운로드되었습니다.

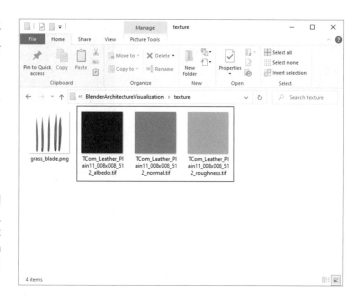

TIP P3_03_Sofa → textures 폴더의 'TCom_Leather_Plain11_008x008_512_ albedo.tif', 'TCom_Leather_Plain11 _008x 008_512_normal.tif', 'TCom_Leather_Plain 11_008x008_512_roughness.tif' 파일을 이용해도 됩니다.

08 블렌더에서 (Shading) 탭을 선택해 작업 환경을 변경합니다. 왼쪽 위의 File Browse 패널에서 다운로드 파일이 있는 폴더 경로를 찾아 표시합니다.

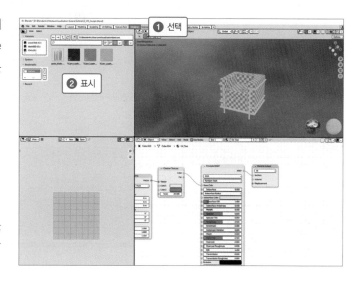

TIP 만약 원하는 하드디스크가 표시되지 않으면 T를 누르고 해당 경로를 찾을 수 있습니다.

TIP 탭 알아보기

간단하게 셰이딩(Shading)에 최적화된 작업 환경 구성을 알아봅니다.
왼쪽 위의 File Browse 패널, 오른쪽 위의 3D Viewport 패널, 왼쪽 아래의 Image Editor 패널, 오른쪽 아래는 Shader 패널입니다. 모든 패널에서는 편집할 수 있으며 (Shading) 탭은 단순히 작업 환경에 맞게 배치한 패널들을 저장해 둔 것입니다. 3D Viewport 패널은 기존과 달리 Viewport Shading 옵션을 (Material Preview())로 설정해 둔 상태입니다. 이는 Viewport Overlay 항목에서 'HDRI Preview'를 체크 표시해 활성화 및 비활성화할 수 있습니다.

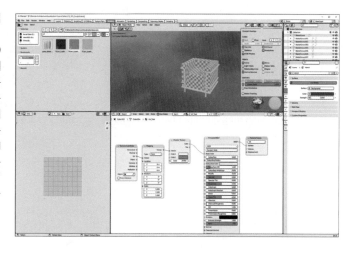

09 새로운 머티리얼을 만들기 위해 소파의 가죽 부분을 선택하고 Properties 패널에서 (Materials(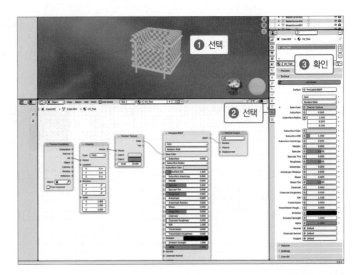)) 탭을 선택합니다. 현재 'UV_Test' 머티리얼이 연결되어 있는 것을 확인할 수 있습니다.

10 (Materials()) 탭에서 □ 아이콘을 클릭하여 'UV_Test' 머티리얼을 삭제합니다. (New) 버튼을 클릭해 새로운 머티리얼을 생성하고 'Sofa_Leather'로 이름을 변경합니다.

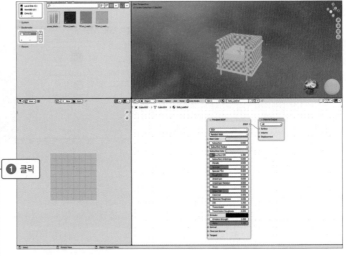

11 머티리얼을 생성했다면 이제 이미지만 연결하면 됩니다. File Browse 패널에서 검은색 이미지 파일을 Shader Editor 패널로 드래그하여 이동합니다.

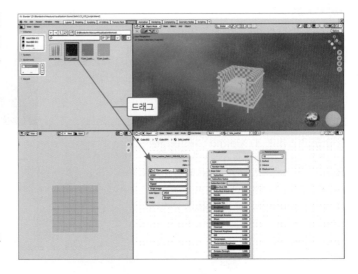

TIP 탐색기 폴더에서 이미지를 드래그해도 동일하게 적용됩니다.

12 | Shader Editor 패널에서 새로운 이미지 노드의 Color를 'Principled BSDF' 노드의 Base Color에 연결합니다. 색상 정보만 연결되어 아직 가죽 재질이 적용되지 않았습니다.

TIP Image Editor 패널은 이미지가 자동으로 업데이트되지 않습니다. 그러나 'Amaranth' 플러그인을 활성화하고 이미지 노드를 더블클릭하면 이미지 뷰어가 자동으로 업데이트되어 편리합니다.

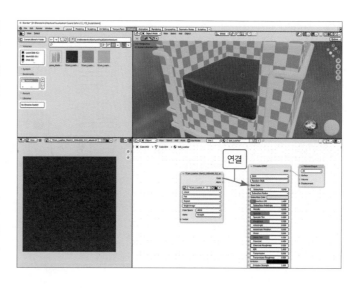

13 | 같은 방법으로 File Browse 패널에서 회색 이미지를 Shader Editor 패널로 드래그합니다. 이미지 노드의 Color를 'Principled BSDF' 노드의 Roughness에 연결하여 재질 효과를 추가합니다.

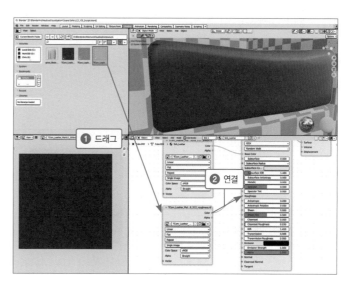

14 | 같은 방법으로 File Browse 패널에서 파란색 이미지를 Shader Editor 패널로 드래그하여 불러옵니다. Shift+A를 누르고 'Normal Map'을 검색한 다음 선택해 노드를 생성합니다.

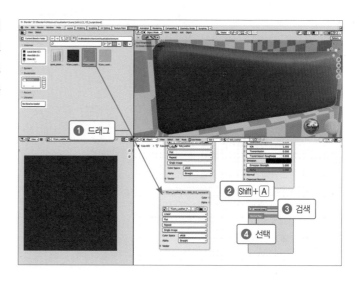

15 이미지 노드의 Color를 'Normal Map' 노드의 Color에 연결하고 Normal을 'Principled BSDF' 노드의 Normal에 연결합니다. 노멀 이미지는 일반 텍스처 이미지와 데이터 구조가 다르므로 이미지 노드의 Color Space를 'Non-Color'로 지정해 변경합니다.

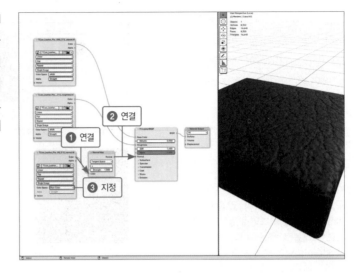

16 이미지가 적용되었지만, 가죽의 질감 크기가 너무 큽니다. 사용 중인 이미지를 선택하고 Ctrl+T를 눌러 노드들을 자동으로 생성하여 연결합니다.

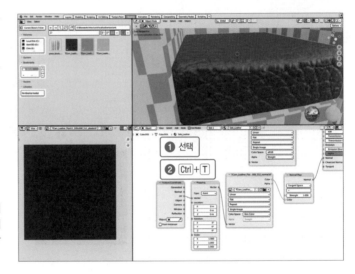

TIP 기본 플러그인 'Node Wrangler'의 기능입니다. Ctrl+T를 눌렀을 때 작동을 하지 않으면 'Node Wrangler'를 찾아서 활성화합니다.

17 새 'Mapping' 노드의 Vector를 다른 이미지 노드들의 Vector에 연결합니다.

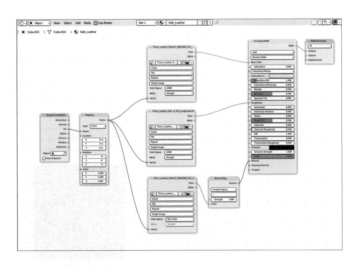

TIP 일반적으로 이미지 노드에 있는 Vector는 UV 좌표 이미지가 연결되는 곳입니다. 일반적으로 연결되지 않지만, 수정이 필요한 경우에는 따로 연결해야 합니다. 또한 같은 노드를 세 개의 이미지 노드에 연결하는 이유는 같은 UV 좌표를 세 개의 이미지가 사용하기 때문이며, 동일하게 연결하지 않으면 원하지 않는 결과가 나올 수 있습니다.

18 | 'Mapping' 노드에서 Scale 항목의 X/Y/Z를 각각 '10'으로 설정합니다.

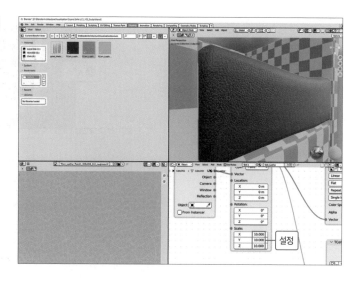

19 | 이미지를 적용할 때 UV가 잘못 펴졌다면 이미지가 깨질 수 있습니다. 이 경우 UV를 다시 펴고 Smart UV를 적용하는 것만으로도 좋은 결과를 낼 수 있습니다. Shader Editor 패널에서 Shift+A를 눌러 'Value' 노드를 생성하고 '10'으로 설정한 다음 그림과 같이 Scale에 Value를 연결합니다.

TIP 'Mapping' 노드의 Scale은 X, Y, Z 값으로 이루어진 Vector로 되어 있습니다. 일반적으로 이미지 텍스처 맵핑에서는 비율을 다르게 조정할 일이 거의 없지만, 같은 값을 적용해야 할 때 사용하는 간단한 방법입니다.

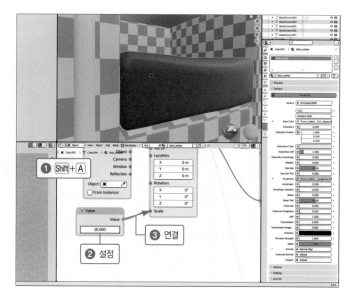

20 | 소파의 다른 부분에도 같은 머티리얼을 적용하겠습니다. Shift를 눌러 머티리얼을 적용할 부분들을 모두 선택하고 마지막에 머티리얼이 적용된 오브젝트를 선택합니다. Ctrl+L을 누른 다음 (Link Materials)를 실행해 마지막에 선택한 오브젝트의 머티리얼을 복제하여 적용합니다.

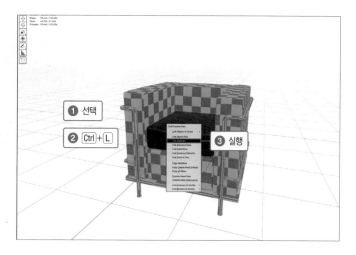

21 소파의 나머지 부분에 금속 질감을 적용하겠습니다. 파이프 오브젝트를 하나 선택하고 Shader Editor 패널에서 (New) 버튼을 클릭한 다음 이름을 'Chrome'으로 변경합니다.

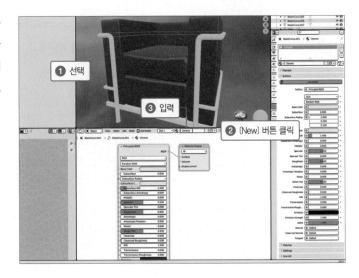

22 'Principled BSDF' 노드에서 Metallic을 '1', Roughness를 '0'으로 설정 하여 거울과 같은 머티리얼을 만듭니다.

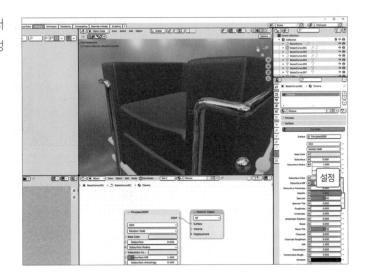

23 다른 파이프와 지지대 오브젝트에도 같은 재질을 적용하겠습니다. 머티리얼을 적 용할 모든 오브젝트를 선택하고 마지막으로 'Chrome' 머티리얼이 적용된 오브젝트를 선택합니다.

Ctrl+L을 누른 다음 (Link Materials)를 실행하여 같은 재질을 적용합니다.

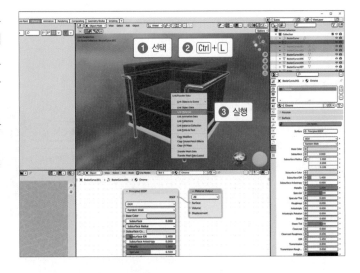

24 거울 같은 머티리얼이 완성되었지만 반사 부분이 너무 강하게 느껴져 현실감이 떨어집니다. 이를 조절하기 위해 다시 Roughness를 '0.15' 정도로 설정합니다.

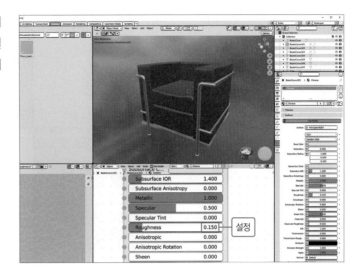

25 소파의 발 부분에도 새로운 머티리얼을 적용하겠습니다. 발 오브젝트를 선택하고 Shader Editor 패널에서 (New) 버튼을 클릭한 후 이름을 'Black_Plastic'으로 변경합니다.

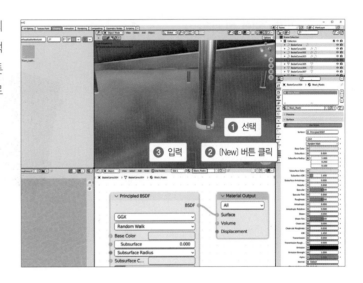

26 새로운 'Principled BSDF' 노드에서 Base Color를 '검은색'으로 지정한 다음 Value를 '0.02'로 설정합니다.

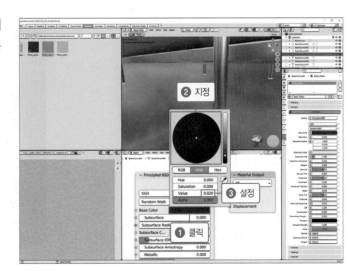

27 같은 방법으로 적용되지 않은 다리 오브젝트들을 모두 선택하고 마지막으로 'Black_Plastic' 머티리얼이 적용된 오브젝트를 선택합니다. [Ctrl]+[L]을 누른 다음 [Link Materials]를 실행하여 같은 재질을 적용합니다.

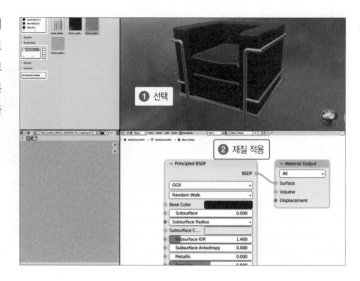

소파 주위에 조명 설치하기

01 렌더링을 위한 조명을 설치하기 위해 Workspaces 패널에서 [Layout] 탭을 선택하여 작업 환경을 변경합니다.

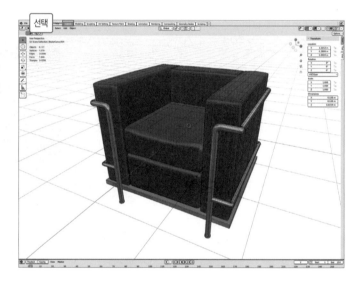

02 기본 렌더링 설정에는 배경, 조명, 카메라가 필요합니다. 먼저 배경에는 스튜디오 배경처럼 간단한 모델링을 하겠습니다. [Shift]+[A]를 누른 다음 Add 창에서 [Mesh] → [Plane]을 실행하여 평면 오브젝트를 생성합니다.

03 | 평면 오브젝트가 선택된 상태로 ⒼG를 눌러 소파 아래로 이동해 바닥이 되도록 위치시키고 ⒮S를 누른 다음 '10'을 입력하여 현재 크기보다 10배로 만듭니다.

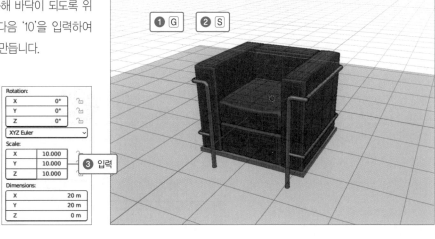

04 | ⒯Tab을 눌러 (Edit Mode)로 변경하고 ②2를 눌러 (Edge(▣)) 선택 모드로 변경한 다음 그림과 같이 평면 오브젝트의 선을 선택합니다.

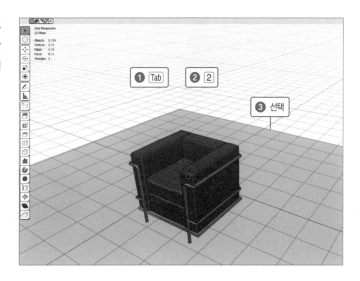

05 | ⒺE를 눌러 (Extrude Region(▣))을 활성화하고 ⓏZ를 눌러 Z축으로 면을 돌출시켜 그림과 같은 정도의 높이가 되도록 만듭니다.

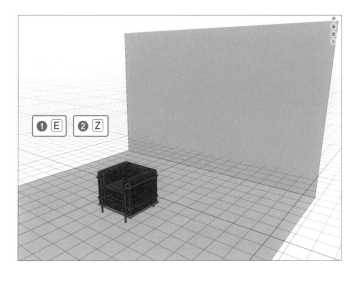

06 [Tab]을 눌러 [Object Mode]로 변경합니다. 평면 오브젝트를 선택하고 [Ctrl]+[A]를 누른 다음 [Scale]을 선택하여 크기를 초기화합니다.

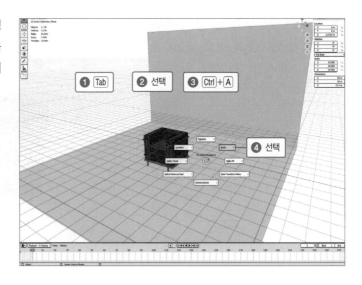

07 다시 평면 오브젝트를 선택하고 [Tab]을 눌러 [Edit Mode]로 변경합니다. 뒤쪽 바닥과 벽면 사이 선을 선택하고 [Ctrl]+[B]를 눌러 [Bevel([🔲])]을 활성화합니다. 마우스 휠을 돌려 10개 이상의 면을 추가하고 클릭합니다.

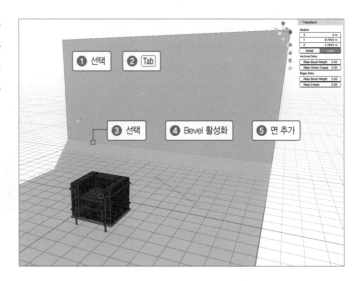

08 Bevel 창에서 값을 정밀하게 수정할 수 있습니다. Segments를 설정해 면의 수를 조절합니다.

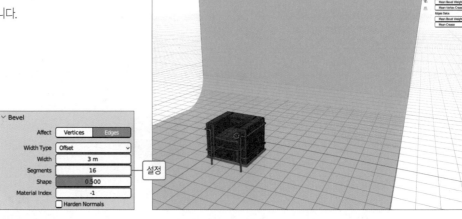

09 Tab을 눌러 (Object Mode)로 변경합니다. 평면 오브젝트에서 마우스 오른쪽 버튼을 클릭한 다음 (Shade Smooth)를 실행하여 부드럽게 만듭니다.

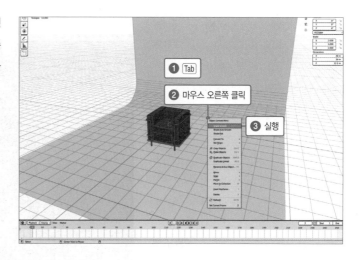

10 평면 오브젝트가 선택된 상태로 Properties 패널의 (Materials(◯)) 탭을 선택합니다. (New) 버튼 클릭해 새 머티리얼을 생성하고 이름을 'Background'로 변경합니다. Surface 항목의 Base Color를 '어두운 회색', Roughness를 '0.3'으로 설정합니다.

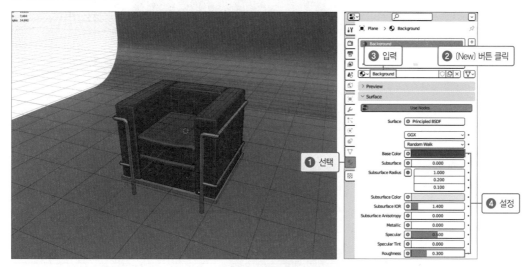

11 부드러운 그림자를 사용하기 위해 Area Light를 생성하여 조명을 만들겠습니다. Shift+A를 누르고 (Light) → (Area)를 실행해 조명을 만듭니다. G를 누르고 조명을 소파 위쪽으로 이동해 배치합니다.

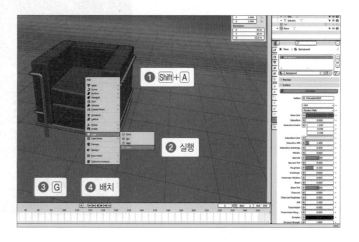

12 〔Material Preview(●)〕 모드에서는
조명이 보이지 않습니다. Header 패널의
Viewport Shading에서 〔Render
View(●)〕를 클릭하여 변경합니다.

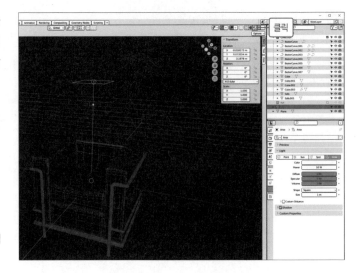

TIP Z를 누른 다음 〔Render View〕를 선택
하여 변경할 수도 있습니다.

13 조명의 밝기를 조절하겠습니다. 조명
오브젝트를 선택한 다음 Properties 패널
에서 〔Object Data(●)〕 탭을 선택하고
Power를 '300W'로 설정합니다.

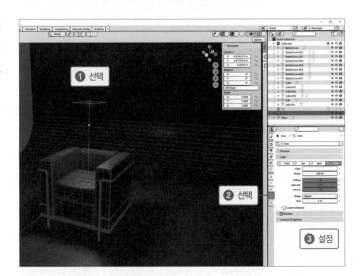

14 조명의 모양과 크기를 조절하겠습니다.
〔Object Data(●)〕 탭에서 Shape를
'Disk', Size를 '4m'로 설정합니다. F2를
누르고 'KeyLight'를 입력해 조명의 이름을
변경합니다.

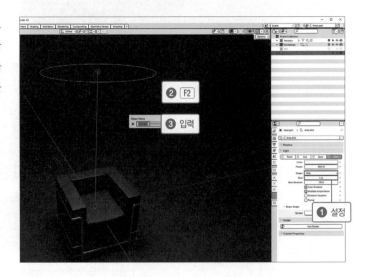

15 현재 화면에서 오브젝트의 와이어를 보이지 않게 설정하겠습니다. Header 패널에서 Viewport Overlays의 드롭다운 아이콘을 클릭하고 Geometry 항목에서 'WireFrame'의 체크 표시를 해제합니다.

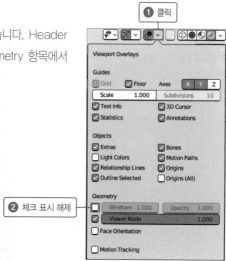

16 조명을 복제해서 다양한 시점의 조명을 설치하겠습니다. 기존 'KeyLight' 오브젝트를 선택하고 Shift+D를 눌러 복제한 다음 F2를 누르고 조명 이름을 'Back Light'로 변경합니다. G를 눌러 뒤쪽에 배치한 다음 (Object Data(⬚)) 탭에서 Power를 '450W'로 설정합니다.

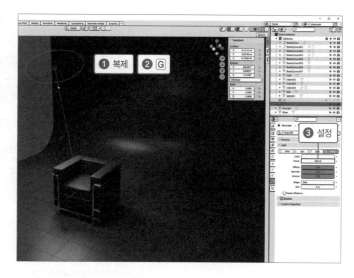

17 같은 방법으로 조명 오브젝트를 하나 더 복제한 다음 F2를 누르고 조명 이름을 'AreaLight'로 변경합니다. 현재 어두운 부분에 조명이 닿게 G를 눌러 위치를 조절한 다음 (Object Data(⬚)) 탭에서 Power를 '150W'로 설정합니다.

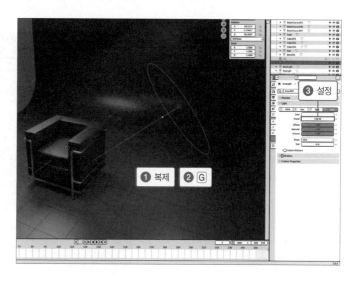

18 | 기본 3점 라이트로 설정되었습니다. 취향과 원하는 분위기에 맞도록 조명을 더 설치해도 됩니다. 예제에서는 'KeyLight', 'AreaLight', 'BackLight'를 모두 두 개씩 사용하여 조명 분위기를 더했습니다.

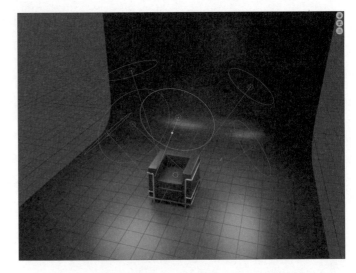

카메라로 화면 설정하여 소파 렌더링하기

01 | 이번에는 카메라를 설치하겠습니다. Shift+A를 누르고 (Camera)를 실행합니다.

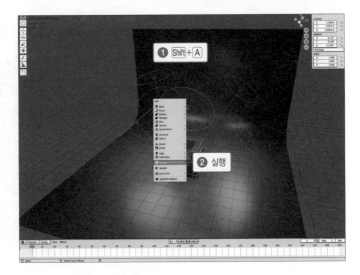

02 | 현재 화면을 카메라에 담기 원하는 곳으로 이동합니다.

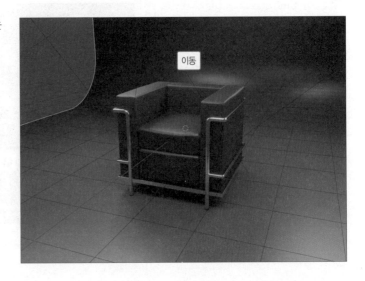

03 [Ctrl]+[Alt]+[O]을 눌러 (Set Active Object as Camera) 시점으로 변경합니다. 카메라가 현재 화면으로 이동하면서 카메라 화각이 사각형으로 표시됩니다.

TIP 이 방식으로 카메라를 움직이는 게 초반 카메라 위치를 잡을 때 가장 편리합니다.

04 마우스 휠을 누른 상태로 화면을 이동 하면 카메라와 상관없이 화면만 움직입니다. 카메라를 화면 움직임과 일치하게 만들려면 [N]을 눌러 Navigate 창의 (View) 탭에 서 (View) 옵션의 Lock 중 'Camera to View'를 체크 표시하고 움직여야 합니다.

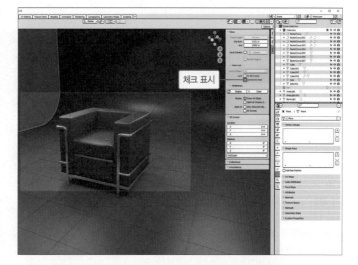

체크 표시

TIP 설정할 때마다 이렇게 접근하는 것이 번 거로울 수 있으므로 Quick Favorites에 등록 하고 사용하는 것이 편리합니다.

TIP 화면의 사각형은 카메라 시점입니다. 만 약 이 사각형이 너무 작아 불편하면 'Camera to View'의 체크 표시를 해제한 상태에서 마 우스 휠을 돌려 확대할 수 있습니다. 또한 [Shift]를 누른 상태로 휠을 눌러 오브젝트가 보일 위치를 조절할 수도 있습니다.

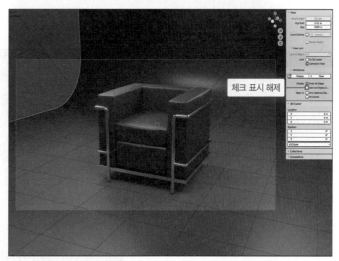

체크 표시 해제

05 | 배경이 보이지 않게 카메라의 화각 크기와 오브젝트의 위치를 이동하여 원하는 각도가 나오도록 조절합니다.

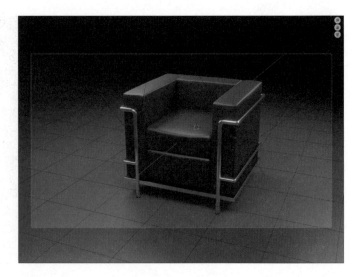

06 | 카메라 비율과 렌더 해상도를 조절 하겠습니다. Properties 패널에서 (Output (□)) 탭을 선택하고 Format의 Resolution X/Y를 각각 '1080px'로 설정합니다.

TIP 1,080×1,080px 크기는 SNS 등에 올리기 좋은 크기입니다. 또한 Resolution의 %를 100 이하로 설정하면 테스트 렌더링할 때 빠르게 진행할 수 있어 조명 등의 위치를 파악하는 데 유용합니다.

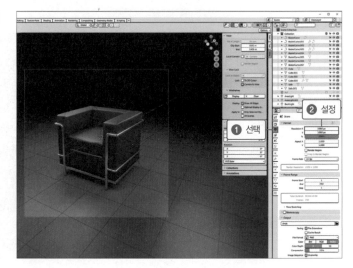

07 | F12를 누르면 렌더링이 진행됩니다. Properties 패널의 (Render(□)) 탭을 선택하고 'Ambient Occlusion', 'Bloom', 'Screen Space Reflections'를 체크 표시하여 다양한 효과를 적용할 수 있습니다. 활성화 또는 비활성화하며 확인해 보세요.

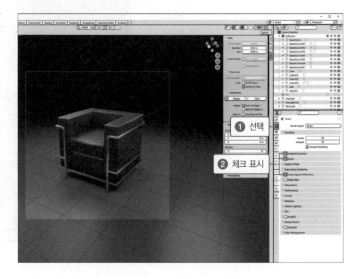

- Ambient Occlusion : 좁은 공간에 빛이 들어가지 못하는 것을 시뮬레이션해서 더욱 선명한 그림자를 만듭니다.
- Bloom : 밝은 빛이 번지는 효과를 추가하여 화사한 이미지를 만듭니다.
- Screen Space Reflections : 완전하지는 않지만 실시간 그래픽에서 반사와 굴절 효과를 표현합니다. 투명한 오브젝트와 반사가 있는 오브젝트를 조금 더 현실적으로 보이게 합니다.

08 | Render Engine을 'Cycles', Device를 'CPU Compute'로 지정합니다. Sampling 항목의 Viewport에서 Max Samples를 '32' 이하로 설정하고 Render 에서 Max Samples를 '512' 이하로 설정한 다음 'Denoise'를 체크 표시합니다.

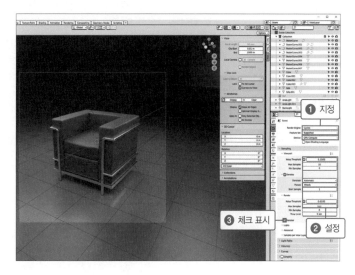

- Cycles : 설정 변경 없이 더 나은 품질의 렌더링 결과를 얻을 수 있습니다.
- GPU Compute : 속도가 기존보다 빨라집니다.
- Max Samples : 품질을 설정할 수 있습니다. 일정 수치 이상은 크게 품질 차이가 나지 않아 Viewport는 '32', Render는 '512' 이하로 설정하는 것이 좋습니다.
- Denoise : 노이즈가 획기적으로 줄어듭니다.

09 | 가죽 소파가 완성되었습니다.

나만의 스튜디오 환경 만들기

새로운 스튜디오 환경은 제품 디자인 완성과 광고 사진 촬영에 최적화되어 있습니다. 목표는 간결하고 제품과 어울리며 조정이 쉬운 환경을 조성하는 것입니다. 완성된 소파 모델링을 바탕으로 직접 스튜디오 환경을 조성하는 방법에 관해 알아보겠습니다.

● 예제 파일 : P3_03_Sofa\P3_03_Sofa_Fin.blend
　　　　　　P3_03_Sofa\HDRI\studio_small_09_4k.exr

소파 모델링 불러오기

앞서 만든 소파를 사용하여 배치할 것입니다. 새로운 파일을 만들고, 기존의 모델링을 불러온 후 작업에 최적화된 구성을 진행하겠습니다.

01 │ 블렌더를 실행하고 Ctrl+S를 눌러 원하는 곳에 파일을 저장합니다. 예제에서 파일 이름은 'Studio_Env_01'로 지정하였습니다.

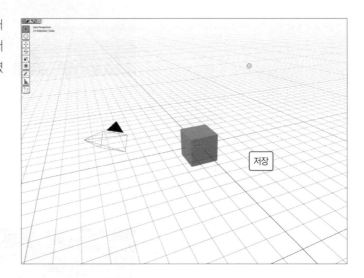

02 │ 소파를 불러오는 첫 번째 방법을 알아보겠습니다. 메뉴에서 (File) → (Append)를 실행합니다.

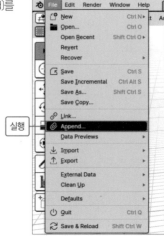

03 Blender File View 창이 표시되면 완성된 소파 모델링 폴더에서 해당 파일을 더블클릭합니다.

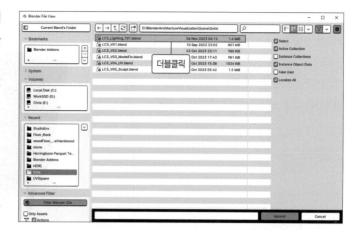

TIP P3_03_Sofa 폴더의 'P3_03_Sofa_Fin.blend' 파일을 이용해도 됩니다.

04 블렌더의 Append는 다른 블렌더 파일의 특정 데이터만 불러올 수 있습니다. 'Collection'을 더블클릭합니다.

TIP 블렌더는 파일 내부가 폴더 형식으로 구성되어 있습니다. 파일을 더블클릭하면 나타나는 구조가 블렌더 파일의 구조입니다.

05 소파 모델링을 그림과 같이 불러왔습니다.

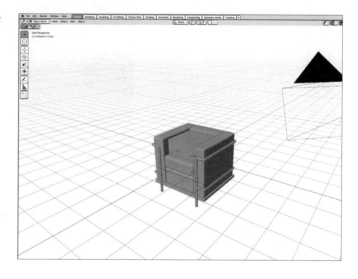

06 │ 지금까지 Append로 모델링을 불러오는 방법을 알아봤습니다. 이 방법은 다른 파일의 구조를 정확히 알아야 한다는 문제점이 있으므로 좀 더 쉽고 편한 방법을 알아보겠습니다.

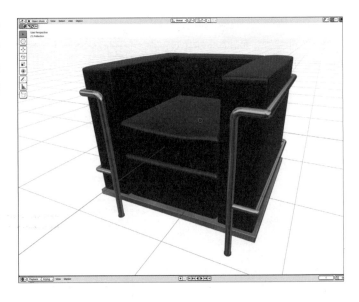

07 │ 불러온 모델링은 'Collection.001'로 들어왔습니다. 이 컬렉션 이름을 'Sofa_A'로 수정하고 체크 표시를 해제하여 비활성화합니다.

08 │ 블렌더를 한 번 더 실행합니다. 두 개의 블렌더가 동시에 실행되면 새로 실행한 블렌더에서 완성된 소파 모델링 파일을 불러옵니다.

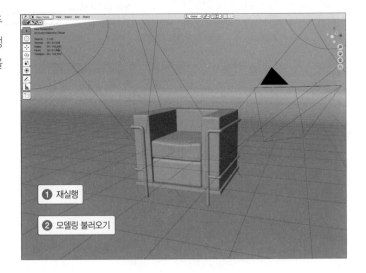

09 소파 모델링을 선택하고 Ctrl+C를 누릅니다. 화면 맨 아래에 그림과 같이 〔ⅰ〕Copied 14 selected object(s) 가 나타나 오브젝트가 복제되었다는 것을 알려줍니다.

TIP 반드시 3D 뷰포트에 마우스 커서가 위치한 상태에서 Ctrl+C를 눌러 원하는 대로 복사합니다.

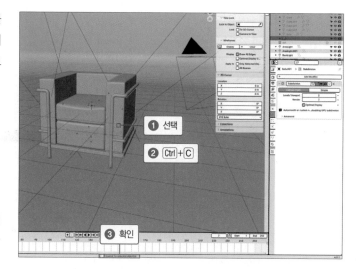

10 새로운 블렌더 파일에서 마우스 커서를 3D 뷰포트에 위치시키고 Ctrl+V를 누릅니다. 오브젝트가 새로운 씬에 복제됩니다.

TIP 가장 간편하게 파일 간 모델링을 이동하는 방법입니다.

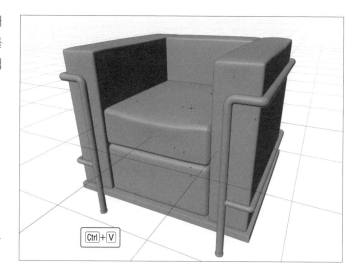

11 복제된 소파 모델링을 전체 선택하고 M을 누른 다음 (New Collection)을 실행합니다.

TIP 이렇게 붙여넣은 오브젝트는 활성화된 컬렉션으로 복제됩니다. 복사하여 붙여넣은 다음에는 컬렉션을 한 번 정리해야 합니다.

12 Move to Collection 대화상자의 Name에 'Sofa_B'를 입력하고 (OK) 버튼을 클릭합니다.

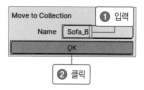

13 │ Outliner 패널에서 'Sofa_B'를 선택
하고 Delete를 누르면 컬렉션만 삭제됩니다.
깔끔하게 모두 삭제하는 방법은 컬렉션을
선택하고 마우스 오른쪽 버튼을 클릭한 다
음 (Select Objects)를 실행합니다. 모든
모델링이 선택되면 X나 Delete를 누릅니다.
'Sofa_A' 컬렉션을 체크 표시해 활성화합
니다.

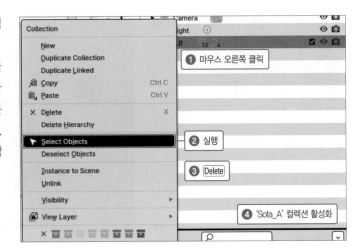

TIP 내부의 모든 자료는 정리되지 않은 채 파일에 남습니다. 'Sofa_A', 'Sofa_B'는 완전히 같은 모델링이므로 깔끔하게 파일
을 정리하기 위해 둘 중 하나를 삭제합니다. 예제에서는 'Sofa_B'를 삭제했습니다.

14 │ 컬렉션을 선택하고 Shift+A를 누른 다음 Add 창에서 (Empty) →
(Sphere)를 실행하면 구체 형태의 'Empty' 오브젝트가 만들어집니다.

TIP 'Empty' 오브젝트는 다른 'Empty' 오브젝트와 유사합니다. 렌더링할 때는
보이지 않지만 여러 가지 기능을 수행할 때 사용됩니다. 여기서 모양을 구체로
선택한 이유는 화면에서 더 잘 보이도록 하기 위함입니다.

15 │ 새로운 'Empty' 오브젝트를 선택한
다음 F2를 누르고 'Root_Sofa'로 변경합
니다. 크기를 소파보다 좀 크게 변경합니다.

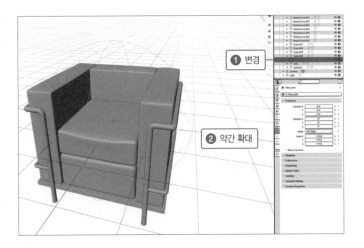

16 소파 모델링의 모든 오브젝트를 선택하고 'Root_Sofa'로 변경한 'Empty' 오브젝트를 선택합니다.

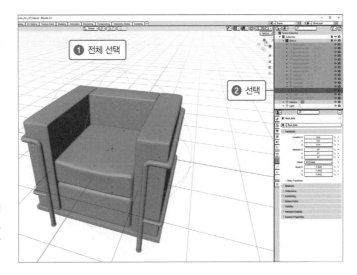

TIP 마지막에 선택한 오브젝트는 외곽선 색상이 다릅니다. 이렇게 색상이 다른 선택된 오브젝트를 Active 오브젝트라고 하며, 다양한 명령을 수행할 때 기준으로 자주 사용됩니다.

17 [Ctrl]+[P]를 누른 다음 (Object (Keep Transform))를 실행합니다.

18 'Root_Sofa'만 선택하고 이동한 후 크기도 조절합니다.

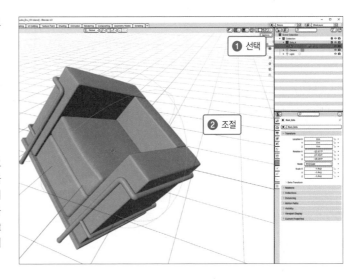

TIP Outliner 패널을 확인하면 'Empty' 오브젝트 아래로 모든 오브젝트가 정리된 것을 확인할 수 있습니다. 이 과정을 Parenting이라고 하며, 자식과 부모 관계로 설정하는 것을 의미합니다. 상위의 부모 오브젝트(현재 'Root_Sofa')를 이동하거나 크기를 변경하면 하위 자식 오브젝트들이 그 속성을 상속받습니다.

19 │ 이 소파의 인스턴스를 만들고 원본 컬렉션은 숨기겠습니다. Outliner 패널에서 'Sofa_A' 컬렉션을 선택하고 마우스 오른쪽 버튼을 클릭한 다음 (Instance to Scene)을 실행합니다.

① 마우스 오른쪽 클릭

② 실행

TIP 이 과정까지가 씬을 정리하는 가장 기본적인 방법입니다. 컬렉션에 정리하는 것과 'Empty' 오브젝트를 만들어 Parent로 묶는 것의 차이점은 Outliner 패널에서 확인하는 것은 같지만, Empty는 오브젝트처럼 크기를 조절하고 위치를 움직일 수 있습니다. 그러나 컬렉션은 이를 실행할 수 없습니다.

20 │ Outliner 패널에 'Sofa_A'라는 인스턴스가 만들어졌습니다.

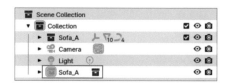

TIP 아래쪽에 기존 컬렉션과 비슷한 아이콘이지만 색상이 다른 오브젝트가 바로 인스턴스입니다. 이 인스턴스는 컬렉션의 모든 오브젝트 정보를 그대로 가지고 있지만, 내부 편집은 불가능합니다. 실제로 인스턴스 앞쪽의 작은 삼각형을 클릭하면 내부 오브젝트가 없습니다.

21 │ 원본 컬렉션은 체크 표시를 해제해서 화면에 나타나지 않도록 합니다. 새로운 컬렉션을 하나 만들고 이름을 'Object'로 변경합니다. 인스턴스 오브젝트를 새로 만든 컬렉션으로 이동합니다.

① 체크 표시 해제

② 추가

③ 이동

22 │ 렌더링에 사용할 오브젝트 준비를 마쳤습니다. 'Object' 컬렉션의 체크 표시를 해제해 화면에서 숨깁니다.

체크 표시 해제

바닥과 무한 배경 만들기

최소한의 노력으로도 다양한 연출이 가능한 배경을 제작할 수 있습니다. 포토 스튜디오의
구성을 참조하여 간단한 배경을 만들어 보겠습니다. 이를 통해 멋진 연출이 가능합니다.

01 │ 무한 배경을 만들기 전 먼저 바닥에 평면(Plane)을 하나 만들
겠습니다. Shift+A를 누른 다음 (Mesh) → (Plane)을 실행합니다.

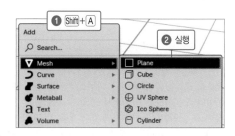

TIP 스튜디오 촬영에서는 공간이 한정되어 있어 배경을 특수 제작하
여 넓은 공간처럼 보이도록 합니다. 이를 위해 벽면과 바닥의 연결점이
보이지 않도록 벽면과 바닥을 곡면 처리합니다. 이를 무한 배경(Infinity
Background)이라고 부릅니다.

02 │ 기본 크기 2m인 바닥이 만들어졌습
니다. Tab을 눌러 (Edit Mode)로 변경합니다.
넘버 패드 2를 눌러 (Edge) 선택 모드로
변경하고 한쪽을 선택합니다.

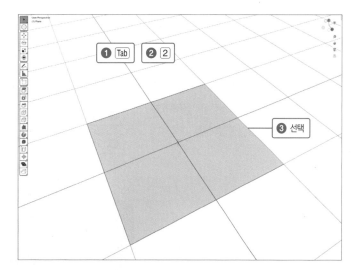

TIP 바닥 크기는 나중에 얼마든지 바꿀 수
있으므로 그대로 둡니다.

03 │ E, Z, 2를 순서대로 누르면 그림과
같이 모델링됩니다.

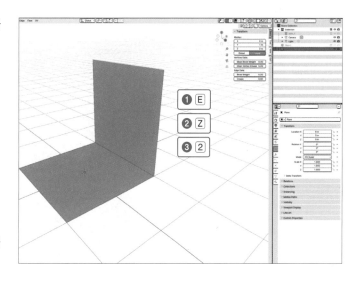

TIP 순서대로 (Extrude), Z축 방향, 2m를
의미합니다.

04 벽면과 바닥 면의 중간을 부드럽게 이어주겠습니다. (Edit Mode)에서 중간 선을 선택하고 Ctrl+B를 눌러 (Bevel)을 활성화합니다.

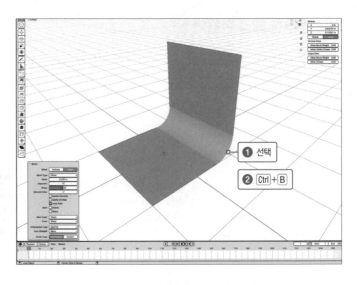

TIP 마우스 휠을 돌리면 중간에 추가되는 선의 개수를 조절할 수 있습니다. 마우스 커서를 왼쪽이나 오른쪽으로 움직여서 선의 두께를 조절한 후 클릭합니다. 그 후에 화면 왼쪽 아래에서 체크 표시하여 세부 설정을 한 번 더 수정할 수 있습니다.

05 Tab을 눌러 (Object Mode)로 변경하면 곡면에 다각형의 각이 나타납니다. 부드럽게 변경하기 위해 오브젝트를 선택한 다음 마우스 오른쪽 버튼을 클릭하고 (Shade Smooth)를 실행합니다.

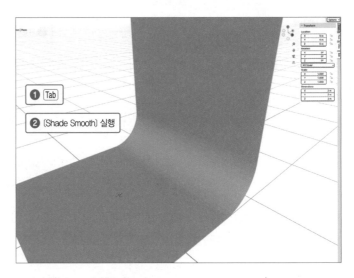

06 오브젝트를 선택하고 F2를 누른 다음 이름을 'Background'로 수정합니다.

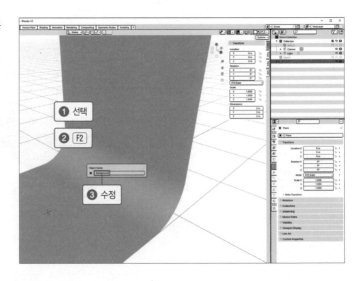

07 Outliner 패널에서 새 컬렉션을 만들고 이름을 'BG'로 변경합니다. 'Background' 오브젝트를 이 컬렉션으로 이동합니다.

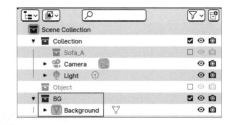

08 'Object' 컬렉션의 체크 표시를 해제하고 소파를 불러옵니다. 배경이 너무 작아 확대하겠습니다.

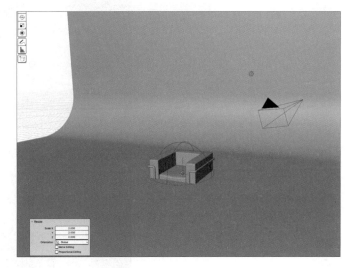

TIP 'Background' 오브젝트는 크기나 색상을 마음대로 조절하고 씬에 어울리게 배치하여 사용합니다.

09 배경의 위치는 그대로 두고, 소파를 배경의 위쪽으로 이동하겠습니다. 소파의 인스턴스를 선택한 다음 Ⓖ, Ⓩ를 누르고 적당한 위치로 이동합니다.

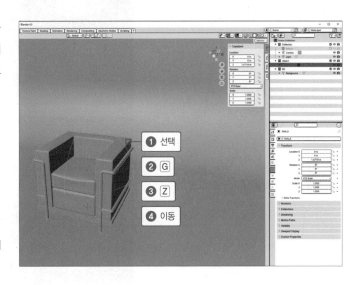

TIP 배경의 위치값은 '0,0,0'에 두는 것이 대부분 작업에서 유리합니다.

10 │ 소파를 선택하고 Shift+D를 눌러 복제한 다음 적당한 위치로 움직여 배치합니다. 배경 모델링과 오브젝트 배치를 마무리합니다.

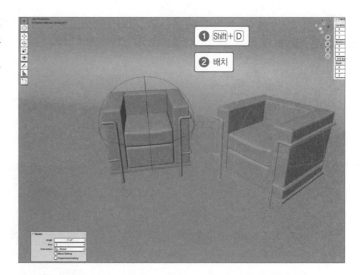

11 │ Z를 누르고 (Rendered)를 선택합니다. 현재 기본 조명 하나에 환경 맵도 설정되지 않아 렌더링이 보기 좋지 않습니다.

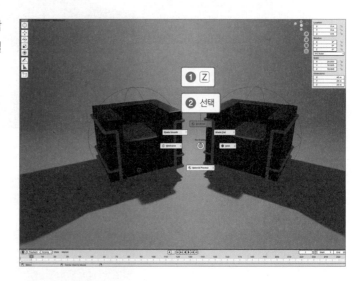

12 │ HDRI를 사용한 환경 설정으로 기본 조명 환경을 구축하겠습니다. 아래쪽 Timeline 패널을 확장합니다.

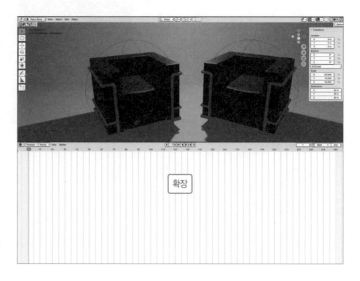

TIP Timeline 패널의 경계에 마우스 커서를 가져가 위쪽으로 드래그하면 확장할 수 있습니다.

13 │ 아래쪽 창을 Shader Editor 패널로 변경하겠습니다. 'Editor Type' 아이콘을 클릭한 다음 (Shader Editor)를 선택합니다.

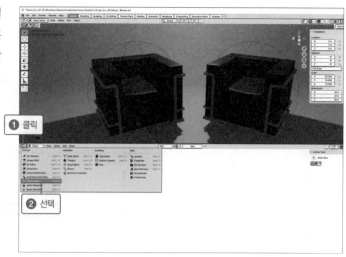

14 │ (Object Mode)를 (World)로 변경합니다.

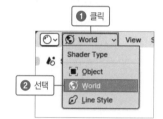

15 │ Shader Editor 패널에서 Shift+A를 누릅니다. (Search)를 선택하고 'Environment Texture'를 검색한 후 선택합니다.

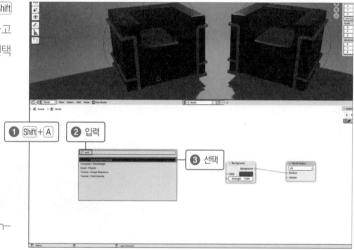

TIP 검색 창에 'Env'를 입력하면 'Environment Texture' 노드가 생성됩니다.

16 │ 'Environment Texture' 노드에서 (Open) 버튼을 클릭합니다.

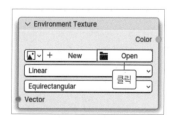

17 Blender File View 창에서 'HDRI' 폴더로 이동하여 'studio_small_09_4k. exr' 파일을 선택하고 (Open Image) 버튼을 클릭합니다.

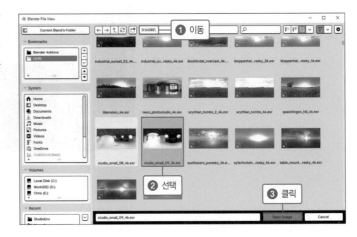

18 'Environment Texture' 노드의 Color를 'Background' 노드의 Color에 연결합니다. 기본 환경 맵이 생성되어 훨씬 보기 좋게 렌더링됩니다.

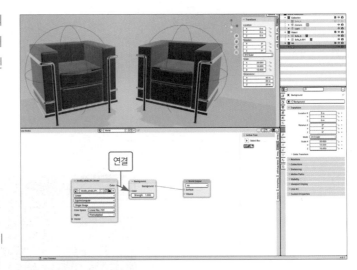

TIP 특히 반사가 있는 오브젝트에는 환경 맵이 반사되어 현실감이 높아집니다.

19 환경 맵을 사용하면서 동시에 배경 색상을 마음대로 변경하는 방법을 알아보겠습니다. 기존 'World Output' 노드에 세 개의 노드만 추가하면 됩니다.

먼저 'Background' 노드를 하나 추가하고 원하는 색상을 적용합니다. 예제에서는 확실한 효과가 보이도록 채도가 높은 빨간색을 적용했습니다.

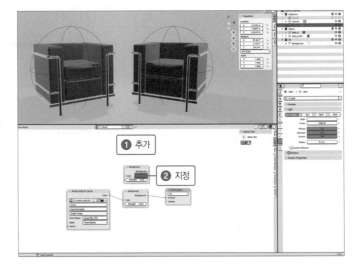

20 'Mix Shader' 노드를 불러온 다음 그림과 같이 연결합니다. 이때 순서에 유의해야 합니다.

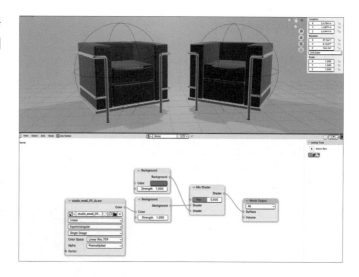

21 마지막으로 'Light Path' 노드를 불러온 다음 그림과 같이 연결합니다.

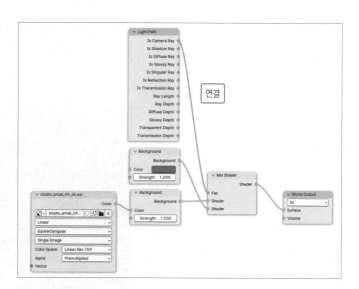

22 극적인 효과를 위해 H를 눌러 배경 오브젝트를 숨깁니다. 오브젝트에 적용된 조명은 HDRI 이미지이지만, 배경은 원색입니다.

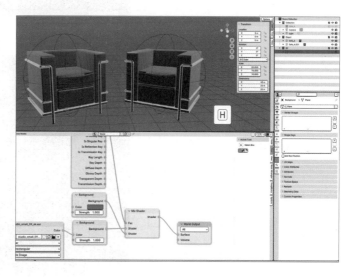

TIP 단순한 배경 색상의 이미지를 원하는 경우 이 노드를 사용해서 손쉽게 구현할 수 있습니다.

조명의 이해와 사용하기

블렌더에서 사용하는 조명은 다양한 종류와 특징을 가지고 있으며, 각 조명은 다른 방식으로
활용됩니다. 각 조명의 특징과 활용 방법에 대해 자세히 알아보겠습니다.

01 │ 조명을 설명하기 위한 씬으로, 바닥에
평면을 만들고, 조각상을 배치했습니다. 조
명이 없으며, 글로벌 환경은 완전한 검은색
입니다. 조명의 렌더링 품질을 더 좋게 하기
위해 Cycles 렌더러를 사용했습니다.

TIP 조각상은 'threedscan.com' 사이트에
서 다운로드했습니다. 이 사이트에서는 무료
로 3D 스캔한 모델링 데이터를 다운로드해 사
용할 수 있습니다.

02 │ Shift+A 를 눌러 표시되는 Add 창
에서 (Light) → (Point)를 실행하여 Point
라이트를 만들고 조각상의 오른쪽 위에 배
치했습니다.

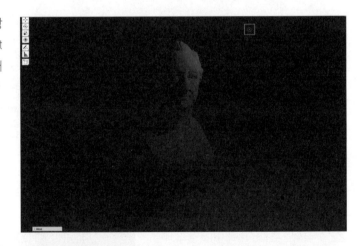

03 │ Point 라이트는 한 점에서 조명이
발산되는 형상을 가집니다. 이는 가장 기본
적인 조명으로, 직관적으로 조절할 수 있는
장점이 있으며, 그림자가 날카롭게 형성됩
니다. 조각상 목 부분에 생기는 그림자를 보
면 매우 선명한 그림자를 확인 가능합니다.

TIP 조명의 밝기는 Properties 패널의
(Light) 탭에서 Power를 설정해 쉽게 조절
할 수 있습니다. 색상은 Color를 설정해서 변경
할 수 있습니다.

04 Point 라이트는 한 점에서 빛이 발산하기 때문에 그림자가 선명하게 남는 특징을 가집니다. 그러나 3D에서 너무 선명한 그림자는 부자연스러운 CG 느낌을 줄 수 있습니다. 따라서 특별한 연출 의도가 없는 경우, 보다 부드러운 그림자를 선호하는 경향이 있습니다. 이러한 이유로 Point 라이트는 너무 많이 사용되지 않았습니다. 이를 보완하기 위해 조명에 크기를 지정하여 그림자를 부드럽게 만드는 Radius 기능이 도입되었습니다.

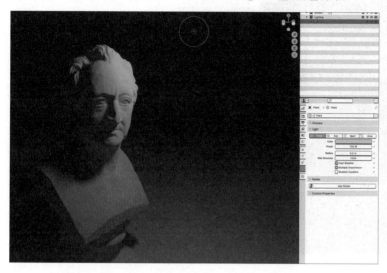

TIP 같은 조명에 Radius만 '0.2m'로 설정했습니다. 목 부분에 생기는 그림자가 부드러워진 것을 확인할 수 있습니다.

05 (Max Bounces) 옵션은 조명에서 발생하는 빛이 난반사되는 횟수를 지정합니다. 기본 설정값은 '1,024회'입니다. 이는 빛이 물체에 닿고 여러 곳으로 반사되며, 반사된 빛이 다시 물체의 다른 곳에 반사되기를 반복합니다.

조각상의 턱 아래쪽을 보면 약간의 빛을 받아 완전히 어둡지 않습니다. 이렇게 조명이 직접 비추지 않는 곳에도 약간의 빛이 들어오고 사실적으로 보이는 것은 바로 (Max Bounces) 옵션 때문입니다. 이 기능은 일반적으로 Global Illumination이라고도 불리며, 프로그램에 따라 다양한 이름으로 불리지만, 결국은 난반사의 계산을 의미합니다.

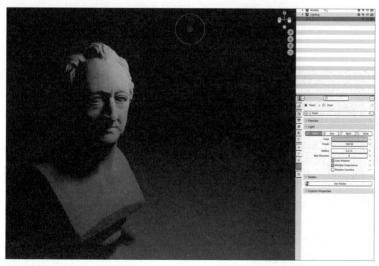

TIP Max Bounces를 '0'으로 설정하면 그림과 같이 난반사가 전혀 없는 이미지를 볼 수 있습니다.

06 'Multiple Importance'는 노이즈를 줄이며, 이 기능을 비활성화하고 조명을 사용하는 경우는 거의 없습니다. 'Shadow Caustics'는 조명이 커스틱스를 발생합니다. 'Cast Shadow'는 조명이 그림자를 생성할지 여부를 결정합니다. 보통 조명은 그림자를 만들지만, 특별한 상황에서 그림자를 생성하지 않는 조명이 필요한 경우 이 옵션을 선택합니다.

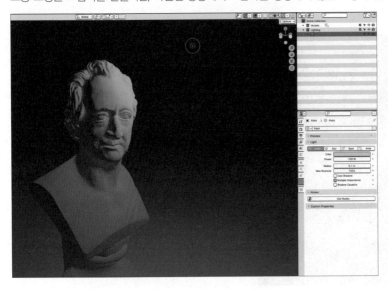

TIP 커스틱스(Caustics)는 빛이 굴절이나 반사를 통해 한 점에 집중될 때 나타나는 패턴을 말합니다. 일반적으로 투명하거나 반짝이는 오브젝트 주변에 발생합니다.

07 블렌더는 하나의 조명을 만들고 난 후에 다른 종류 조명으로 바꾸는 것이 가능합니다. Point 라이트를 만든 후에 Area, Spot 라이트로 변경할 수 있습니다. Properties 패널의 (Light) 탭에서 다음의 버튼을 클릭하면 됩니다.

08 Sun은 다른 프로그램에서 Directional Light 또는 Distance Light로도 알려져 있습니다. 조명의 위치는 중요하지 않고, 각도만 조정할 수 있습니다. 조명은 씬 전체에 같은 각도로 비춥니다. 이는 마치 태양 빛이 특정한 각도와 크기로 일정하게 떨어지는 것과 유사합니다.

TIP 예제에서는 Strength(밝기)가 '1'인 흰색 태양을 배치했습니다. 씬 전체에 같은 조명이 떨어져 화면에서 보이는 모든 것에 조명이 영향을 미칩니다.

09 선 라이트도 Point 라이트와 색상, 밝기 등 기본 기능은 모두 동일하게 조절할 수 있습니다. 기본 설정에서는 그림자가 선명하게 나타나지만, 만약 더 부드러운 그림자를 원하면 Angle을 조정합니다.

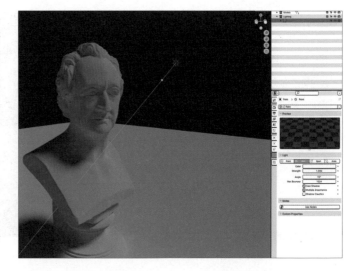

TIP 예제에서는 Angle을 '15°'로 설정하였습니다.

10 Spot 라이트는 무대에서 주인공에 비추는 조명을 생각하면 쉽게 이해할 수 있으며, 특정한 방향과 넓이로 비추는 조명입니다. 또한, Point 라이트와 기본 옵션은 같습니다.

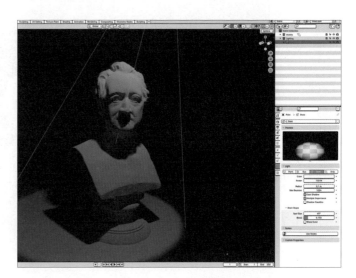

11 Spot 라이트에는 (Beam Shape) 옵션이 있습니다. Spot Size는 조명이 퍼지는 정도로 기본 각도는 '45°'입니다. 각을 줄이면 좁은 면만 비추는 조명을 만들 수 있고, 넓히면 넓은 면적을 비추는 조명을 만들 수 있습니다.

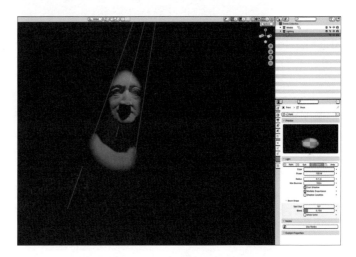

TIP 다음은 같은 조명을 '15°'로 좁혀 얼굴 부분만 비추도록 조정한 모습입니다.

12 〔Blend Shape〕 옵션은 조명이 퍼지는 정도의 부드러움을 조절합니다. Blend를 '0'으로 설정하면 외곽선이 잘 보이고, '1'로 설정하면 외곽선이 부드러워집니다.

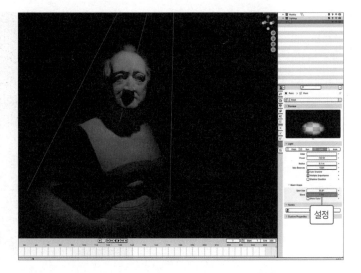

TIP 다음의 이미지는 Blend를 '1'로 설정했습니다.

13 Area 라이트는 면적을 가지는 조명입니다. 사각형 모양의 소프트박스나 형광등이 내부에 설치된 사각형 조명을 생각하면 쉽게 이해할 수 있습니다. 가장 현실적인 조명을 제작하는 데 많이 사용되며, 실제로 스튜디오에서 사용하는 라이트박스와 유사한 효과를 낼 수 있습니다. 이 조명은 면적이 있어 부드러운 그림자를 만들어냅니다.

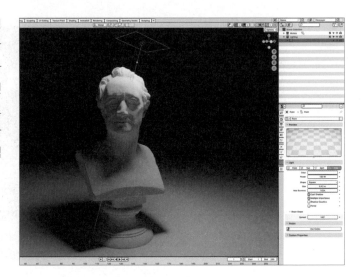

14 다른 옵션은 Point 라이트와 동일하며, Shape를 클릭하면 그림과 같은 옵션 중에서 선택할 수 있습니다. 〔Square〕는 정사각형, 〔Rectangle〕은 직사각형, 〔Disk〕는 원형, 〔Ellipse〕는 타원형입니다.

TIP 블렌더의 Area Light(면 조명)는 매우 뛰어난 품질을 가지고 있습니다. 이를 통해 3D에서 구현하기 어려운 부드러운 그림자를 현실적이고 아름답게 구현할 수 있습니다. 또한, 렌더링 속도 역시 다른 프로그램과 비교해도 우수합니다. 따라서 Area Light를 능숙하게 다루기 위해 충분한 연습이 필요합니다.

15 | 다음의 이미지는 가로 1m, 세로 3m 타원형 조명을 만든 예시입니다.

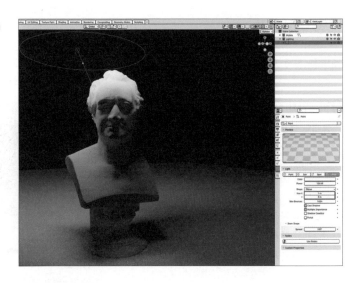

16 | Area 라이트에는 두 가지 특별한 기능이 있습니다. 하나는 Portal(포털) 기능이며, 이를 활성화하기 위해서는 'Portal'을 체크 표시해야 합니다. 실내의 창문 위치에 조명을 배치하고 포털 기능을 활성화하면 환경 광이 실내로 들어오는 것을 효과적으로 표현할 수 있습니다.

또 다른 기능은 Beam Shape 아래쪽의 Spread입니다. 이 기능은 조명을 하나의 면으로 간주하고, 이 면에서 빛이 얼마나 넓게 퍼지는지를 결정하는 옵션입니다. 기본 '180'로 설정하면 조명 자체가 하나의 면처럼 빛을 쏘고, 각도를 낮추면 한쪽으로만 빛을 방출하는 조명이 됩니다.

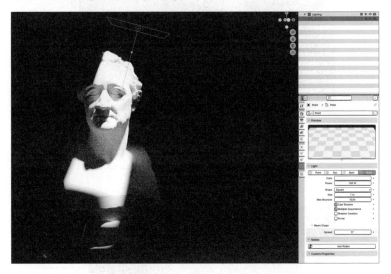

TIP 다음의 이미지는 각도를 '5°'로 설정한 모습입니다.

TIP 3D에서 조명은 매우 강력한 도구입니다. 도구와 관련된 학습을 마치면 조명에 대한 별도의 학습을 추천합니다. 촬영 스튜디오에서의 조명 사용법이나 영화, TV CF 촬영 현장에서의 조명 활용법을 공부하는 것도 큰 도움이 됩니다.

조명 설치하기

조명을 실제 프로젝트에 적용해 보겠습니다.

01 | 앞서 살펴본 조명들을 사용해 실제
스튜디오 조명을 만들겠습니다. 먼저 소파
가 있는 블렌더 씬을 불러옵니다. 렌더러는
'Cycles'로 지정하고, 환경 광은 '0.1'로 낮
추겠습니다.
Shader Editor 패널에서 'World'로 지정
하고, 이미지가 연결된 'Background' 노
드의 Strength를 '0.1'로 설정합니다.

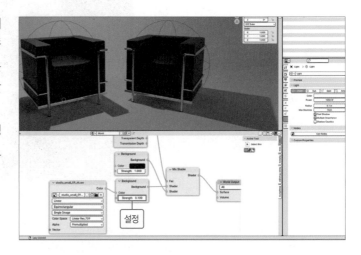

02 | 조명을 선택하고 이름을 'Key_
Light'로 변경합니다. 조명들을 따로 모아
쉽게 관리하기 위해 컬렉션을 하나 만들고
이름을 'Lights'로 변경한 다음 새로 만든
컬렉션에 넣습니다.

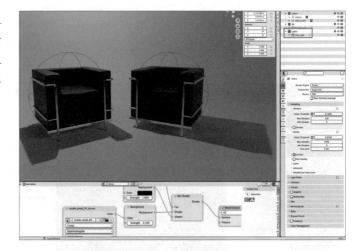

03 | 키 라이트를 선택하고 Area 라이트
로 변경합니다. Power는 '1000W', Shape
는 'Disk', Size는 '5m'로 설정합니다.

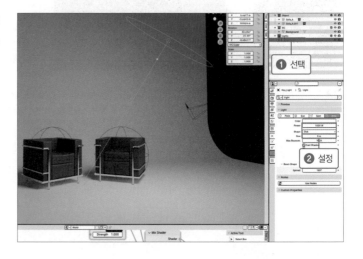

04 키 라이트를 복제한 다음 이름을 'Back_Light'로 변경합니다. 소파의 뒤쪽에 배치하고 소파의 위쪽과 뒤쪽을 비추도록 그림과 같이 조정합니다. 두 개의 백라이트를 설치하고 Power(밝기)를 '200W'로 설정했습니다.

TIP 백라이트의 역할은 오브젝트 주위에 하이라이트를 만들어 배경과 오브젝트를 뚜렷하게 구분하는 것입니다.

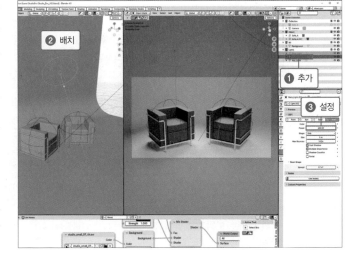

05 라이트를 하나 복제해서 이름을 'Area_Light'로 변경합니다. 오브젝트의 빛이 닿지 않는 곳에 약간의 빛을 추가하기 위해 그림과 같이 조명을 설치합니다. Area 라이트도 두 개를 설치한 다음 조명의 밝기는 '50W'로 설정했습니다.

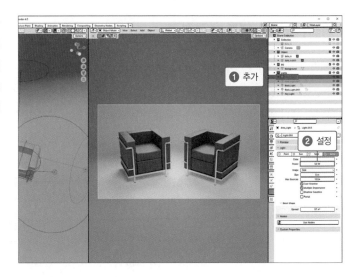

06 라이트를 하나 더 복제하고 이름을 'Background'로 변경합니다. Shape를 'Rectangle', Size X를 '20m', Y를 '5m'로 설정합니다. 그림과 같이 배치하여 배경을 밝게 만들었습니다.

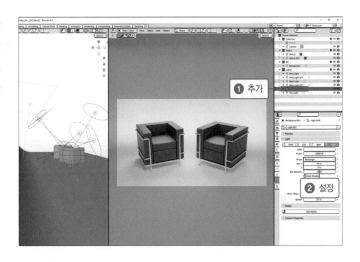

07 | 마지막으로 'Background' 라이트를
복제한 다음 이름을 'Front'로 변경합니다.
그림과 같이 배치해 정면에서 비춥니다.
Power(밝기)는 '100W', Size X는 '20m', Y
는 '2m'로 설정했습니다.

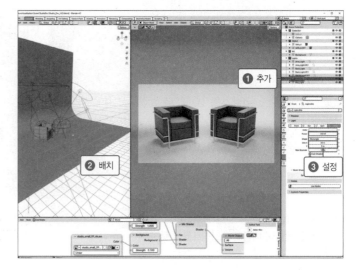

TIP 지금까지 가장 전형적인 스튜디오 조명을
설정했습니다. 이제 원하는 분위기에 맞춰 조
명의 색상과 위치를 변경해 보기 바랍니다.

카메라 설치와 세부 설정하기

카메라와 렌즈는 이미지를 만들 때 중요한 역할을 합니다. 카메라는 이미지를 촬영하는 장
치로, 렌즈는 빛을 모아 이미지를 만들어냅니다. 블렌더에서는 카메라를 설정하여 무대를
만들고, 렌더링을 통해 이미지를 출력할 수 있습니다. 이 과정을 통해서 자연스럽고 전문
적인 이미지를 만들 수 있습니다.

01 | 카메라를 하나 만들기 위하여 Shift
+A를 누르고 [Camera]를 실행합니다.

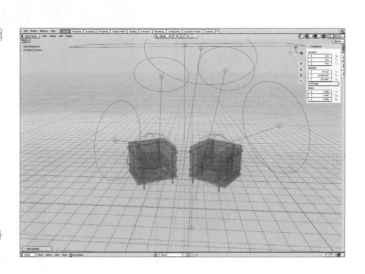

TIP 카메라도 보통 오브젝트처럼 3D 커서가
있는 곳에 생깁니다.

02 │ 이 카메라를 현재 뷰로 움직이겠습니다. Ctrl+Alt+0을 누르면 뷰포트가 바라보는 위치에 카메라가 위치합니다. 카메라를 쉽게 선택하기 위해서 컬렉션을 하나 만들고 카메라를 그 컬렉션에 넣어 따로 분리합니다.

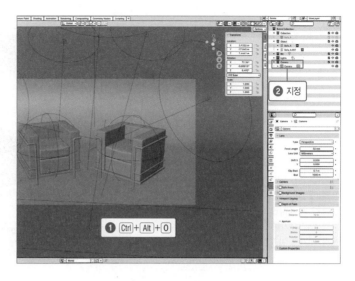

❷ 지정

❶ Ctrl+Alt+0

03 │ 현재 만들어진 카메라를 선택한 채 Properties 패널의 (Camera) 탭을 선택합니다.

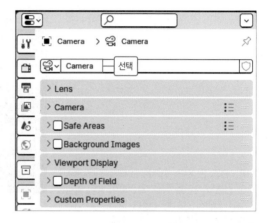

선택

TIP 크게 (Lens), (Camera), (Safe Areas), (Background Images), (Viewport Display), (Depth of Field), (Custom Properties) 옵션이 있습니다.

04 │ (Lens) 옵션의 Type을 클릭하면 (Perspective)와 (Orthographic)을 선택할 수 있습니다. (Perspective)는 일반적으로 사용하는 렌즈이고, (Orthographic)은 직교 투영법 렌즈입니다. 실제 렌즈는 아니며, 특별한 상황이나 효과를 위해 사용하는 컴퓨터에만 존재하는 렌즈입니다. 실제 렌즈로 비슷한 효과를 내려면 틸트 쉬프트 렌즈를 사용하는 방법이 있습니다.

TIP 예제는 (Orthographic) 렌즈를 사용해서 작업 화면을 볼 때의 모습입니다.

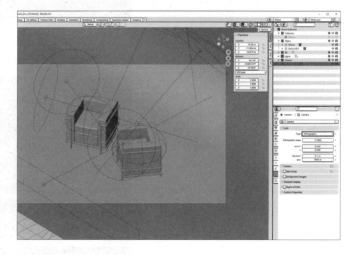

05 | Type을 다시 (Perspective)로 변경합니다. Focal Length는 기본 '50mm'로 설정합니다.

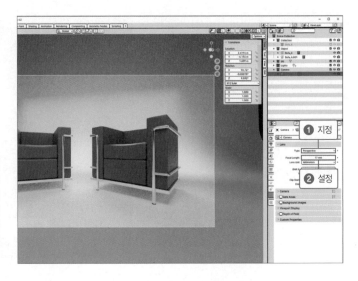

TIP 50mm 렌즈는 인간의 시야각과 가장 비슷합니다. 이를 조절하여 화각을 넓히거나 좁힐 수 있습니다. 예를 들어, 17mm 정도의 화각을 사용하면 극단적인 왜곡이 발생하여 오브젝트 크기를 과장할 수 있습니다. 물체나 배경 크기를 과장하고 싶을 때나 그 반대의 경우에는 Focal Length를 설정합니다.

06 | Shift X, Y 값을 극단적으로 변경해 위쪽이 더 넓어 보이도록 만들었습니다.

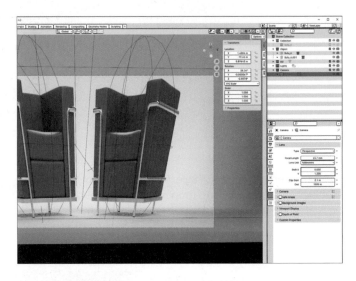

TIP 렌즈 중 틸트 쉬프트 렌즈가 있습니다. 고층 건물의 사진을 찍을 때 건물이 높이 올라갈수록 필연적으로 폭이 좁아 보이는데, 이때 틸트 쉬프트 렌즈가 가장 널리 사용됩니다. 높은 건물의 조감도 작업을 할 때 필요하기도 합니다. 현재는 기능만 기억하시기 바랍니다.

07 | Clip Start, End는 카메라가 렌더링할 범위를 지정하며, 보통 '0.1~1000m'로 설정하지만, 매우 크거나 작은 크기의 모델링을 할 때 수정해야 합니다.

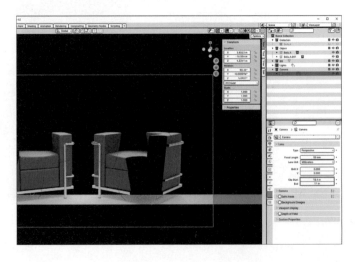

TIP 예제에서는 Clip Start, End를 잘못 설정했을 때를 시뮬레이션했습니다. 화면이 이렇게 보이면 Clip을 확인하시기 바랍니다.

08 〔Camera〕 탭은 카메라 센서를 선택하는 곳입니다. 가장 많이 사용하는 필름 카메라 센서 크기라서 기본 '36mm'로 지정되어 있습니다. 이 크기가 가장 사랑받는 풀 프레임 카메라의 센서 크기이며, 일반적으로 수정할 일은 거의 없습니다.

TIP '목록' 아이콘(▤)을 클릭하면 수많은 카메라 종류가 나타나고 이 카메라들의 센서 크기가 기본 제공됩니다.

09 〔Safe Areas〕 옵션은 뷰포트에 그리드를 표시해서 구도를 잡을 때 도움을 줍니다. 자막의 위치, 애니메이션 동선이 구도에 크게 어긋나지 않는지 점검할 때 많이 사용합니다.

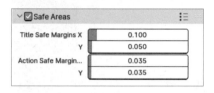

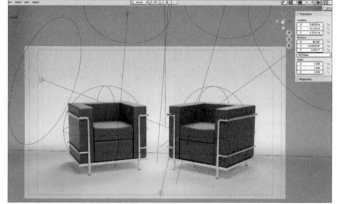

10 〔Background Images〕 옵션은 카메라 시점에 이미지를 배치하여 겹쳐 볼 수 있습니다. 모델링할 때 카메라에서 보이는 각도에 맞춰야 할 때 주로 사용합니다.

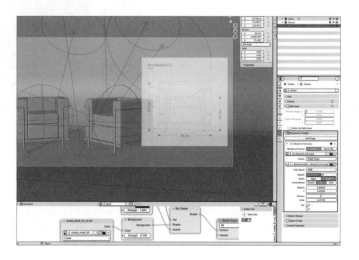

TIP 〔Add Image〕 버튼을 클릭하여 이미지를 선택하면 카메라 뷰에서 확인할 수 있습니다. Opacity에서는 이미지의 투명도를 조절할 수 있고, Depth에서는 이미지를 모델링 앞쪽 또는 뒤쪽에 배치할지 결정할 수 있습니다. 이미지를 카메라의 프레임에 맞추어 늘릴지 아니면 카메라 프레임과 상관없이 원래 이미지의 비율을 유지할지를 Frame Method에서 결정할 수 있습니다. Offset X 및 Y를 사용하여 이미지 위치를 조절할 수 있으며, Rotation으로는 이미지를 회전시키고, Scale에서는 이미지의 크기를 조절할 수 있습니다. Flip X 및 Y는 이미지를 X축 또는 Y축으로 뒤집을 수 있습니다. 이 이미지는 렌더링에는 나타나지 않습니다.

11 [Viewport Display] 옵션은 카메라
아이콘 크기 등을 조절해 작업을 쉽게 만듭
니다.

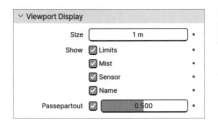

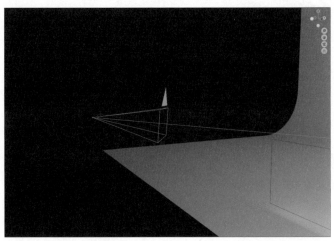

12 [Depth of Field] 옵션은 피사계 심도를 조절합니다. 카메라 초점을 맞출 오브젝트를 정하고 그 오브젝트를 기준
으로 어느 정도 거리가 초점이 맞도록 정할지 결정합니다. 보통 'Empty' 오브젝트를 만들어 Focus Object에 등록하고,
F-Stop을 조정해서 맞춥니다. 지금까지 카메라의 기능을 알아보았습니다.

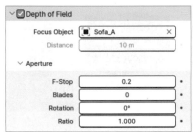

TIP 3D를 학습하다 보면 예술 분야에서 영감을 많이 받습니다. 예를 들어, 카메라 촬영 부분에서는 필름, 렌즈, 카메라의 작동
원리 등을 참조하여 많은 개념을 그대로 가져와 DSLR 카메라의 작동 원리를 공부하는 것도 좋습니다. 또한 사진을 취미로 갖는
것도 3D 그래픽 실력 향상에 큰 도움이 됩니다. 기술적인 부분뿐만 아니라 구도와 조명 등을 통하여 실력을 향상시킬 수 있습니다.

카메라 애니메이션 만들고 저장하기

지금까지 렌더링할 때마다 화면에 이미지를 표시하고, 그 이미지를 저장하는 방식을 사용했습니다. 이번에는 간단한 카메라 애니메이션을 만들어 그 이미지들을 직접 컴퓨터 하드디스크에 저장하는 방법을 알아봅니다.

01 | 먼저 이미지 해상도를 결정하겠습니다. Properties 패널에서 (Output) 탭을 선택하고 (Format) 옵션의 Resolution에 원하는 이미지 해상도를 입력합니다.

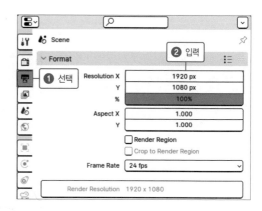

TIP Resolution X와 Y는 각각 가로와 세로 길이를 나타냅니다. 아래쪽 %는 테스트 렌더링할 때 '50%'로 설정하면 이미지를 절반 크기로 렌더링할 수 있는 간단한 기능입니다. Frame Rate는 초당 몇 프레임으로 렌더링할 것인지를 결정합니다. 이 부분은 렌더링 결과에 영향을 주는 것보다 작업 중인 프로젝트가 초당 몇 프레임으로 제작 중인지를 결정하는 데 사용됩니다.

02 | (Frame Range) 옵션의 Frame Start는 시작 프레임, End는 끝 프레임을 말합니다. Timeline 패널에서 수정하면 Frame Range에도 업데이트됩니다. Step은 한 프레임 걸러서 렌더링하는 특이한 상황에 변경하며, 보통 설정하지 않습니다.

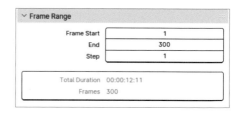

03 | (Output) 옵션은 렌더링했을 때 파일을 저장하는 위치와 파일 이름을 결정합니다. 첫 번째 파일의 폴더 아이콘을 클릭해 저장할 폴더를 지정할 수 있습니다. 보통 Render 폴더를 따로 만들고 그곳에 렌더링합니다. 파일 이름은 보통 다음과 같이 지정합니다.

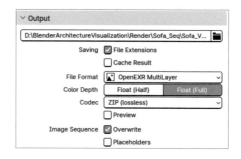

TIP 파일 이름 마지막에 마침표를 찍는 이유는 입력된 파일 이름 다음에 시퀀스 번호가 붙기 때문입니다. 그래야 시퀀스와 버전 번호가 서로 섞이지 않아 다른 합성 프로그램에서 오류 없이 잘 불러올 수 있습니다.

04 | File Format은 기본으로 'PNG'로 지정되어 있습니다.

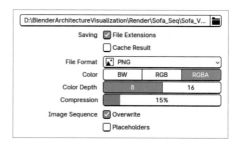

TIP 다른 옵션은 전혀 사용하지 않습니다. 딱 하나 예외는 'OpenEXR MultiLayer' 파일입니다. 이 파일은 렌더링 파일에 매트 정보, Crypto Matte 정보, 깊이 정보 등을 입력하고 싶을 때 사용합니다. 보통 'PNG' 만을 사용합니다.

TIP 블렌더에서 바로 무비 파일로 출력하는 것은 추천하지 않습니다. 여러 파일을 렌더링하다가 중간에 오류가 발생하는 경우에 시간이 오래 걸릴 수 있습니다. 영상을 렌더링하려면 시퀀스 이미지로 렌더링한 후, 블렌더 파일을 새로 만들어 기존 파일을 영상 파일로 변환하시기 바랍니다.

05 간단한 카메라 애니메이션을 만들겠습니다. 뷰포트 아래쪽에 Timeline 패널을 만들고 Start를 '1', End를 '90'으로 설정합니다.

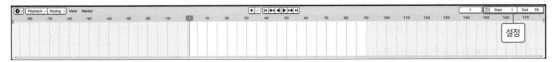

TIP 초당 24프레임으로 계산하면 3초가 약간 넘는 애니메이션이 됩니다.

06 90프레임 숫자 부분을 클릭하여 90 프레임으로 이동합니다. 카메라를 렌더링할 만한 구도로 배치합니다.

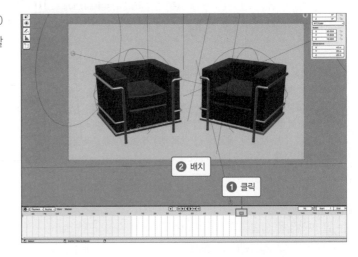

07 카메라를 선택한 채 3D 뷰포트에서 ①를 누르고 (Location & Rotation)을 실행합니다.

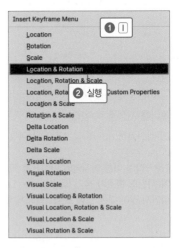

TIP (Location & Rotation)을 실행해 위치와 회전 값에 키프레임을 지정합니다.

08 Timeline 패널에서 1프레임으로 이동하고 카메라를 이동해 구도를 바꿉니다. 3초 동안 움직이는 에니메이션이기 때문에 아주 약간만 움직입니다. 카메라를 선택한 채 ①를 눌러 키프레임을 추가합니다.

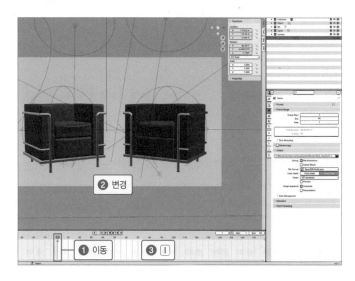

09 Timeline 패널을 확인하면 작은 ◆ 표시가 삽입되었습니다.

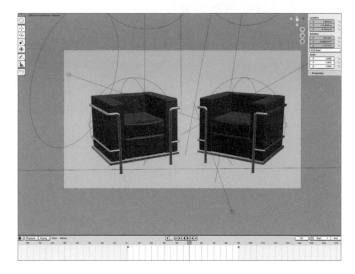

TIP 이것은 키프레임이 삽입되었다는 표시입니다.

10 Timeline 패널에서 현재 프레임의 위치를 움직입니다. 숫자 부분을 클릭하거나 드래그하면 이동할 수 있으며, Spacebar 를 누르면 재생할 수 있습니다. 실수 없이 애니메이션을 삽입했다면 카메라가 살짝 움직입니다.

11 이제 모든 준비가 끝났습니다. 렌더링하기 위해서는 [Ctrl]+[F12]를 누르거나 메뉴에서 (Render) → (Render Animation)을 실행합니다.

TIP 테스트 렌더링이므로 (Render) 탭의 샘플링 수치를 '128' 또는 그 이하로 내리고 렌더링하시기 바랍니다.

12 렌더링 폴더에서 렌더링된 파일들을 확인합니다.

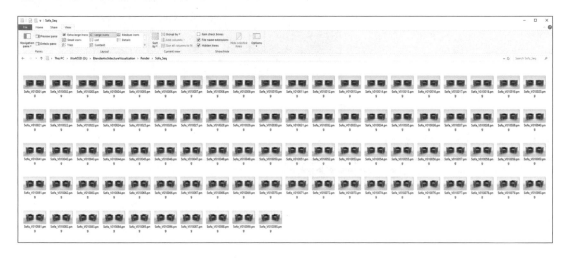

블렌더에서 영상 파일 만들기

지금까지 만든 시퀀스 파일을 블렌더에 있는 비디오 파일 편집 기능을 사용해 비디오 파일로 만들어 보겠습니다.

01 새롭게 블렌더를 실행합니다.

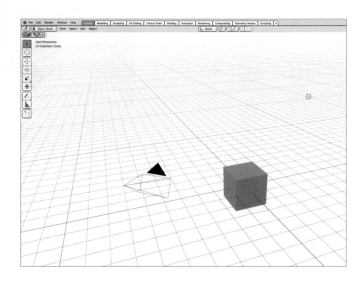

02 Ctrl+N을 누르고 (Video Editing)을 실행하여 새로운 파일을 만듭니다.

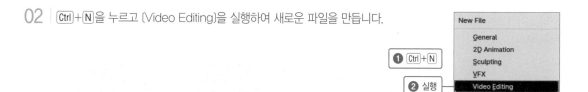

03 다음과 같은 인터페이스가 나타납니다. 왼쪽 위의 File Browser 패널은 사용하지 않으므로 닫습니다.

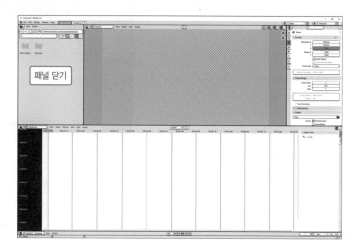

04 아래쪽에 위치한 Video Sequencer에서 Shift+A를 누르고 (Image/Sequence)를 실행합니다.

05 Blender File View 창에서 렌더링 파일 폴더로 이동하고 파일 하나를 선택한 다음 A를 누르면 전체 파일이 선택됩니다. (Add Image Strip) 버튼을 클릭합니다.

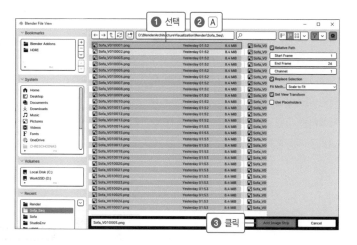

06 렌더링한 이미지 시퀀스가 영상으로 들어옵니다.

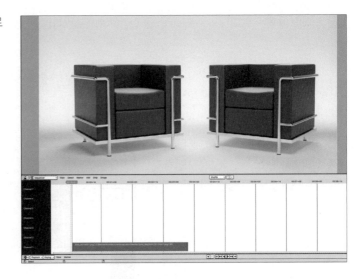

07 Properties 패널의 (Output) 옵션을 선택합니다. Resolution (해상도)과 Frame Rate를 확인하면 원하는 설정으로 맞춰졌습니다. Frame Rate는 '24fps'입니다. (Frame Range) 옵션에서 시퀀스 파일 개수에 맞게 Frame Start를 '1', End를 '90(총 90장)'로 설정합니다.

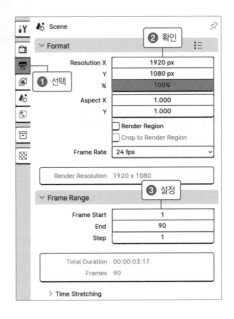

08 (Output) 옵션에서 폴더 아이콘(📁)을 클릭합니다.
Blender File View 창에서 파일 이름을 입력한 다음 (Accept) 버튼을 클릭합니다. 예제에서는 파일 이름을 'Sofa_Anm_Test_V01'로 지정했습니다.

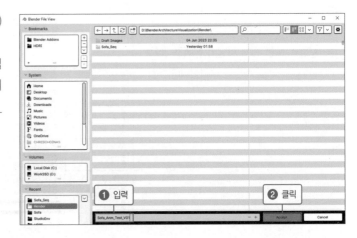

09 〔Output〕 옵션에서 File Format을 'FFmpeg Video', Encoding의 Container를 'MPEG–4', Video Codec은 'H.264', Output Quality를 'High Quality'로 지정합니다. 〔Audio〕 옵션에서 Audio Codec은 'No Audio'를 선택합니다. 모든 설정을 마치면 [Ctrl]+[F12]를 눌러 비디오 렌더링을 시작합니다.

TIP 오디오는 작업하지 않기 때문에 비디오 파일에 오디오는 출력하지 않는다는 뜻입니다.

10 비디오 렌더링이 끝나면 지정했던 위치에 렌더링 파일이 생성됩니다. 파일을 더블클릭해서 실행합니다. 지금까지의 과정을 실수 없이 따라왔다면 영상이 재생됩니다.

TIP 블렌더의 영상 편집 기능은 과거보다 훨씬 개선되었습니다. 또한, 개발사의 로드맵을 보면 많은 기능이 개선될 예정임을 알 수 있습니다. 현재는 기능이 부족하다고 느낄 수 있지만, 곧 간단한 편집 기능을 매우 편리하게 사용할 수 있을 것으로 예상됩니다.

Blender3D

Architecture & Interior

Part 4

현장에서 필요한 스킬!
실무 건축물 디자인하기

건축물 모델링은 매우 중요한 작업이며, 핵심은 설계 도면을 정확하게 배치하는 것입니다. 이를 통해 각 도면을 적절한 뷰에 배치하고, 모델링 시 오류를 최소화할 수 있습니다. 비록 이 과정이 번거로울 수 있으나, 발생할 문제를 사전에 방지하는 데 큰 도움이 됩니다. 도면 배치 이후에는 비례를 유지하며 작업을 진행해야 하고, 디테일은 나중에 수정할 수 있지만, 처음에 비례를 잘못 설정하면 수정 작업이 많아질 수 있습니다. 이러한 점을 이해하고, 실무 건축물 작업을 시작부터 마감까지 작업하는 과정을 알아보겠습니다.

모델링에 따라 설계 도면 배치하기

건축물을 제작할 때는 주로 건축 회사로부터 도면을 받거나 참고 이미지를 활용합니다. 블렌더를 사용하여 도면을 이미지로 변환하거나 다양한 참고 이미지를 수집해 작업에 활용할 수 있습니다. 디테일한 설명과 함께 제공받는 경우 작업이 보다 원활해집니다. 도면으로 제작된 이미지를 참고하여 외부 건축물을 제작하는 방법을 알아보겠습니다.

● 예제 파일 : P4_Building\textures\blueprints\Top_Roof.png, Back.png, Front.png, side.png, side_
Back.png, Top_1st floor.png, Top_2nd floor.png
● 완성 파일 : P4_Building\P4_01_Building_BP.blend

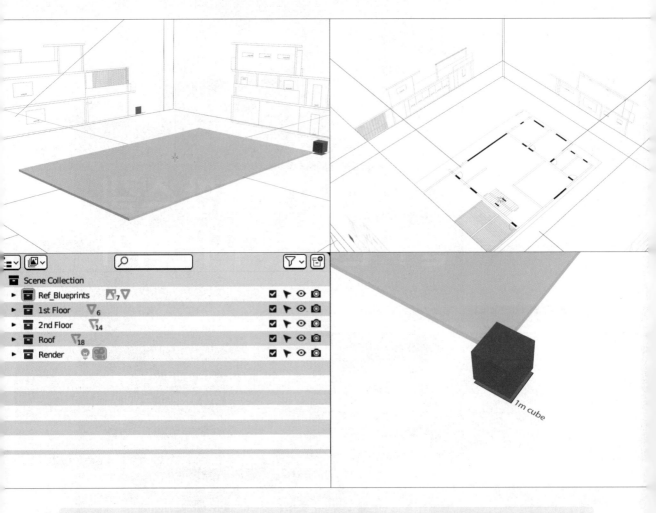

1m cube

POINT

❶ 설계 도면을 작업 화면에 배치하고 정렬하기

❷ 설계 도면을 Outliner 패널에도 정리하여 후반 작업에 대비하기

❸ 설계 도면에 투명도를 지정하여 작업하기 편리한 상태 만들기

❹ 설계 도면의 크기와 작업 환경의 크기를 일치시키기

블렌더에 설계 도면 이미지 불러오기

01 | 블렌더를 실행하고 (Edit) → (Preferences)를 실행해 Blender Preferences 창이 표시되면 왼쪽 탭에서 (Add-ons)를 선택합니다. 검색 창에 'image'를 입력한 다음 'Import-Export: Import Images as Planes'를 체크 표시하여 확장 프로그램을 활성화합니다.

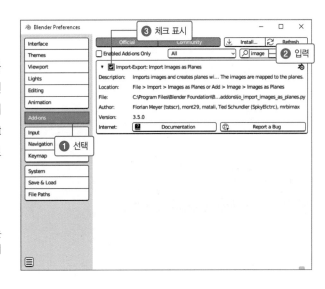

TIP 'Import-Export: Import Images as Planes'는 블렌더에서 기본 제공하는 확장 프로그램으로써 이미지를 평면으로 가져올 수 있습니다.

02 | 왼쪽 아래의 'Save & Load' 아이콘(☰)을 클릭하고 (Save Preferences)를 실행하여 환경 설정을 저장합니다. Blender Preferences 창을 닫습니다.

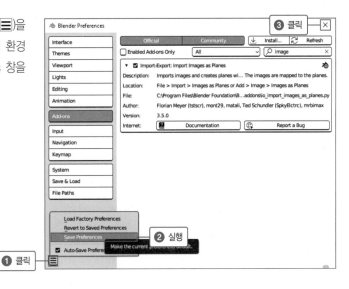

03 | 탐색기에서 P4_Building → textures → blueprints 폴더의 'Top_ Roof.png' 파일을 블렌더의 3D 작업 화면으로 드래그하여 불러옵니다.

TIP 이미지는 한 번에 하나씩 블렌더로 불러올 수 있습니다.

04 블렌더에 'Top_Roof.png' 파일이
불러들여집니다. Outliner 패널에 'Empty'
오브젝트로 불러들여졌습니다.

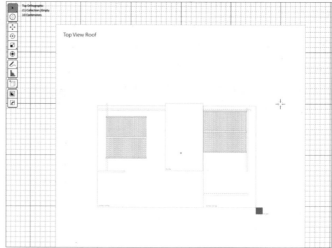

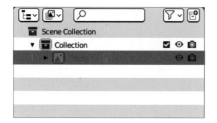

05 같은 방법으로 P4_Building →
textures → blueprints 폴더의 'Back.
png', 'Front.png', 'side.png', 'side_
Back.png', 'Top_1st floor.png', 'Top
_2nd floor.png' 파일을 불러옵니다.

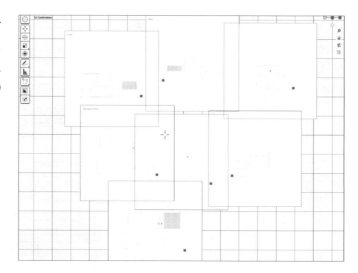

06 이미지 파일 이름을 알아볼 수 있게
각각 변경합니다. Outliner 패널에서 'New
Collection' 아이콘(🖿)을 클릭해 'Ref_
Blueprints' 컬렉션을 만들고 모든 파일을
컬렉션에 포함합니다.

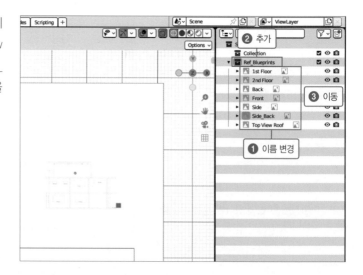

설계 도면 배치하기

01 불러온 모든 이미지를 선택하고 [Alt] +[G]를 눌러 모든 오브젝트를 화면 중심에 모이도록 만듭니다. 만약 불러온 이미지가 각각 다르게 회전되어 있다면 [Alt]+[R]을 눌러 회전 값을 모두 초기화합니다.

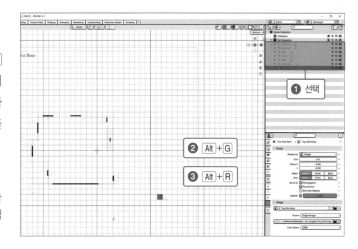

❶ 선택

❷ [Alt]+[G]

❸ [Alt]+[R]

TIP 마치 하나의 오브젝트처럼 보이지만 Outliner 패널을 확인하면 일곱 개의 오브젝트가 선택되었습니다.

TIP 오브젝트를 전체 선택하는 방법
❶ [Shift]를 누른 상태로 오브젝트를 하나씩 선택합니다.　❷ [A]를 누르고 (Select All)을 선택합니다.

02 모든 이미지가 위쪽을 향해 배치되어 있습니다. 이중 Front, Back, Side, Side Back을 각각 선택해서 정면을 바라보게 하겠습니다. Outliner 패널에서 이미지에 해당하는 오브젝트를 선택합니다.

선택

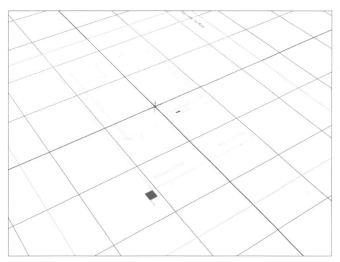

03 선택한 이미지를 회전하기 위해 마우스 커서를 Main Region 화면에 위치하고 [R]과 [X]를 순서대로 누른 다음 '90'을 입력합니다. 오브젝트가 그림과 같이 X 방향으로 90° 회전됩니다.

TIP [R]은 회전, [X]는 회전축, 90은 '90°'를 의미합니다.

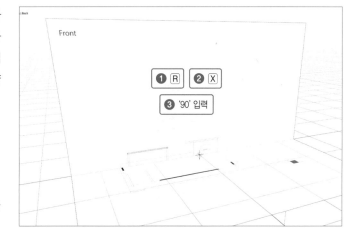

❶ [R]　❷ [X]

❸ '90' 입력

Front

04 타운하우스 바닥을 Main Region 화면과 맞추기 위해 이미지 오브젝트를 이동하겠습니다. 회전한 오브젝트들을 선택한 상태로 넘버 패드 ①을 눌러 Front View로 시점을 변경합니다.

TIP 키보드에 넘버 패드가 없다면 Navigate의 X, Y, Z를 이용해 −Y 정면을 보게 합니다.

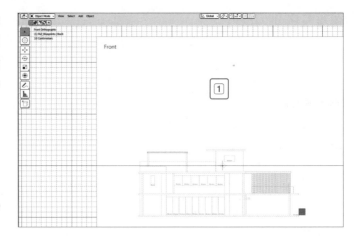

05 정면을 보는 오브젝트들을 선택하여 건축물의 바닥이 Main Region 화면의 중심점에 맞게 이동합니다. 오브젝트를 선택하고 ⑥와 ⓩ를 눌러 위아래로만 움직이게 고정합니다.

TIP 여기서 Z축이 아닌 다른 축을 움직이면 이후에 모든 설계 도면의 방향을 맞추기 어려워집니다.

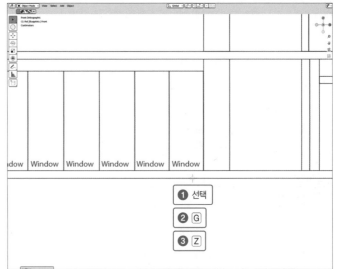

06 'Side'와 'Side_Back' 오브젝트를 선택하고 ®과 ⓩ를 순서대로 누른 다음 '90'을 입력해 Z 방향으로 90° 회전합니다.

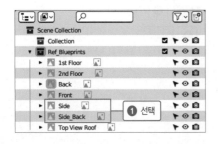

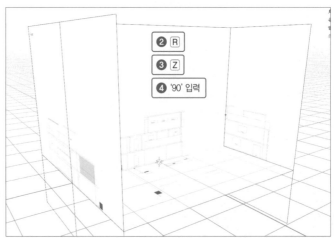

07 겹친 이미지를 조절하겠습니다. G를 누르고 'Front' 오브젝트를 −Y 방향, 'Back' 오브젝트를 Y 방향, 'Side' 오브젝트를 X 방향, 'Side Back' 오브젝트를 −X 방향으로 적당히 이동해 그림과 같이 배치합니다.

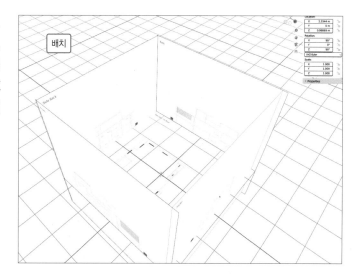

08 위쪽에서 본 평면도들도 순서대로 움직이겠습니다. 1층은 그대로 두고, 옆면 오브젝트들의 바닥면에 맞추어 '2nd floor' 오브젝트와 'Top View Roof' 오브젝트를 Z축 위로 이동합니다. 이미지를 참고해 2층 바닥면 아래에 맞춥니다.

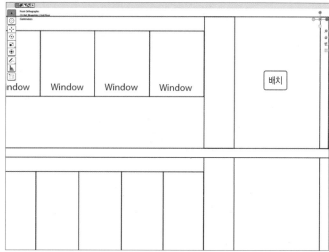

09 같은 방법으로 'Top View Roof' 오브젝트도 그림과 같이 3층 면의 가장 아래쪽에 맞추어 이동합니다.

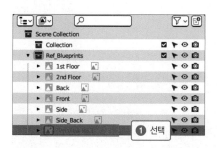

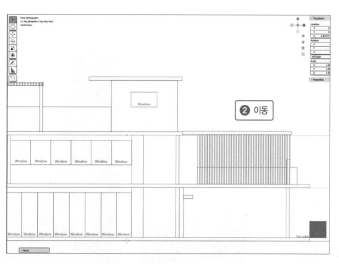

10 │ 모두 문제없이 이동되면 그림과 같이 나타납니다.

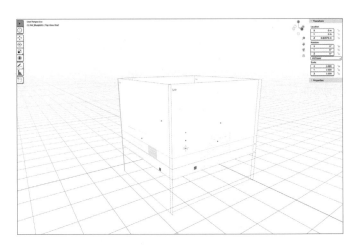

설계 도면 크기 설정하기

01 │ 모든 이미지가 불투명해 구조를 파악하기 어려워 투명도를 설정해서 보기 편하게 만들겠습니다. 모든 오브젝트를 선택하고 Properties 패널에서 (Object Data(▽)) 탭을 선택합니다. Alt 를 누른 채 'Opacity'를 체크 표시하여 선택된 모든 오브젝트에 동시에 적용합니다.

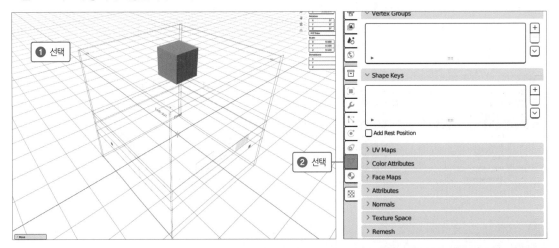

TIP 'Opacity(투명도)'는 Print Friendly 테마에서 잘 나타나지 않습니다. 그림과 같이 Blender Dark 테마로 설정하면 오브젝트가 투명하게 보이고 그 안에서 모델링을 확인하는 게 좀 더 편리합니다.

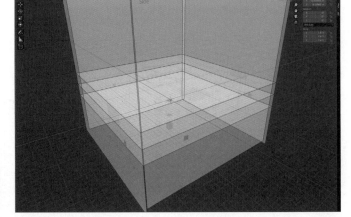

02 이미지 오브젝트 크기를 실제 블렌더 크기에 맞추겠습니다. Shift+A를 눌러 표시되는 Add 창에서 (Mesh) → (Cube)를 선택하여 육면체 오브젝트를 만듭니다. N을 눌러 슬라이드바(Sidebar)를 표시하면 기본 크기가 '2m'인 육면체를 확인할 수 있습니다. 이를 '1m'로 축소하기 위해 육면체가 선택된 상태로 S를 누른 다음 '0.5'를 입력합니다.

TIP 예제에서는 육면체가 잘 보이게 위치를 이동했습니다. 실제 작업에서는 육면체 위치를 이동할 필요가 없습니다.

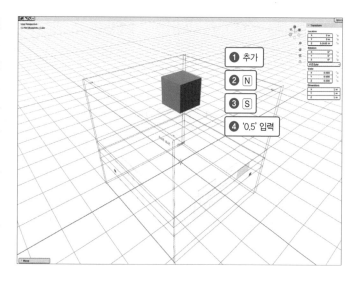

03 Ctrl+A를 누르고 (Scale)을 선택하여 크기를 '1'로 초기화합니다.

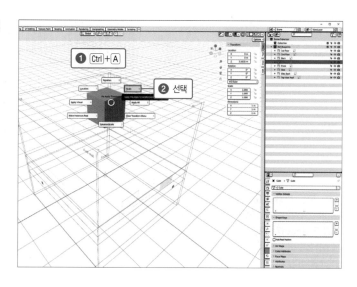

04 육면체 오브젝트를 바닥면으로 이동합니다. 넘버 패드 /를 눌러 Isolation View로 시점을 변경하여 작업하면 편리합니다.

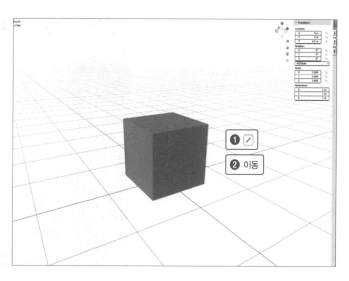

05 넘버 패드 ⁄를 다시 눌러 Isolation
View 시점에서 나온 다음 육면체를 제외
한 모든 이미지 오브젝트를 선택합니다.

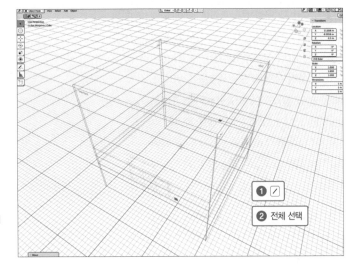

TIP 육면체 오브젝트만 선택한 상태로 Ctrl
+I를 누르면 선택이 반전되면서 육면체를
제외한 모든 오브젝트가 선택됩니다.

06 육면체 오브젝트와 이미지에 있는
사각형 크기가 일치하도록 이미지 오브젝트의
크기를 조절합니다.

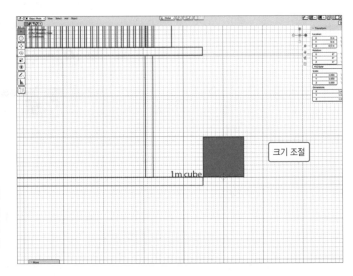

TIP 모든 이미지 오브젝트의 빨간색 사각형
은 1m 크기입니다. 모든 이미지 오브젝트는
크기가 동일하기 때문에 전체 선택한 상태에
서 하나의 이미지만 보며 작업하면 쉽게 맞출
수 있습니다.

07 모든 이미지 오브젝트를 선택하고
Main Region 화면 가운데로 이동합니다.
육면체 오브젝트를 Front View와 Side
View 시점에서 빨간색 사각형에 위치하게
이동합니다. 'Back'과 'Side_Back' 오브젝
트는 Z 방향으로 180° 회전합니다.

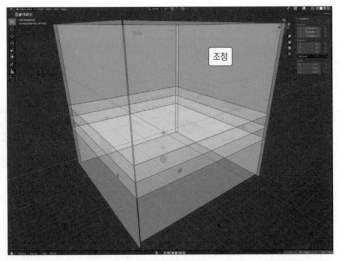

TIP 크기를 조절하면서 이미지 오브젝트의
위치가 이동했기 때문에 전체 이미지 오브젝
트의 위치를 다시 조절해야 합니다. 위치 조절
이 끝나고 시점을 변경하면서 확인하면 정확
한 위치를 확인할 수 있습니다.

모델링 준비하기

01 | 육면체 오브젝트 이름을 알아보기 쉽게 변경하기 위하여 F2를 누른 다음 'Center_Cube'를 입력합니다.

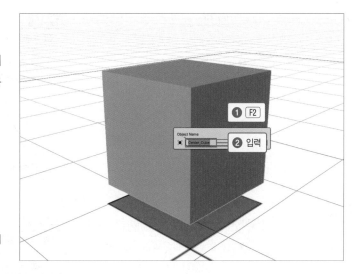

TIP 육면체 오브젝트의 이름은 보기 편한 이름으로 설정해도 상관 없습니다.

02 | 모델링하기 위해 Outliner 패널에서 '1st Floor', 'Center Cube' 오브젝트를 제외한 나머지 오브젝트의 '눈' 아이콘(◉)을 클릭하여 비활성화해서 모두 숨깁니다.

03 | 'Center Cube' 오브젝트는 눈에 잘 띄도록 빨간색 셰이더를 만들어 적용하겠습니다. 'Center Cube' 오브젝트를 선택한 다음 Properties 패널에서 (Shader) 탭을 선택합니다. (New) 버튼을 클릭하면 새로운 셰이더가 만들어집니다. 이름을 더블클릭하고 'Center_Cube'로 변경합니다. (Base Color)와 (Viewport Display) 옵션의 Color를 '빨간색'으로 지정합니다.

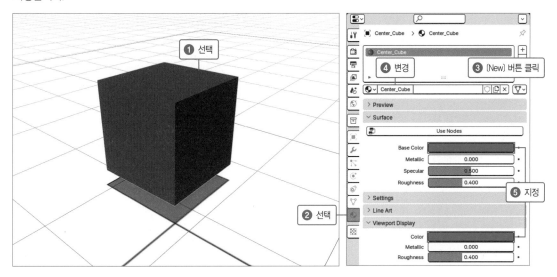

TIP (Viewport Display) 옵션의 Color도 '빨간색'으로 바꾸면 작업할 때 훨씬 편리합니다.

04 | 'Center_Cube', '1st Floor' 오브젝트가 선택되지 않도록 만들겠습니다. 현재 Outliner 패널의 '눈' 아이콘 (⊙), '카메라' 아이콘(◻)만 기본으로 표시되어 있습니다.

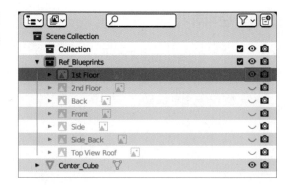

05 | Outliner 패널에서 'Filter' 아이콘(▽)을 클릭하고 'Selectable' 아이콘(▶)을 클릭해 활성화합니다. 오브젝트의 선택 가능 여부를 정할 수 있습니다.

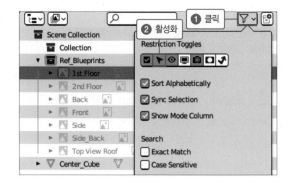

06 | 'Center_Cube'와 '1st Floor' 오브젝트가 선택되지 않도록 'Selectable' 아이콘(▶)을 클릭하여 비활성화합니다.

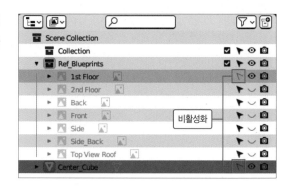

1층 바닥과 벽면, 장식 모델링하기

02

건물의 1층 바닥과 벽면 그리고 장식으로 배치된 구조체를 모델링합니다. 폴리곤 모델링의 기본 기능을 다루고 모델링에 최적화된 방법을 제안하겠습니다.

● 예제 파일 : P4_Building\P4_01_Building_BP.blend
● 완성 파일 : P4_Building\P4_02_Building_1stFloor.blend

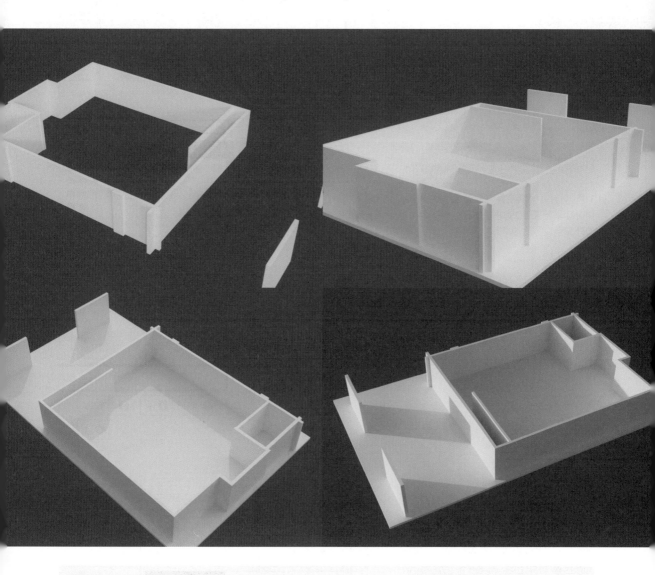

POINT

❶ 배치된 설계도를 기반으로 기본 모델링 시작하기

❷ 기본 평면(Plane)을 사용하여 평면도를 만들고 높이 생성하기

❸ 버텍스와 폴리곤을 편집하는 여러 가지 방법 익히기

1층 벽면 구조 만들기

01 | 이전 작업을 이어서 진행합니다. 벽면 구조를 만들기 위해 Shift+A를 누르고 Add 창에서 (Mesh) → (Plane)을 실행해 평면을 생성합니다.

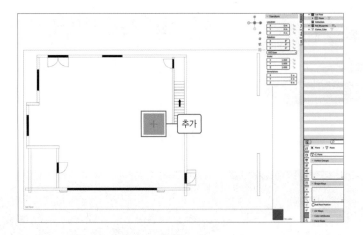

02 | Outliner 패널에서 'New Collection' 아이콘(🗁)을 클릭하여 '1st Floor' 컬렉션을 만듭니다. 1층에 관련된 모든 오브젝트는 이 컬렉션에 정리할 예정입니다.

TIP 이전의 '설계도를 모델링 방향에 맞추어 배치하기'에서 이어집니다. 프로그램마다 그리드, 평면 등 이름이 조금씩 다르지만 모두 같은 뜻입니다.

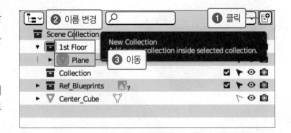

03 | 평면을 적당한 곳에 배치하고 벽 두께와 같도록 S를 누른 다음 크기를 조절합니다. 이제부터 대부분 작업을 Top View 시점에서 진행하므로 넘버 패드 1을 눌러 시점을 변경합니다.

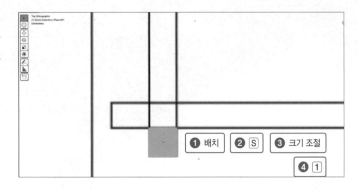

04 | 건물의 왼쪽 아래에 그림과 같이 배치하고 만든 오브젝트를 선택합니다. Properties 패널에서 (Shader) 탭으로 이동합니다. (New) 버튼을 클릭하여 새로운 셰이더를 만든 다음 선택하고 (Viewport Display) 옵션에서 Color를 '녹청색'으로 지정합니다.

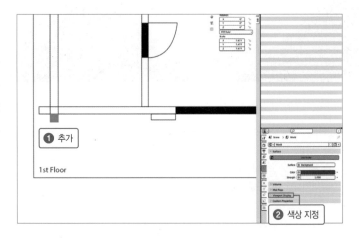

05 〔Edit Mode〕로 변경하고 〔Edge〕 선택 모드로 변경합니다.

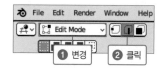

TIP Header 패널에서도 설정 모드와 선택 모드를 변경할 수 있습니다.

06 ⒠를 눌러 〔Extrude Region(▦)〕 도구를 선택한 다음 선을 돌출하면서 벽면 아래쪽을 하나씩 구성합니다.

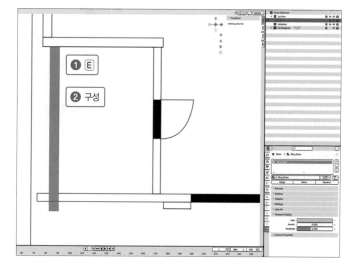

TIP 이때 모두 하나의 면으로 연결할 필요는 없습니다.

07 ⒞trl+ⓡ을 눌러 〔Loop Cut(▦)〕 도구를 선택하면 선이 추가될 장소가 표시됩니다. 마우스 휠을 돌려 선의 개수를 추가한 후 숫자와 방향을 확인한 다음 클릭합니다. 이때 원하는 위치로 선을 이동하고 클릭해 선으로 분할될 부분을 확정합니다.

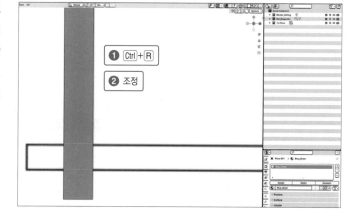

TIP ⒞trl+ⓡ, 클릭, 그리고 다시 한 번 클릭하는 과정을 거쳐야 합니다. 처음에는 번거로울 수 있지만, 나중에 다양한 작업을 할 때 매우 편리해집니다.

08 같은 방법으로 〔Loop Cut(▦)〕 도구를 이용하여 선을 나누고 〔Extrude Region(▦), ⒞trl+Ⓔ)〕 도구로 면을 돌출합니다.

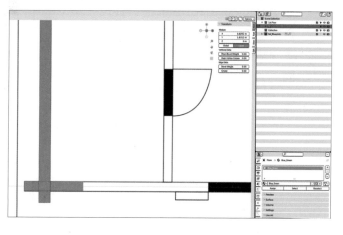

TIP 면이 돌출한 상태에서 원하는 방향으로 약간 움직여 마우스 휠을 누르면 움직인 방향의 축으로 고정되면서 축 방향선이 나타납니다. 이를 이용하면 고정된 축 방향의 면들을 쉽고 빠르게 구성할 수 있습니다.

09 검은색 면으로 표시된 곳들에서 한 번씩 선을 더 추가하며 진행합니다. 작업 방식은 크게 상관없지만, 나중에 창문과 문을 만들 때 표시되어 작업이 편리해집니다.

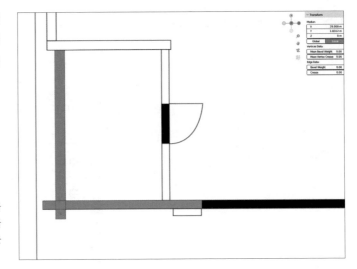

TIP 검은색 부분도 다른 부분과 동일하게 면을 추가합니다. 다만 나중에 이 부분에 쉽게 구멍을 만들기 위해 표시하기 위한 추가 선을 만드는 과정입니다.

10 작업 중 선택되는 선 색상이 오브젝트에 적용한 색상과 비슷해 변경했습니다. 그림과 같이 면이 붙어있는 부분은 계속 연결하여 면을 만듭니다.

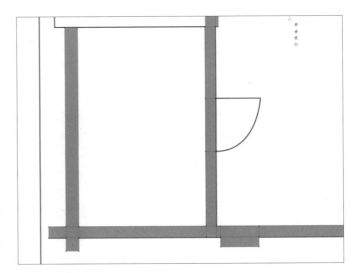

TIP 오브젝트 색상은 오브젝트를 선택하고 Properties 패널에서 (Shader) 탭을 선택한 다음 아래쪽에 위치한 (Viewport Display) 옵션에서 Color를 변경합니다.

11 왼쪽 벽과 위쪽으로 붙는 벽을 작업하겠습니다. Header 패널에서 'Snap' 아이콘(⬦)을 클릭하여 활성화하고 드롭다운 아이콘을 클릭한 다음 점과 선에 붙도록 Shift를 누른 상태에서 (Vertex)와 (Edge)를 선택합니다.

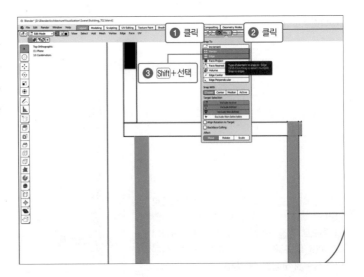

12 넘버 패드 1을 눌러 [Vertex(📋)] 선택 모드로 변경하고 왼쪽 벽 윗부분의 점을 선택합니다.

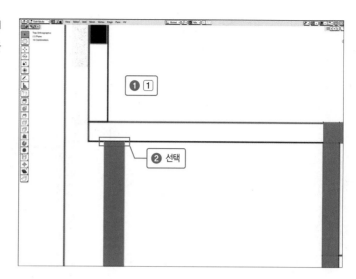

13 G를 눌러 [Move(✥)] 도구를 선택하고 위쪽으로 살짝 움직인 후 마우스 휠을 누른 채 마우스 커서로 높이를 맞춰야 하는 오른쪽 점으로 이동합니다.

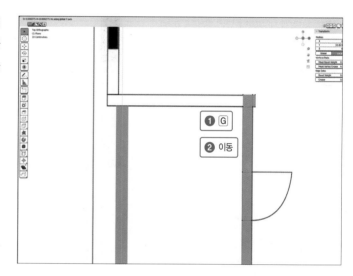

TIP 기준점 아래에 작은 동그라미가 생기고 그 높이로 점이 이동됩니다.

14 같은 방법으로 [Extrude Region (🔲, Ctrl+E)] 도구를 사용하여 위쪽도 높이에 맞게 돌출시킵니다.

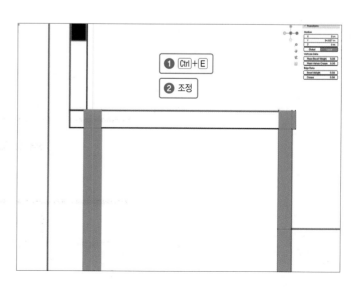

TIP 실제 Snap 기능은 비활성화된 상태로, 작업 중 Ctrl을 누를 때만 Snap 기능이 활성화됩니다.

15 | 나머지 부분도 Ctrl+E를 누르고 Snap 기능을 사용하여 그림과 같이 만듭니다. 면이 필요한 부분은 Ctrl+R을 눌러 선을 분할하고 작업을 진행합니다.

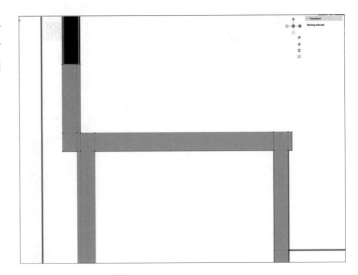

16 | 이렇게 작업하다 보면 중간에 문제가 발생합니다. 면을 돌출시켜서 위치를 맞춘 곳에 두 개의 점이 생겨 오류가 발생합니다.

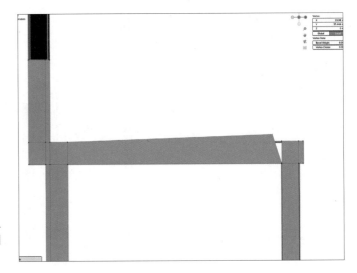

TIP 이는 모델링할 때 자주 발생하며 눈으로 보면 문제가 없지만, 작업을 진행할수록 크게 문제를 발생시킵니다.

17 | 큰 오류가 발생하지 않게 점을 붙이겠습니다. 두 개의 점을 한 곳으로 이동하고 선택한 다음 M을 누른 후 (At Center)를 실행합니다. 점을 움직여 잘 붙었는지 확인합니다.

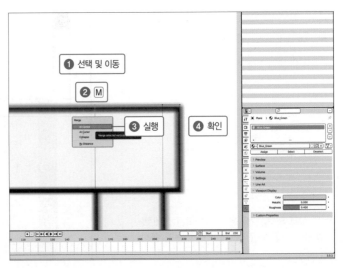

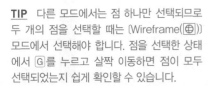

TIP 다른 모드에서는 점 하나만 선택되므로 두 개의 점을 선택할 때는 (Wireframe(⊕)) 모드에서 선택해야 합니다. 점을 선택한 상태에서 G를 누르고 살짝 이동하면 점이 모두 선택되었는지 쉽게 확인할 수 있습니다.

18 같은 방법으로 모든 면을 작업합니다. 폴리곤 내부에 선들이 어떻게 연결되어 있는지 확인하기 위해 Header 패널에서 Overlays의 드롭다운 아이콘을 클릭하고 'Wireframe'을 체크 표시합니다.

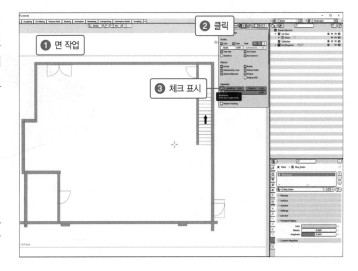

TIP 'Wireframe'은 자주 사용하는 기능으로 단축 키나 Quick Favorites에 등록하고 사용하면 편리합니다.

19 (Edit Mode)에서 ③을 눌러 (Face (■)) 선택 모드로 변경합니다. 모든 면을 선택하기 위해 A를 누르고 (Select All Toggle)을 선택합니다.

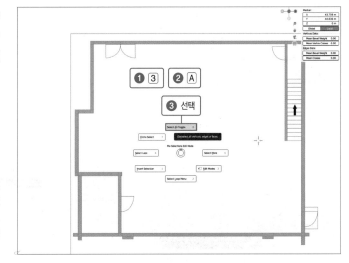

TIP A를 누르고 (Select All Toggle)을 선택하면 전체 선택 혹은 선택 취소를 할 수 있습니다. 오브젝트가 하나라도 선택되어 있으면 전체 선택을 취소하며, 아무것도 선택되지 않으면 전체를 선택합니다.

20 현재까지 진행한 전체적인 모습을 확인합니다.

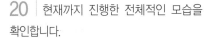

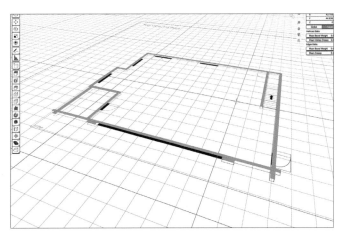

1층 벽면 구조 입체화하기

01 │ 이제 화면을 조정해서 입체적인 모습을 확인하겠습니다. E를 누르고 '3'을 입력하면 3m 높이로 돌출되어 벽이 생깁니다. 왼쪽 화면 아래에 표시되는 Operation 창에서 세부적으로 높이를 설정할 수도 있습니다.

TIP 블렌더는 특이하게 Operation 창을 명령을 실행한 직후에만 표시합니다. 예를 들어, 이 상태에서 G를 눌러 움직이면 Operation 창이 사라져 다시 볼 수 없습니다. 사라진 Operation 창은 다시 불러올 수 없으니 유의하여 작업하세요.

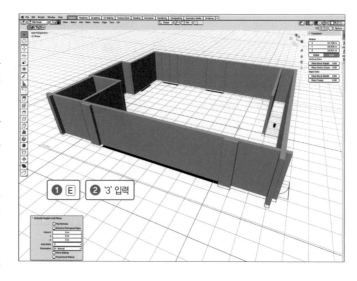

02 │ 높이를 점검하기 위해 Outliner 패널에서 'Side' 오브젝트의 '눈' 아이콘(👁)을 클릭하여 활성화합니다. 넘버 패드 3을 눌러 Right View로 시점을 변경하고 Z를 누른 다음 (Wireframe)을 선택합니다. 생성한 벽 모델링이 설계 도면의 높이와 맞는지 확인합니다.

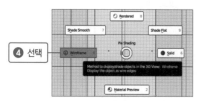

03 │ Outliner 패널에서 'Plane' 오브젝트 이름을 '1stFloor_Wall'로 변경합니다. Shift+A를 눌러 평면을 생성해 바닥면을 만들고, 이름을 '1st Floor'로 변경합니다. 7을 눌러 Top View로 시점을 변경합니다.

TIP 새로운 오브젝트를 생성할 때 오브젝트가 선택되지 않거나, 보이지 않는 경우도 종종 발생합니다. 이때 Outliner 패널의 컬렉션을 확인해 생성한 오브젝트가 다른 컬렉션에 있다면 '1st Floor' 컬렉션으로 이동합니다.

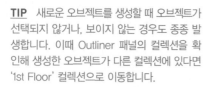

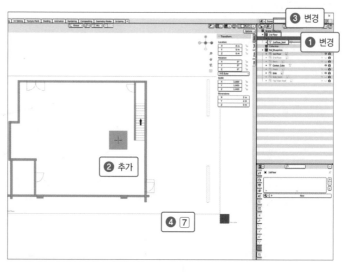

04 크기를 바닥면에 맞게 조정합니다. 크기를 조정할 때는 (Edit Mode)에서 (Vertex([⬚], [1])) 선택 모드로 점을 움직이거나 [S]를 눌러 전체적인 크기를 변경해도 됩니다.

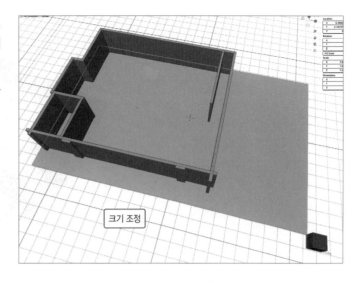

크기 조정

05 (Object Mode)로 변경하고 [Ctrl]+[A]를 누른 다음 (Scale)을 선택해 Scale 설정값을 초기화합니다.

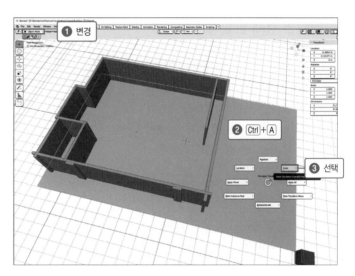

❶ 변경

❷ [Ctrl]+[A]

❸ 선택

06 [Tab]을 눌러 (Edit Mode)로 변경한 다음 [3]을 눌러 (Face([■])) 선택 모드로 변경하고 바닥면을 선택합니다. 넘버 패드 [3]을 눌러 Right View로 시점을 변경하고 [E]를 눌러 Z 방향 아래로 이동해 적당하게 면을 돌출합니다.

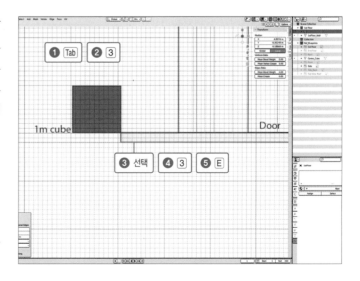

❶ [Tab] ❷ [3]

1m cube

Door

❸ 선택 ❹ [3] ❺ [E]

TIP Navigate에서 (−X)를 선택해 시점을 변경할 수도 있습니다.

07 기본 1층 골격이 그림과 같이 완성되었습니다.

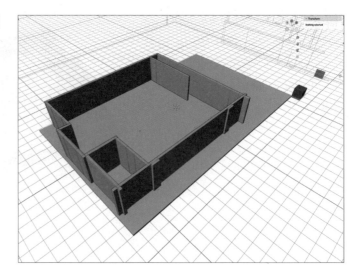

독립적인 벽체 만들기

01 독립적으로 배치된 벽체를 만들기 위해 ⑦을 눌러 Top View로 시점을 변경하고 ☑를 눌러 [Wireframe]을 활성화합니다. 건물 오른쪽 사각형 위치에서 Shift +A를 누르고 [Cube]를 실행하여 육면체 오브젝트를 생성합니다.

TIP 오브젝트를 생성할 때는 반드시 [Object Mode]에서 작업합니다. [Edit Mode]에서 생성하면 기존에 선택된 오브젝트와 합쳐집니다.

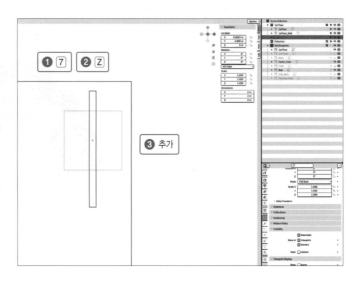

02 Outliner 패널에서 육면체를 '1st Floor' 컬렉션에 추가합니다. 육면체 오브젝트를 선택하고 Tab을 눌러 [Edit Mode]로 변경한 다음 ①을 눌러 [Vertex(□)] 선택 모드로 변경합니다. 육면체를 수정하기 위해 오른쪽 두 개의 점을 선택합니다.

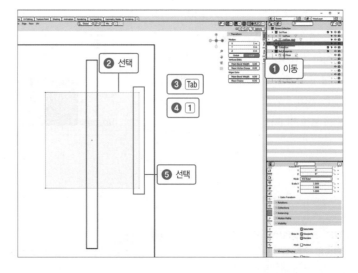

03 G를 누르고 마우스 휠을 눌러 X 방향으로 움직임을 고정한 상태로 배경 이미지에 맞게 점 위치를 왼쪽으로 이동합니다.

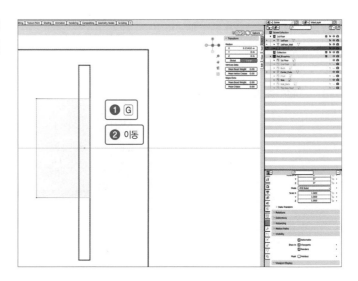

04 같은 방법으로 나머지 점들도 그림과 같이 이동합니다.

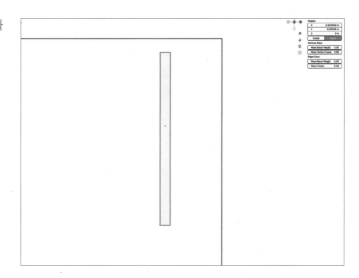

05 Tab을 눌러 (Object Mode)로 변경합니다. 변형한 육면체 오브젝트가 선택된 상태로 Shift+D를 눌러 복제하고 아래쪽 벽에도 배치합니다.

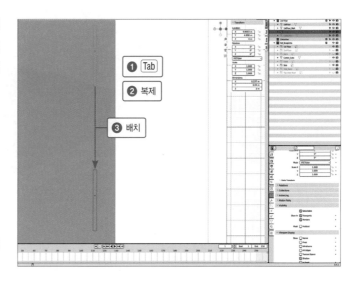

TIP 작업 중에 오브젝트가 잘 보이지 않으면 Z를 누른 다음 (Solid)를 선택합니다.

06 높이를 맞추기 위해 넘버 패드 ③을 눌러 Right View로 시점을 변경합니다. 두 개의 육면체 오브젝트를 선택하고 바닥면에 맞게 이동하여 배치합니다.

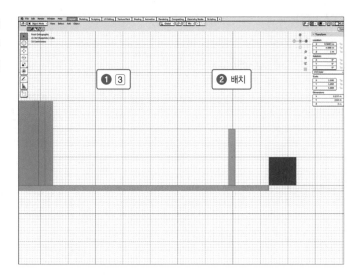

07 높이를 맞추겠습니다. 두 개의 육면체 오브젝트를 선택하고 [Tab]을 눌러 (Edit Mode)로 변경합니다. 오브젝트 위쪽 점만 선택한 후 Ⓖ와 ⒵를 순서대로 눌러 위아래로만 움직이게 만든 다음 왼쪽 벽의 높이와 일치하도록 이동하여 위치를 조정합니다.

TIP [Ctrl]을 눌러 Snap을 활성화한 상태로 움직이면 편하게 높이를 조정할 수 있습니다.

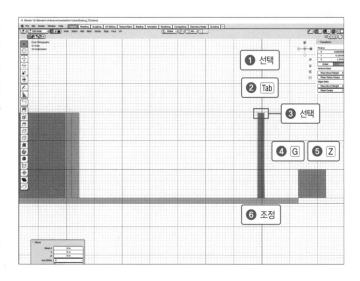

08 화면을 돌리며 모델링 상태를 확인합니다. 1층의 기본 모형이 완성되었습니다.

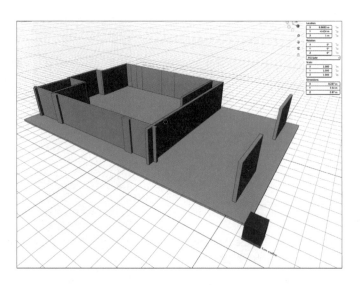

2층 바닥과 벽면, 장식 모델링하기

2층부터 모델링의 개수가 많아지기 시작합니다. 오류가 발생하지 않도록 오브젝트 이름과 컬렉션
정리에 신경쓰면서 작업해 봅니다.

● 예제 파일 : P4_Building\P4_02_Building_1stFloor.blend
● 완성 파일 : P4_Building\P4_03_Building_2ndFloor.blend

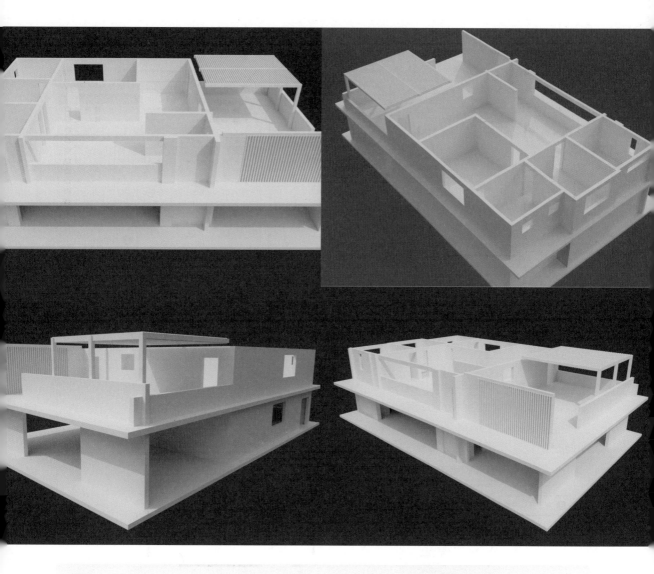

POINT

❶ 컬렉션 기능을 사용하여 층 분리하기
❷ 평면도를 기반으로 2층의 평면을 만들고 높이 설정하기
❸ 많은 오브젝트를 보기 좋게 정리하기

도면 크기 설정하기

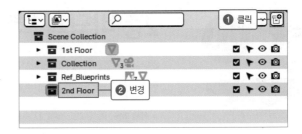

01 │ 이전 작업을 이어서 진행합니다. 2층 모델링 작업을 위해 Outliner 패널에서 'New Collection' 아이콘(⬚)을 클릭하고 이름을 '2nd Floor'로 변경합니다.

02 │ 'Ref_Blueprints' 컬렉션에서 '1st Floor', '2nd Floor' 오브젝트의 '눈' 아이콘(👁)을 클릭해 '1st Floor' 오브젝트는 숨기고, '2nd Floor' 오브젝트는 보이도록 설정을 변경합니다. '2nd Floor' 컬렉션을 선택합니다.

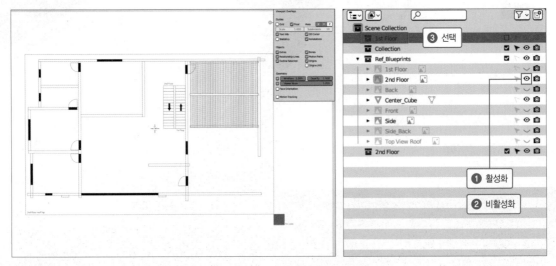

TIP '2nd Floor'를 선택해야 새 오브젝트를 만들 때 자동으로 이 컬렉션에서 정리됩니다.

03 │ 화면을 좀 더 깔끔하게 확인하기 위해 Header 패널에서 Overlays의 드롭다운 아이콘을 클릭하고 'Grid'의 체크 표시를 해제합니다.

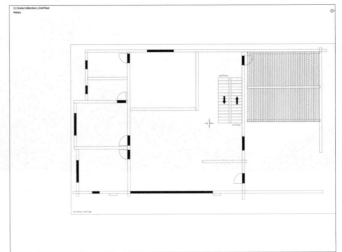

04 | 앞서 1층 벽을 모델링한 방법과 동일하게 Shift+A 를 누른 후 평면 오브젝트를 생성하고 E 를 눌러 면을 돌출하면서 설계 도면의 구조와 같이 모델링합니다.

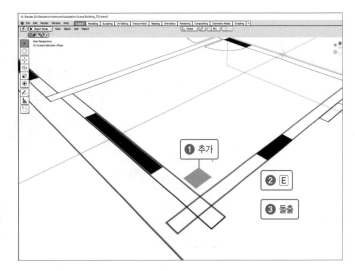

TIP 생성한 평면 오브젝트가 설계도 이미지보다 아래쪽에 위치하면 작업하는데 불편할수 있습니다. 오브젝트를 설계도보다 살짝 위쪽에 배치하고 작업하세요.

05 | 2층 벽의 필수 바닥 구조를 그림과 같이 만듭니다.

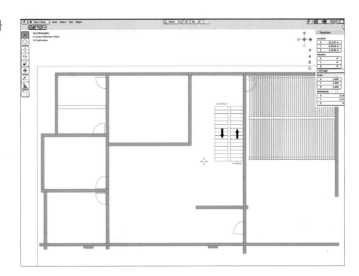

06 | 다른 View로 시점을 변경하면서 잘 못된 곳이 없는지 확인합니다.

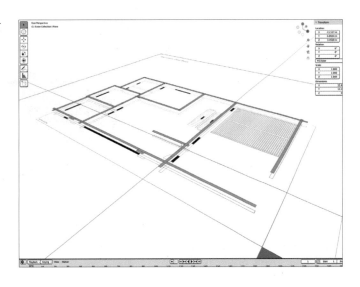

07 (Edit Mode)에서 넘버 패드 3을 눌러 (Face(■)) 선택 모드로 변경한 후 모든 면을 선택합니다. E를 누른 다음 '3'을 입력하여 3m 높이의 벽을 만듭니다.

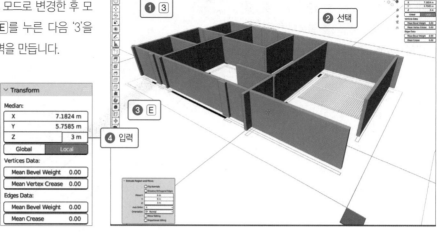

∨ Transform	
Median:	
X	7.1824 m
Y	5.7585 m
Z	3 m
Global	Local
Vertices Data:	
Mean Bevel Weight	0.00
Mean Vertex Crease	0.00
Edges Data:	
Mean Bevel Weight	0.00
Mean Crease	0.00

4 입력

08 벽 오브젝트가 계속 선택된 상태로 넘버 패드 3을 눌러 Right View로 시점을 변경합니다. 그림과 같이 위쪽을 3층 지붕 아래까지 이동하고 아래쪽은 2층 벽이 시작하는 위치까지 이동하여 조정합니다.

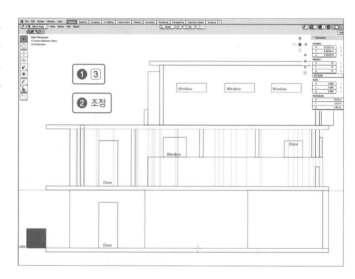

09 작업한 2층 벽면을 확인합니다.

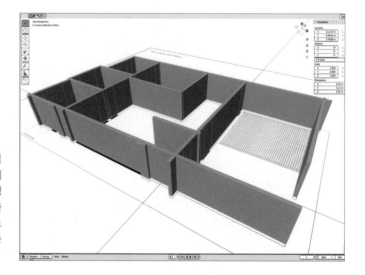

TIP 실제 완성된 2층은 이러한 형태가 아닙니다. 이는 실무에서 자주 발생하는 문제로 제공된 설계도에서 자세하지 않은 부분이나, 생략된 부분이 있어 최대한 자주 클라이언트와 상의해서 바로잡아야 합니다. 어떤 프로젝트도 설계 도면을 완벽하게 제공하지 않으며, 중간에 수정되는 부분도 굉장히 많습니다.

2층 벽면 세부 조정하기

01 | 설계 도면과 실제 만들어야 할 부분
이 다른 벽을 선택합니다. (Edit Mode)로
변경하고 넘버 패드 3을 눌러 (Face(■))
선택 모드로 변경한 다음 (Wireframe)을
활성화하여 빠진 부분 없이 선택되었는지
확인합니다.

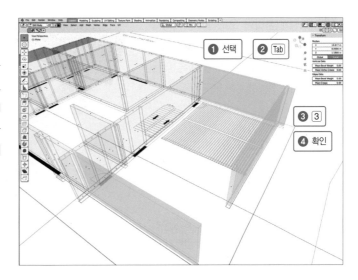

02 | 선택한 부분을 별도의 오브젝트로
분리하기 위해 P를 누르고 (Selection)을
실행합니다.

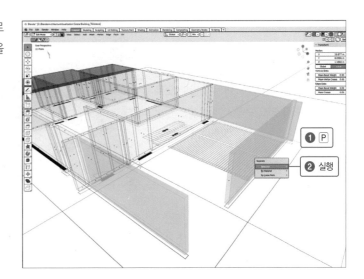

03 | 분리된 오브젝트가 선택된 상태로
/를 눌러 Isolation View로 시점을 변경
해 분리해서 살펴봅니다.

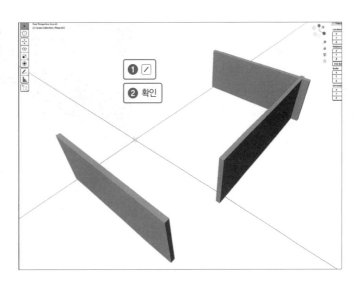

04 이렇게 분리한 오브젝트를 벽마다 한 번 더 분리합니다. 각각 (Face(■)) 선택 모드에서 벽을 선택하고 P를 누른 다음 (Selection)을 실행하여 분리합니다.

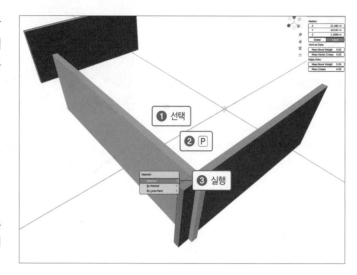

TIP 이 벽들을 분리하는 이유는 벽들의 높이와 구성이 완성된 건물 모양에서 각각 다르기 때문입니다.

05 벽을 분리하면서 구멍이 생긴 부분의 면을 메꾸겠습니다. 구멍 난 부분의 한쪽 면을 선택하고 F를 누르면 메워집니다. 나머지 벽들과 2층의 메인 건물 벽 구멍들도 모두 선택하고 F를 눌러 구멍을 메웁니다.

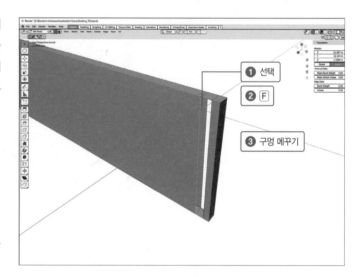

TIP 구멍이 생기는 공간을 막지 않으면 나중에 해결하기 어려운 오류가 발생할 수 있습니다.

06 건물 후면부 벽들의 높이를 조절합니다. (Face(■)) 선택 모드에서 윗면을 선택하고 G와 Z를 순서대로 눌러 Z 방향으로 이동하는 방식으로 작업합니다.

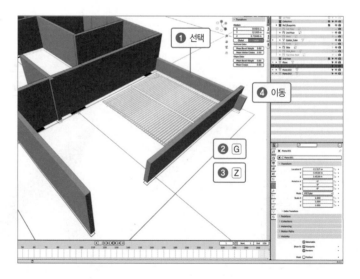

07 같은 방법으로 그림과 같이 건물 앞 벽면의 길이를 줄입니다.

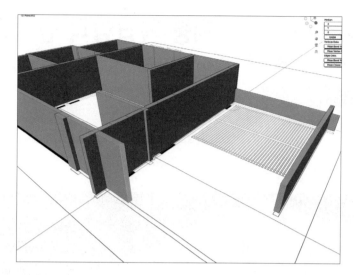

08 2층 바닥 오브젝트는 1층 바닥 오브젝트를 복사하여 사용하겠습니다. Outliner 패널에서 1, 2층에 해당하는 컬렉션의 '눈' 아이콘(👁)을 클릭해 활성화합니다. '1st Floor' 오브젝트를 선택한 다음 Shift+D를 눌러 복제한 후 2층 바닥으로 이동합니다.

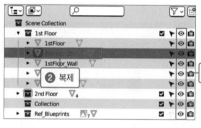

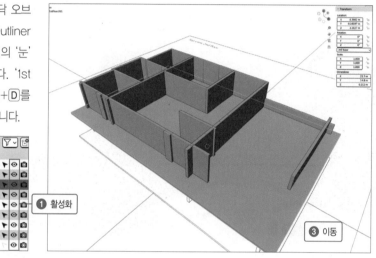

09 복제해서 만든 2층 바닥 오브젝트는 1층 컬렉션에 포함되어 있습니다. M을 누른 후 (2nd Floor)를 실행해 2층 오브젝트들이 포함된 컬렉션으로 이동해서 정리합니다.

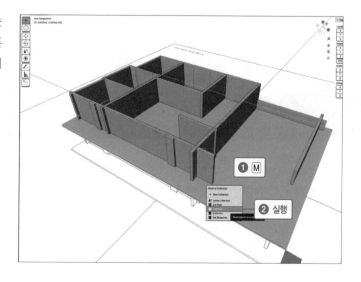

지붕 옥탑방과 장식 요소 제작하기

옥탑 모델링은 일반적으로 간단한 구조를 가지고 있지만, 2층과 같이 복잡한 구조물도 있습니다. 설계 도면만으로는 파악하기 어려운 부분이 많기 때문에 완성된 이미지를 참고해 구조를 정확히 이해하는 것이 중요합니다.

● 예제 파일 : P4_Building\P4_03_Building_2ndFloor.blend

POINT

① 컬렉션을 사용하여 층 분리하기

② 기본 도형을 활용하여 모델링 마무리하기

③ 모디파이어를 활용하여 장식 요소 만들기

지붕 구조 만들기

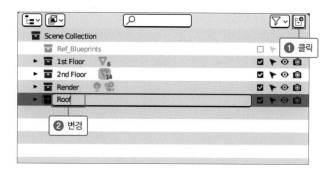

01 | 이전 작업을 이어서 진행합니다. 지붕의 기본 구조를 만들기 위해 Outliner 패널의 'New Collection' 아이콘(⬛)을 클릭하고 이름을 'Roof'로 변경합니다.

02 | 'Ref_Blueprints' 컬렉션에서 'Top ViewRoof' 오브젝트의 '눈' 아이콘(◉)을 클릭해 나타내고 1층과 2층은 숨깁니다.

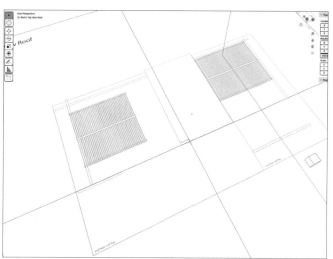

03 | 지붕은 비교적 구조가 단순하고 2층 절반 정도 크기이므로 유의하면서 작업하기 위해 우선 바닥면을 만들겠습니다. 'Roof' 컬렉션을 체크 표시하여 활성화합니다. Shift+A를 누르고 (Cube)를 실행하여 육면체 오브젝트를 생성한 다음 이름을 'Roof'로 변경합니다.

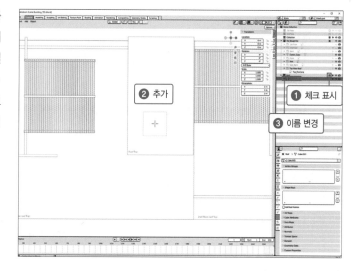

04 〔Edit Mode〕에서 넘버 패드 ①을 눌러 〔Vertex(□)〕 선택 모드로 변경하고 'Roof' 오브젝트를 이동하여 설계 도면에 일치시킵니다.

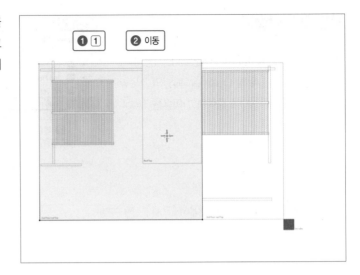

05 넘버 패드 ③을 눌러 Right View로 시점을 변경하고 'Roof' 오브젝트의 높이와 위치를 그림과 같이 조절합니다. 〔Tab〕을 눌러 〔Object Mode〕로 다시 변경합니다.

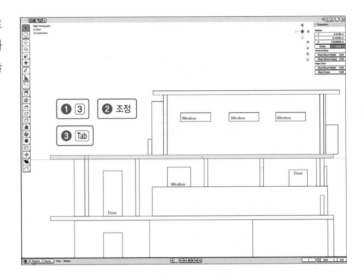

06 작은 건물의 벽체를 올립니다. 다양한 방법 중 육면체를 하나 생성하여 위치를 조절하겠습니다. 〔Shift〕를 누른 채 마우스 오른쪽 버튼을 클릭한 상태로 3D 커서를 3층 바닥면으로 이동하면 작업이 조금 더 수월합니다.

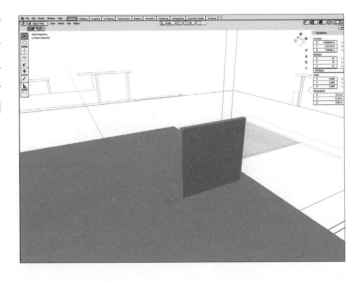

07 | 벽면을 복제하고 이동하여 그림과
같이 나머지 벽들을 만듭니다.

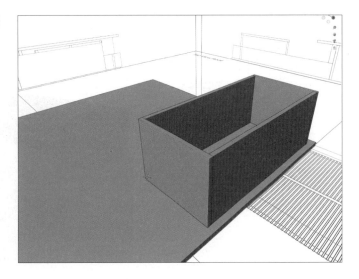

08 | 지붕 윗부분도 만들기 위해 Shift + A를
눌러 육면체를 생성하고 (Edit Mode)에서
형태를 조절합니다.

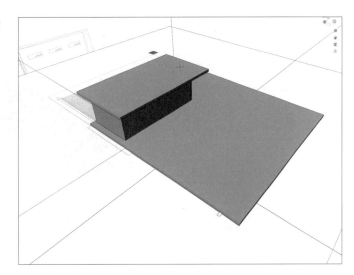

09 | 지붕 베란다 구조체들을 만듭니다.

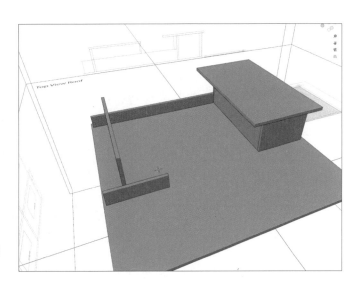

TIP 육면체 오브젝트를 복제하거나 생성해
구조체를 간단하게 배치합니다.

10 약간의 장식 요소가 될 수 있는 그림자 지붕도 만들겠습니다. Shift+A를 누른 다음 육면체 오브젝트를 생성하고 기둥 부분에 위치한 다음 길쭉하게 만듭니다.

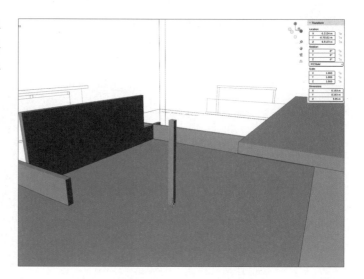

11 10번 과정에서 기둥으로 만든 육면체 오브젝트가 선택된 상태에서 Shift+D를 눌러 복제하고 그림과 같이 세 개의 기둥으로 배치합니다.

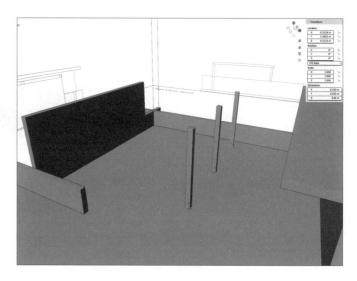

TIP 기둥의 위치를 정확하게 맞추려면 넘버 패드 7을 눌러 Top View 시점으로 변경한 다음 참고 이미지의 그늘 지붕 중심과 가장 바깥쪽에 맞추어야 합니다.

12 기둥 오브젝트를 하나 선택하고 Shift+D를 눌러 복제한 다음 Y 방향으로 90° 회전합니다. 오브젝트 길이를 변경하고 각각 세로 기둥 오브젝트에 복제해 그림과 같이 지붕의 구조체를 배치합니다.

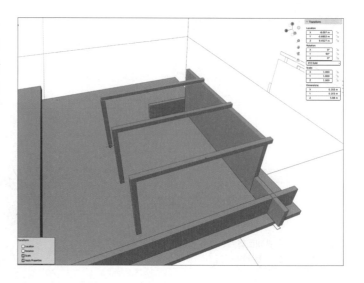

Array 기능으로 나무 그늘막 만들기

01 | 그늘을 드리울 나무살을 만들겠습니다. Shift + A 를 눌러 육면체를 생성하고 그림과 같이 배치합니다. Ctrl + A 를 누른 다음 (Scale)을 선택해 크기를 재설정합니다.

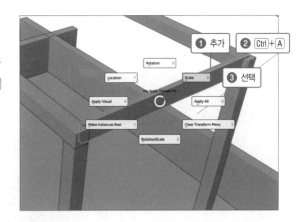

02 | Ctrl + Alt + X 를 누르고 (Origin to Center of Mass)를 선택해 중심점을 물체의 중심으로 이동합니다.

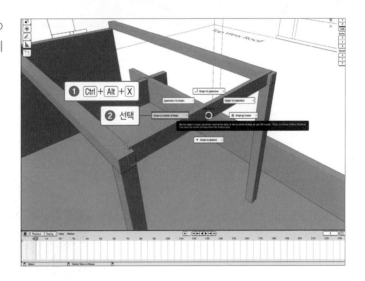

03 | 그늘막 나무 오브젝트가 선택된 채 Properties 패널의 (Modifiers(🔧)) 탭에서 'Add Modifier'를 클릭하고 (Array)를 선택합니다.

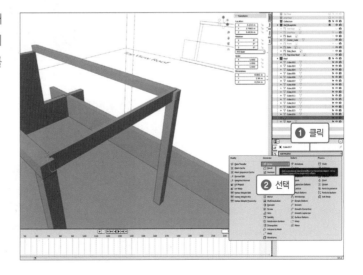

04 Properties 패널에서 Count를 '40', Distance X를 '–0.148m'로 설정하여 오브젝트를 변형합니다.

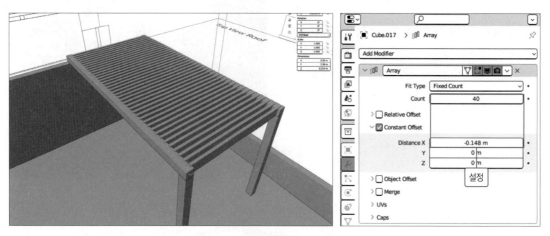

TIP 모디파이어를 사용하면 실제 오브젝트를 변경하거나 복사하지 않고 쉽게 모델링할 수 있습니다. 또한 추후에 아주 쉽게 모델링 변경이 가능합니다.

05 'Add Modifier'를 적용한 오브젝트가 선택된 상태로 Shift+D를 눌러 복제한 다음 옆에 배치합니다.

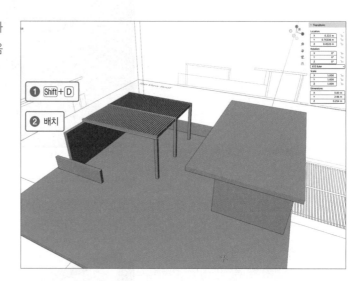

06 만든 구조물을 전체 선택하고 Shift +D를 눌러 복제한 다음 2층으로 이동합니다. M을 눌러 '2nd Floor' 컬렉션에 포함합니다.

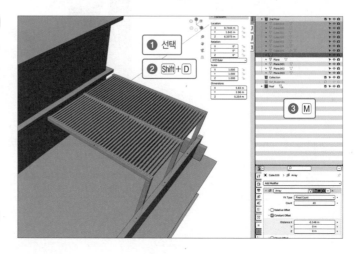

TIP 구조물의 위치는 정확하게 맞지 않아도 일단 적당한 위치로 이동하세요.

07 │ (Edit Mode)에서 복제한 구조물 오
브젝트의 지붕 지지대 길이를 조정합니다.
지붕을 구성하는 오브젝트는 Properties
패널의 (Array) 옵션에서 설정합니다.

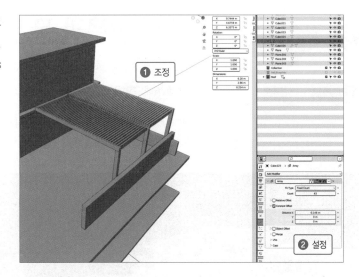

08 │ 지붕을 구성하는 오브젝트 하나를
선택하고 Shift+D를 눌러 복제합니다. 복제
한 오브젝트를 X 방향으로 90° 회전시켜 벽
부분을 완성합니다.

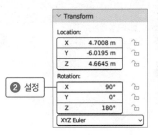

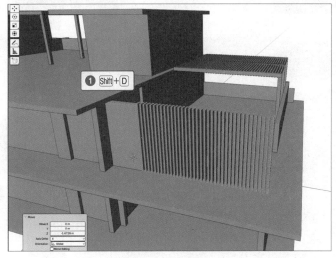

09 │ 위쪽에 막대를 하나 추가해 마무리
하겠습니다. 가로로 긴 육면체 오브젝트를
하나 선택하고 Shift+D를 눌러 복제해 배치
합니다. 이렇게 지붕이 완성되었습니다.

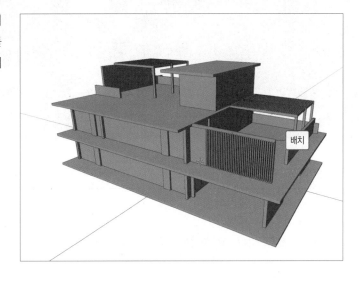

각 층의 창문과 문 위치에 구멍 뚫기

문과 창이 들어갈 위치에 구멍이 필요합니다. 여러 가지 유용한 기법을 사용해서 창문과 문이 들어갈 위치에 벽에 구멍을 내겠습니다.

● 완성 파일 : P4_Building\P4_04_Building_3rdFloor.blend

POINT

❶ 폴리곤에 선을 추가하고 편집하기

❷ 원하는 곳에 직접 구멍 뚫기

❸ Boolean(불린) 기능을 사용하여 원하는 곳에 구멍을 만들고 면 정리하기

1층 구멍 뚫기

01 │ 이전 작업을 이어서 진행합니다. 넘버 패드 ①을 눌러 Front View 시점으로 변경하고 벽 오브젝트를 선택한 다음 Tab을 눌러 (Edit Mode)로 변경합니다. Ctrl+R을 눌러 (Loop Cut(⬚)) 기능을 활성화하고 정면 창 높이를 클릭해 선을 추가합니다.

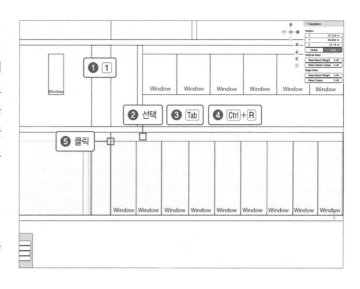

TIP 1층을 제외한 다른 층 오브젝트는 H를 눌러 숨기면 작업하기 편리합니다.

02 │ 시점을 돌리면 건물 바깥 면에 선이 추가되었지만 안에는 추가되지 않았습니다. 같은 방법으로 밖에 있는 선 높이와 동일하게 안에 선을 추가합니다.

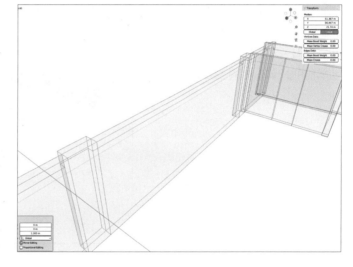

TIP 선을 추가할 때 G+Z와 스냅 기능을 활용하면 편리합니다.

03 │ 1층 벽면 오브젝트를 선택하고 /를 눌러 Isolation View로 따로 확인합니다. 넘버 패드 ③을 눌러 (Face(■)) 선택 모드로 변경하고 앞쪽 창문 부분의 면을 선택합니다. X를 누른 다음 (Delete Faces)를 선택하여 삭제합니다.

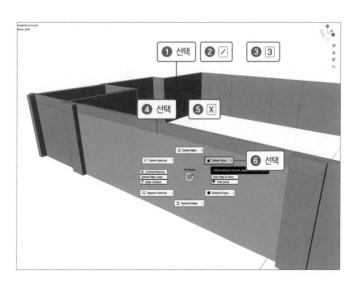

04 면을 삭제하면 뚫린 면이 생깁니다. ②를 눌러 (Edge(■)) 선택 모드로 변경하고 한쪽 선을 선택한 다음 F를 누릅니다. 연결된 모양에 맞게 면이 생성되며 뚫린 부분이 채워집니다.

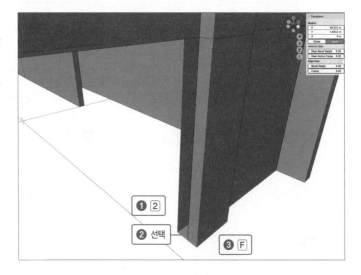

05 Tab을 눌러 (Object Mode)로 변경하고 다른 방향으로 작업하기 위해 시점을 변경하면서 시야를 가리는 오브젝트를 선택합니다. H를 눌러 선택한 오브젝트를 숨깁니다.

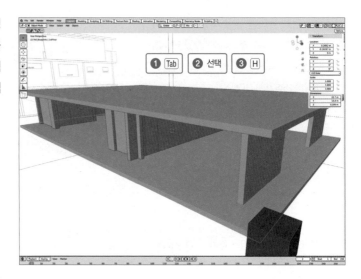

06 넘버 패드 ③을 눌러 Right View로 시점을 변경한 다음 타운하우스 문 위치를 확인합니다.

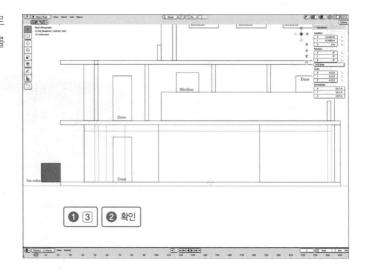

07 │ 벽면 오브젝트를 선택하고 Tab 을 눌러
〔Edit Mode〕로 변경합니다. 3 을 눌러
〔Face(■)〕 선택 모드로 변경합니다. Ctrl
+R 을 누른 다음 문 높이에 맞는 선을 세
개 추가하고 삭제할 면을 선택합니다.

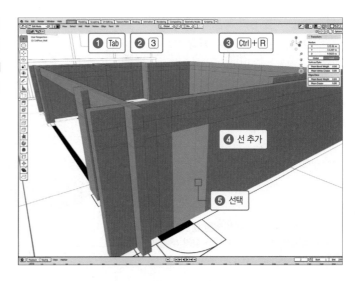

08 │ X 를 누른 다음 〔Delete Faces〕를
선택해 문 부분의 면을 삭제합니다. 2 를
눌러 〔Edge(■)〕 선택 모드로 변경한 다음
한쪽 선을 선택하고 F 를 눌러 면을 생성합
니다.

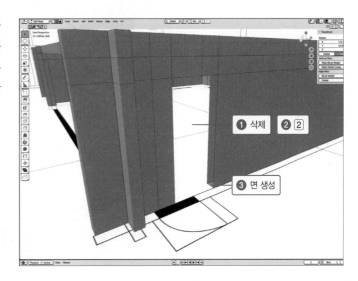

09 │ Ctrl 을 누른 채 넘버 패드 3 을 눌러
Left View로 시점을 변경하면 창문이 들
어갈 부분이 두 개 있습니다. 이 부분에
Boolean을 사용해 창문을 만들겠습니다.
Tab 을 눌러 〔Object Mode〕로 변경합니다.

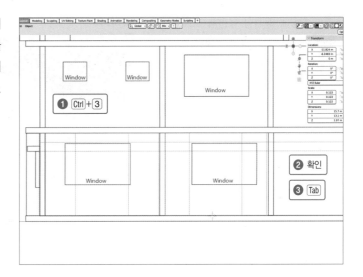

10 │ Shift + A 를 눌러 육면체 오브젝트를
생성하고 창문 크기와 비슷하게 크기를 조
절한 다음 벽에 겹쳐 배치합니다.

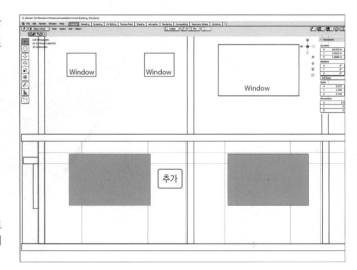

TIP 이 육면체 오브젝트는 벽을 뚫는 도구로
사용합니다. 이때 두께를 벽보다 살짝 두껍게
만들면 좋습니다.

11 │ 다른 시점에서 확인하면 그림과 같
습니다. 두께는 벽보다 깊게 조절하고 높이와
너비는 설계 도면의 창문과 비슷하게 형태를
조정합니다.

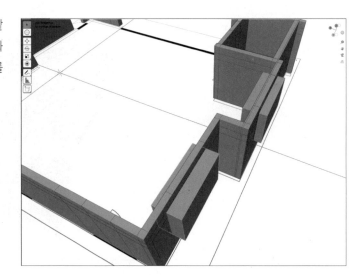

12 │ 창문에 배치한 육면체 오브젝트를
선택하고 벽체 오브젝트를 선택합니다.
Ctrl 을 누른 채 넘버 패드 － 를 누르면 불린
(Boolean)이 적용되어 구멍이 뚫립니다.

TIP Cutter로 사용된 육면체 오브젝트는
Wireframe View로 변경돼 쉽고 빠르게 사용
할 수 있습니다.

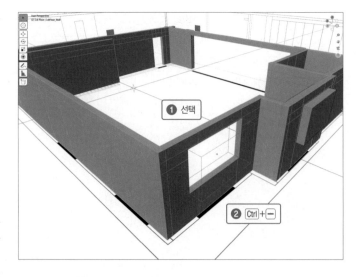

13 | 다른 창문도 Ctrl을 누른 채 넘버 패드 ⊡를 눌러 불린을 적용합니다.

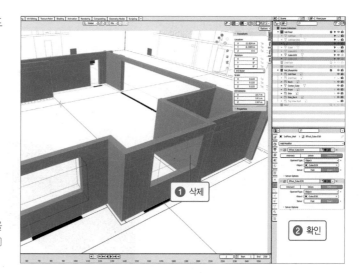

① 삭제

② 확인

TIP Properties 패널의 (Modifiers(🔧)) 탭을 살펴보면 불린을 적용할 때마다 (Boolean) 옵션이 추가됩니다.

14 | 불린(Boolean)이 적용된 모든 옵션의 드롭다운 아이콘을 클릭한 다음 (Apply)를 실행하여 모델링에 적용합니다.

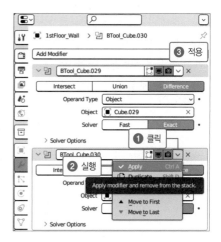

③ 적용

① 클릭

② 실행

15 | 불린이 적용된 육면체 오브젝트를 하나만 남겨 커터(Cutter)로 사용하기 위해 창문 위치의 육면체 오브젝트를 하나 선택합니다. X를 누르고 (Delete)를 실행하여 삭제합니다.

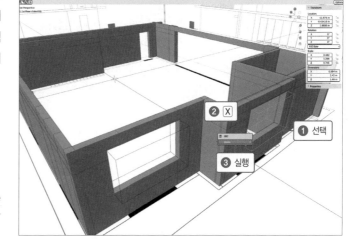

② X

① 선택

③ 실행

TIP 이 육면체 오브젝트는 Wireframe View로 설정되었기 때문에 다른 곳에서 사용할 때 유용합니다.

16 건물의 뒷면을 확인합니다. 창문과 문의 위치를 확인하여 구멍을 뚫을 부분에 Wireframe View로 설정된 육면체 오브젝트를 배치합니다.

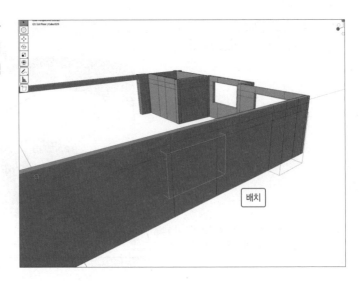

17 배치한 육면체 오브젝트를 모두 선택하고 마지막에 벽체 오브젝트를 선택합니다. Ctrl을 누른 채 넘버 패드 −를 눌러 불린을 적용하면 벽체에 구멍이 깔끔하게 뚫립니다.

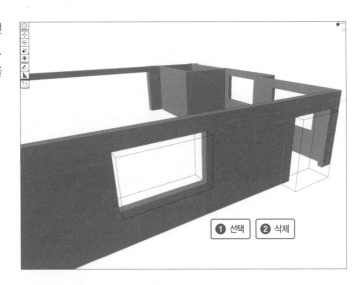

18 같은 방법으로 Properties 패널에서 (Modifiers(🔧)) 탭의 불린이 적용된 모든 옵션에서 드롭다운 아이콘을 클릭하고 (Apply)를 실행해 모델링에 적용합니다. 남아있는 커터(Cutter)로 사용된 육면체 오브젝트 중 하나만 두고 모두 삭제합니다.

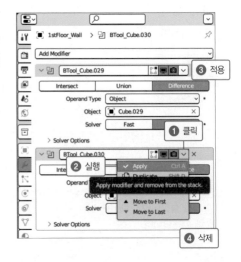

19 | 실내에 필요한 구멍을 만들어 정리하겠습니다. Tab을 눌러 (Edit Mode)로 변경하고 3을 눌러 (Face(■)) 선택 모드로 변경합니다. 구멍을 만들 안쪽 면을 선택한 다음 X를 누르고 (Delete Faces)를 선택하여 삭제합니다.

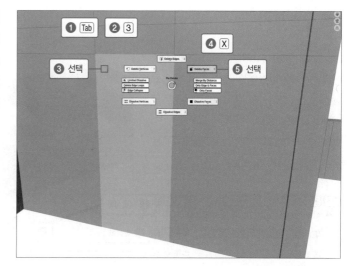

20 | 2를 눌러 (Edge(■)) 선택 모드로 변경하고 한쪽 선을 선택한 다음 F를 눌러 뚫린 부분을 메웁니다. 건물 구조상 계단이 만들어질 부분의 아래쪽과 정면 입구의 옆쪽도 같은 방법으로 정리합니다.

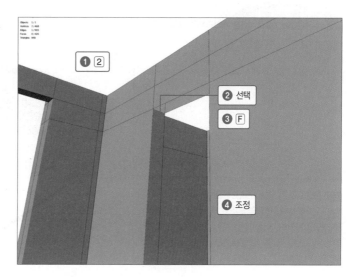

21 | 1층 기본 벽면을 그림과 같이 마무리하고 Tab을 눌러 (Object Mode)로 변경합니다.

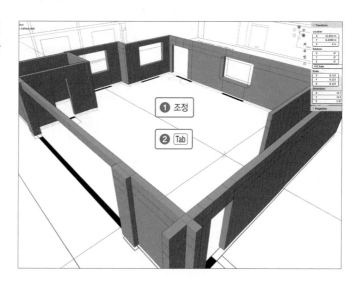

2층 구멍 뚫기

01 │ Outliner 패널에서 '1st Floor' 컬렉
션의 '눈' 아이콘(◉)을 클릭하여 숨기고
'2st Floor' 컬렉션의 '눈' 아이콘(◉)을 클
릭하여 나타냅니다.
벽체 오브젝트를 선택한 다음 Ctrl+I를
눌러 선택을 반전시킵니다.

02 │ 작업에 필요 없는 오브젝트들을 선
택하고 H를 눌러 숨깁니다.

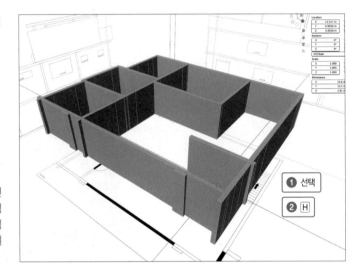

TIP 의도하지 않은 오브젝트가 숨겨진다면
Ctrl+Z를 눌러 원래대로 되돌린 다음 선택
을 취소하고 다시 실행합니다. 오브젝트 선택
취소는 Ctrl을 누른 채 클릭하거나 드래그하여
선택하면 됩니다.

03 │ 넘버 패드 1을 눌러 Front View
로 시점을 변경하고 정면에서 창문이 배치
될 벽을 확인합니다.

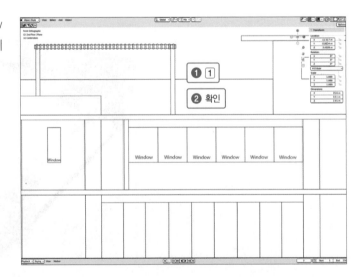

04 | 구멍을 뚫을 벽체 오브젝트를 선택
하고 [Tab]을 눌러 (Edit Mode)로 변경합니다.
[Ctrl]+[R]을 눌러 창문 높이에 맞춘 두 개의
선을 추가합니다.

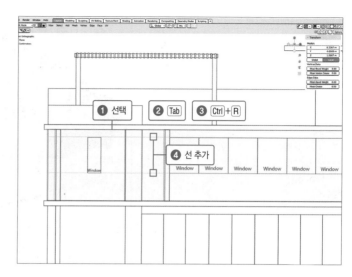

05 | 같은 방법으로 실내 벽에도 밖의 선
위치와 일치하게 선을 추가합니다.

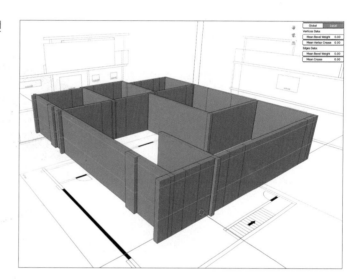

06 | 같은 방법으로 작은 방의 안쪽에도
창문 높이에 맞게 선을 추가합니다.

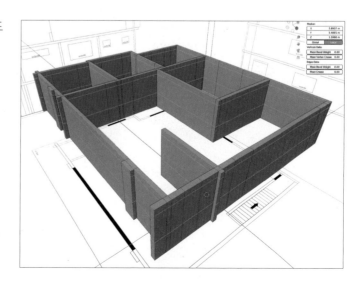

07 이번에는 다른 방법으로 창문에 구멍을 만들겠습니다. ③을 눌러 (Face(■)) 선택 모드로 변경합니다. 구멍이 필요한 안팎의 면을 선택한 다음 마우스 오른쪽 버튼을 클릭하고 (LoopTools) → (Bridge)를 실행합니다.

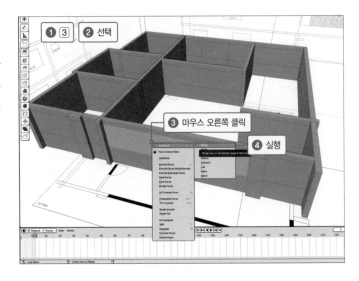

08 선택한 면이 그림과 같이 삭제되어 깔끔하게 구멍이 만들어집니다.

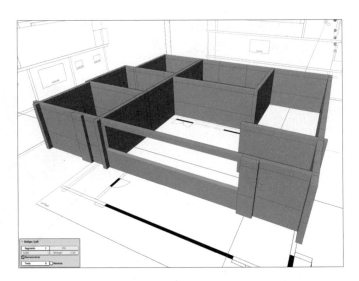

09 넘버 패드 ①을 눌러 Front View로 시점을 변경하고 Ctrl+R을 누른 다음 창문 왼쪽 부분에 그림과 같이 선을 추가합니다.

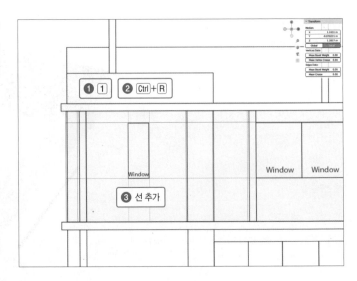

10 | 이번에도 구멍을 뚫을 안팎의 면을 선택하고 마우스 오른쪽 버튼을 클릭한 후 (LoopTools) → (Bridge)를 실행합니다.

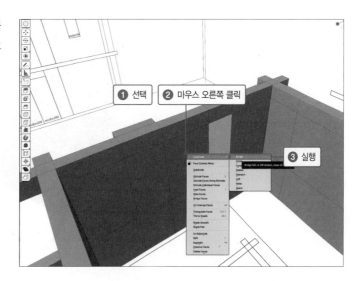

11 | 구멍이 그림과 같이 깔끔하게 만들어집니다.

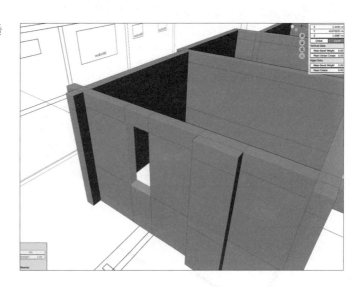

12 | 건물 측면의 창문은 1층에서 사용했던 불린(Boolean)을 적용합니다. Shift +A를 눌러 육면체 오브젝트를 생성하고 창문에 맞게 크기와 위치를 조절하여 배치합니다.

TIP 1층을 만들 때 사용했던 Wireframe View가 적용된 육면체 오브젝트를 사용해도 됩니다.

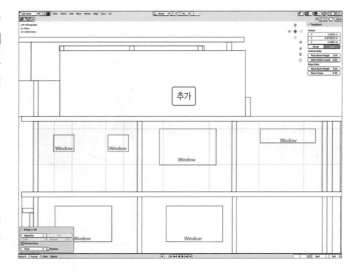

13 창문에 맞게 그림과 같이 육면체 오브젝트가 모두 배치되면 작은 육면체 오브젝트들을 순서대로 선택하고 벽체 오브젝트를 마지막으로 선택한 다음 Ctrl을 누른 채 넘버 패드 −를 눌러 삭제합니다.

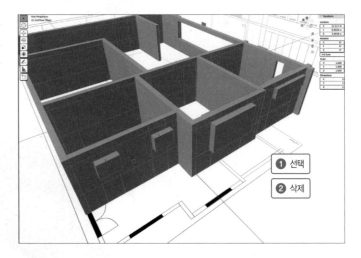

14 구멍이 깔끔하게 생성되었습니다. Properties 패널에서 (Modifiers(🔧)) 탭의 불린(Boolean)이 적용된 모든 옵션에서 드롭다운 아이콘을 클릭하고 (Apply)를 실행해 모델링에 적용합니다.

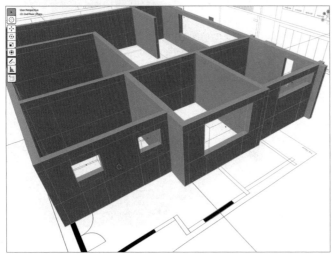

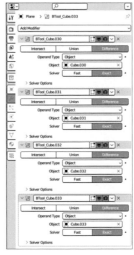

15 같은 방법으로 건물 뒷면 창문에도 Wireframe View가 적용된 육면체 오브젝트의 크기를 조정해서 배치합니다. 육면체 오브젝트를 선택하고 벽체 오브젝트를 선택한 다음 Ctrl을 누른 채 넘버 패드 −를 눌러 구멍을 만듭니다.

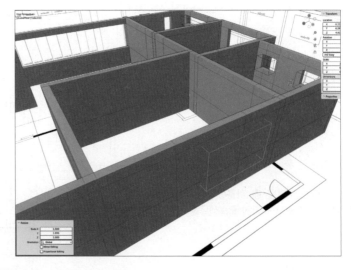

16 │ 구멍이 만들어지면 Properties 패널에서 (Modifiers(🔧)) 탭의 불린이 적용된 모든 옵션에서 드롭다운 아이콘을 클릭한 다음 (Apply)를 실행하여 모델링에 적용합니다.

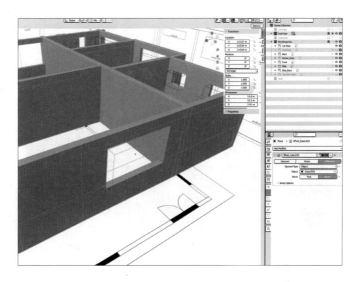

17 │ 같은 방법으로 오른쪽 벽에도 Wireframe View가 적용된 육면체 오브젝트 크기를 조정해서 배치합니다.

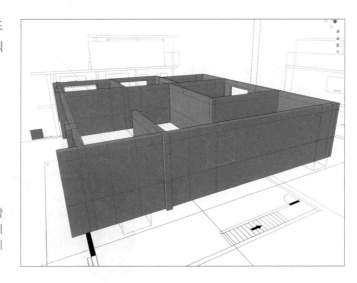

TIP 이때 문은 반드시 벽의 높이보다 살짝 아래로 내려가게 크기를 조정합니다. 이렇게 해야 불린(Boolean)을 적용할 때 문제가 생기지 않습니다.

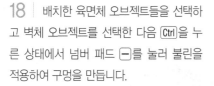

18 │ 배치한 육면체 오브젝트들을 선택하고 벽체 오브젝트를 선택한 다음 Ctrl 을 누른 상태에서 넘버 패드 ⁻ 를 눌러 불린을 적용하여 구멍을 만듭니다.

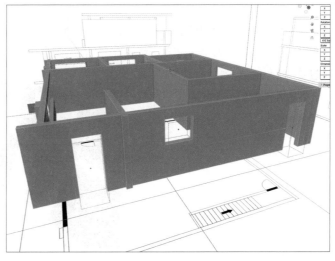

19 〔Modifiers(🔧)〕 탭에 불린이 적용된 모든 옵션에서 드롭다운 아이콘을 클릭하고 〔Apply〕를 실행하여 모델링에 전체 적용시켜 나중에 오류를 방지합니다.

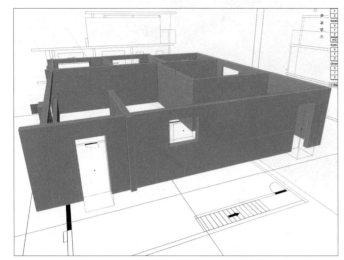
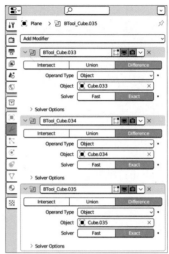

20 실내에서 문 부분의 면들을 삭제합니다. 그림과 같이 표시된 문 위치는 선택해 지우는 것이 깔끔합니다. 삭제할 면을 선택하고 X를 누른 다음 〔Delete Faces〕를 실행하여 면을 삭제합니다.

TIP 설계 도면대로 선이 잘 추가된 부분은 면을 삭제해서 구멍을 만들고, 선을 특별히 추가해야 하는 경우에는 불린(Boolean) 기능을 이용합니다.

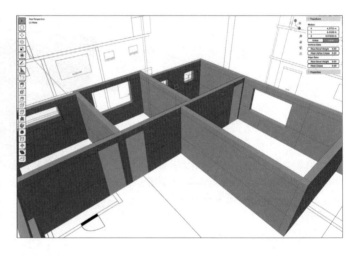

21 설계 도면에는 문이 빠져 있어 Ctrl+R을 눌러 크게 문제되지 않을 범위 내로 선을 추가한 다음 생성된 면을 지웁니다. 폴리곤이 뚫린 곳은 선을 선택하고 F를 눌러 전부 메꿉니다.

22 2층의 전반적인 구조 작업이 마무리되었습니다. (Tab)을 눌러 (Object Mode)로 변경하고 창문과 문을 만들 때 커터(Cutter)로 사용했던 육면체 오브젝트들을 선택한 다음 (Delete)를 눌러 삭제합니다.

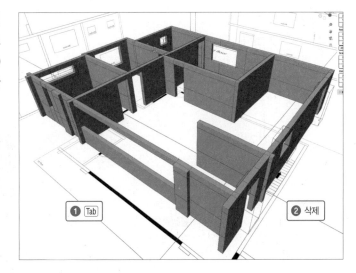

1 (Tab)

2 삭제

23 (Alt)+(H)를 눌러 1층과 2층 컬렉션을 모두 활성화하고 구조를 살피며 잘못된 곳을 점검합니다.

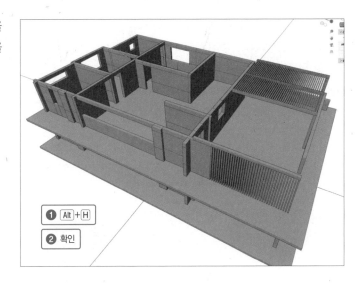

1 (Alt)+(H)

2 확인

옥상 구멍 뚫기

01 Outliner 패널에서 마지막 층인 'Roof'와 도면 컬렉션만 활성화합니다.

체크 표시

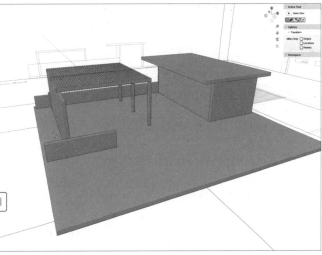

02 | 창문과 문을 만들어야 하는 건물의 외벽 오브젝트만 선택하고 Ctrl+I를 눌러 선택을 반전한 다음 H를 눌러 숨깁니다.

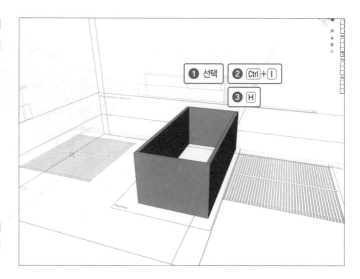

TIP 이때 설계 도면 이미지들은 비활성화돼 선택이 반전되면 선택되지 않으며, 화면에서 사라지지 않습니다.

03 | 넘버 패드 1을 눌러 Front View로 시점을 변경합니다. 정면에서 보이는 창문을 만들기 위해 정면 벽을 선택하고 Tab을 눌러 (Edit Mode)로 변경합니다. Ctrl+R을 누른 다음 창문 크기에 맞게 선을 추가합니다.

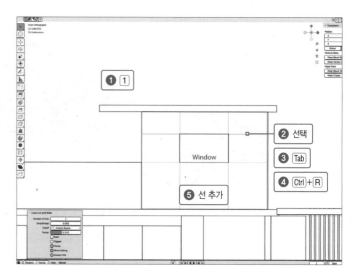

04 | 3을 눌러 (Face(■)) 선택 모드로 변경합니다. 창문 위치의 안팎 면을 모두 선택한 다음 마우스 오른쪽 버튼을 클릭하고 (LoopTools) → (Bridge)를 실행합니다.

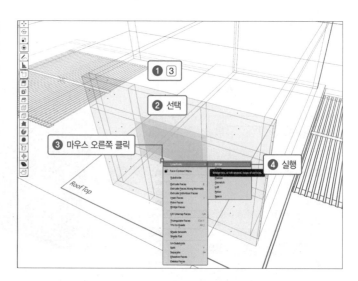

05 정면에 창문 구멍이 만들어졌습니다.

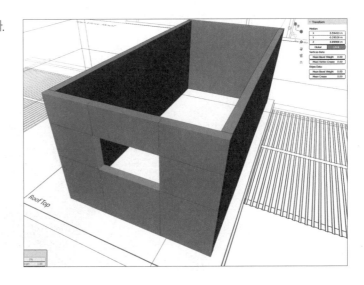

06 넘버 패드 ③을 눌러 Right View로 시점을 변경하고 Ctrl+R을 누른 후 측면 창문에 맞게 선을 추가합니다.

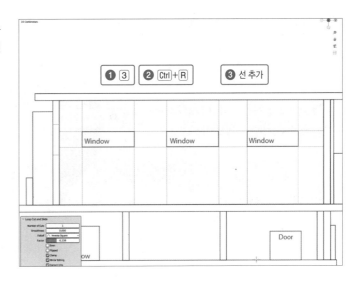

07 창문 위치 안팎의 모든 면을 선택하고 마우스 오른쪽 버튼을 클릭한 다음 (LoopTools) → (Bridge)를 실행합니다.

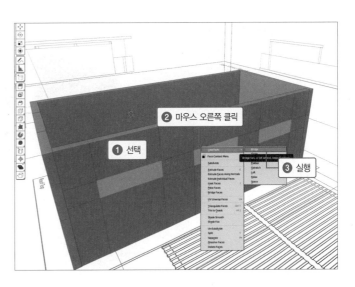

08 측면에 창문 구멍이 만들어졌습니다.

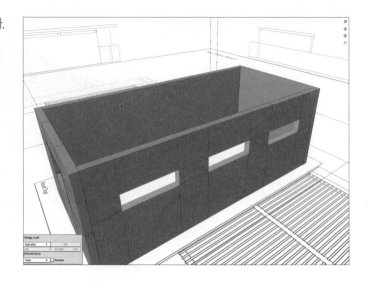

09 설계 도면을 확인하면 옆면과 뒷면에 문과 창문이 있습니다. 적당한 높이에 창문과 문의 구멍이 만들어지도록 [Ctrl]+[R]을 누르고 선을 추가합니다. 창문에서 마우스 오른쪽 버튼을 클릭한 다음 (LoopTools) → (Bridge)를 실행해 구멍을 만듭니다.

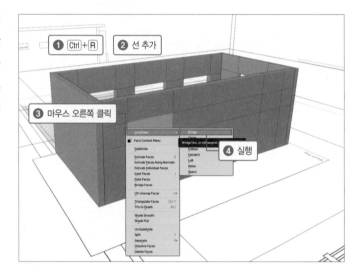

10 문이 될 부분의 면을 선택하고 [X]를 누른 다음 (Delete Faces)를 선택합니다.

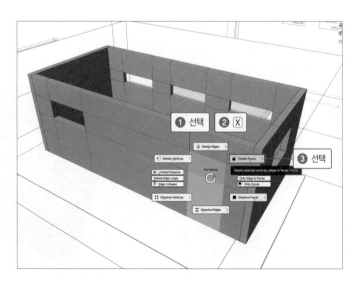

11 ②를 눌러 (Edge(⬚)) 선택 모드로 변경하고 지워진 면에서 폴리곤이 뚫린 곳의 선을 선택한 다음 **F**를 눌러 채웁니다.

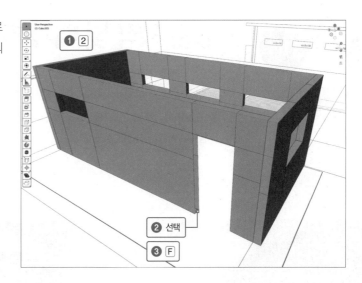

12 모든 작업이 끝나면 **Tab**을 눌러 (Object Mode)로 변경하고 **Alt**+**H**를 눌러 모든 오브젝트를 나타냅니다.

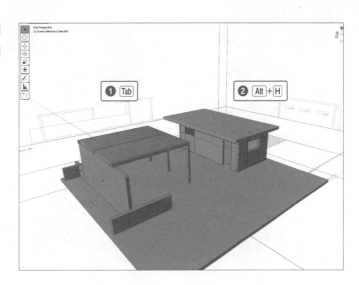

13 Outliner 패널에서 설계 도면 컬렉션의 '눈' 아이콘(⊙)을 클릭하여 보이지 않게, 나머지 건축물 오브젝트는 보이게 설정한 다음 오류가 없는지 점검합니다.

06 창문 제작 및 배치하기

창틀은 건물을 건축할 때 다양한 형태로 사용됩니다. 미적인 요소나 기능적인 이유로 창틀을 선택하지만, 3D 모델링에서는 보이는 부분에만 집중하면 되어 제작이 편리합니다. 간단한 창문 구조를 만들고 유리를 넣어 크기에 맞게 배치하며, 필요에 따라 크기를 조정할 때는 (Edit Mode)에서 수정하여 빠르게 작업할 수 있습니다.

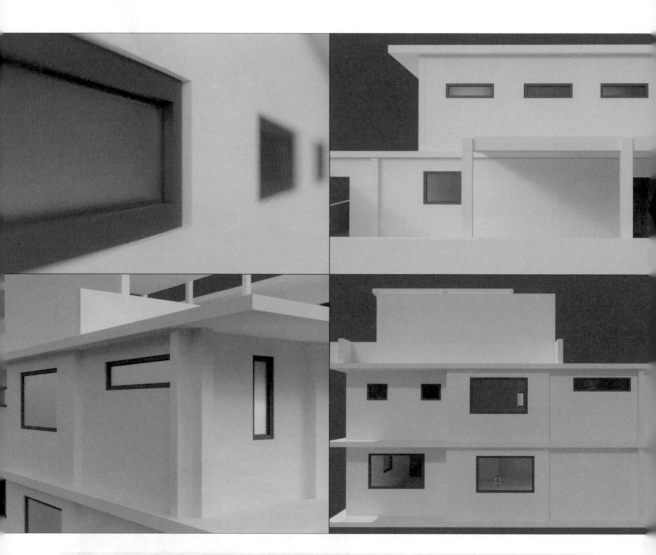

POINT

❶ 뚫려있는 구멍에 맞춘 창문 모델링하기
❷ 창틀에 맞는 유리 파트 제작과 머티리얼 적용하기
❸ 각각 다른 모양의 창문에 맞추어 복사하고 변형하기

창문과 창틀 모델링하기

01 | 이전 작업을 이어서 진행합니다.
Outliner 패널에서 구조가 간단한 'Roof'
컬렉션만 남긴 다음 다른 컬렉션들은 체크
표시를 해제하여 숨깁니다.

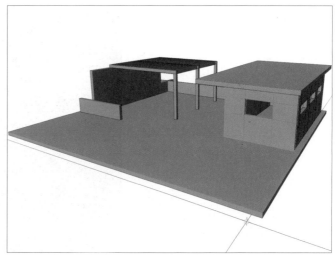

02 | 창문이 들어가는 한쪽 벽을 선택하고
넘버 패드 `/`를 눌러 벽 오브젝트만 볼 수
있는 Isolation View로 시점을 변경합니다.

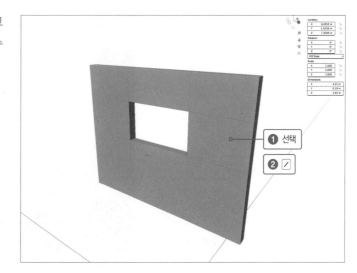

03 | `Shift`+`A`를 누른 다음 육면체 오브
젝트를 창문 크기와 일치하게 만듭니다.
Outliner 패널에서 육면체 오브젝트의 이름을
'window_frame'로 변경합니다.

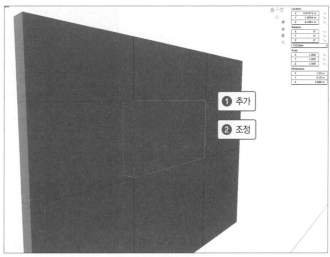

04 두께를 벽보다 살짝 얇게 만듭니다.

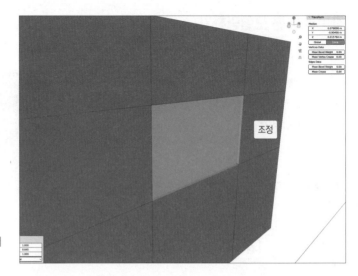

TIP Scale을 조정하거나 (Edit Mode)에서 조정합니다.

05 (Object Mode)에서 Ctrl+A를 누른 다음 (Scale)을 실행해 설정값을 초기화합니다.

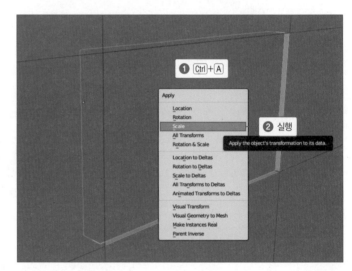

TIP Scale이 '1'로 설정된 것을 확인할 수 있습니다.

06 중심점(Origin Point)을 오브젝트 중심으로 이동하기 위해 마우스 오른쪽 버튼을 클릭하고 (Set Origin) → (Origin to Center of Mass (Volume))를 실행합니다.

07 | 창문 프레임 오브젝트만 따로 보며 작업하기 위해 ⟋를 두 번 누릅니다.

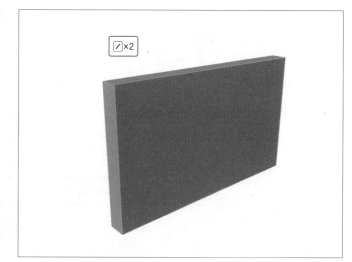

TIP ⟋를 두 번 누르는 이유는 현재 Iso-lation View가 활성화되었기 때문에 한 번 눌러 취소하고, 다시 한 번 눌러서 현재 선택한 오브젝트만 따로 보이도록 하는 것입니다.

08 | Tab을 눌러 (Edit Mode)로 변경한 다음 ③을 눌러 (Face(■)) 선택 모드로 변경하고 넓은 면 하나를 선택합니다.

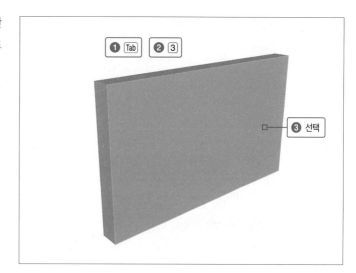

09 | Ⅰ를 눌러 (Inset Faces(■))를 활성화하고 창틀 넓이만큼 드래그하여 면을 생성한 다음 클릭하여 마무리합니다.

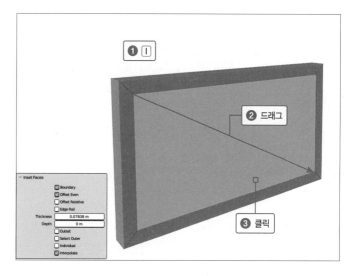

TIP 화면 왼쪽 아래에 표시되는 Operation 창을 설정하면 미세하게 두께를 조절할 수 있습니다.

10 │ Tab을 눌러 (Object Mode)로 변경합니다. Properties 패널에서 (Modifiers (🔧)) 탭의 'Add Modifier'를 클릭한 다음 (Mirror)를 선택합니다.

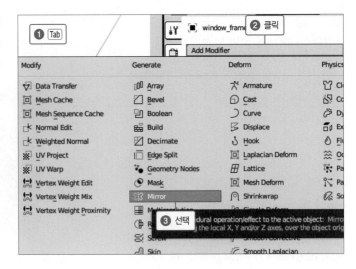

11 │ (Mirror) 옵션에서 Axis의 (Y)를 선택합니다.

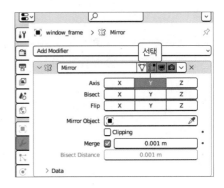

12 │ 3D 뷰포트에서 오브젝트의 앞뒷면을 확인합니다. 앞쪽 모델링이 뒤쪽에도 똑같이 거울처럼 반사되듯 적용된 것을 확인할 수 있습니다.

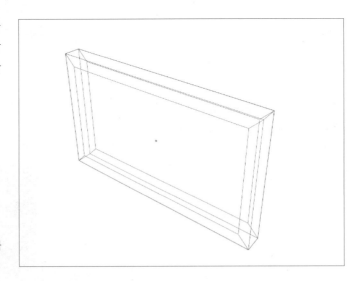

TIP (Wireframe) 모드로 확인하면 그림과 같이 좀 더 이해하기 쉽습니다.

13 | (Mirror) 옵션에서 드롭다운 아이콘을 클릭하고 (Apply)를 실행
합니다.

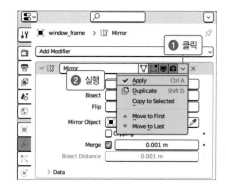

TIP Ctrl+A를 눌러 빠르게 적용할 수도 있습니다.

14 | Tab을 눌러 (Edit Mode)로 변경한
다음 3을 눌러 (Face(■)) 선택 모드로
변경합니다. 창문이 들어올 앞뒷면을 선택
합니다.

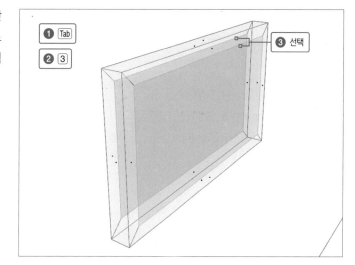

15 | 창문 앞뒷면이 선택된 상태에서 마
우스 오른쪽 버튼을 클릭한 다음 (Bridge
Faces)를 실행합니다.

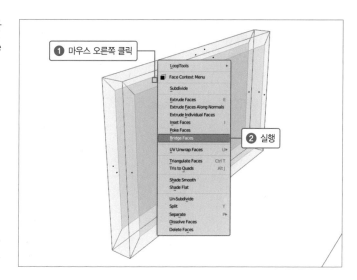

16 창문 가운데 부분에 구멍이 생기고 안쪽 면들이 선택되었습니다.

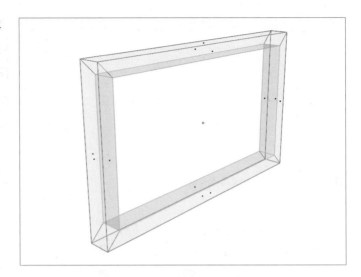

17 가운데 면들이 선택된 상태로 [I]를 눌러 (Inset Faces(▣))를 활성화한 다음 그림과 같이 안쪽으로 면을 만듭니다.

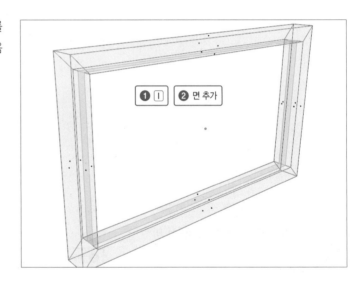

18 [Alt]+[E]를 누르고 (Extrude Faces Along Normals)를 실행해 활성화합니다.

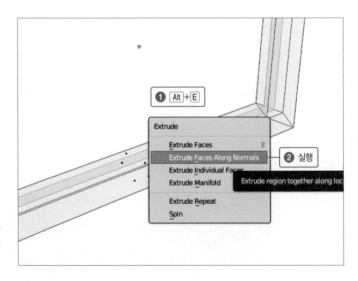

TIP (Extrude Faces Along Normals)는 면의 Normal 방향으로 돌출(Extrude)시킬 수 있습니다.

19 창문틀에 디테일을 추가하겠습니다. (Extrude Faces Along Normals)가 활성화된 상태로 면 돌출을 조절하여 그림과 비슷한 높이의 턱을 만듭니다.

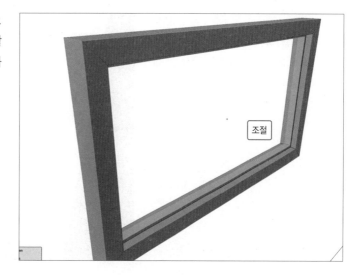

20 안쪽 면들이 선택된 상태에서 ⒤를 눌러 (Inset Faces(▣))를 실행합니다. 유리 두께만큼 조절하여 면을 추가합니다.

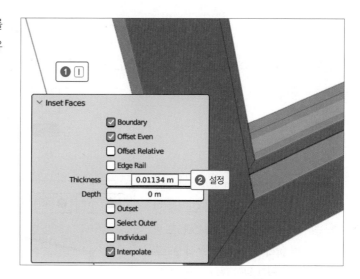

21 다시 (Alt)+(E)를 누르고 (Extrude Along Normal)을 실행하여 유리가 끼워질 부분을 만듭니다.

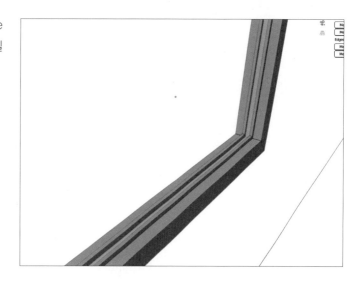

22 │ 면들이 선택된 상태에서 Shift+D를 누르고 화면을 클릭하여 면을 복제합니다. 이 상태에서 P를 누른 다음 (Selection)을 실행하여 복제한 면을 다른 오브젝트로 분리합니다.

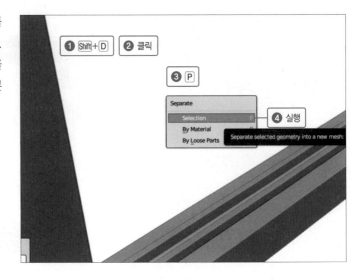

23 │ 창틀과 안쪽 오브젝트가 분리되었습니다. Outliner 패널의 'window_frame.001' 오브젝트가 바로 복제하고 분리한 오브젝트입니다. 이 오브젝트를 선택하고 이름을 'glass'로 변경합니다.

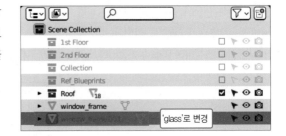

24 │ 'glass' 오브젝트가 선택된 상태로 /를 두 번 눌러 화면에 'glass' 오브젝트만 나타냅니다. Tab을 눌러 (Edit Mode)로 변경하고 2를 눌러 (Edge(□)) 선택 모드로 변경한 다음 그림과 같이 한쪽 선을 선택합니다.

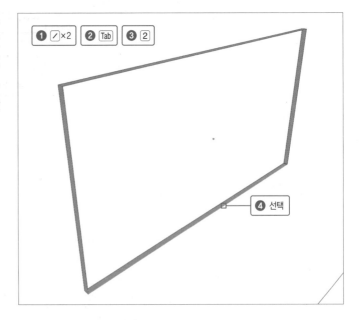

25 F를 눌러 면을 생성해 유리를 만듭니다. 같은 방법으로 반대 부분 선을 선택한 다음 F를 눌러 면을 만듭니다.

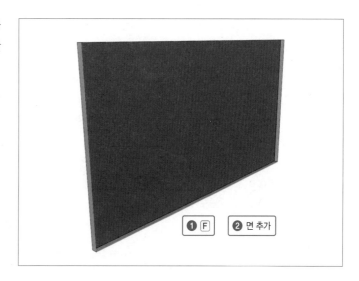

❶ F **❷** 면 추가

창문에 Glass 셰이더 적용하기

01 이번에는 'Glass' 셰이더를 적용하겠습니다. Tab을 눌러 (Object Mode)로 변경하고 유리가 될 'glass' 오브젝트를 선택합니다. Properties 패널의 (Materials(◉)) 탭에서 (New) 버튼을 클릭합니다.

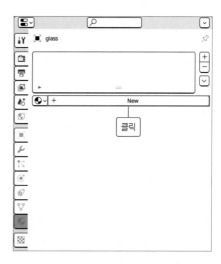

클릭

02 'Material.001' 머티리얼이 생성되었습니다. 머티리얼 이름을 더블클릭하고 이름을 'glass'로 변경합니다.

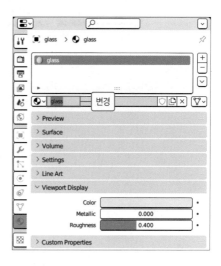

TIP 머티리얼 이름을 더블클릭하면 변경할 수 있습니다.

03 (Surface) 옵션을 클릭하여 표시하면 기본 셰이더인 'Principled BSDF'를 확인할 수 있습니다.

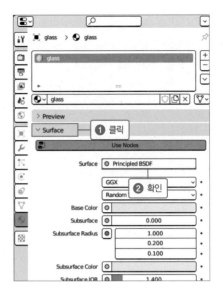

04 Surface의 'Principled BSDF'를 클릭한 다음 (Glass BSDF)를 선택하여 기본 유리 질감 셰이더를 적용합니다.

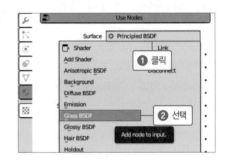

05 /를 눌러 Isolation View를 확인합니다.

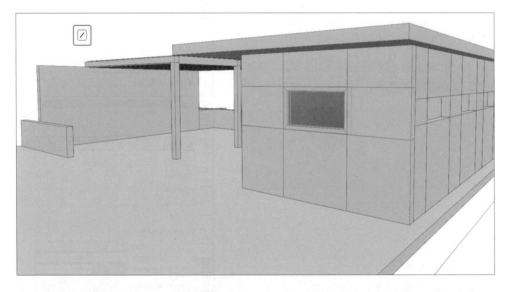

TIP 유리 오브젝트는 'Glass BSDF' 셰이더를 적용해서 다르게 보이지만 현재 사실적인 유리와는 거리가 있습니다.

06 | 작업의 편의를 위해 창에 색상이 약간 다른 셰이더를 적용하겠습니다. 유리를 제외한 창문 오브젝트들을 모두 선택하고 (Materials(⬛)) 탭에서 (New) 버튼을 클릭한 다음 이름을 'window_frame'으로 변경합니다.

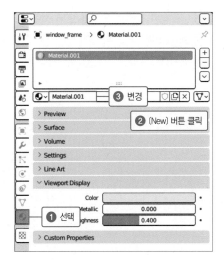

07 | (Surface) 옵션에서 Base Color를 '#161616(어두운 회색)'으로 지정합니다.

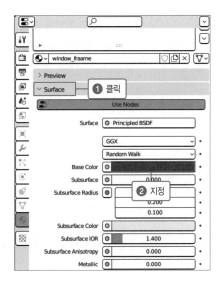

08 | 작업 화면에서 구분할 정도면 충분하므로 그림과 같이 만듭니다.

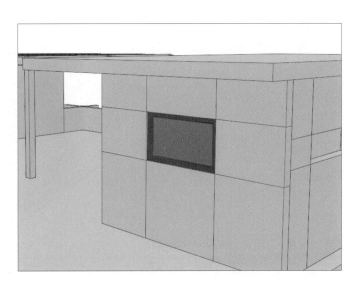

09 구성된 창틀과 유리를 모두 선택한 다음 Shift+D를 눌러 복제합니다. 건물 측면에 배치하고 Z 방향으로 90° 회전합니다.

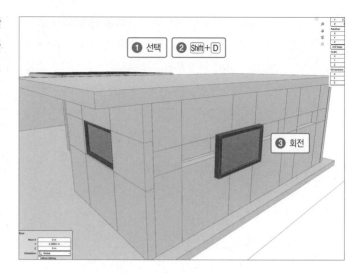

10 구멍에 맞추어 창문의 위치를 이동하고 크기는 (Edit Mode)의 (Vertex(□)) 선택 모드에서 수정합니다.

TIP Snap 기능을 사용하면 정확한 위치에 오브젝트를 위치할 수 있습니다.

11 같은 방법으로 구멍 뚫린 모든 부분에 창문을 복제하고 크기를 조절하여 배치합니다.

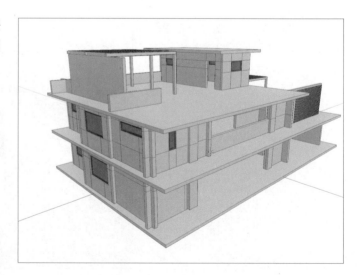

TIP 창문과 유리를 함께 복제하여 이동하면 한번에 작업을 끝낼 수 있습니다.

문 제작 및 배치하기

간단한 구조의 문을 만드는 방법을 알아보고, 이를 실제 건물에 적용합니다. 간단한 모델링 기술만 사용되어 어려움 없이 따라할 수 있습니다.

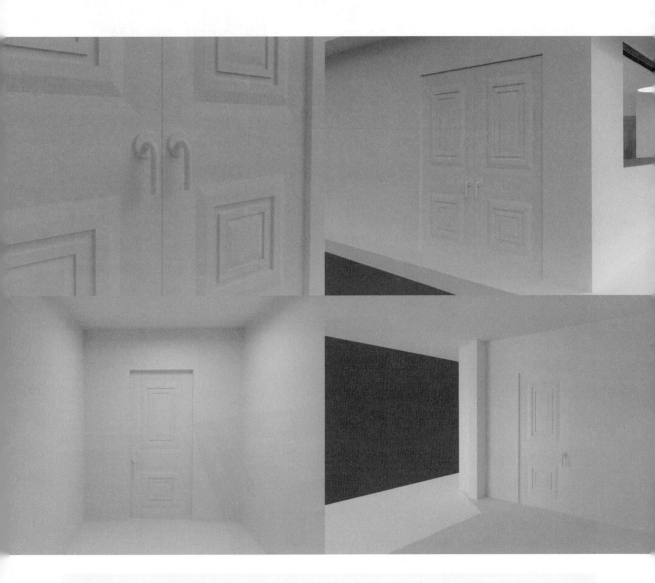

POINT

❶ 육면체 오브젝트를 사용한 문 모델링 제작하기

❷ 필요한 모든 곳에 배치하고 크기 수정하기

❸ 베지어 곡선을 이용한 간단한 손잡이 모델링하기

❹ 컬렉션에 각 파트 정리하기

문 형태 모델링하기

01 | 이전 작업을 이어서 진행합니다. 먼저 1층 벽면의 문을 작업하겠습니다. '1st Floor' 오브젝트를 선택하고 ⌿를 눌러 Isolation View로 변경합니다.

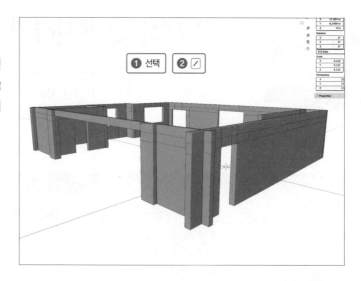

02 | Outliner 패널에서 'New Collection' 아이콘(📁)을 클릭한 다음 이름을 변경하여 'Door' 컬렉션을 만듭니다.

03 | Shift+A를 눌러 육면체 오브젝트를 생성합니다. Outliner 패널에서 'Door' 컬렉션에 포함하고 육면체 오브젝트 이름도 'Door'로 변경합니다.

TIP 처음부터 오브젝트를 정리하지 않으면 나중에 많이 늘어나 관리하기 힘들어지므로 미리 정리합니다.

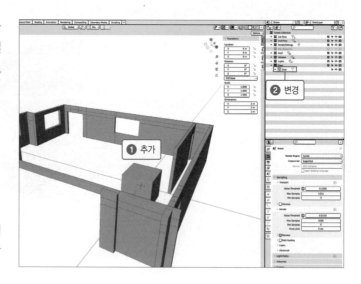

04 ‘Door’ 오브젝트를 문으로 이동하고 아래쪽 모서리에 위치를 맞춥니다.

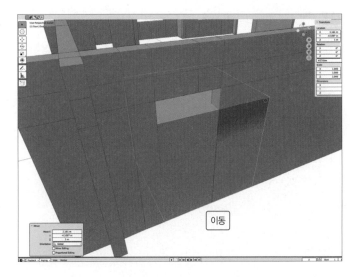

이동

05 Tab 을 눌러 (Edit Mode)로 변경한 다음 ‘Door’ 오브젝트를 문 크기로 조절하고 두께도 조절합니다.

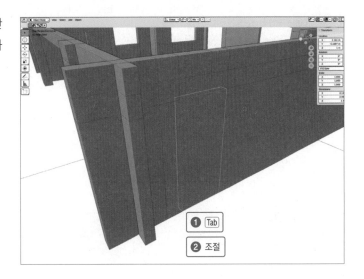

① Tab
② 조절

06 Origin을 (Center of Mass)로 이동하겠습니다. ‘Door’ 오브젝트에서 마우스 오른쪽 버튼을 클릭하고 (Set Origin) → (Origin to Center of Mass (Surface))를 실행합니다.

① 마우스 오른쪽 클릭

② 실행

07 | 'Door' 오브젝트를 선택하고 ⌿를 두 번 눌러서 문 오브
젝트만 따로 나타냅니다.

08 | Ctrl+R을 눌러 가로 선을 만들고
적당한 위치에 배치합니다. 예제에서는 문
3분의 2 정도 위치에 선을 추가했습니다.

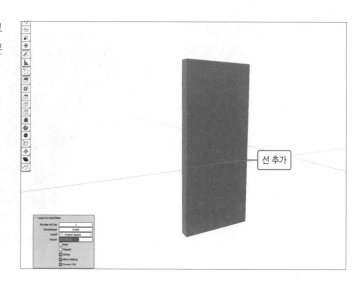

09 | 넘버 패드 ③을 눌러 (Face(▣))
선택 모드로 변경하고 윗면을 선택합니다.
Ⅰ를 눌러 (Inset Faces(▣))를 활성화한
다음 조절하여 면을 하나 만듭니다.

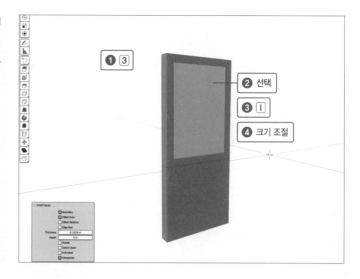

10 만들어진 면이 선택된 상태로 다시 한 번 ⓘ를 눌러 면을 하나 더 추가합니다. 새로 만든 면은 문 안쪽으로 살짝 밀어 넣어 그림과 같이 입체감 있게 만듭니다.

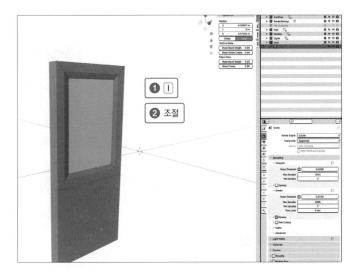

11 같은 방법으로 ⓘ를 눌러 면을 만드는 작업을 반복하여 그림과 같이 문을 만듭니다.

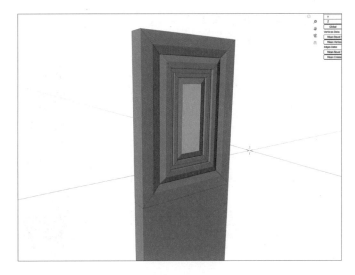

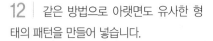

TIP 이 방법은 기본으로써 유용한 모델링으로 많은 곳에 응용할 수 있습니다. 예제에서는 (Inset Faces(▣)), (Extrude(▣)) 기능만을 사용했습니다.

12 같은 방법으로 아랫면도 유사한 형태의 패턴을 만들어 넣습니다.

13 │ 문 안쪽에만 패턴을 만들었으므로 바깥쪽에 무늬를 만들겠습니다. Properties 패널의 〔Modifiers(🔧)〕 탭에서 'Add Modifier'를 클릭한 다음 〔Mirror〕를 선택합니다.

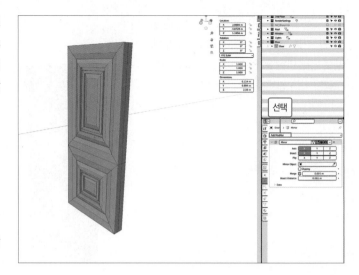

TIP 이때 〔Mirror〕 옵션의 Bisect를 주의합니다.

14 │ 문이 너무 두꺼워 X축으로만 두께를 줄이겠습니다. ⓢ+Ⓧ를 누르고 '0.8'을 입력해 적당한 두께로 만듭니다. Ctrl+Ⓐ를 누른 다음 〔Scale〕을 실행하여 Scale 값을 1로 초기화합니다.

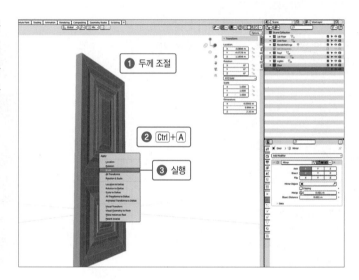

15 │ 모든 설정이 마무리되면 〔Mirror〕 옵션의 드롭다운 아이콘을 클릭하고 〔Apply〕를 실행합니다.

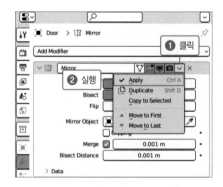

문 손잡이 만들기

01 │ 손잡이를 만들겠습니다. Tab을 눌러
〔Object Mode〕로 변경합니다. Shift를 누른
다음 마우스 오른쪽 버튼을 클릭한 상태로
3D 커서를 이동하여 손잡이 부분에 위치합
니다.

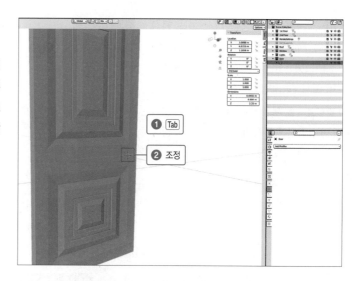

02 │ 베지어 곡선을 하나 만들겠습니다. Shift+A를
누르고 〔Curve〕 → 〔Bezier〕를 실행하여 오브젝트를
생성합니다.

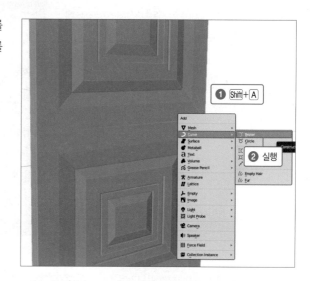

03 │ Tab을 눌러 〔Edit Mode〕로 변경하고 점 하나를 선택한 다음
S를 눌러 방향선의 크기를 조절합니다. E를 눌러 선 길이를 확장합
니다.

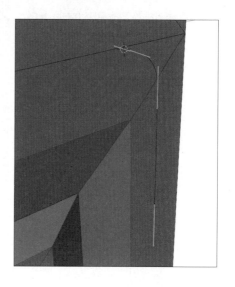

TIP 점과 점 사이에 다른 점을 추가하려면 두 개의 점을 선택하고 마우스
오른쪽 버튼을 클릭한 다음 〔Subdivide〕를 실행합니다.

04 Tab을 눌러 (Object Mode)로 변경합니다. Properties 패널의 (Object Data (⊙)) 탭에서 (Geometry) 옵션의 Bebel 항목에서 Depth를 '0.015m'로 설정하고 'Fill Caps'를 체크 표시합니다. 그림과 같이 베지어 곡선에 두께가 만들어지고 구멍이 막혀 손잡이 형태가 됩니다.

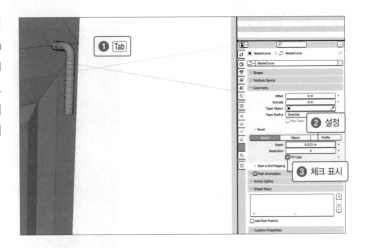

05 손잡이가 선택된 상태로 Tab을 눌러 (Edit Mode)로 변경하고 베지어 곡선을 조정해 오브젝트를 깔끔하게 수정합니다.

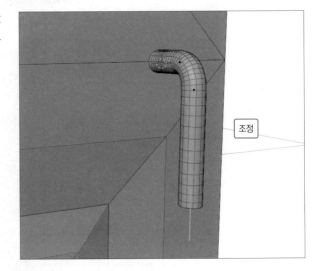

06 문과 손잡이 연결 부분에 원기둥 오브젝트를 추가하기 위해 먼저 Tab을 눌러 (Object Mode)로 변경합니다. Shift+A를 누르고 (Mesh) → (Cylinder)를 실행하여 원기둥 오브젝트를 생성합니다.

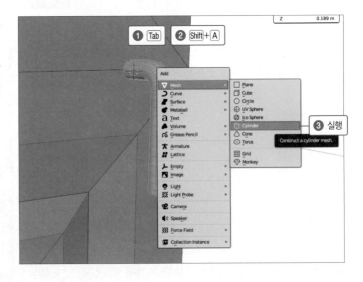

07 화면 왼쪽 아래의 Add Cylinder 창에서 그림과 같이 설정하면 간단하게 오브젝트를 변형할 수 있습니다.

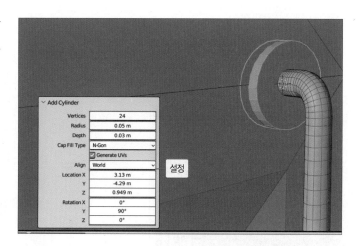

08 면을 부드럽게 만들기 위해 원기둥 오브젝트가 선택된 상태로 [Tab]을 눌러 (Edit Mode)로 변경하고 [2]를 눌러 (Edge(▣)) 선택 모드로 변경합니다. 원을 구성하는 선들을 모두 선택한 다음 [Ctrl] +[B]를 누르고 마우스 휠을 돌려 세 개 정도의 선을 추가로 만듭니다.

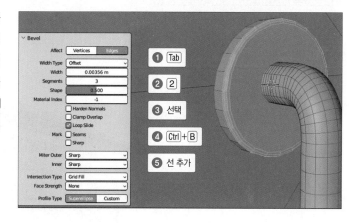

09 [Tab]을 눌러 (Object Mode)로 변경하고 손잡이 오브젝트 위치를 조절합니다. [Shift]+[D]를 눌러 복제하고 그림과 같이 문 앞뒷면에 배치합니다.

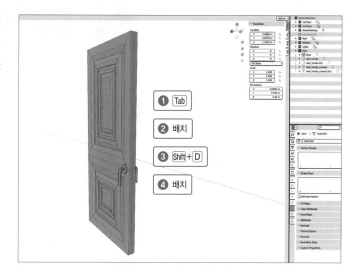

10 손잡이 오브젝트를 구분하기 위해
Outliner 패널에서 손잡이 오브젝트 이름을
그림과 같이 변경합니다.

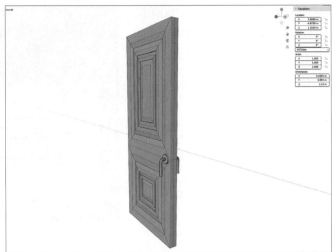

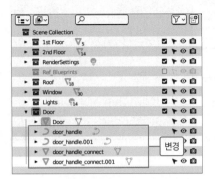

11 [Tab]을 눌러 (Object Mode)로 변경
합니다. 문을 구성하는 모든 오브젝트를 선
택한 다음 [Shift]+[D]를 눌러 복제하여 건물의
필요한 부분에 배치합니다.

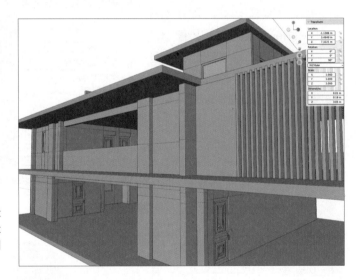

TIP 크기나 위치를 조정해야 할 때는 (Edit
Mode)에서 조정할 수 있으며, 만약 (Object
Mode)에서 조정하려면 꼭 Scale 값을 초기
화해야 합니다.

TIP 블렌더의 모든 모델링은 두 개의 계층 구조에 속합니다. 상위 구조에서는 오브젝트의 이동이나 크기 조절과 같은 작업을
쉽게 수행할 수 있고, 하위 구조에서는 (Edit Mode)에서 모델을 수정합니다. 각 구조는 크기, 위치, 회전 값을 갖고 있습니다. 블
렌더의 모디파이어나 명령은 각 구조의 데이터를 변화시킵니다. 따라서 원하는 결과물이 나오지 않을 때는 크기 값을 초기화한
다음 명령을 다시 실행해 보세요. 때로는 회전 값이나 위치값도 초기화해야 할 수 있지만, 이 책에서는 다루지 않았습니다.

접이식 창문 제작하기

2층에 넓은 창을 설치하겠습니다. 통유리 창 대신에 좀 더 세련된 느낌을 주기 위해 여섯 개의 창문으로 구성하여 만들어 보려고 합니다.

POINT

❶ 작업할 부분만 Local View로 분류하기
❷ 기존 모델링을 통해 구조에 맞는 모델링 제작하기
❸ 단순 반복 구조의 모델링 작성하기
❹ 구조체에 맞는 셰이더 각각 적용하기

2층 창문 만들기

01 | 2층 벽에서 창문이 들어갈 부분을 살펴봅니다. 2층 벽을 선택하고 ⁄를 눌러 Local View로 이동합니다.

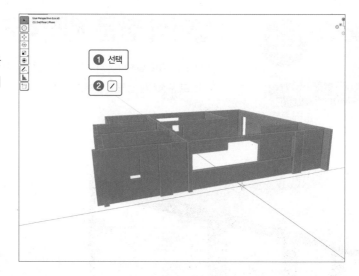

02 | Tab을 눌러 (Edit Mode)로 변경한 다음 ③을 눌러 (Face(■)) 선택 모드로 변경하고 큰 창문 부분 면들을 선택합니다.

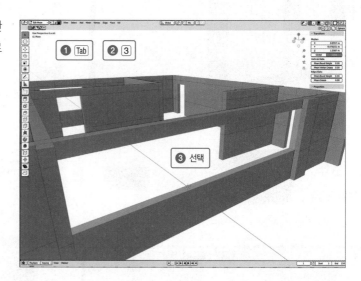

03 | Shift+D를 눌러 면을 복제하고 그대로 복제한 면을 다른 오브젝트로 분리하기 위해 P를 누른 다음 (Selection)을 실행합니다.

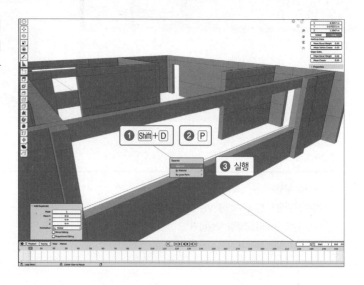

04 Tab을 눌러 (Object Mode)로 변경합니다. 복제하고 따로 분리한 오브젝트를 선택한 다음 F2를 눌러 오브젝트 이름을 'Large Window Frame'으로 변경합니다.

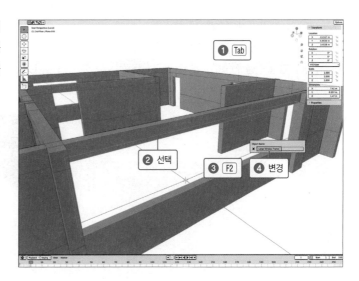

05 새로운 'Large Window Frame' 오브젝트를 선택한 채 /를 눌러 Local View로 시점을 변경합니다.

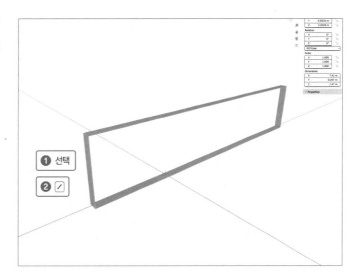

06 편리하게 작업하기 위해 중심점을 오브젝트의 중심으로 이동하겠습니다. 창틀 오브젝트에서 마우스 오른쪽 버튼 클릭한 다음 (Set Origin) → (Origin to Center of Mass (Surface))를 실행합니다.

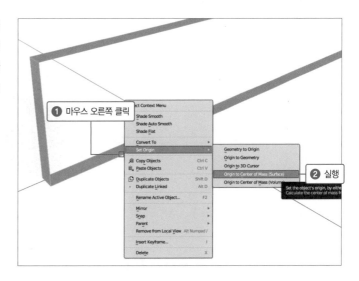

07 | Tab을 눌러 (Edit Mode)로 변경한
다음 ②를 눌러 (Edge(①)) 선택 모드로
변경합니다. 한쪽 선을 선택하고 F를 눌러
뚫려 있는 면을 빈틈없이 막습니다.

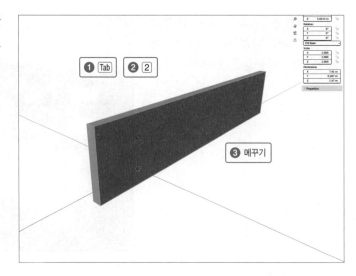

08 | Viewport Overlays 옵션에서 'Face Orientation'을 체크 표시하여 면의
방향을 확인합니다.

TIP 면의 기본 방향을 생각하지 않고 작업하면 기본 방향이 뒤집어지고 나중에 문제가
발생합니다. 오브젝트가 파란색으로 나타나면 노멀이 정상적으로 정렬된 것이며, 빨간색
으로 나타나면 뒤집어진 것입니다. 크기와 위치 수정이 필요하면 가능한 (Edit Mode)에
서 수정하고, 만약 (Object Mode)에서 수정할 때는 꼭 Scale 값을 초기화해야 합니다.

09 | 현재 작업에서 'Face Orientation'을
체크 표시했을 때 그림과 같이 빨간 면으로
뒤집어져 표시됩니다.

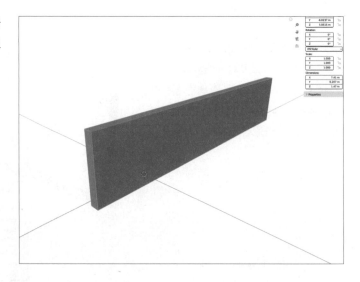

10 뒤집어진 노멀을 다시 정상으로 되돌리기 위해 ③을 눌러 (Face(■)) 선택 모드로 변경합니다. Ⓐ를 눌러 모든 면을 선택하고 Alt+Ⓝ을 누른 다음 (Flip)을 실행합니다.

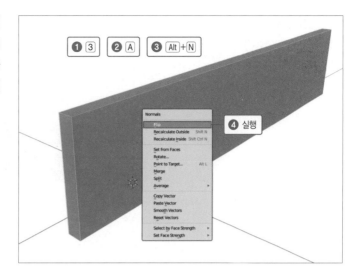

11 정상적으로 실행하면 그림과 같이 면이 파란색으로 변경됩니다.

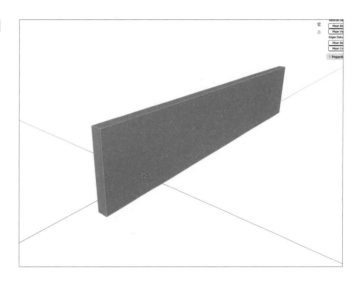

12 Viewport Overlays 옵션에서 'Face Orientation'의 체크 표시를 해제해 다시 무채색 작업 환경으로 되돌립니다.

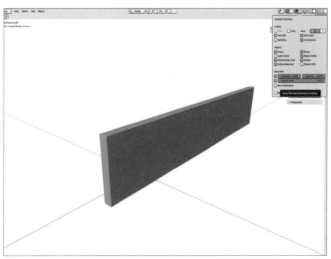

13 [Ctrl]+[R]을 눌러 원하는 창문의 숫자를 설정하고 선을 추가하여 그림과 같이 창문 형태를 만듭니다.

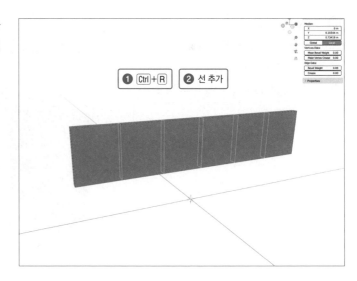

14 창문이 될 앞뒷면을 모두 선택합니다.

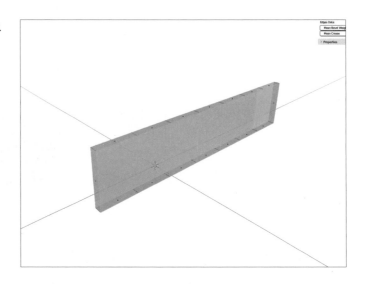

15 [I]를 눌러 (Inset Faces(□))를 활성화합니다. 화면 왼쪽 아래의 Inset Faces 창에서 'Individual'을 체크 표시합니다. 각 면에 Inset Faces가 적용됩니다.

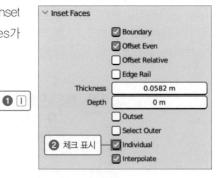

16 이 상태에서 E를 눌러 (Extrude (□))를 활성화하고 Enter를 눌러 명령을 완료합니다. S를 누르고 Y 방향으로 크기를 줄여 기본 창문 모양을 만듭니다.

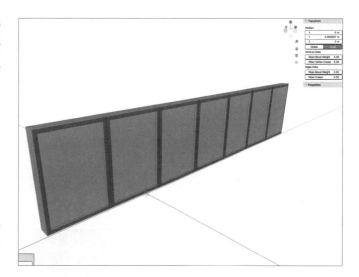

TIP 현재 같은 장소에 두 개의 면이 겹친 상태로, 그중에 겹친 한 개의 면을 선택하는 것입니다.

17 계속 면이 선택된 상태로 I를 눌러 (Inset Faces(□))를 활성화한 다음 창문 안쪽에 유리를 잡아주는 아주 작은 면들을 만듭니다.

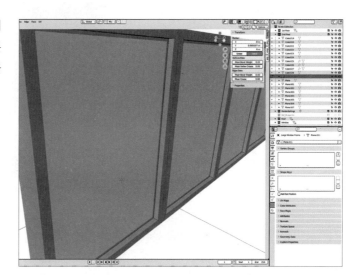

18 E를 눌러 (Extrude(□))를 활성화하고 Enter를 누르거나 클릭해 같은 자리에 면을 돌출시킵니다. 그 상태로 S, Y를 눌러 Y축 방향으로 크기를 줄입니다.

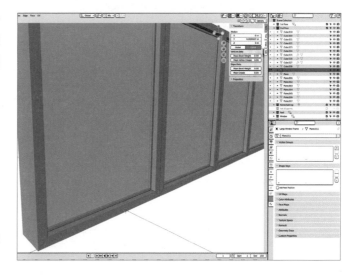

TIP 마우스로 움직일 때 Shift를 누르고 움직이면 아주 조금씩 움직일 수 있습니다.

19 │ 유리 부분 면을 선택한 채 ℙ를 누른 다음 (Selection)을
실행하여 다른 오브젝트로 분리합니다.

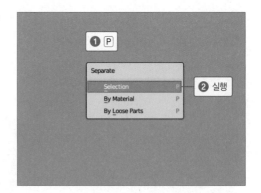

20 │ ⟨Tab⟩을 눌러 (Object Mode)로 변경
합니다. 분리한 창문의 유리 오브젝트를 선
택한 다음 F2를 누르고 이름을 'Window_
Glass'로 변경합니다.

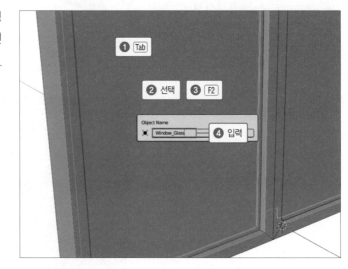

21 │ 편리한 작업을 위해 이전에 만든 유리 셰이더를 적용하겠습니다.
유리 오브젝트를 선택하고 Properties 패널의 (Materials(◎)) 탭에서
(Browse Material(◎))을 클릭하면 현재 프로젝트에 적용할 수 있는 셰
이더가 표시됩니다. 이중에서 'glass'를 선택하여 적용합니다.

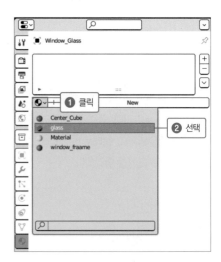

22 같은 방법으로 창틀 오브젝트도 선택하고 'Window_Frame' 셰이더를 적용합니다.

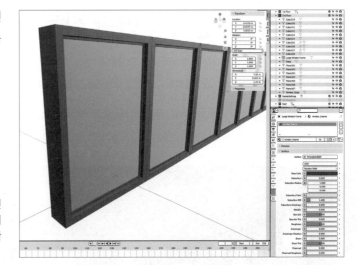

TIP Solid View에서는 변화된 정도를 확인하기 쉽지 않아 Viewport Shading에서 (Material Preview(◎))를 클릭하여 쉽게 확인할 수 있습니다.

23 ⁄를 눌러 Local View에서 벗어나 전체 구성을 살펴봅니다. 벽과 창틀의 두께가 너무 같지 않게 창틀의 두께를 약간 줄여 2층 창문을 완성했습니다.

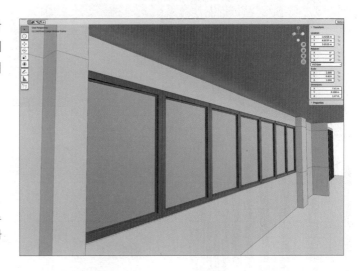

TIP 크기를 조절한 후에는 꼭 Ctrl+A를 누르고 (Scale)을 선택하여 Scale 값을 초기화해야 합니다.

TIP Local View를 사용하다가 특정 오브젝트를 제외하고 다시 Local View를 설정하고 싶을 때는 그 상태에서 전체 선택한 다음 Ctrl을 누른 후 제외하고 싶은 오브젝트의 선택을 해제합니다. 그리고 넘버 패드의 ⁄를 두 번 연속으로 누르면 쉽게 Local View를 재설정할 수 있습니다. 이 방법은 다른 단축 키를 사용하지 않고 가장 손쉽게 Local View를 재설정하는 방법입니다.

접이식 현관 창문 제작하기

1층에 12개의 작은 문으로 이루어진 접이식 창문을 만들 예정입니다. 이 주택은 현실과는 거리가 있는 특별한 디자인이지만, 블렌더를 배우면서 현실적인 현관 창문 제작 연습을 하시기 바랍니다.

● 완성 파일 : P4_Building\P4_05_09_Building_DoorWindow.blend

POINT

① 작업할 부분만 Local View로 설정하기
② 기존 모델링에서 필요한 부분을 추출해 모델링하기
③ 구조에 맞는 머티리얼 적용하기
④ 모델링하고 모디파이어를 사용하여 배치하기

현관 창문 모델링하기

01 │ 1층 벽면을 선택하고 넘버 패드 ⑦를 눌러 Local View로 시점을 변경합니다.

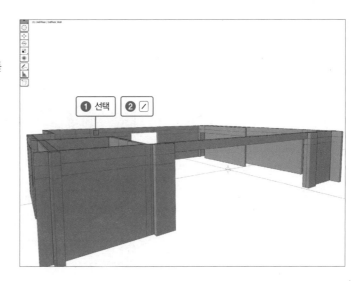

02 │ Tab을 눌러 (Edit Mode)로 시점을 변경하고 ③을 눌러 (Face(■)) 선택 모드로 변경한 후 창문 부분의 면을 선택합니다.

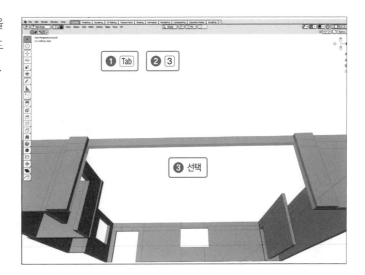

03 │ Shift+D를 눌러 면을 복제하고 P를 누른 다음 (Selection)을 실행해 복제된 면을 다른 오브젝트로 분리합니다.

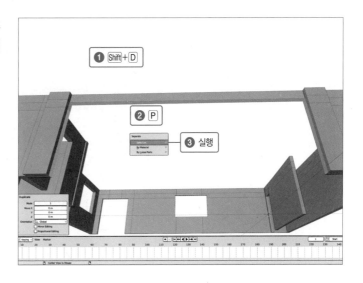

04 │ Tab을 눌러 (Object Mode)로 변경하고 F2를 누른 다음 복제한 오브젝트 이름을 '1st Floor_Folding Window Frame' 으로 변경합니다.

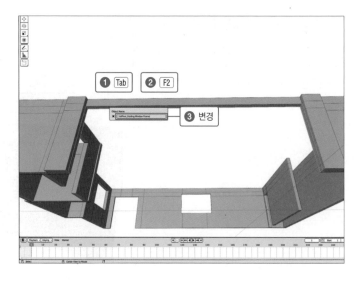

05 │ '1st Floor_Folding Window Frame' 오브젝트를 선택하고 /를 눌러 Local View로 시점을 변경합니다.

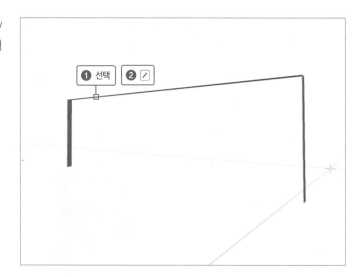

06 │ 중심점이 물체와 상관없는 다른 곳에 있어 중심으로 이동하기 위해 오브젝트에서 마우스 오른쪽 버튼을 클릭하고 (Set Origin) → (Origin to Center of Mass (Surface))를 실행합니다.

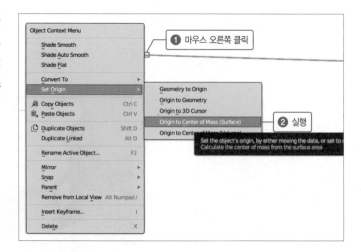

07 | 전반적인 길이를 측정하기 위해서 이 오브젝트를 사용하겠습니다. Tab을 눌러 (Edit Mode)로 변경한 다음 2를 눌러 (Edge(□)) 선택 모드로 변경합니다. 선을 선택하고 F를 눌러 면을 채웁니다.

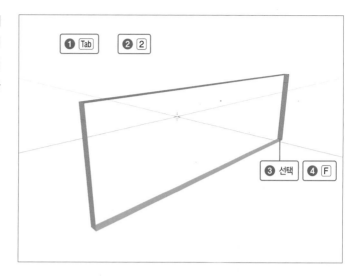

08 | 필요 없는 선을 정리하기 위하여 양쪽의 모양과 상관 없는 선을 선택하고 X를 누른 다음 (Dissolve Edges)를 실행해 선만 삭제합니다.

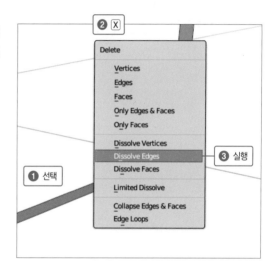

09 | Ctrl+R을 눌러 (Loop Cut(□))을 활성화하고 위쪽과 아래쪽을 12개의 면으로 나눕니다.

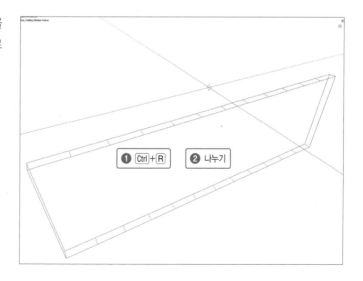

10 │ 3을 눌러 (Face(■)) 선택 모드로 변경하고 한쪽 모서리의 세로 면과 위아래 가로 면을 선택합니다. P를 누른 다음 (Selection)을 실행해 다른 오브젝트로 분리합니다.

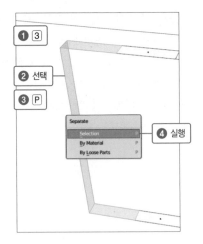

11 │ 분리된 오브젝트를 명확하게 확인하기 위하여 Viewport Shading 옵션에서 Color를 (Random)으로 선택합니다.

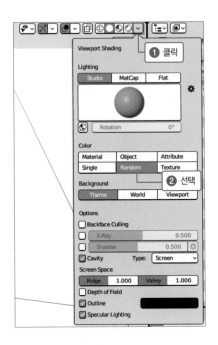

TIP 이렇게 설정하면 Solid View 시점의 오브젝트마다 Random으로 색상을 지정하기 때문에 따로 떨어진 오브젝트를 구분할 때 좋습니다.

12 │ 분리한 작은 오브젝트를 선택하고 넘버 패드 /를 두 번 눌러 Local View 시점으로 변경합니다.

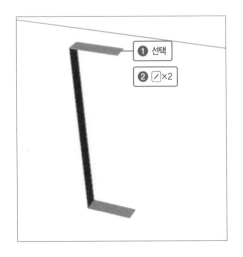

13 | 문으로 사용하기 위해 뚫린 한쪽 면을 채우겠습니다. Tab을 눌러 (Edit Mode)로 변경하고 ②를 눌러 (Edge( )) 선택 모드로 변경합니다. 채울 부분의 선을 선택한 다음 F를 누릅니다.

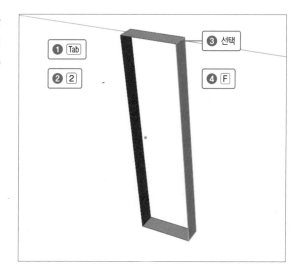

14 | 중심점이 오브젝트와 상관없는 곳에 있어 이동하겠습니다. 오브젝트에서 마우스 오른쪽 버튼을 클릭하고 (Set Origin) → (Origin to Center of Mass (Surface))를 실행하여 중심점을 오브젝트 중심으로 이동합니다.

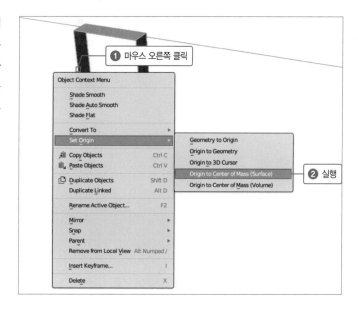

15 | 앞뒷면 모두 같은 방법으로 선을 선택하고 F를 눌러 모두 막아 줍니다. 이제 원하는 크기의 육면체가 되었습니다.

16 │ 이번에도 평면에서 3D 오브젝트를 만들었기 때문에 면이 뒤집어지지 않았는지 확인하기 위해 Viewport Overlays 옵션의 'Face Orientation'을 체크 표시합니다.

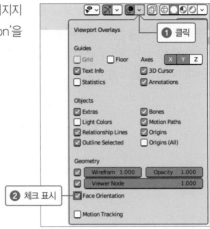

17 │ 오브젝트가 빨간색으로 표시되었고, Normal 방향이 뒤집혀 있어 변경해야 합니다. (Edit Mode)에서 ③을 눌러 (Face(■)) 선택 모드로 변경하고 오브젝트의 모든 면을 선택합니다.

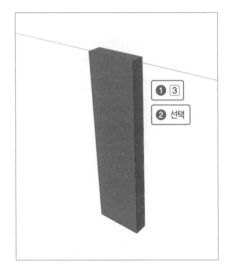

18 │ Alt+N을 누른 다음 (Flip)을 실행하여 면을 뒤집습니다.

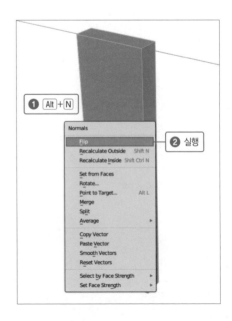

19 | 면이 녹색으로 변경된 것을 확인하고 Viewport Overlays 옵션에서 'Face Orientation'의 체크 표시를 해제해 모드를 해제합니다.

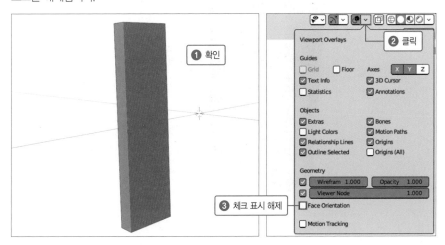

20 | 일반 창문을 만드는 과정처럼 앞뒷면을 선택하고 ⑴를 눌러 (Inset Faces (⬛))를 활성화한 후 창틀 두께 정도의 면을 추가합니다.

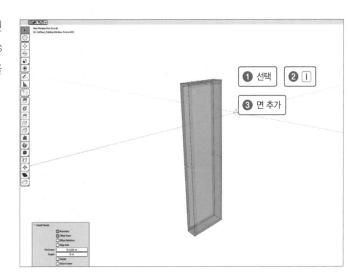

21 | 면이 선택된 채 ⒠를 눌러 (Extrude Region(⬛))이 활성화된 상태에서 그대로 클릭하거나 Enter를 누릅니다. 선 위치에 면이 새로 만들어졌습니다. 이 면이 선택된 상태에서 ⓢ를 누르고 Y 방향으로 크기를 살짝 줄입니다.

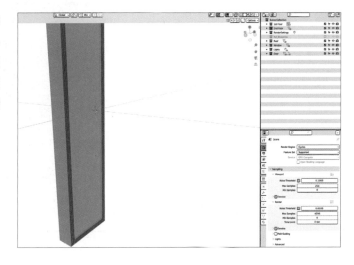

22 |를 눌러 (Inset Faces(□))를 활성화하고 아주 적은 양의 두께가 될 면을 만듭니다.

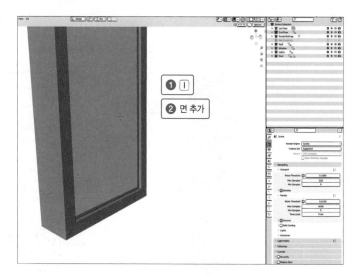

23 |E|를 눌러 (Extrude Region(□))이 활성화된 상태에서 그대로 클릭하거나 |Enter|를 누릅니다. 선 위치에 면이 새로 만들어졌습니다. 이 면이 선택된 상태로 |S|를 누르고 Y 방향으로 크기를 살짝 줄입니다.

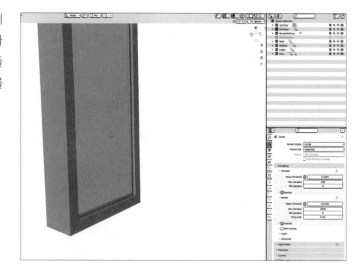

24 | 전반적으로 문이 너무 두껍습니다. |Tab|을 눌러 (Object Mode)로 변경하고 |S|를 누른 후 Y 방향으로 크기를 줄입니다. |Ctrl|+|A|를 누른 다음 (Scale)을 선택하여 크기를 초기화합니다.

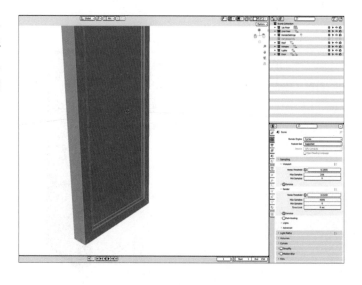

현관 창문 머티리얼 적용과 Array 배열하기

01 | 가운데 유리 부분에 유리 머티리얼(Glass Material)을 적용하겠습니다. 앞서 진행했던 방법과 달리 오브젝트를 분리하지 않고 바로 적용할 예정입니다. Properties 패널의 (Materials(🔵)) 탭에서 (Browse Material(🔵))을 클릭하고 (window_frame) 머티리얼을 선택합니다.

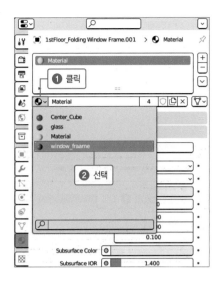

02 | ⊞ 버튼을 클릭하고 (Browse Material(🔵))을 클릭한 다음 (glass)를 선택합니다.

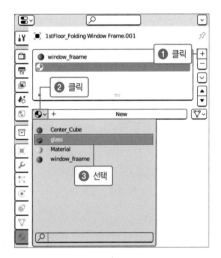

TIP 이곳에 새로운 머티리얼을 적용할 수 있습니다.

03 | 이 방법으로 오브젝트에 두 개 이상의 셰이더를 적용할 수 있지만 이 상태로는 아무런 변화가 없습니다. (Tab)을 눌러 (Edit Mode)로 변경하고 (3)을 눌러 (Face(■)) 선택 모드로 변경한 다음 유리 부분의 면을 선택합니다.

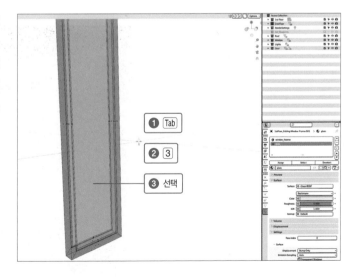

04 Properties 패널의 [Materials(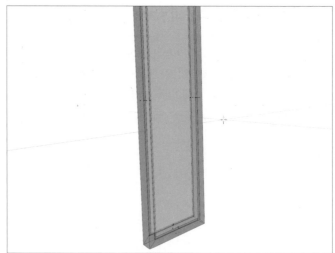)]
탭에서 'glass' 셰이더를 선택하고 [Assign]
버튼을 클릭하여 적용합니다.

05 넘버 패드 ⁄를 눌러 Local View
시점에서 벗어나 [Tab]을 눌러 [Object
Mode]로 변경합니다. Viewport Shading
옵션에서 [Material Preview(◉)] 혹은
[Render View(◎)]를 클릭합니다. 그림과
같이 하나의 오브젝트에 두 개의 머티리얼
이 적용되었습니다.

TIP 예제에서는 잘 보이지 않게 조명을 설치
했습니다.

06 다시 [Solid View(●)]를 선택하여
변경합니다. 크기를 측정하기 위해 만들었
던 프레임을 선택하고 X를 누른 다음
[Delete]를 실행하여 삭제합니다.

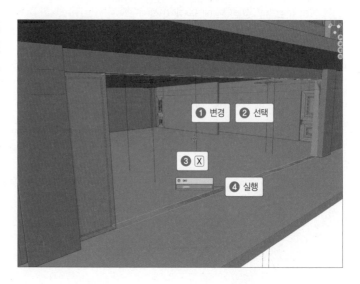

07 창문을 복제하기 위해 만든 창문 오
브젝트를 선택합니다. Properties 패널의
(Modifiers(🔧)) 탭에는 아무것도 추가되지
않았습니다.

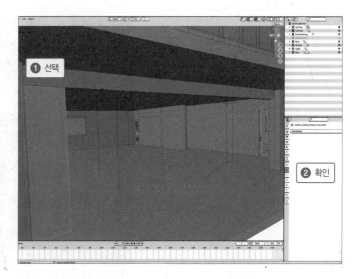

08 Outliner 패널의 'Add Modifier'를
클릭하고 (Array)를 선택합니다.

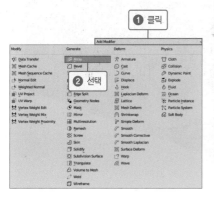

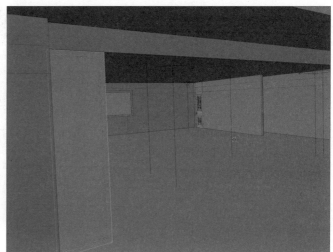

09 (Array) 옵션에서 Count를 '12'로
설정합니다. 그림과 같이 창문이 딱 맞게 생
성 및 배열됩니다.

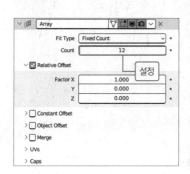

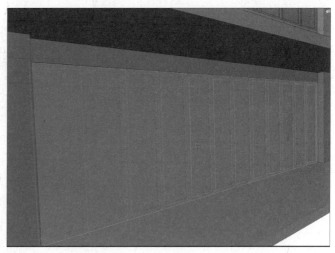

10 모델링을 완성했는데 창문의 높이가 마음에 들지 않습니다. 창문 아래쪽에 턱을 만들어 완성도를 높이겠습니다.

11 창문 오브젝트를 선택하고 (Tab)을 눌러 (Edit Mode)로 변경한 다음 ①을 눌러 (Vertex(◨)) 선택 모드로 변경합니다. 창문이 많이 복제되었지만 왼쪽의 원본 모델링만 선택할 수 있으므로 아래쪽 점을 선택하고 창틀 높이만큼 이동합니다.

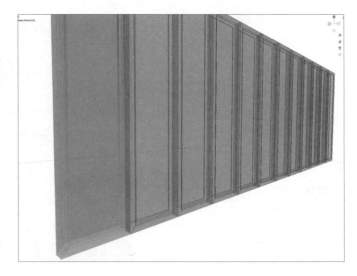

TIP 원본 모델링을 수정하면 나머지 복제본들은 자동으로 변경됩니다.

12 Local View와 Wireframe을 이용하여 다양한 시점에서 점을 이동해 형태를 조절합니다. 현재 다른 모델링과 비교해 적당한 크기로 모델링합니다.

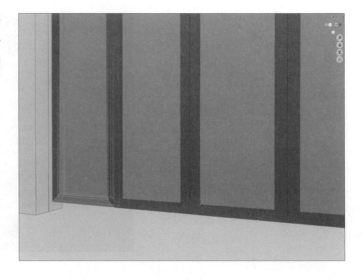

13 | Shift+A를 눌러 육면체 오브젝트를 하나 생성하고 창틀 아래쪽에 배치합니다. 창틀보다 약간 두껍게 만들어서 디테일을 나타냅니다.

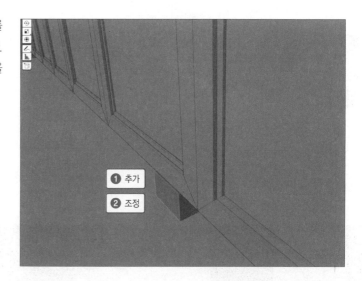

① 추가
② 조정

14 | 창틀 아래에 만든 육면체 오브젝트를 X 방향으로 전체 창틀 크기에 맞게 조절합니다. Properties 패널의 (Materials(⊙)) 탭에서 'window_frame' 셰이더를 선택하고 크기를 초기화한 후 중심점을 물체의 중심으로 이동합니다.

① 크기 조절

③ 중심점 이동

② 선택

15 | 창문 작업을 모두 마치고 렌더링 뷰로 확인하면 그림과 같습니다.

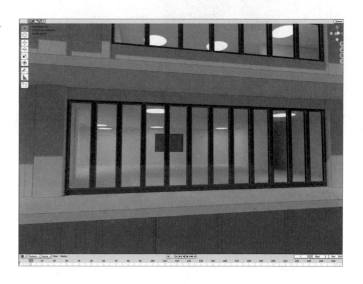

UV 텍스처링하기

UV 맵핑은 3D 모델의 표면을 2D 이미지에 맵핑하는 과정으로, 이를 통해 모델에 이미지를 적용할 수 있습니다. 사실적인 질감의 모델을 만들기 위해서는 각 부분에 이미지를 맵핑하기 위해 UV 맵핑을 사용합니다. 이를 통해 여러 이미지를 조합하여 모델에 적용할 수 있으므로 함께 알아봅니다.

● 예제 파일 : P4_Building\P4_05_09_Building_DoorWindow.blend
   P4_Building\textures\wood_table_001_ao_2k.jpg, wood_table_001_diff_2k.jpg, wood_table_001_nor_dx_2k.exr, wood_table_001_rough_2k.exr
● 완성 파일 : P4_Building\P4_10_Building_UV.blend

POINT

① 작업할 모델링을 Local View를 사용하여 분리하기
② 필요한 텍스처 이미지 다운로드하기
③ 셰이더 노드를 통해 원하는 머티리얼 작성하기
④ 스마트 UV를 사용하여 UV 작성하기

문에 텍스처링하기

01 │ 건물 외부의 문 오브젝트를 하나 선
택하고 넘버 패드 ⌐/⌐를 눌러 Local View
로 시점을 변경합니다. Properties 패널의
(Materials(▣)) 탭에서 (New) 버튼을 클
릭하여 새로운 머티리얼을 생성한 다음 이
름을 'wood_door'로 변경합니다.

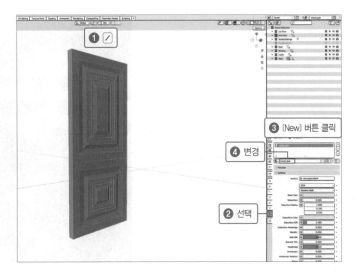

02 │ 오브젝트에 적용할 이미지를 찾기
위해 'www.polyhaven.com' 사이트에 접
속한 다음 (Textures)를 클릭합니다.

TIP 이 사이트에서 무료로 고품질 이미지와
HDRI, 모델링 등을 다운로드할 수 있습니다.

03 │ 많은 셰이더가 나타나고 왼쪽 메뉴
에 폴더별로 정리된 화면이 표시됩니다.

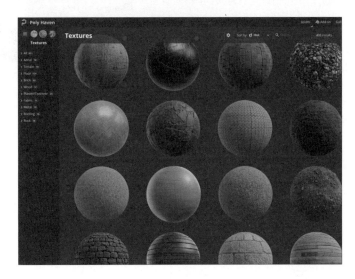

04 왼쪽 메뉴에서 (Wood) → (Man Made)를 선택한 다음 'Wood Table 001' 셰이더를 선택합니다.

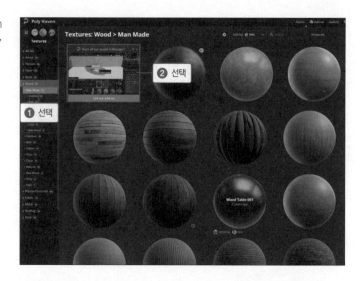

05 샘플 렌더링 이미지가 표시됩니다. 다운로드 옵션에서 '2K', 'Zip'을 선택합니다. 이렇게 설정하면 이미지 파일만 받을 수 있습니다. 파일 형식은 기본으로 두고 (Download) 버튼을 클릭하여 다운로드합니다.

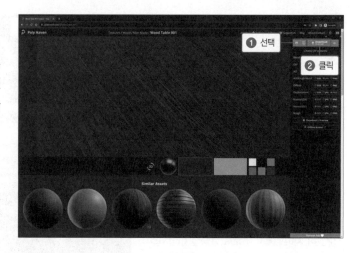

TIP 작업 중인 프로젝트 폴더에 'texture' 폴더를 만들고 다운로드하면 파일을 관리하기에 편리합니다.

06 다운로드 파일을 살펴보면 블렌더 파일과 'textures' 폴더가 있습니다. 필요한 파일은 'textures' 폴더의 'wood_table_001_ao_2k.jpg', 'wood_table_001_diff_2k.jpg', 'wood_table_001_nor_dx_2k.exr', 'wood_table_001_rough_2k.exr' 파일입니다.

TIP P4_Building → textures 폴더에서 해당 파일들을 불러와도 됩니다.

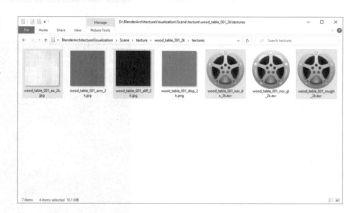

TIP JPG와 PNG 파일은 탐색기에서 기본적으로 어떤 이미지인지 보이지만, EXR 파일은 보이지 않습니다.

07 텍스처 작업을 위해 Shader Node Editor 작업 화면으로 변경해야 합니다. 블렌더 작업창 사이에 커서를 위치하고 마우스 오른쪽 버튼을 클릭한 다음 (Vertical Split)를 실행합니다.

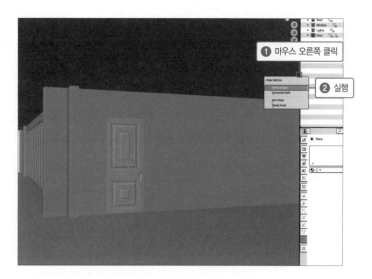

08 드래그해 원하는 위치를 클릭하면 화면이 두 개로 나뉩니다. 변경할 화면의 Header 패널에서 'Editor Type' 아이콘을 클릭하고 (Shader Editor)를 선택합니다.

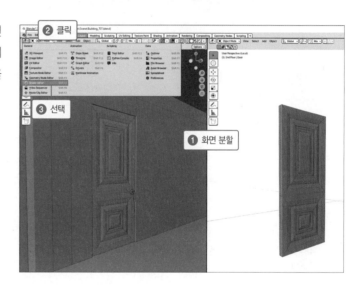

09 07~08번과 같은 방법으로 한 번 더 화면을 분할하고 'Editor Type' 아이콘을 클릭한 다음 (UV Editor)를 선택합니다.

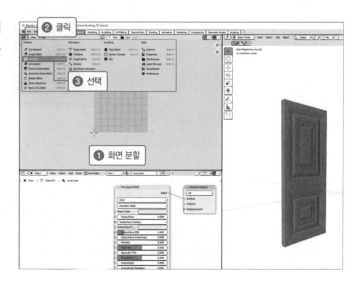

10 | Shader Editor 패널에 06번 과정에서 준비한 이미지들을 드래그하여 불러옵니다.

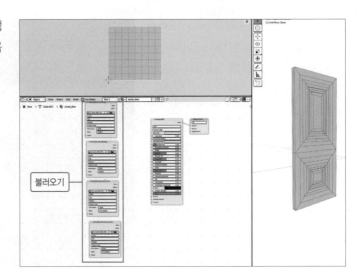

불러오기

11 | 셰이더를 그림과 같이 연결합니다. 추가로 Shift+A를 눌러 'Mix Color' 노드와 'Normal Map' 노드를 생성하여 간단한 셰이더 그래프를 연결했습니다.

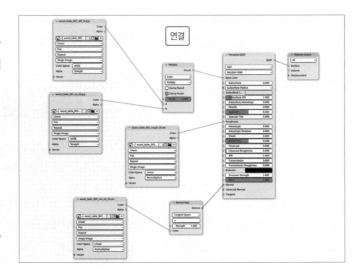

연결

TIP 유심히 보아야 할 부분은 'Mix Color' 노드에 'Multiply'를 적용한 것입니다.

12 | 셰이더를 연결하면 그림과 같이 매핑됩니다.

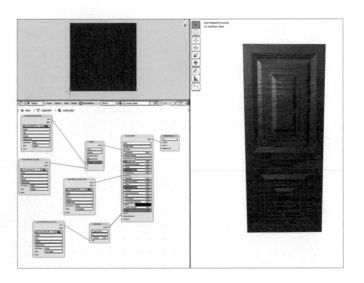

TIP 이미지 품질은 좋지만 UV 작업이 잘 되지 않아 이미지가 평면적으로 덮였습니다.

13 여기서 어떤 UV 좌표를 기반으로 이미지가 펼쳐졌는지 살펴보기 위해 Shader Editor 패널에서 이미지를 하나 선택하고 Ctrl+T를 누릅니다. 가장 왼쪽 'Texture Coordinate' 노드의 UV가 이미지의 Vector에 연결되었습니다.

TIP 해당 기능을 사용하기 위해서는 (Node Wrangler Add-ons)가 꼭 활성화되어야 합니다.

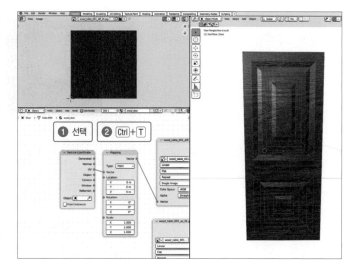

14 'Mapping' 노드의 Vector를 다른 이미지들의 모든 Vector에 연결합니다.

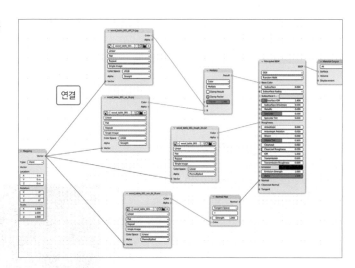

15 문 오브젝트를 선택하고 Tab을 눌러 (Edit Mode)로 변경한 다음 A를 눌러 오브젝트 전체를 선택합니다. 이렇게 하면 UV Editor 패널에 UV가 표시되는데 현재 오브젝트 모양과는 전혀 상관없습니다.

TIP 육면체 오브젝트를 기반으로 모델링했기 때문에 원본 UV가 이런 식으로 남아있을 수 있습니다.

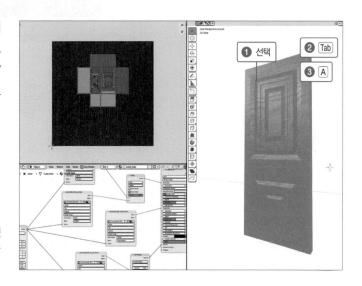

16 | 문 오브젝트에 마우스 커서를 위치하고 U를 누른 다음 (Smart UV Project)를 실행합니다.

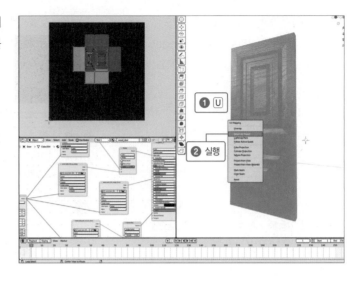

17 | Smart UV Project 창에서 Island Margin을 '0.001'로 설정한 다음 (OK) 버튼을 클릭합니다.

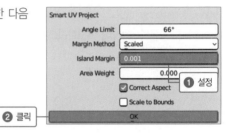

18 | UV Editor 패널을 살펴보면 자동으로 UV가 깔끔히 펴진 것을 볼 수 있습니다.

TIP 건축물과 관련된 UV는 기본 기능만 사용합니다.

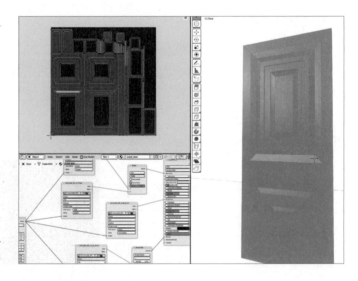

19 이미지가 문에 비해 너무 크기 때문에 크기를 조절하겠습니다. Shader Editor 패널의 'Mapping' 노드에서 Scale의 X/Y/Z를 각각 1보다 크게 설정합니다.

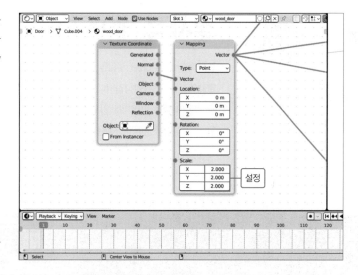

TIP 크기를 설정할 때 X/Y/Z를 같은 수치로 설정해야 이미지에 왜곡이 없습니다.

20 설정값을 변경할 일이 많은 셰이더는 'Value' 노드를 생성한 다음 연결하면 쉽고 빠르게 설정할 수 있습니다.

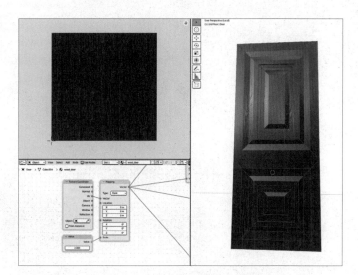

21 같은 방법으로 모든 문 오브젝트에 'wood_door' 텍스처를 적용하고 Smart UV 기능을 사용하여 마무리합니다.

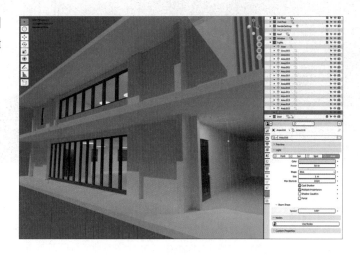

절차적 셰이딩하기

11

절차적(Procedural) 셰이딩은 블렌더의 셰이더와 노이즈를 이용하여 자연스러운 질감을 만들어 물체에 적용하는 방식입니다. UV 맵핑이나 이미지 사용 없이 고해상도 렌더링이 가능하지만, 가끔 컴퓨터 생성 이미지로 인해 부자연스러운 느낌을 줄 수도 있습니다. 이번에는 간단한 콘크리트와 나무 질감을 만들어 적용해 보겠습니다.

- 예제 파일 : P4_Building\P4_10_Building_UV.blend
- 완성 파일 : P4_Building\P4_11_Building_Shader.blend

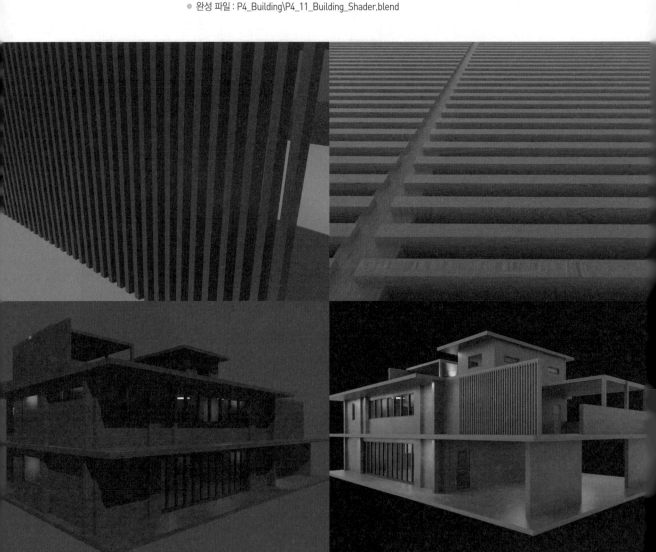

POINT

❶ 셰이더 노드에서 이미지 텍스처 없이 절차적인 방식으로 나무 머티리얼 제작하기

❷ 가장 많이 사용하는 노드들의 실제 활용을 알아보고 직접 제작하기

❸ 제작한 머티리얼을 여러 곳에 실제 적용하기

나무 질감 만들기

01 │ 인터페이스를 작업에 최적화하겠습니다. 전체 화면을 두 가지 영역으로 나누고 왼쪽에는 3D 뷰포트, 오른쪽에는 Shader Editor 패널을 배치합니다. 나무 질감을 적용할 오브젝트를 선택하고 넘버 패드 ⦸를 눌러 Local View로 시점을 변경합니다. 화면은 (Material Preview(⦿))로 변경하여 작업하겠습니다.

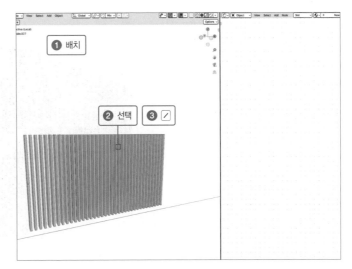

02 │ Properties 패널의 (Materials(⦿)) 탭에서 (New) 버튼을 클릭하여 새로운 머티리얼을 생성하고 이름을 'Pro_Wood'로 설정합니다.

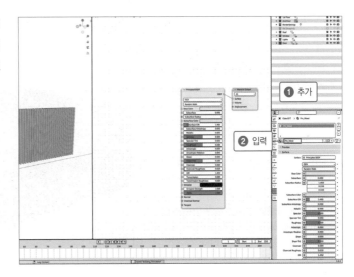

03 │ Shader Editor 패널에서 Shift +A를 누른 다음 'Musgrave Texture' 노드를 검색하여 생성하고 그림과 같이 Base Color에 연결합니다.

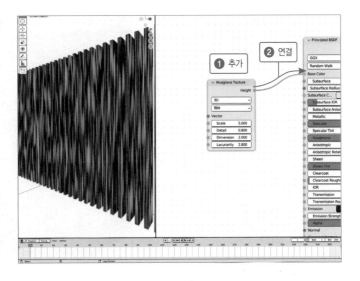

TIP 수치는 이미지를 기반으로 하고 원하는 방향으로 수정하면서 만듭니다.

04 'Musgrave Texture' 노드를 선택하고 Ctrl+T를 눌러 'Texture Coordinate' 노드와 'Mapping' 노드를 자동으로 연결합니다.

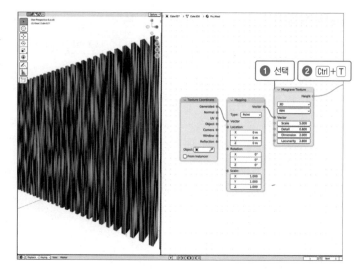

TIP 셰이더 노드에서 Vector는 대부분 UV 정보를 나타냅니다. 'Node Wrangler'가 비활성화되면 연결되지 않습니다. 'Node Wrangler'를 꼭 활성화하세요.

05 'Musgrave Texture' 노드를 선택하고 Shift+D를 눌러 복제한 다음 'Musgrave Texture' 노드와 Base Color를 연결합니다. 복제된 'Musgrave Texture' 노드는 그림과 같이 설정합니다.

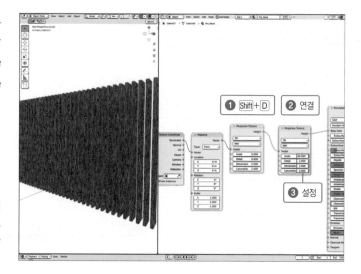

TIP 노드를 그림과 같이 연결한 이유는 정형화된 UV 값에 노이즈를 섞어 좀 더 복잡한 모양의 노이즈를 만들기 위함입니다. 이 방법은 다른 텍스처를 만들 때도 응용할 수 있습니다.

06 텍스처가 흑백 이미지로만 보여 색상을 지정하겠습니다. Shift+A를 눌러 'Color Ramp' 노드를 생성한 다음 Noise 노드와 연결합니다. 색상을 나무 색상으로 지정합니다.

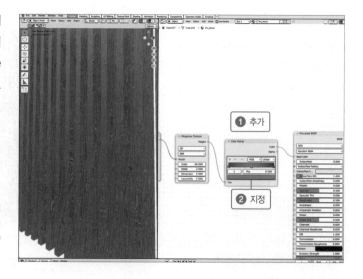

TIP 'Color Ramp' 노드를 흑백 이미지에 연결하면 검은색은 램프의 왼쪽 색상이 매핑되고, 흰색은 램프의 오른쪽이 매핑되어 다양한 조합을 만들 수 있습니다.

07 셰이더의 기본 구조가 완성되었습니다. 디테일을 추가하기 위해 [Shift]+[A]를 누른 다음 'Noise Texture' 노드를 검색하여 생성하고 그림과 같이 설정합니다.

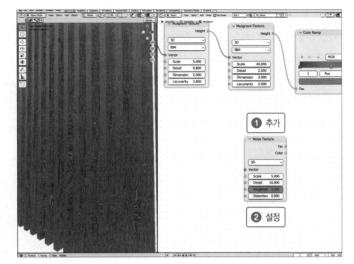

TIP 노이즈를 선택하고 [Ctrl]+[Shift]를 누른 채 클릭하면 노이즈만 어떻게 적용되는지 확인할 수 있습니다. 이후 다시 메인 셰이더를 선택한 다음 [Ctrl]+[Shift]를 누른 채 클릭합니다.

08 'Noise Texture' 노드를 선택하고 [Ctrl]+[T]를 눌러 'Texture Coordinate'와 'Mapping' 노드를 나타냅니다. 'Noise Texture' 노드를 선택한 다음 [Shift]+[D]를 눌러 복제하고 그림과 같이 연결해 디테일한 노이즈를 생성합니다.

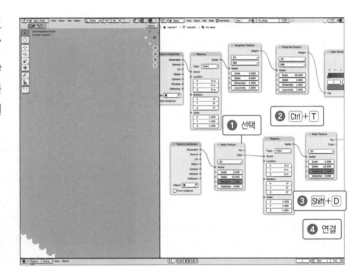

09 노이즈 대비가 너무 약하기 때문에 [Shift]+[A]를 누르고 'Color Ramp' 노드를 검색하여 생성합니다. 그림과 같이 연결한 다음 수치를 설정합니다.

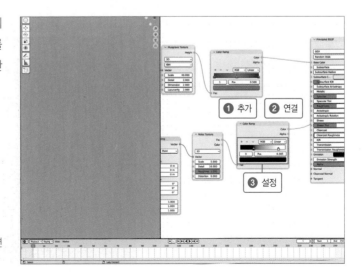

TIP 이때 검은색과 흰색을 가까이 배치하면 대비가 강해집니다.

10 두 개의 노이즈를 섞기 위해 [Shift]+
[A]를 누른 다음 'Mix' 노드를 검색해 생성
합니다. 그림과 같이 연결하여 색상 설정을
마무리합니다.

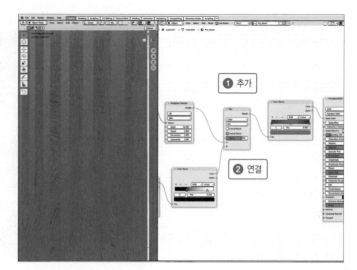

TIP 노드를 연결하는 순서에 따라서 결과가
완전히 달라지므로 순서에 유의합니다.

11 Roughness 값을 만들겠습니다.
[Shift]+[A]를 누르고 'Color Ramp' 노드를
검색하여 생성한 후 'Mix' 노드와 연결합니다.
Roughness는 흑백 이미지를 필요로 해서
그림과 같이 색상을 지정합니다.

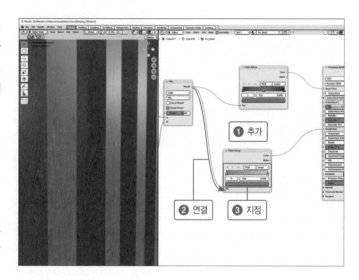

TIP 검은색이 있으면 거울처럼 반사되므로
검은색 부분은 회색, 흰색 부분은 밝은 회색으
로 지정합니다.

12 'Bump' 노드를 이용해 Bump 맵을
만들겠습니다. [Shift]+[A]를 누르고 'Bump'
노드를 검색하여 생성한 다음 그림과 같이
연결합니다. 'Bump' 노드의 Strength를
'0.2'로 설정하여 디테일을 향상시킵니다.

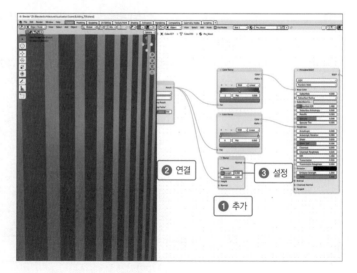

13 | 블렌더의 노드를 통해 쉽게 사용할 수 있는 나무 텍스처를 만들었습니다.

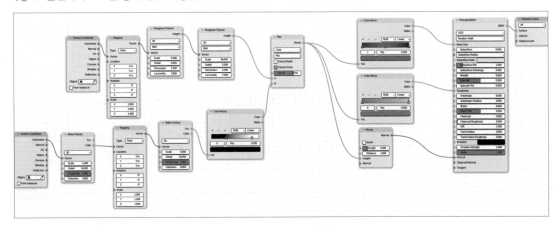

콘크리트 셰이더 설정하기

01 | 콘크리트로 제작될 오브젝트를 선택하고 넘버 패드 ⌘를 눌러 Local View로 시점을 변경합니다. 화면은 (Material Preview(◉))로 변경하여 작업하겠습니다.

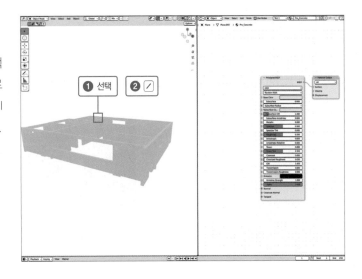

02 | 큰 노이즈 텍스처를 만들겠습니다. Shader Editor 패널에서 Shift+A를 누른 다음 'Noise Texture' 노드를 검색하여 생성하고 그림과 같이 설정합니다. Ctrl+T를 눌러 연결합니다.

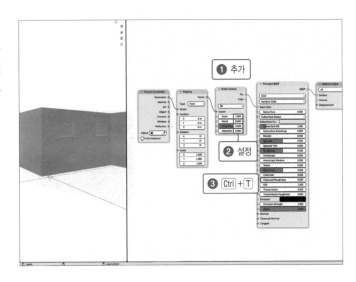

03 Shift+A를 누르고 'Color Ramp' 노드를 검색해서 생성합니다. 그림과 같이 연결하고 적당한 대비를 만들기 위해서 Ramp를 조정합니다.

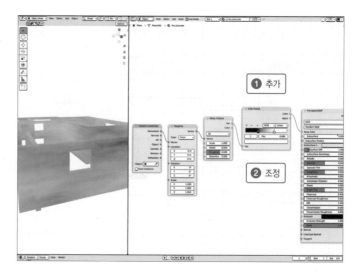

04 작은 텍스처를 만들기 위해 Shift+A를 누르고 'Noise Texture' 노드를 검색하여 두 개 생성한 다음 그림과 같이 연결합니다.

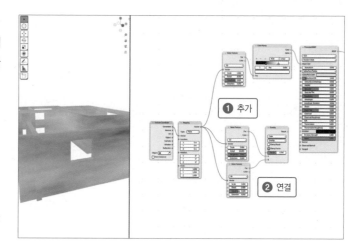

TIP 두 개의 텍스처를 연결하기 위해서는 'Mix' 노드를 사용합니다.

05 다양한 텍스처를 만들어 연결하겠습니다. Shift+A를 누르고 'Musgrave Texture' 노드를 검색하여 생성한 후 그림과 같이 연결합니다.

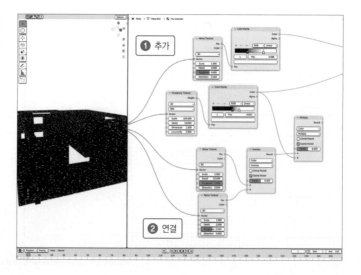

06 다양성을 더하기 위해서 Shift+A를 눌러 'Noise Texture' 노드를 하나 더 만듭니다. 'Mapping' 노드를 선택하고 Shift+D를 눌러 복제한 다음 Scale Y를 '0.01'로 설정합니다.

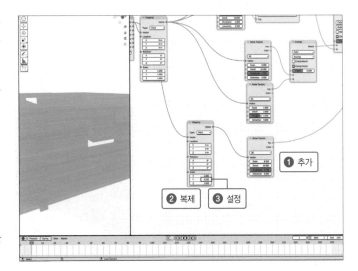

TIP 노이즈가 작아지면서 콘크리트에 한 방향으로 만들어지는 패턴을 생성합니다.

07 만들어진 텍스처를 'Overlay' 노드와 연결합니다.

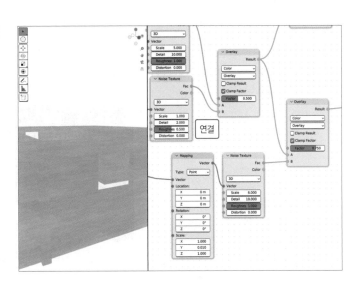

08 디테일을 위해 만든 텍스처들을 'Multiply' 노드를 이용해 혼합합니다.

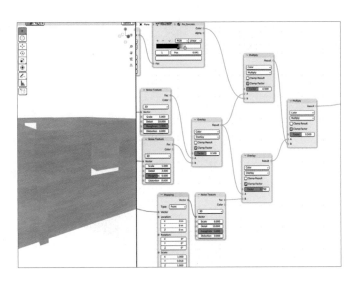

09 'Multiply' 노드로 처음에 만든 노이
즈와 지금까지 만든 셰이더를 혼합한 후 결
괏값을 'Principled BSDF' 노드의 Base
Color에 연결합니다. 나중에 색상을 쉽게
지정하기 위해 디테일한 노이즈가 세 개 모
인 부분의 마지막에 'Color Ramp' 노드를
연결합니다.

TIP 이렇게 설정하면 대비나 전반적인 색상
을 조절하기 편리합니다. 또한 Color Mix에
두 개의 값을 연결할 때 하나를 Factor에 연
결하고 다른 하나를 A에 연결하면 B 색상을
조절하면서 전체 색상을 쉽게 변경할 수 있습
니다.

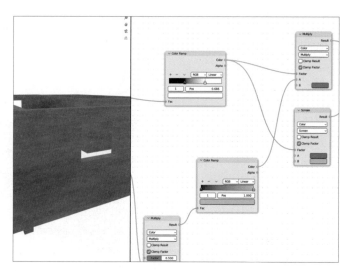

10 처음 만들어진 텍스처에 Color Mix
노드를 연결한 다음 혼합 방식은 'Screen'
으로 선택합니다. Factor에 연결하고 A, B
를 지정하며 원하는 이미지를 찾습니다. 이
노드는 Specular에 연결합니다.

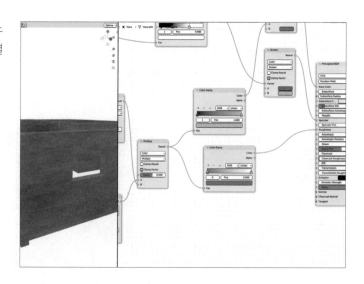

11 'Color Ramp' 노드를 디테일한 노
이즈를 위해 만든 노드에 연결합니다. 그 결
과를 Roughness에 연결합니다.

12 Roughness에 연결된 'Color Ramp' 노드를 선택하고 Shift+D를 눌러 복제한 다음 Backspace를 눌러 설정을 초기화합니다. Shift+A를 누르고 'Bump' 노드를 검색한 다음 생성하여 'Normal'에 연결합니다. 아주 디테일한 콘크리트 재질이 완성되었습니다.

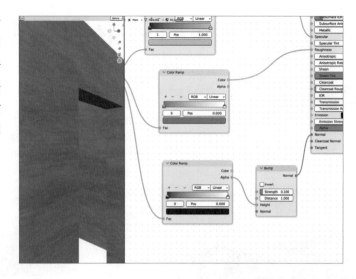

13 콘크리트 재질이 필요한 모든 곳에 적용하여 절차적 셰이딩을 마무리합니다.

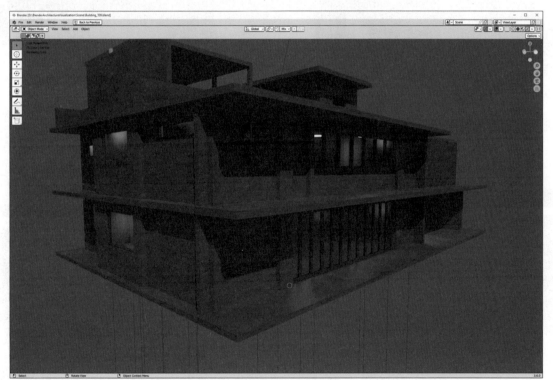

HDRI 이미지와 조명 배치하기

12

조명과 HDRI를 설치하여 현실적인 이미지를 만들기 위해서 간단한 조명 모델링을 하나 만들어
건물에 배치할 예정입니다. 또한 HDRI 기술에 대해 알아보고 활용하는 방법을 연구합니다.

- 예제 파일 : P4_Building\P4_11_Building_Shader.blend
      P4_Building\HDRI\kloppenheim_06_puresky_4k.exr
- 완성 파일 : P4_Building\P4_12_Building_HDRI.blend

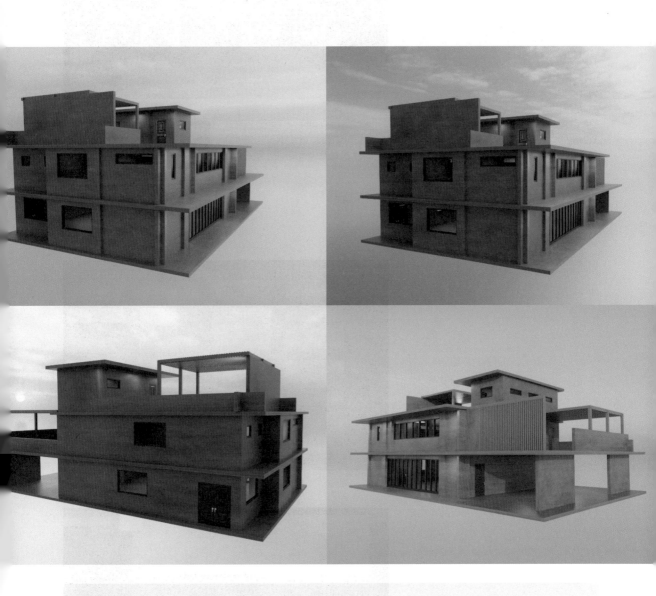

POINT

❶ HDR 이미지를 받아서 실제 작업에 적용하기

❷ 배경 이미지를 원하는 대로 편집하기

❸ 조명으로 사용하는 이미지와 배경에 실제로 렌더링되는 이미지를 다르게 설정하기

HDRI 이미지 다운로드하기

01 | 현실적인 HDRI 이미지를 만들기는 너무 오랜 시간과 노력이 필요합니다. 이런 시간을 줄이기 위해 무료 이미지 공유 사이트에서 다운로드하겠습니다. 폴리 해븐 (www.polyhaven.com) 사이트에 접속한 다음 (HDRIs)를 클릭합니다.

TIP 보통 3D 업계에서는 'HDRI 이미지'를 배경 조명으로 사용하기 위해 특별하게 편집된 이미지라는 의미로 이야기합니다.

TIP HDRI 이미지는 8비트 이미지와는 달리 채널당 32비트의 데이터 대역폭을 가지고 있어서, 더 많은 색상과 세부 정보를 표현할 수 있습니다. 이를 통해 더 현실적인 이미지를 자연스럽게 표현할 수 있습니다. 주로 조명을 대체하는 용도로 사용되지만, 텍스처와 같은 보편적인 이미지에는 잘 쓰이지 않습니다.

02 | 많은 이미지 중에서 원하는 분위기의 이미지를 선택합니다.

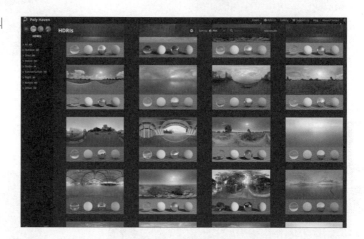

03 | (Download) 버튼을 클릭하여 다운로드합니다.

TIP 일반적으로는 4K 크기가 적당합니다. 큰 이미지를 사용하면 보다 자세한 조명 효과를 볼 수 있지만, 렌더링이 느려집니다. 컴퓨터 사양에 맞게 이미지를 다운로드하세요.

04 컴퓨터에 'HDRI' 폴더를 만든 다음
사용하려는 이미지들을 다운로드합니다.

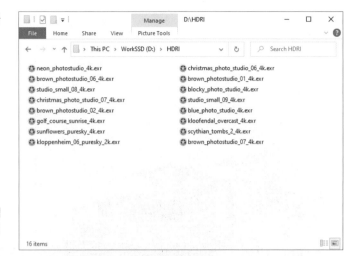

TIP 'HDRI' 폴더의 이미지들은 다른 프로젝
트에서도 많이 사용하므로 폴더에 따라 관리
하는 것이 편리합니다.

HDRI 이미지 적용하기

01 블렌더에서 HDRI를 사용해 기
본 조명을 설치하기 위하여 그림과 같이
두 개의 창으로 나눕니다. 이때 왼쪽은 3D
Viewport 패널, 오른쪽은 Shader Editor
패널로 구성합니다.

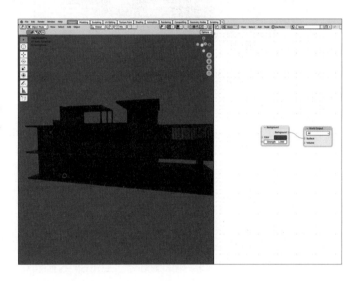

02 Shader Editor 패널의 Shader
Type을 'World'로 선택하여 변경합니다.

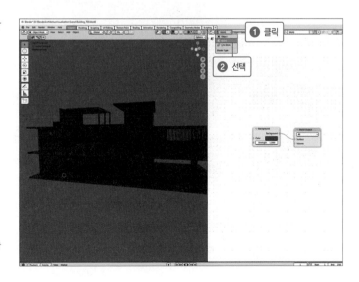

TIP 이 상태에서 환경 맵을 수정할 수 있습
니다.

03 | Shader Editor 패널에서 Shift+A를 눌러 'Environment Texture' 노드를 생성하고 다운로드한 HDRI 이미지를 연결하여 결과를 확인합니다.

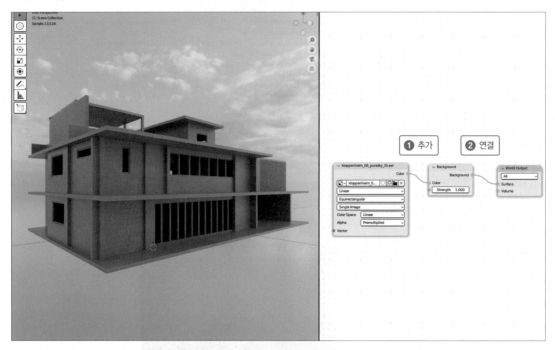

TIP 기본 환경 맵은 단색 'Background' 노드로 구성됩니다. HDRI 이미지를 드래그하여 블렌더에 불러오면 일반 'Image Texture' 노드로 불러들여지기 때문에 이렇게 불러온 노드는 사용할 수 없습니다. 그러므로 꼭 예제에서 설명하는 순서대로 따라 하기 바랍니다.

TIP P4_Building → HDRI 폴더에서 'kloppenheim_06_puresky_4k.exr' 파일을 불러와 연결해도 됩니다.

04 | 불러온 HDRI 이미지를 선택하고 Ctrl+T를 눌러 기본 노드를 불러옵니다. 'Mapping' 노드에서 Rotation 항목의 Z를 설정해 이미지를 회전합니다. 'Background' 노드의 Strength를 '0.75'를 설정해서 약간 어둡게 표현합니다.

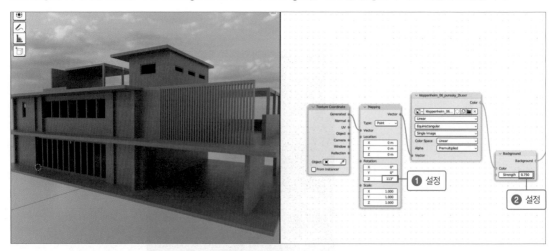

TIP Rotation 항목을 이용해 다른 축도 변경할 수 있지만, 가장 많이 사용하는 것은 Z 방향입니다.

05 HDRI 조명 효과를 적용하면서 나타난 이미지를 보이지 않게 조절해야 하는 경우가 무척 많습니다. 이를 해결하기 위해 Shader Editor 패널에서 Shift+A를 눌러 'Background' 노드를 생성하고 Color를 배경 색상으로 지정합니다.

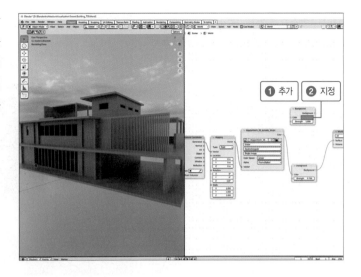

06 Shader Editor 패널에서 Shift+A를 눌러 'Mix Shader' 노드를 생성하고 그림과 같이 연결합니다.

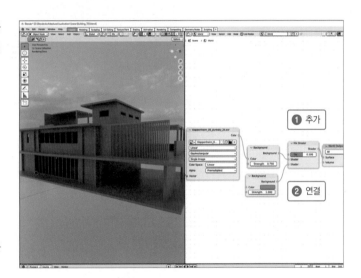

TIP 배경 색상의 Background Shader를 아래쪽에 연결해야 그림과 같이 나타납니다.

07 Shader Editor 패널에서 Shift+A를 눌러 'Light Path' 노드를 생성하고 Is Camera Ray를 'Mix Shader' 노드의 Fac에 드래그하여 연결합니다.

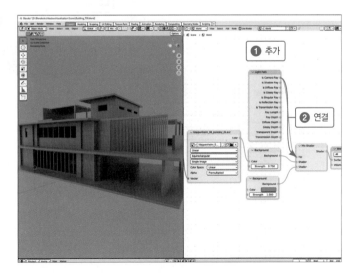

TIP 배경이 지정된 색으로 변경되고 물체에는 조명 효과가 그대로 적용됩니다.

08 │ 투명한 배경을 보려면 Properties 패널에서 (Render) 탭의 Film 항목에서 'Transparent'를 체크 표시합니다.

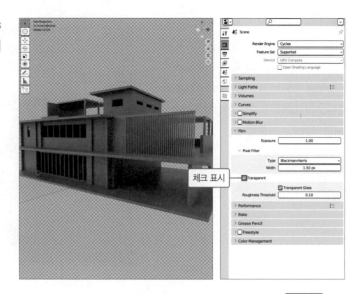

체크 표시

조명기구 만들기

01 │ 간단한 모양의 조명기구를 만들겠습니다. Outliner 패널의 'New Collection' 아이콘(🗁)을 클릭하여 컬렉션을 하나 만들고 이름을 'Lighting'으로 변경합니다. 나머지 컬렉션의 체크 표시를 해제하여 숨깁니다.

❶ 클릭

❸ 체크 표시 해제

❷ 변경

02 │ Shift+A를 눌러 원기둥 오브젝트를 생성합니다. 화면 왼쪽 아래 Add Cylinder 창에서 그림과 같이 설정하여 변형합니다.

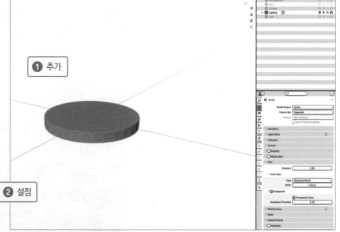

❶ 추가

❷ 설정

03 원기둥 오브젝트가 선택된 상태로
[Tab]을 눌러 (Edit Mode)로 변경하고 윗면을
선택합니다. [E]를 눌러 (Extrude Region
(■))을 활성화하고 [S]를 눌러 선택한 면을
확대합니다.

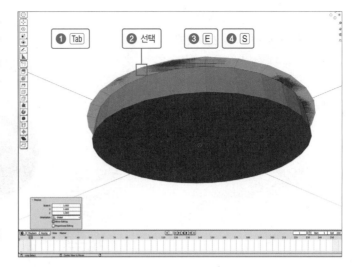

TIP 면을 선택할 때는 (Face(■), [3]) 선택
모드인지 확인하세요.

04 확대한 면이 선택된 상태로 [E]를 한
번 더 누르고 위쪽으로 돌출시킵니다.

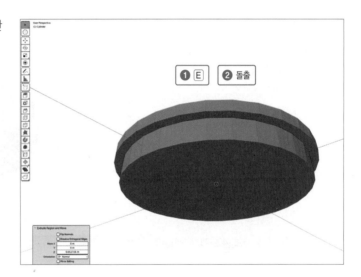

05 [2]를 눌러 (Edge(■)) 선택 모드로
변경하고 [Alt]를 누른 상태로 아래쪽 선을
클릭하여 반복 선택합니다. [Ctrl]+[B]를 눌러
(Bevel(■))이 활성화된 상태로 마우스 휠을
돌려 네 개의 선을 추가합니다.

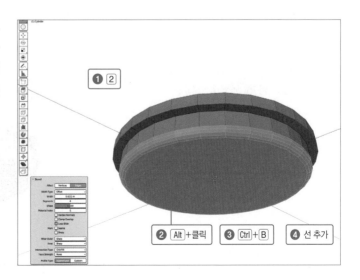

06 | 같은 방법으로 [Alt]를 누른 상태에서
조명 위쪽 선을 클릭하여 반복 선택하고
[Ctrl]+[B]를 눌러 [Bevel(🖼)]을 활성화합니다.
위쪽은 면적이 작기 때문에 선을 세 개만 추
가합니다.

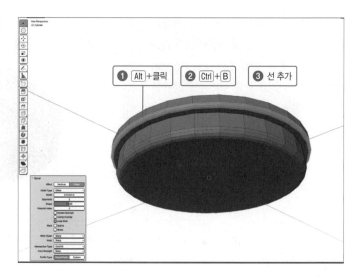

07 | 조명 위쪽과 아래쪽이 만나는 선을
선택하고 마우스 오른쪽 버튼을 클릭한 다음
[Mark Sharp]를 실행합니다.

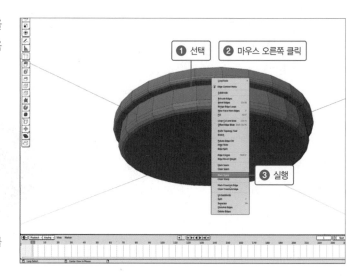

TIP [Mark Sharp]는 폴리곤 모서리(Edge)를
날카롭게 만드는 기능입니다.

08 | [Tab]을 눌러 [Object Mode]로 변경
합니다. 조명을 부드럽게 만들기 위해 원기
둥 오브젝트에서 마우스 오른쪽 버튼을 클
릭한 다음 [Shade Auto Smooth]를 실행
합니다.

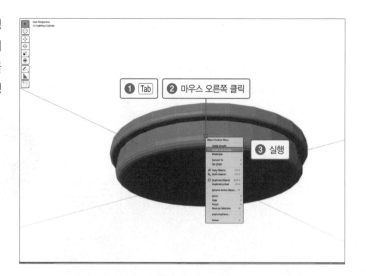

09 | Properties 패널의 (Materials(●)) 탭에서 (New) 버튼을 클릭하여 새로운 머티리얼을 생성합니다. Z를 눌러 색상을 확인하기 위해 뷰포트를 ((●)Material Preview)로 선택합니다.

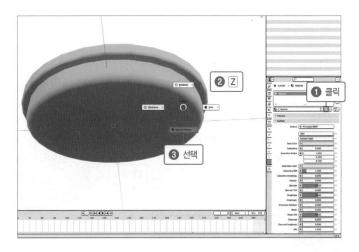

10 | 머티리얼을 적용하겠습니다. Properties 패널의 (Materials(●)) 탭에서 Base Color를 '검은색(#303030)', Metallic을 '1', Roughness를 '0.35' 정도로 설정하여 금속 질감을 만듭니다. 머티리얼 이름을 'metal_dark'로 변경하여 조명의 몸체를 마무리합니다.

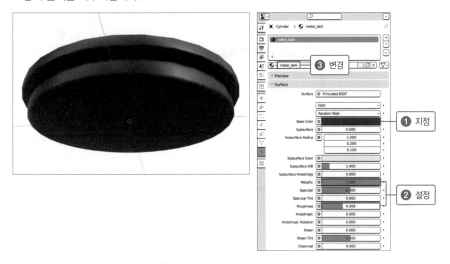

11 | 형광등 부분에 따로 머티리얼을 적용하기 위해 먼저 Tab을 눌러 (Edit Mode)로 변경합니다. ③을 눌러 (Face(■)) 선택 모드로 변경한 다음 그림과 같이 면을 선택합니다.

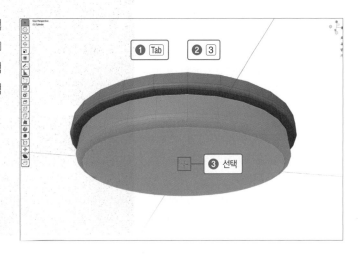

12 │ (Materials(🔘)) 탭에서 (+)를 클릭하여 새로운 머티리얼을 생성하고 이름을 'lighting_emit'로 변경합니다. (Assign) 버튼을 클릭하여 선택된 면들에 적용합니다.

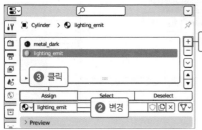

13 │ (Surface) 옵션의 Surface를 'Emission'으로 지정합니다. Tab을 눌러 (Object Mode)로 변경합니다. Color를 일반 실내 조명 색상인 '#FFD398', Strength를 '5'로 설정합니다.

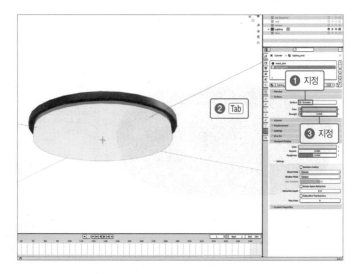

TIP 이 부분이 조명의 밝기로 작동합니다.

조명 배치하여 마무리하기

01 │ 머티리얼을 적용한 원기둥 오브젝트 이름을 'ceiling_lighting'으로 변경하고 모든 컬렉션의 체크 표시를 활성화합니다.
Render View에서 확인하면 조명 역할을 하지만, 실제 조명으로 사용하기에는 밝기가 약합니다. 조명기구 오브젝트를 집 환경에 맞게 배치한 다음 Lighting을 배치하겠습니다.

02 층별로 컬렉션을 확인하면서 조명기구를 Alt+D를 눌러 복제한 다음 배치합니다. 그림의 위쪽은 Top View, 아래쪽은 렌더링된 이미지입니다.

TIP 조명의 위치와 높이, 크기를 취향에 맞게 그림과 같이 잘 배치하세요. Alt+D를 누르고 (Instance Copy)를 실행하면 컴퓨터에 부담을 적게 줄 수 있습니다.

03 모든 층의 조명을 같은 방식으로 제작합니다. 세심하게 복사와 배치 그리고 크기를 조절합니다. 벽이나 바닥에도 조명 오브젝트 크기를 다르게 적용해 장식용으로 배치할 수 있습니다.

TIP 조절할 필요가 없는 컬렉션은 선택되지 않도록 체크 표시를 해제하고 작업하면 편리합니다.

04 Outliner 패널의 'New Collection' 아이콘(圕)을 클릭하여 'Lighting Mesh' 컬렉션을 만들고 앞서 만든 조명 모델링들을 모두 포함합니다. 'Lighting Light' 컬렉션을 하나 더 만들어 포함합니다. 예제의 컬렉션 구조는 'Lighting' 컬렉션 안에 'Lighting Mesh'와 'Lighting Light' 컬렉션이 있습니다.

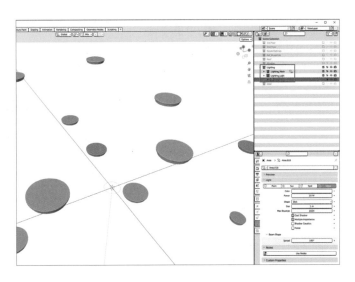

05 3D 뷰포트에서 Shift+A를 누르고
〔Area Light〕를 생성합니다. Properties 패
널에서 Shape를 'Disk'로 지정합니다.

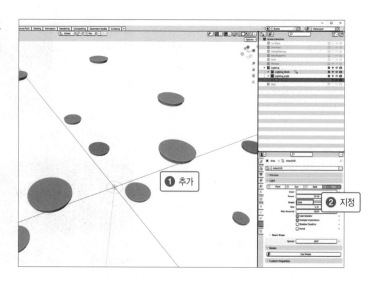

06 그림자 오류를 방지하기 위해 조명
위치는 메시와 겹치지 않도록 배치합니다.

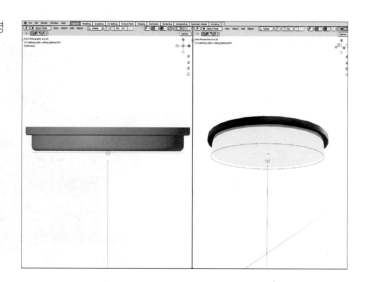

07 라이트를 선택하고 Alt+D를 눌러
복제한 다음 모든 조명 오브젝트에 배치합
니다.

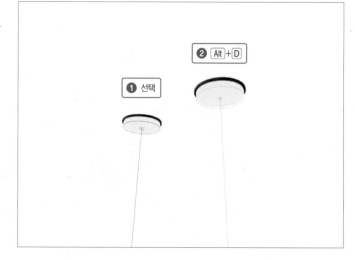

TIP Shift+D는 일반 복사, Alt+D는 인스
턴스 복사입니다. 여러 개를 복사한 후 하나를
편집하면 나머지 복사한 오브젝트들이 동일하
게 변경됩니다. 조명의 세기 등도 한번에 변경
할 수 있다는 장점이 있습니다. 이렇게 조명을
복제하고 하나의 조명 색상, 밝기 설정을 변경
하면 다른 조명들도 동시에 수정됩니다.

08 조명 크기를 한번에 조절할 때는 (Object Data(🔵)) 탭의 Size를 조절합니다.

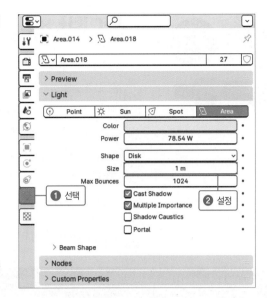

TIP 조명 하나만 따로 크기를 조절할 경우에는 ⑤를 누른 다음 설정합니다.

09 조명을 모두 배치해 완성했습니다.

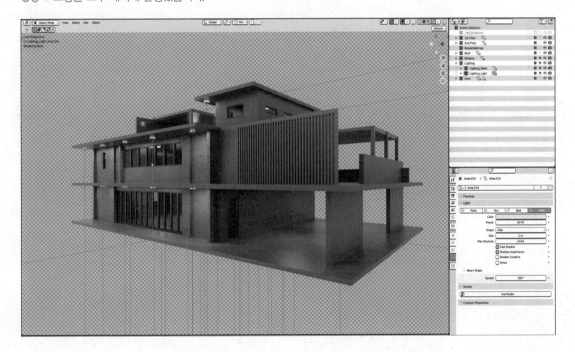

잔디밭 배경 만들기

배경 오브젝트를 만들고 배치하는 방법 중 하나는 지오메트리 노드를 활용하는 것입니다. 이 방법은 3D 작업을 절차적으로 처리해 오브젝트를 랜덤하게 배치할 수 있습니다. 지오메트리 노드는 블렌더의 중요한 기능 중 하나이며, 더 많은 기능을 탐구하고 활용할 수 있습니다. 블렌더에서 이 기능을 사용하면 실무 작업에 많은 도움이 될 뿐만 아니라, 넓은 확장 가능성을 제공합니다. 처음에는 조금 어려울 수 있지만, 연습을 통해 숙달되면 다양한 분위기를 만들어낼 수 있으므로 연습해 봅니다.

- 예제 파일 : P4_Building\P4_12_Building_HDRI.blend
  P4_Building\textures\grass_blade.png
- 완성 파일 : P4_Building\P4_13_Building_Grass.blend

POINT

❶ 잔디밭에 사용될 잔디 모델과 텍스처링 만들기

❷ 지오메트리 노드를 사용하여 간단한 기능으로 잔디밭 만들기

❸ 지오메트리 노드를 다른 오브젝트에 적용해서 맵 전체에 잔디밭 적용하기

❹ 무거운 지오메트리 노드를 컴퓨터에 부담 없이 작업하기 위한 팁 알아보기

잔디 모델링하기

01 | 재료가 되는 잔디를 만들기 위해 이미지를 불러오겠습니다. P4_Building → textures 폴더에서 'grass_blade.png' 파일을 블렌더로 불러옵니다.

TIP 이미지는 알파 채널이 있는 PNG 형식의 무료 이미지를 다운로드하거나 직접 그려서 준비해도 좋습니다. 웹 브라우저에 'Grass Blade transparent.png' 등으로 검색하면 많은 자료를 얻을 수 있습니다.

02 | 잔디를 모델링하기 위해 Outliner 패널에서 'New Collection' 아이콘(圖)을 클릭하여 'Grass_Field' 컬렉션을 생성하고 아래쪽에 'Grass_Blade' 컬렉션을 생성합니다. Shift+A를 눌러 그리드 오브젝트를 생성한 다음 이름을 'Grass'로 변경합니다.

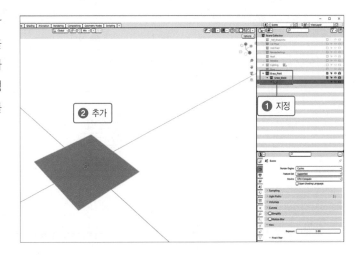

03 | (Materials(圖)) 탭에서 (New) 버튼을 클릭해 머티리얼을 생성하고 이름을 'Grass'로 변경합니다.

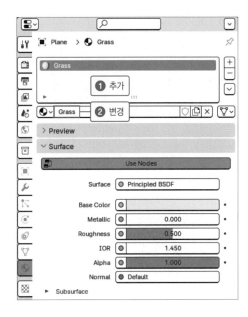

04 | 패널을 그림과 같이 나누고 'grass_blade.png' 파일을 Shader Editor 패널로 드래그하여 불러옵니다. 불러온 파일 노드의 Color를 'Principled BSDF' 노드의 Base Color에 연결한 후 Alpha끼리 연결합니다.

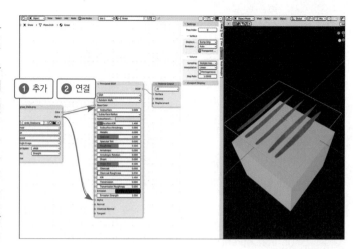

TIP 이렇게 연결하면 렌더링했을 때 알파(Alpha)가 없는 부분은 보이지 않습니다.

05 | (Material View(◉))로 확인하면 이상하게 보이기 때문에 이를 해결하기 위해서는 설정이 필요합니다.
먼저 Render Engine을 'Eevee'로 변경합니다. Shader Editor 패널에서 N을 눌러 Sidebar를 표시하고 Blend Mode와 Shadow Mode를 각각 'Alpha Clip'으로 지정하면 알파가 적용됩니다.

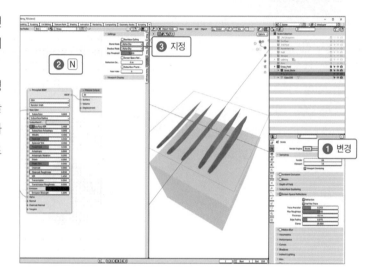

06 | 종이를 오리는 느낌으로 잔디 오브젝트 면을 쪼갭니다. K를 눌러 (Knife(⬚))를 활성화하고 잎을 하나씩 분리해 면을 자릅니다. 많이 복제할 것이므로 폴리곤 개수는 최소한을 유지해야 합니다.

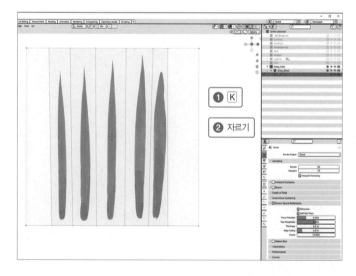

TIP K를 눌러 (Knife(⬚))가 선택된 상태에서 면을 자르고 확정하려면 Enter를 누르고, 취소하려면 Esc를 누릅니다.

07 면 구성을 그림과 같이 나눕니다.

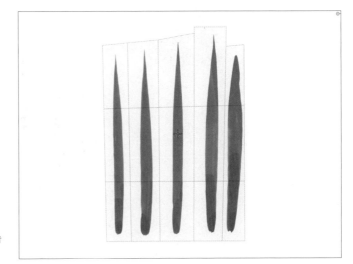

TIP 이때 정교하게 모양을 만들 필요는 없습니다.

08 ③을 눌러 (Face(■)) 선택 모드로 변경합니다. 잎을 하나씩 분리하기 위해 각 면을 선택하고 ℗를 누른 다음 (Selection)을 실행합니다. 잎이 총 다섯 개 오브젝트로 분리될 때까지 이 작업을 반복합니다.

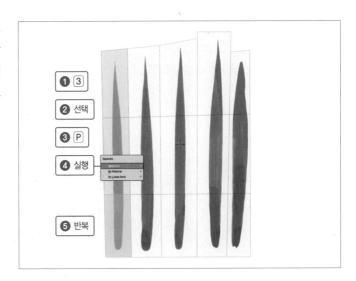

09 분리된 잔디 오브젝트를 모두 선택하고 ℝ과 Ⓧ를 누른 다음 '90'을 입력해 X 방향을 기준으로 90° 회전합니다. 중심점을 오브젝트의 가장 아래쪽으로 이동하고 Vertex 선택 모드에서 아래쪽 점을 선택합니다. Shift+Ⓢ를 누른 다음 (Cursor to Selected)를 선택합니다.

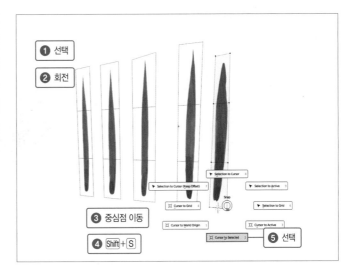

10 분리한 각각의 잔디 오브젝트에서 마우스 오른쪽 버튼을 클릭하고 (Set Origin) → (Origin to 3D Cursor)를 실행합니다.

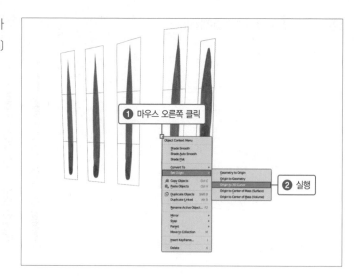

11 잔디 오브젝트를 선택한 다음 (Tab)을 눌러 (Edit Mode)로 변경합니다. 그림과 같이 수정해서 자연스럽게 구부러진 잔디의 모양으로 모델링합니다.

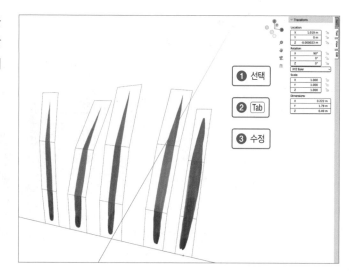

12 잔디 풀잎들을 하나하나 복사하고 위치를 조정해 그림과 같이 바닥에서 자란 듯한 잔디를 모델링합니다. 자유롭게 크기와 위치를 변경하면서 최대한 자연스럽게 만들고 모델링이 끝나면 (Ctrl)+(A)를 누른 다음 (Scale)을 실행해 크기를 조정합니다.

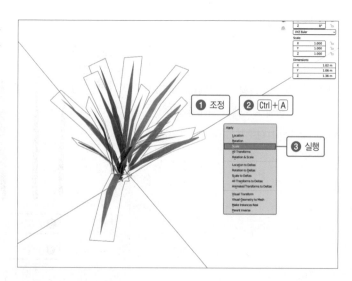

땅을 만들어 잔디 심기

01 │ 잔디가 심어질 땅을 만들겠습니다.
건물과는 상관없이 Shift + A 를 누르고
(Grid)를 선택합니다. 생성한 오브젝트에서
S 를 눌러 크기를 10m 정도로 만든 다음
이름을 'Grass_field'로 변경합니다. 이때
이 오브젝트는 'Grass_Blade' 컬렉션에 있
으면 안 됩니다.

TIP 땅도 잔디와 마찬가지로 Ctrl + A 를 눌
러 크기를 초기화해야 합니다.

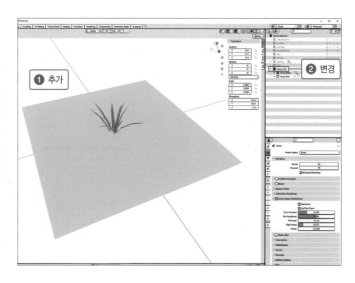

02 │ 작업 화면을 나누고 아래 화면에
서 'Editor Type' 아이콘을 클릭한 다음
(Geometry Node Editor)를 선택하여 그
림과 같이 변경합니다.

03 │ 'Grass_field' 오브젝트를 선택하고
Geometry Node Editor 패널에서 (New)
버튼을 클릭합니다. 새로운 노드 그래프 이
름을 'Grass_Field_Test'로 변경합니다.

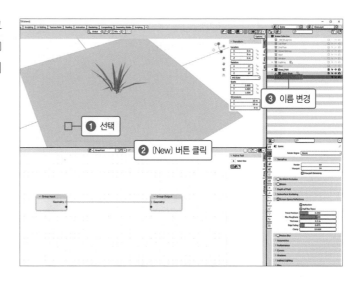

04 | Geometry Node Editor 패널에서
Shift+A를 눌러 'Distribute Points on
Faces' 노드를 생성하고 그림과 같이 연결
합니다.

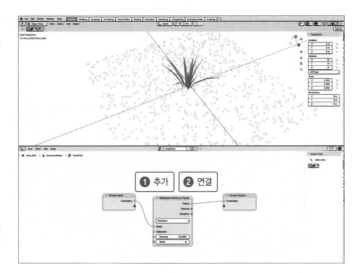

TIP 'Distribute Points on Faces' 노드
는 파티클 혹은 점을 연결된 오브젝트 표면
(Face)에 생성합니다.

05 | 같은 방법으로 Shift+A를 누른 다음
'Join Geometry' 노드를 생성하고 그림과
같이 연결합니다.

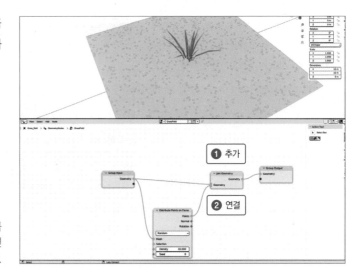

TIP 'Join Geometry' 노드는 각각의 노드를
하나로 합치는 기능을 가지고 있어 노드를 연
결하면 사라졌던 지오메트리 노드가 나타납니다.

06 | Outliner 패널에서 'Grass_Blade'
컬렉션을 선택하고 Geometry Node
Editor 패널로 드래그합니다.

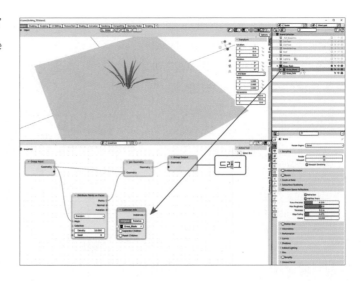

07 | Geometry Node Editor 패널에서 Shift+A를 눌러 'Instance on Points' 노드를 생성하고 그림과 같이 연결합니다. 많은 양의 잔디가 복제 및 배치되었습니다.

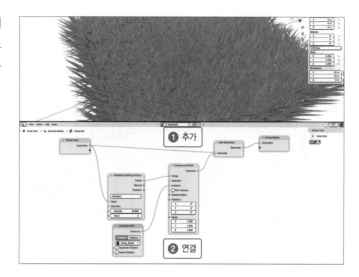

08 | 잔디에 랜덤값을 적용하기 위해 Geometry Node Editor 패널에서 Shift+A를 누른 다음 'Random Value' 노드를 생성합니다. 데이터를 'Vector'로 지정하고 Min과 Max의 세 번째 값을 각각 '-180', '180'으로 설정한 후 'Instance on Points' 노드의 Rotation에 연결합니다.

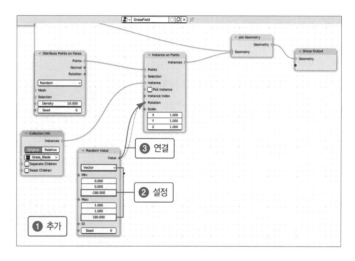

09 | 잔디가 그림과 같이 자연스럽게 배치됩니다. 'Glass_Blade' 컬렉션은 직접 렌더링할 필요가 없으므로 Outliner 패널에서 비활성화하여 숨깁니다.

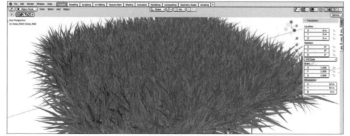

건물과 어우러지게 잔디 배치하기

01 | Outliner 패널에서 'Grass_Field_Test' 오브젝트의 '눈' 아이콘(👁)을 비활성화해 숨깁니다. 3D 뷰포트에서 Shift+A를 누른 후 그리드 오브젝트를 생성하고 이름을 'Grass_Field'로 변경합니다.

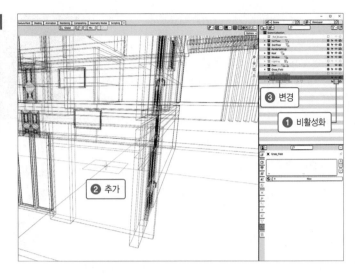

02 | 'Grass_Field' 오브젝트의 크기를 확대해 마당 정도의 크기가 되도록 Scale의 X/Y/Z를 각각 '20' 정도로 설정한 다음 Z축 방향으로 살짝 내려 위치를 조정합니다. Ctrl+A를 누르고 (Scale)을 선택하여 크기를 초기화합니다.

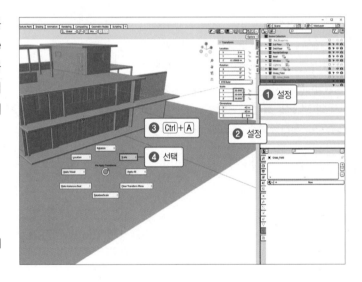

TIP 이렇게 설정해야 집의 기초가 되는 부분이 마당 그리드에 가려지지 않습니다.

03 | 집과 겹치는 부분을 지우겠습니다. 'Grass_Field' 오브젝트와 집 모델링의 기초가 되는 바닥 부분을 선택하고 넘버 패드 /를 눌러 두 오브젝트만 따로 나타냅니다.

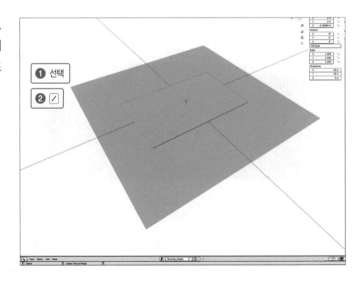

04 잔디밭이 될 그리드를 선택하고 [Tab]을 눌러 [Edit Mode]로 변경합니다. [Ctrl]+[R]을 눌러 [Loop Cut(⊞)]을 활성화한 다음 그림과 같이 선을 추가하고 집 기초의 외곽과 일치하게 배치합니다.

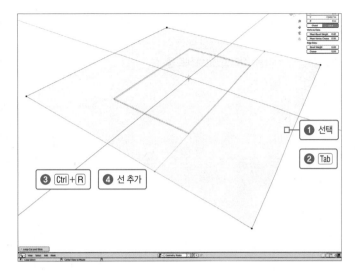

05 같은 방법으로 4면에 모두 선을 추가합니다.

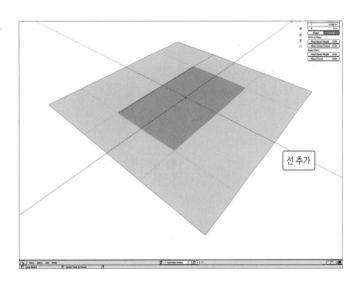

06 [3]을 눌러 [Face(■)] 선택 모드로 변경합니다. 가운데 면을 선택한 다음 [X]를 누르고 [Delete Faces]를 선택해 삭제합니다.

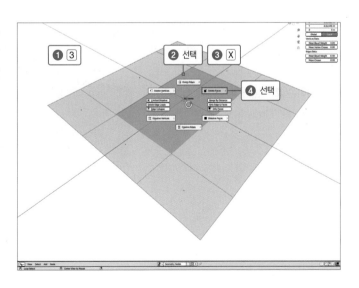

07 | Tab 을 눌러 (Object Mode)로 변경하고 넘버 패드 ⁄를 눌러 다시 모든 오브젝트를 나타낸 다음 잔디밭 오브젝트를 선택합니다.

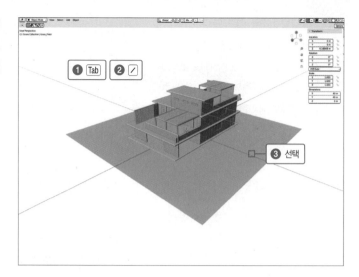

08 | 작업 화면을 그림과 같이 분리하고 화면 아래쪽 'Editor Type' 아이콘을 클릭한 다음 (Geometry Node Editor)를 선택합니다.

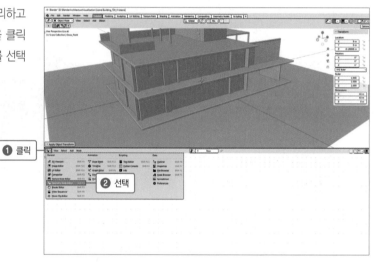

09 | Geometry Node Editor 패널의 (New) 버튼을 클릭합니다. 새로운 노드가 생성되면 'Geometry Nodes' 왼쪽의 노드 모양 아이콘(🟦⌄)을 클릭합니다. 테스트용으로 만들었던 'GrassField'를 선택해 적용합니다.

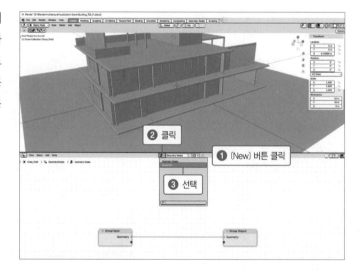

10 테스트용으로 생성한 노드가 새로 만든 오브젝트에 적용됩니다.

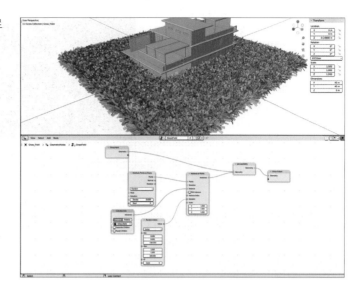

11 Geometry Node Editor 패널의 'GrassField' 이름 옆 숫자 '2'를 클릭합니다.

TIP 이 숫자는 현재 지오메트리 노드를 두 곳에서 사용하고 있음을 나타냅니다. 마찬가지로, 셰이더 노드도 여러 오브젝트가 같은 셰이더를 사용하면 해당 숫자가 표시됩니다.

12 숫자가 사라지고 'GrassField.001'로 이름이 변경되었습니다. 이름 부분을 더블클릭하여 'GrassField.Final'로 변경합니다.

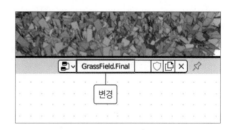

TIP 이것은 노드를 복사해서 기존에 생성한 노드와 독립적으로 작동할 수 있게 변경했다는 뜻입니다.

13 잔디가 건물에 비해 너무 크기 때문에 크기를 조절하겠습니다. Geometry Node Editor 패널에서 'Instnce on Points' 노드의 Scale을 각각 '0.2'로 설정합니다.

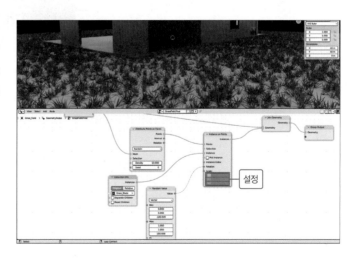

14 | 이번에는 크기는 적당하지만 잔디 개수가 너무 적어서 바닥이 훤히 보이므로 수정하겠습니다. Geometry Node Editor 패널에서 'Distribute Points on Faces' 노드의 Density를 '25'로 설정합니다.

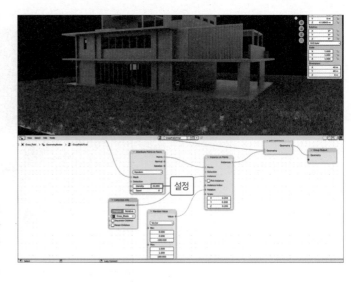

TIP 여기서 설정값을 더 높이면 바닥이 보이지 않을 수도 있지만, 그렇게 하면 컴퓨터가 부담스러워질 수 있습니다. 적당한 수치는 컴퓨터의 사양에 맞게 설정하세요.

15 | 지오메트리 노드가 활성화된 상태에서는 어떤 작업도 힘들기 때문에 잠시 잔디만 숨기겠습니다. 'Join Geometry' 노드와 'Group Output' 노드의 연결 부분을 바깥으로 드래그하여 연결을 해제합니다.

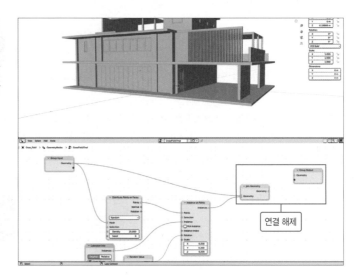

16 | 연결을 해제하면서 화면에 아무것도 나타나지 않습니다. 바닥 부분은 보여야 하기 때문에 'Group Input' 노드를 'Group Output' 노드에 연결합니다.

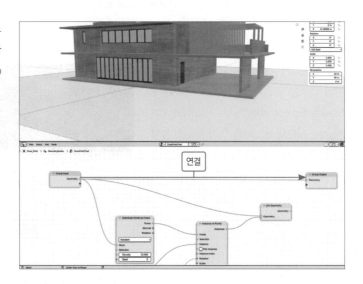

17 │ 바닥에 잔디와 유사한 색상을 적용해 바닥이 눈에 띄지 않도록 하겠습니다. 바닥 오브젝트를 선택하고 Properties 패널의 (Materials(⊙)) 탭을 선택한 다음 (New) 버튼을 클릭합니다.

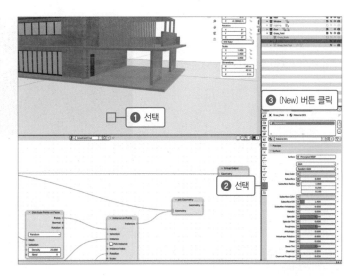

18 │ 새로 만든 머티리얼 이름을 'GrassGround'로 변경합니다.

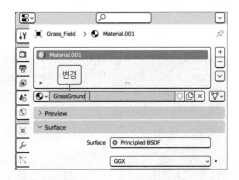

19 │ Base Color를 클릭한 다음 색상을 '어두운 녹색(#0F160F)'으로 지정합니다.

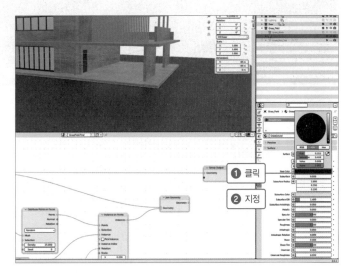

20 Geometry Node Editor 패널에서 그림과 같이 'Group Output' 노드에 연결된 노드를 해제하고 다시 'Join Geometry' 노드를 연결합니다.

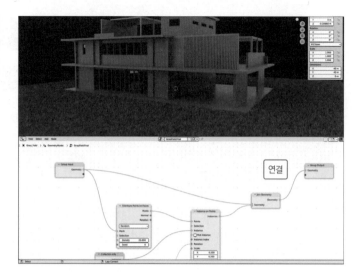

21 연결 설정이 끝나면 테스트 렌더링을 합니다. 이제 바닥이 튀어 보이지 않고 잔디가 아주 자연스럽게 배치되었습니다.

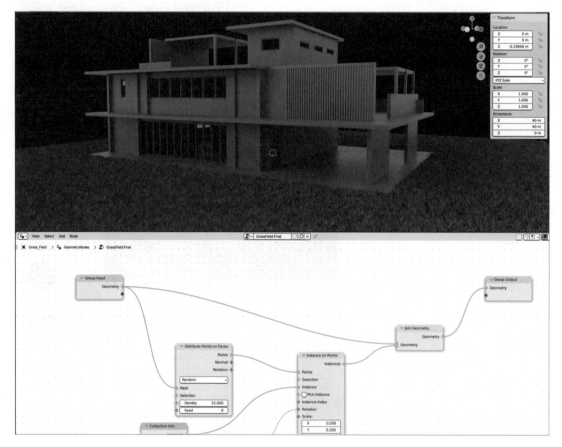

TIP 지오메트리 노드는 처음에는 어렵게 느낄 수 있지만, 이를 통해 블렌더에서 중요한 부분을 포기하는 것입니다. 또한, 블렌더의 개발 방향은 모든 것을 지오메트리 노드에서 제어할 수 있도록 하는 쪽으로 나아가고 있습니다. 앞으로는 더욱 강력하고 편리한 노드와 기능이 많이 추가될 것으로 예상되므로 간단한 예제부터 차근차근 따라 해 보세요.

조경을 위해 나무 배치하기

14

나무는 건물을 아름답게 만들어주는 소중한 요소입니다. 카메라를 활용하여 구도를 조절하면 화면이 더욱 돋보이고, 현실적인 느낌을 줄 수 있습니다. 나무 모델링과 텍스처 적용하기는 시간과 노력이 많이 필요한 작업이지만, 무료로 제공되는 나무 소스를 활용하면 작업 시간을 단축할 수 있습니다.

- 예제 파일 : P4_Building\P4_13_Building_Grass.blend
  P4_Building\models\tree_small_02_1k.blend\tree_small_02_1k.blend
  P4_Building\models\fir_tree_01_1k.blend\fir_tree_01_1k.blend
- 완성 파일 : P4_Building\P4_14_Building_Tree.blend

POINT

❶ 나무 소스 다운로드하기

❷ 나무 소스를 작업 중인 블렌더 파일에 불러오기

❸ 받은 소스를 컬렉션에서 정리하기

❹ 인스턴스로 제작하여 배치하기

기본 나무 다운로드하고 배치하기

01 │ 나무를 만들기 위한 소스를 다운로드하기 위해 Ploy Haven(www.polyhaven.com) 사이트에 접속하고 (Models)를 클릭합니다.

02 │ 왼쪽 Models 메뉴에서 (Nature) → (Plants) → (Trees)를 실행합니다. 사용할 수 있는 나무 소스들이 표시되면 원하는 형태의 나무를 선택합니다.

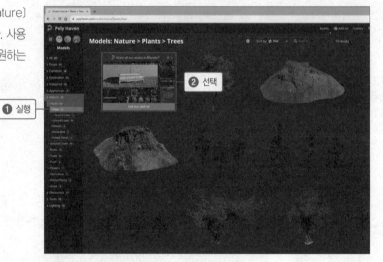

03 │ 배경으로 사용할 나무이므로 가장 낮은 해상도인 '1K'로 지정하고 (Download) 버튼을 클릭하여 다운로드합니다.

04 다운로드 파일이 있는 폴더로 이동하고 ZIP 파일의 압축을 해제한 후 블렌더 파일을 더블클릭하여 실행합니다.

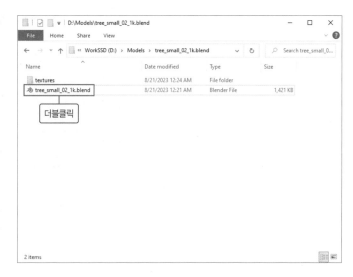

TIP P4_Building → models → tree_small_02_1k.blend 폴더의 'tree_small_02_1k.blend' 파일을 이용해도 됩니다.

TIP 이러한 형식으로 다운로드한 파일들은 계속 사용하므로, 작업용 폴더를 하나 만들고 그 안에서 필요한 모델링 파일을 모아 정리해 두는 것이 좋습니다.

05 블렌더가 실행된 다음 그림과 같이 나무가 텍스처와 함께 표시됩니다.

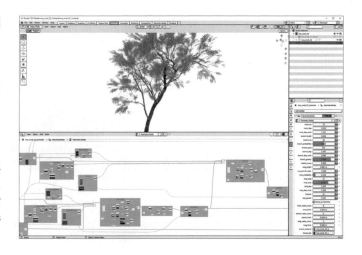

TIP 현재 소스는 지오메트리 노드를 사용해 만들어진 나무로 원본 소스도 제공됩니다. (Modifiers) 탭에는 기본 나무 모양을 변경할 수 있는 옵션이 제공되고 Geometry Nodes 패널에는 복잡한 노드를 확인할 수 있습니다.

06 나무 오브젝트를 건물이 있는 파일로 이동하겠습니다. 3D 뷰포트 화면에서 나무 오브젝트를 전체 선택하고 Ctrl+C를 누르면 화면 아래쪽에 'Copied Object' 문구가 표시됩니다.

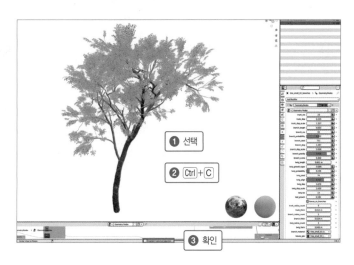

TIP 오브젝트를 파일로 이동하는 방법에는 여러 가지가 있지만, 이 방법이 가장 직관적이고 편리합니다.

07 | 건축물 모델링 파일을 불러온 다음
[Ctrl]+[V]를 눌러 그림과 같이 나무를 붙여넣
습니다.

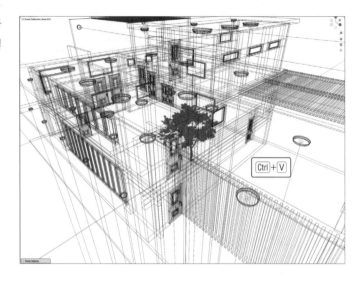

08 | 오브젝트를 정리하기 위해 새로운
컬렉션을 만들겠습니다. Outliner 패널에서
'New Collection' 아이콘(☐)을 클릭하고
이름을 변경해 'Tree' 컬렉션을 생성합니다.

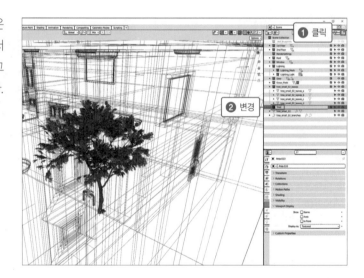

09 | 'Tree' 컬렉션에 나무와 관련된 모든 오브젝트와 컬렉션을 구조
변경 없이 그대로 추가하여 그림과 같이 포함합니다.

TIP 이렇게 정리되지 않으면 구조가 꼬여 Geometry Nodes 패널에 오류가 발생하고 나무에 나뭇잎이 사라지는 등의 문제가
발생합니다.

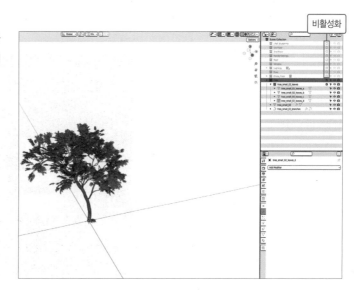

10 │ 작업의 편의를 위해 'Tree' 컬렉션을
제외한 다른 컬렉션의 체크 표시를 해제하여
비활성화해서 숨깁니다.

11 │ 나무의 컬렉션을 인스턴스 복사하겠
습니다. 인스턴스는 복사하기 전에 화면 가
운데에 배치해야 하므로 'Tree' 컬렉션에서
마우스 오른쪽 버튼을 클릭하고 (Instance
to Scene)을 실행합니다.

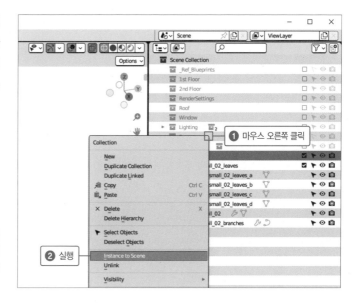

TIP 인스턴스 복사는 실제로 오브젝트를 복
사하는 것이 아니라 현재 오브젝트의 데이터
를 그대로 사용하면서 다른 위치에 배치하는
기능입니다.

12 │ 같은 방법으로 반복해서 복사하고
복사된 인스턴스 나무들을 적당한 위치에
배치합니다. 원본 나무 오브젝트는 Outliner
패널에서 체크 표시를 해제해 비활성화해서
숨깁니다.

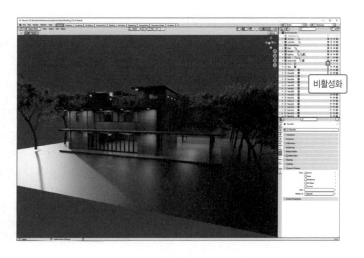

13 │ 복제된 나무가 많아지면 Outliner 패널에서 작업이 불편하므로 컬렉션을 만들어 정리하겠습니다. 나무를 전체 선택하고 M을 누른 다음 (New Collection)을 실행합니다. Move to Collection 대화상자가 표시되면 'Tree_Collection'을 입력하고 (OK) 버튼을 클릭합니다.

14 │ Outliner 패널의 컬렉션이 그림과 같이 깔끔하게 정리되었습니다.

다른 종류의 나무 추가하기

01 │ 나무 종류가 하나라서 이미지가 단순해 보여 추가하겠습니다. 다시 Ploy Haven(www.polyhaven.com) 사이트에 접속하고 왼쪽 Models 메뉴에서 (Nature) → (Plants) → (Trees)를 실행한 다음 다른 나무를 선택합니다.

02 | [Download] 버튼을 클릭해 파일을
다운로드합니다.

03 | 다운로드 파일이 있는 폴더로 이동
하고 ZIP 파일의 압축을 해제한 후 블렌더
파일을 더블클릭하여 실행합니다.

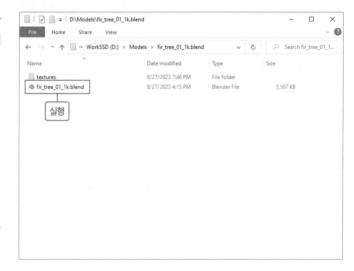

TIP P4_Building → models → fir_
tree_01_1k.blend 폴더의 'fir_tree_01_1k.
blend' 파일을 이용해도 됩니다.

04 | 기존의 블렌더 프로그램과 상관없이
또 다른 블렌더가 실행된 다음 그림과 같이
나무가 텍스처와 함께 표시됩니다.

05 이 파일에는 세 개의 나무가 포함되어 있습니다. Outliner 패널을 살펴보면 각각 하나의 베지어 곡선에 'Geometry Nodes'를 이용해서 만들어진 것을 확인할 수 있습니다.

TIP 숨겨진 컬렉션에는 나무의 나뭇가지와 나뭇잎이 포함되어 있습니다.

06 이 파일 역시 Geometry Nodes 패널에서 구조를 살펴보면 어떻게 만들었는지 알 수 있습니다.

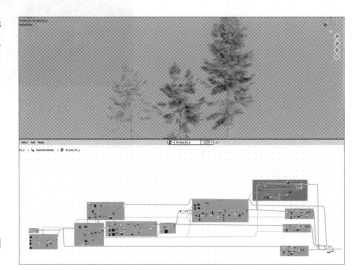

TIP 나중에 직접 나무 오브젝트를 만들 때 참조하기 좋은 자료로 사용할 수 있습니다.

07 추가한 나무들은 구조가 조금 복잡해 앞서 작업했던 방법처럼 복제할 수 없습니다. 작업하던 건물 파일로 이동하고 Outliner 패널에서 모든 컬렉션의 '눈' 아이콘(👁)을 클릭하여 비활성화해서 숨깁니다.

08 메뉴에서 (File) → (Append)를 실행합니다.

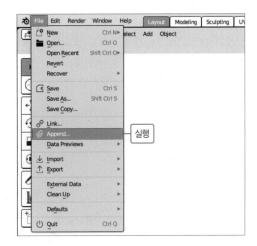

09 Blender File View 창이 표시되면
다운로드한 나무 파일이 있는 폴더로 이동
하고 (Append) 버튼을 클릭합니다.

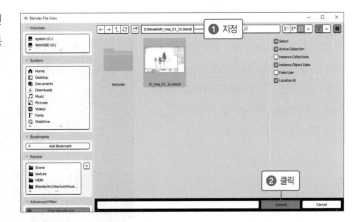

10 다양한 폴더 중에서 'Collection'을
클릭합니다.

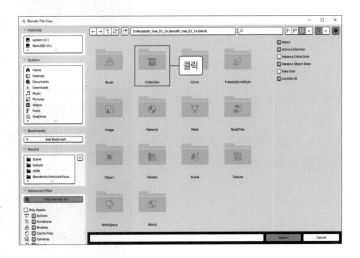

TIP 블렌더는 파일 내부에 추가로 폴더를 가
지고 있고 이 중에서 원하는 부분만 다른 블렌
더 파일로 이동할 수 있습니다.

11 │ 'Collection' 폴더에 모든 컬렉션이 구조와 상관없이 표시됩니다. 현재 필요한 것은 최상위 컬렉션이므로 'fr_tree_01' 파일을 선택한 다음 (Append) 버튼을 클릭합니다.

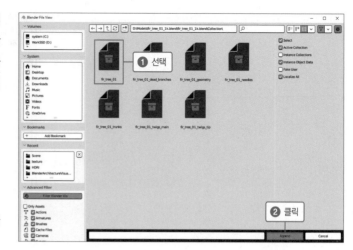

TIP 하위 구조의 모든 컬렉션이 자동으로 불러들여집니다.

12 │ 나무의 모든 구조를 깔끔하게 불러왔습니다. 실제로 보여줘야 하는 베지어 곡선들만 남기고 나머지 부속품을 구성하는 컬렉션의 체크 표시를 해제하여 비활성화합니다. 나무의 베지어 곡선을 선택하고 인스턴스 복사((Alt)+(D))하여 배치합니다.

13 │ 뷰포트를 (Shade Mode)로 변경한 다음 숨겨진 건물과 기존 나무들을 보여줍니다. 나무들의 위치를 조정해 장면을 구성합니다. 예제에서는 블렌더에 포함된 기본 HDRI를 사용해서 렌더링했습니다.

건물 조명 배치와 렌더링하기

15

기본 씬 구성이 마무리되었습니다. 이제 조명과 카메라 설정을 완료하고 골든 아워 시간대의 아름
다운 분위기를 담아 렌더링해보겠습니다.

● 예제 파일 : P4_Building\P4_14_Building_Tree.blend
● 완성 파일 : P4_Building\P4_15_Building_Fin.blend

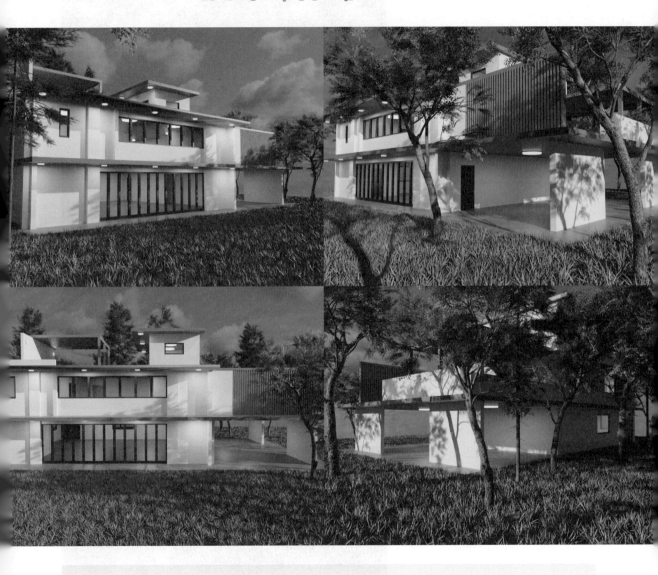

POINT

❶ 분위기에 맞는 HDRI 다운로드 및 배치하기

❷ 어울리는 조명 배치하기

❸ 디테일한 오브젝트의 색상 수정하기

❹ 카메라 배치 및 최종 렌더링하기

기본 HDRI 다운로드하고
배치하기

01 │ 원하는 분위기의 HDRI를 다운로드 하기 위해 Ploy Haven(www.polyhaven. com) 사이트에 접속하고 [HDRIs]를 클릭 합니다.

02 │ 수많은 HDRI 이미지 중에 원하는 분위기와 가장 유사한 이미지를 선택합니다. [Outdoor] → [Sunrise/Sunset] → [Natural Light] → [Nature]를 실행하고 원하는 이미지를 선택합니다.

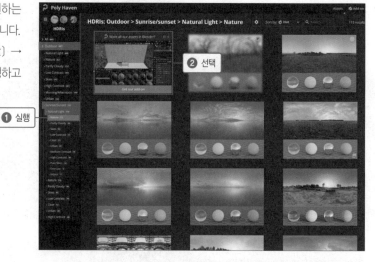

03 │ 가장 일반적인 형식인 'EXR'로 지 정하고 해상도를 지정한 다음 [Download] 버튼을 클릭합니다.

TIP '4K'는 이미지의 해상도를 의미합니다. 작은 이미지는 렌더링할 때 속도를 높이지만 그만큼 품질이 떨어집니다. 이미지 파일 포맷 은 'EXR'과 'HDR' 파일 중에 고를 수 있는데 일반적인 이미지 형식인 'EXR'을 추천합니다.

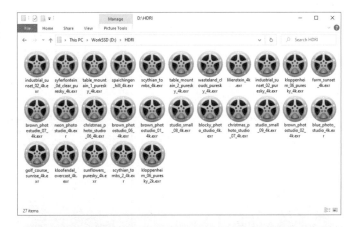

HDRI 이미지 연결하기

01 │ 블렌더를 실행하고 'Editor Type' 아이콘을 클릭한 후 (File Browser)를 선택하여 패널을 변경합니다.

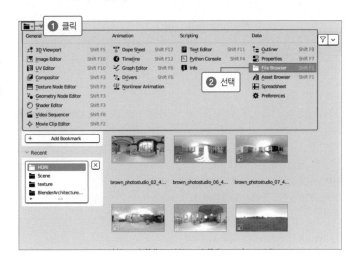

02 File Browser 패널에서 'Display Mode' 아이콘(⊞⊞)을 클릭하여 폴더 배열을 변경하고 그림과 같이 작업 화면을 변경하면 HDRI를 편리하게 사용할 수 있습니다.

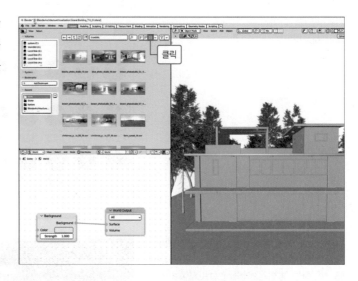

03 Shader Editor 패널에서 'World'를 선택하여 변경합니다.

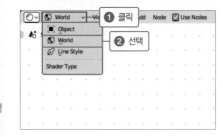

TIP Shader Editor 패널에서 오브젝트의 셰이더를 변경할 수 있고, 환경 (혹은 월드) 셰이더도 수정할 수 있습니다.

04 HDRI를 불러오겠습니다. Shader Editor 패널에서 Shift+A를 누르고 'Environment Texture'를 입력한 다음 선택해 노드를 생성합니다.

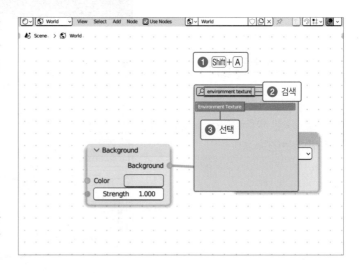

TIP HDRI는 일반 이미지로 처리하지 않아 다른 창이나 윈도우에서 블렌더로 드래그하는 방식을 이용하면 안 됩니다.

05 'Environment Texture' 노드의
〔Open〕 버튼을 클릭합니다. Blender File
View 창이 표시되면 HDRI 이미지 폴더를
지정하고 원하는 이미지를 선택한 다음
〔Open Image〕 버튼을 클릭합니다.

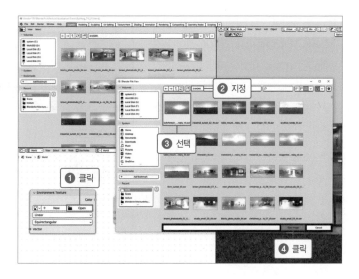

06 HDRI를 불러와 노드 이름이 파일명
으로 변경되면 그림과 같이 각 노드의 소켓을
연결합니다.

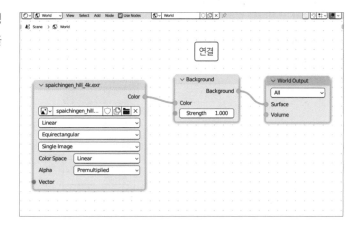

07 제대로 연결되어 테스트 렌더링하면
그림과 같습니다.

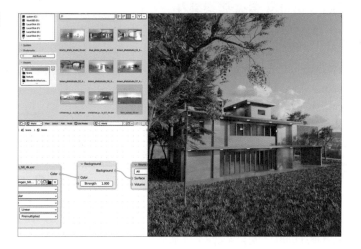

08 HDRI를 변경하면서 원하는 분위기로 비슷하게 만듭니다. 그림과 같이 왼쪽 위 패널은 Image Editor 패널로 지정하고 Shader Editor 패널의 노드에서 이미지 노드를 더블클릭합니다. Image Editor 패널에 해당 이미지가 나타나 쉽게 확인할 수 있습니다.

더블클릭

TIP Image Editor 패널에서 선택된 텍스처 셰이더가 표시되지 않으면 메뉴의 (Edit) → (Preferences)를 실행합니다. Blender Preferences 창이 표시되면 (Add-ons) 탭에서 'Interface: Amaranth Toolset'을 체크 표시하여 활성화합니다.

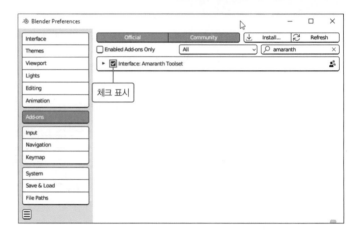

체크 표시

HDRI 이미지 설정 변경하기

01 이미지의 분위기는 마음에 들지만 방향을 변경하겠습니다. 이미지 노드를 선택하고 Ctrl+T를 눌러 노드를 자동으로 연결합니다.

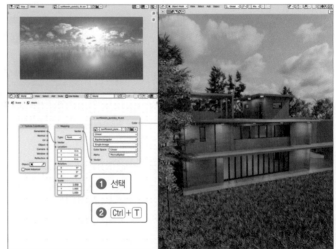

① 선택

② Ctrl + T

TIP 'Mapping' 노드의 Rotation Z를 설정하면 배경 이미지 방향을 조정할 수 있습니다.

02 │ 원하는 분위기의 기본 조명이 만들어졌지만 종종 배경이 원하는 이미지가 아닌 경우가 있어 환경 조명은 그대로 유지하면서 배경을 단색 이미지로 만들겠습니다. Shader Editor 패널에서 Shift+A를 눌러 'Background' 노드를 생성합니다.

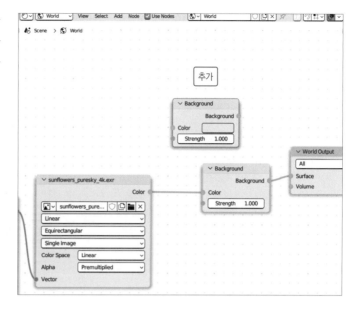

03 │ 같은 방법으로 'Mix Shader' 노드를 하나 더 생성하고 그림과 같이 노드를 연결합니다. 새로운 'Background' 노드의 Color를 원하는 색상으로 지정하고 'Mix Shader' 노드의 Fac를 '1'로 설정해 변화시킵니다.

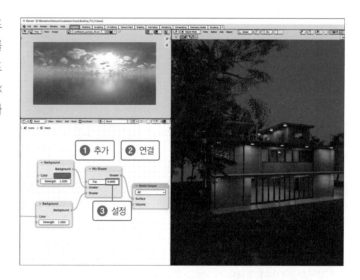

04 │ Shift+A를 누른 다음 'Light Path' 노드를 검색해 생성하고 Is Camera Ray를 'Mix Shader' 노드의 Fac에 연결합니다.

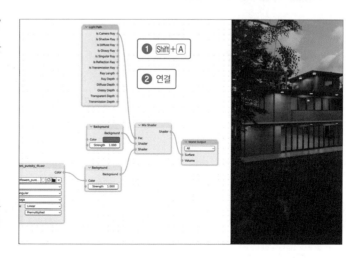

TIP 현재 배경 화면은 HDRI 이미지가 사용되고 Background 색상은 조명 역할을 하여 원하는 것과 반대 효과를 나타냅니다.

05 │ Shader Editor 패널에서 그림과 같이 'Mix Shader' 노드에 연결된 'Background' 노드들의 순서를 변경합니다.

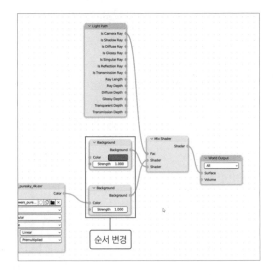

06 │ 연결 설정을 변경한 다음 'Back –ground' 노드의 Color를 원하는 색상으로 지정하면 조명은 HDRI를 사용하고 배경은 원하는 단색 이미지를 표현합니다.

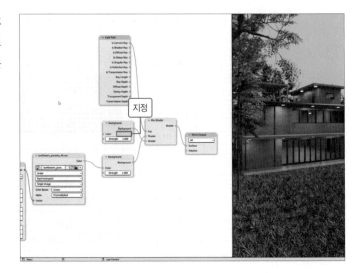

렌더링을 위한 카메라 설정하기

01 │ 렌더링에 필요한 카메라를 만들겠습니다. Main Region 패널에서 Shift+A를 누르고 (Camera)를 실행합니다.

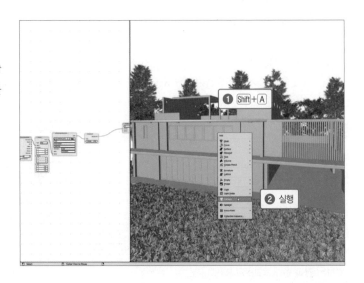

02 | 잔디밭 오브젝트 용량이 무거워 화면이 잘 움직이지 않아 먼저 해결하겠습니다. 잔디밭 오브젝트를 선택하고 Properties 패널의 (Object(🔧)) 탭을 선택합니다. (GeometryNodes) 옵션에서 'Realtime' 아이콘(🖥)과 'Render' 아이콘(📷)을 클릭해 비활성화합니다. 이제 Geometry Nodes가 작동하지 않아 가볍게 작업할 수 있습니다.

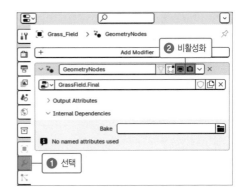

03 | 화면에서 잔디가 사라지고 카메라를 움직이면 훨씬 잘 돌아가는 것을 확인할 수 있습니다. 카메라가 비추면 좋겠다고 생각하는 위치로 화면을 이동합니다.

04 | 3D 뷰포트 화면에서 Ctrl+Alt+O을 눌러 카메라를 현재 뷰포트 위치로 이동합니다.

TIP 화면에 표시되는 사각형이 카메라가 보는 프레임입니다.

05 카메라를 정확히 원하는 곳으로 이동하기 위해 Header 패널의 (View) → (Navigation) → (Walk Navigation)을 실행합니다.

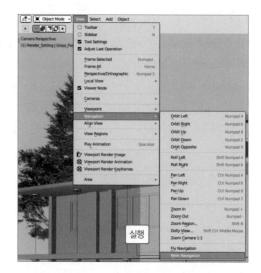

TIP 기존에 고정된 카메라 위치를 이제 Ⓦ, Ⓐ, Ⓢ, Ⓓ, Ⓠ, Ⓔ를 이용하여 움직일 수 있습니다.

TIP 또 다른 방법은 3D 뷰포트 화면에서 Ⓝ을 눌러 표시되는 Navigate 창의 (View) 탭에서 'Camera to View'를 체크 표시하는 것입니다. 이렇게 설정하면 기존에 화면을 움직였던 것처럼 카메라를 움직일 수 있습니다.

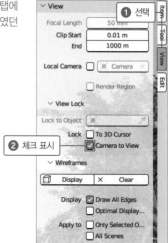

렌더링 최적화 화면 만들기

01 이번에는 작업 화면을 렌더링에 최적화하겠습니다. 먼저 그림과 같이 패널을 분할하여 오른쪽에는 3D 뷰포트, 왼쪽 위에는 카메라를 활성화(넘버 패드 Ⓞ)한 Rendering View, 왼쪽 아래는 Shader Editor 패널을 배치합니다.

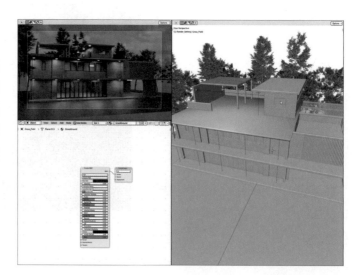

02 건물 전체 콘크리트 색상이 너무 어
두워 우중충한 느낌이 들어 콘크리트 색상
을 교체하겠습니다. 벽면 오브젝트를 선택
하고 Shader Editor 패널을 확인하면 기존
에 만든 'Pro_Concrete' 노드 셰이더가 표
시됩니다.

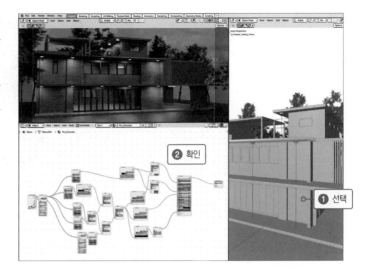

03 셰이더 그래프의 'Pro_Concrete' 이름 옆에 표시
된 숫자 '19'를 선택합니다.

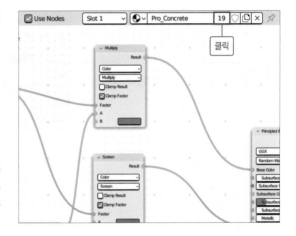

TIP 이것은 같은 셰이더를 19개 오브젝트가 사용하고 있다
는 뜻입니다. 그러므로 이 셰이더를 직접 수정하면 콘크리트
가 적용된 모든 오브젝트의 셰이더가 변경될 수 있으니, 의도
하지 않은 결과물이 나올 수 있습니다.

04 셰이더가 복제되면서 현재 선택된 오브젝트에만 적용됩니다. 이름이
자동으로 'Pro_concrete.001'로 변경되면 더블클릭하고 'Pro_Concrete_
White'로 변경합니다.

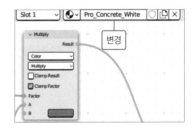

05 │ 'Principle BSDF' 노드의 Base Color와 연결된 'Multiply' 노드의 색상을 밝은 색으로 변경합니다.

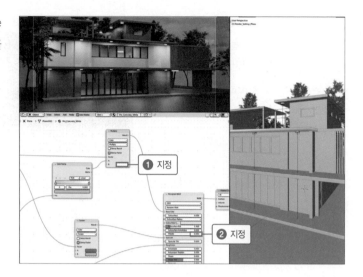

06 │ 흰색 콘크리트를 적용하고 싶은 오브젝트를 모두 선택한 다음 현재 흰색으로 변경된 오브젝트를 마지막으로 선택합니다. Ctrl+L을 누르고 (Link Materials)를 실행합니다.

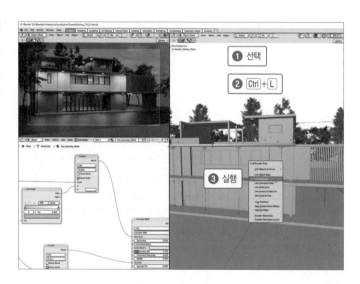

렌더링을 위한 조명 설치하기

01 │ 조명을 설치하겠습니다. Shift+A를 누르고 (Light) → (Sun)을 실행해 조명을 생성합니다.

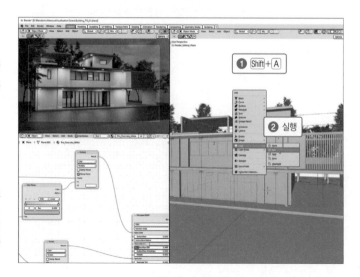

TIP 블렌더의 Sun 조명은 각도에 따라서 조명이 어떻게 비추는지를 설정할 수 있습니다. 위치는 상관없고 다른 프로그램에서 디렉셔널 라이트와 같은 형태의 조명이며, 명칭만 다릅니다.

02 쉽게 선택하기 위해 조명을 선택한 다음 G를 누르고 그림과 같이 나무 그림자가 건물에 생기는 위치로 이동합니다.

〔Object Data(⚲)〕 탭에서 Strength를 '8'로 설정해 밝기를 올립니다.

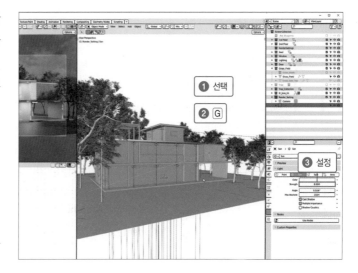

TIP 여기서 조명 오브젝트는 'Render_ Setting' 컬렉션으로 이동했습니다.

03 바닥에 잔디가 나타나도록 하기 위해 먼저 바닥 오브젝트를 선택하고 〔Modifiers(🔧)〕 탭의 〔GeometryNodes〕 옵션에서 'Realtime' 아이콘(🖥)과 'Render' 아이콘(📷)을 클릭해 다시 활성 화합니다.

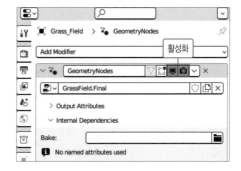

04 잔디가 나타나면 렌더링을 마무리합니다.

Index

Foreign Copyright:
Joonwon Lee   Mobile: 82-10-4624-6629

Address: 3F, 127, Yanghwa-ro, Mapo-gu, Seoul, Republic of Korea
            3rd Floor
Telephone: 82-2-3142-4151
E-mail: jwlee@cyber.co.kr

실무 건축 인테리어를 위한

블렌더 3D

2024. 5. 22. 1판 1쇄 인쇄
2024. 5. 29. 1판 1쇄 발행

지은이 | 최인재
펴낸이 | 이종춘
펴낸곳 | **BM** ㈜도서출판 **성안당**

주소 | 04032 서울시 마포구 양화로 127 첨단빌딩 3층(출판기획 R&D 센터)
　　 | 10881 경기도 파주시 문발로 112 파주 출판 문화도시(제작 및 물류)
전화 | 02) 3142-0036
　　 | 031) 950-6300
팩스 | 031) 955-0510
등록 | 1973. 2. 1. 제406-2005-000046호
출판사 홈페이지 | www.cyber.co.kr
ISBN | 978-89-315-8628-2 (13000)
정가 | 30,000원

이 책을 만든 사람들
책임 | 최옥현
진행 | 오영미
기획 · 진행 | 앤미디어
교정 · 교열 | 앤미디어
본문 · 표지 디자인 | 앤미디어
홍보 | 김계향, 임진성, 김주승
국제부 | 이선민, 조혜란
마케팅 | 구본철, 차정욱, 오영일, 나진호, 강호묵
마케팅 지원 | 장상범
제작 | 김유석

www.cyber.co.kr
★★★
성안당 Web 사이트

■ 도서 A/S 안내

성안당에서 발행하는 모든 도서는 저자와 출판사, 그리고 독자가 함께 만들어 나갑니다.
좋은 책을 펴내기 위해 많은 노력을 기울이고 있습니다. 혹시라도 내용상의 오류나 오탈자 등이 발견되면 **"좋은 책은 나라의 보배"**로서 우리 모두가 함께 만들어 간다는 마음으로 연락주시기 바랍니다. 수정 보완하여 더 나은 책이 되도록 최선을 다하겠습니다.
성안당은 늘 독자 여러분들의 소중한 의견을 기다리고 있습니다. 좋은 의견을 보내주시는 분께는 성안당 쇼핑몰의 포인트(3,000포인트)를 적립해 드립니다.
잘못 만들어진 책이나 부록 등이 파손된 경우에는 교환해 드립니다.